# 中国乡村振兴

## 蓝皮书 2021—2022

# Blue Book of
# China's Rural Revitalization
## (2021-2022)

中国社会科学院哲学研究所
中共山东省委党校（山东行政学院）◎编
山东乡村振兴研究院

主　编　冯颜利　刘　岳
副主编　惠　鸣　董德利

人民出版社

# 目　录

# 第三部分　中国乡村振兴大事记

# Contents

# Part I General Report

# Part II Provincial Reports

# Part III Chronicle of Events

# 前　言

　　2021—2022 年是我国全面巩固脱贫攻坚成果、全面推进乡村振兴的关键时期，中共中央、国务院和农业农村部等各部委，从农业农村工作全局出发，制定并颁布了一大批促进乡村振兴的政策文件，政策保障体系化和运行制度法治化成为我国全面推进乡村振兴的重要特征。

　　在全面建成小康社会的基础上，各级党委和政府深入学习贯彻习近平总书记关于扶贫工作的重要论述和对各地乡村振兴工作的重要指示批示精神，以及党的十九大和二十大精神、中央经济工作会议与中央农村工作会议精神，切实加强党对全面推进乡村振兴的领导。各省（区）巩固拓展脱贫攻坚成果，坚决守住不发生规模性返贫底线，坚持以人民中心，坚定不移促进农业农村现代化，牢牢守住粮食安全底线，优化农村人居环境，提升乡村治理水平，促进人的现代化，各地以实现全体人民共同富裕为引领，努力开创乡村振兴新局面，取得丰硕成果。2021—2022 年，全国脱贫攻坚成果进一步巩固、乡村产业经济取得新发展、国家粮食安全得到有效保障、乡村基础设施建设和生态建设持续推进、农村公共文化服务和文明乡风建设扎实开展。

　　"十四五"期间，我国全面推进乡村振兴事业逐渐迈入深水区，一些深层矛盾和挑战逐渐凸显，成为继续推进乡村振兴所必须克服的难题。其中，提升农业现代化水平、壮大乡村新型集体经济、培育乡村地区人才资源，以及优化农村金融服务体系等挑战尤其突出。全面贯彻落实党和国家关于全面推进乡村振兴的战略部署，需要围绕全面推进乡村振兴面临的若干深层次挑战开展政策探索与制度创新，实现关键领域的突破。要积极推动我国农业现代化进程，建构新型农业体系；要着力推动新型乡村集体经济发展壮大，推动城乡居民共同富裕；要创造发展机遇，吸引人才向乡村汇聚；要以促进农业农村现代化为导向，优化乡村金融服务体系。

实施全面推进乡村振兴两年来，全国各省（区）立足本地实际，不断推动乡村振兴迈向高质量发展的新高度。本蓝皮书收入了广西、湖南、江苏、四川、山东、浙江、云南七个省（区）的全面推进乡村振兴报告。

广西各地积极探索，形成了全区各地争相创新的乡村振兴喜人格局：百色市积极推进革命老区乡村振兴先行示范建设，贺州市乡村振兴赋能建设广西东融先行示范区，柳州市以科技创新推动螺蛳粉产业高质量发展，桂林市全州县打造"红色湘江"基层党建先锋体，崇左市天等县"实、联、全"三字联动织密筑牢"防贫保障网"，龙州县以党建"四引领"高效统筹边境疫情防控与乡村振兴，这些典型实践成为广西全面推进乡村振兴的突出亮点。

湖南省持续深入推进"六大强农"行动，培育发展农业优势特色千亿产业，着力壮大村级集体经济，扎实推进乡村建设、人才队伍建设、乡村治理、冷链物流等重点工作，在巩固拓展脱贫攻坚成果同乡村振兴有效衔接、推进农业农村现代化建设等方面取得了显著成效。全省涌现了郴州市推进西河乡村振兴示范带建设、岳阳市临湘市创机制固成果开拓乡村振兴新格局、怀化市芷江县创新金融服务助力乡村振兴、怀化市沅陵县巩固易地搬迁成果、郴州市资兴市充分发挥乡贤作用助力乡村全面振兴、张家界市桑植县打造"三个帮扶"党建品牌等多项典型经验。

江苏省深入实施现代农业提质增效工程、农民收入新增万元工程、美丽宜居乡村建设工程、乡风文明提升工程、万村善治推进工程、乡镇功能提升工程、农村基础设施和公共服务建设工程、脱贫致富奔小康工程、农村改革创新工程、农村基层党建创新提质工程等乡村振兴十项重点工程。全省深化"五方挂钩"帮促机制，扎实抓好民生实事项目，乡村振兴各项工作取得显著成效。面向未来，江苏省要在新时代新征程上聚焦推动共同富裕，坚持"为全国发展探路"的目标引领，推进全面推进乡村振兴迈上新台阶。

四川省锚定全面推进乡村振兴发展的主要目标任务，真抓实干做好新阶段"三农"工作,乡村振兴各项事业取得全面进展。全省农业综合生产能力显著增强,优势特色产业持续稳定发展,农业产业化经营体系日渐完善,农村居民收入保持平稳增长,农村人居环境逐步整治改善,乡村治理和乡风文明稳步提升,农村综合改革不断深化,党对乡村振兴的领导全面加强。"十四五"期间,四川省要聚焦乡村振兴的难点,坚持农业农村优先发展,保障粮食等重要农产品安全有效供给,以现代农业园区建设为抓手加快构建现代农业"10+3"产业体系,深入实施"美丽四川·宜居乡村"建设行动,推进农村生态文明建设,推动农民全面发展,深化农业农村改革。

山东省深入贯彻落实习近平总书记对山东工作重要指示要求精神,锚定"走在前、开新局"的目标,始终把"三农"工作摆在重中之重的位置,坚决扛牢农业大省责任,健康有序推进"五大振兴",不断改善人民生活,促进共同富裕。全省乡村振兴的路径模式更加丰富,打造乡村振兴齐鲁样板取得阶段性成效。"十四五"期间,山东省要在思路、理念、方法上适应"三农"工作大转型的内在要求,继续强化新发展理念引领,不断深化农村综合改革。要大力增强乡村发展内生动力,奋力开创新发展阶段"三农"工作新局面。

云南省牢牢守住不发生规模性返贫底线,切实维护和巩固脱贫攻坚战的伟大成就,健全乡村可持续发展的长效机制。全省着力提升粮食等重要农产品供给保障能力,加快高原特色农业现代化发展、扎实推进乡村建设行动实施方案、深入推进农村产权土地制度改革、强化乡村基层组织建设和乡村治理。全省涌现出了诸多具有全省乃至全国借鉴意义的典型案例。如,楚雄州巩固拓展脱贫攻坚成果同乡村振兴有效衔接的模式,腾冲市司莫拉佤族村推动农文旅融合发展模式,怒江州推进易地扶贫搬迁后续帮扶的实践模式,等等。

浙江省在全面建成小康社会的基础上,踏上高质量发展建设共同富裕示范区新征程。全省瞄准城乡区域协调发展引领区的战略定位,深入推进以人为核心的新型城镇化,高质量实施乡村振兴战略,构建城乡新格局,加快缩小城乡发展差距，粮食生产和农业产业发展稳中有进，生态宜居水平不断提升，乡风文明建设成果丰硕，乡村治理不断优化，城乡居民收入差距进一步缩小，生活富裕程度显著提升，交出了高水平全面建成小康社会的优秀答卷。全省各地积极探索，勇创新路，涌现了大量典型案例，并形成了浙江乡村振兴的城郊地区、平原地区、海岛地区和山地地区"四大路径"，以及空间集聚、绿色崛起、产村融合、数字赋能、文化深耕、要素激活、能人带动、片区联会、四治融合等"十大发展模式"。这些经验和探索为全国的乡村振兴和农业农村现代化提供了浙江路径、浙江方案和浙江样本。

需要特别指出的是，限于篇幅和研究的精力所限，本辑蓝皮书的"省域分报告"仅选取了上述七个省份。在这七个省份中，考虑到我国东、中、西部各省份全面推进乡村振兴实践的区域性差别及特点，我国东部和西部各选取三个、中部选取一个。我国其他省份全面推进乡村振兴的成就与经验，我们将在今后的研究工作中进一步拓展，并在后续的《中国乡村振兴蓝皮书》中陆续呈现。因此，在重点关注部分省份全面推进乡村振兴实践的基础上，立足我国全面推进乡村振兴全局，深入总结各地丰富的创新经验和成就，剖析各地所面临的挑战，为全面推进乡村振兴贡献对策建议，构成了本蓝皮书的根本任务。

中国式现代化是人类历史上人口规模最大的现代化。以中国现代化全面推进乡村振兴，不仅具有中国意义和时代意义，而且具有重要的世界意义。全面推进乡村振兴是我国加快建构新发展格局、推动高质量发展的重要内容，要深入学习贯彻党的二十大精神，促进乡村振兴事业与中国式现代化和谐共振、行稳致远。

# Preface

2021-2022 is a critical period for China to consolidate the results of poverty alleviation and promote rural revitalization comprehensively. The Central Committee of the Communist Party of China, the State Council, the Ministry of Agriculture and Rural Affairs and other ministries and commissions have formulated and promulgated a large number of policies to promote rural revitalization based on the overall situation of agricultural and rural work. Documents ensuring the systematization of policies and the legalization of operating systems have become important features of the comprehensive promotion of rural revitalization in China.

On the basis of fully building a moderately prosperous society in an all-round way, party committees and governments at all levels have thoroughly studied and implemented General Secretary Xi Jinping's important expositions on poverty alleviation and the spirit of important instructions on rural revitalization in various regions, as well as the spirit of the reports of the 19th and 20th National Congress of the Communist Party of China, The spirit of the Central Economic Work Conference and the Central Rural Work Conference, and effectively strengthened the leadership of the party in comprehensively promoting rural revitalization.

All provinces (autonomous regions) have effectively strengthened the leadership of the party on comprehensively promoting rural revitalization, consolidated and expanded the achievements of poverty alleviation, resolutely held the bottom line of preventing from returning to large-scale poverty, adhered to the people-centered approach, unswervingly promoted the modernization of agriculture and rural areas, ensured the bottom line of food security, optimized the environment of rural settlements, upgraded the level of rural governance and promoted the modernization of human beings. Efforts have been made to create a new situation in rural revitalization and have achieved fruitful results by striving to achieve common prosperity for all people. From 2021 to 2022, the national poverty alleviation achievements have been further consolidated, the rural industrial economy has achieved new development, national food security has been effectively guaranteed, rural infrastructure construction and ecological construction have continued to advance, and rural public cultural services and the construction of civilized rural customs have been solidly carried out.

During the "14$^{th}$ Five-Year Plan" period, the promotion of comprehensive rural revitalization in China has gradually entered the deep water zone, and a number of deep-rooted contradictions and challenges have gradually become prominent, which have become difficulties that must be faced and overcome to continue to promote rural revitalization. Among them, the challenges of upgrading the level of agricultural modernization in China, strengthening the new rural collective economy, cultivating human resources in rural areas, and optimizing the rural financial service system are particularly prominent. To fully implement the strategic deployment of the Party and the State on comprehensive rural revitalization, it is necessary to carry out policy exploration and institutional innovation around several deep-rooted challenges in promoting comprehensive rural revitalization, and to achieve breakthroughs in key areas. It is necessary to actively promote the process of China's agricultural modernization and build a new agricultural system; it is necessary to focus on promoting the development and growth of the new rural collective economy and promote the common prosperity of urban and rural residents; and it is necessary to create development opportunities and attract talents to the countryside; it is necessary to optimize the rural financial service system to promote the modernization of agriculture and rural areas.

Over the past two years since the implementation of the comprehensive promotion of rural revitalization, all provinces (autonomous regions) across the country have continued to promote comprehensive promotion of rural revitalization to new heights of high-quality development based on local realities. This Blue Book includes reports on the comprehensive promotion of rural revitalization in seven provinces (autonomous regions) , namely Guangxi, Hunan, Jiangsu, Sichuan, Shandong, Zhejiang, and Yunnan.

Various parts of Guangxi Zhuang Autonomous Region have actively explored to form a gratifying pattern of rural revitalization in which all parts of the province are vying for innovation. Baise City has actively promoted the demonstration construction of rural revitalization in old revolutionary areas; Hezhou City has promoted the full integration of Guangxi into the Guangdong-Hong Kong-Macao Greater Bay Area through rural revitalization; Liuzhou has promoted the high-quality development of the snail rice noodle industry through technological innovation; Quanzhou County, Guilin City has built a "Red Xiangjiang River" grassroots party building pioneer body; Tiandeng County, Chongzuo City, has worked closely together to build a "poverty prevention security network" with the three words of "practical, connected and comprehensive" ; Longzhou County effectively coordinated border epidemic prevention and control and rural revitalization with the "four leaderships" of party building. These typical practical experiences have become the highlights of comprehensive rural revitalization of Guangxi.

Hunan Province has continued to promote the "six major agricultural strengthening" actions, cultivated and developed agricultural industries with advantages and characteristics of 100 billion yuan, focusing on strengthening the village-level collective economy, and solidly promoted key tasks such as rural construction, intellectual resources construction, rural governance, and cold chain logistics. Remarkable results have been achieved in expanding the achievements of poverty alleviation and effectively converging with rural revitalization, and promoting the modernization of agriculture and rural areas. In the province, Chenzhou City has promoted the construction of Xihe rural revitalization demonstration zone; Linxiang City, Yueyang City has created and consolidated achievements to open up a new pattern of rural revitalization; Zhijiang County, Huaihua City has innovated financial services to help rural revitalization; Yuanling County, Huaihua City has consolidated the achievements of relocation ; Zixing City, Chenzhou City, has given full play to the role of rural learned person to help the overall revitalization of the countryside; and Sangzhi County, Zhangjiajie City, has created a "three support" party building brand. Many other typical experiences also emerged in Hunan Province.

Jiangsu Province has deeply implemented ten key projects for rural revitalization: modern agriculture quality and efficiency improvement project, 10, 000 yuan farmers' income increase project, beautiful and livable rural construction project, rural customs and civilization improvement project, ten thousand villages of good governance promotion project, township function improvement project, rural infrastructure and public service construction project, poverty alleviation and well-off project, rural reform and innovation project, and rural grass-roots party building innovation and quality improvement project. The province has deepened the "five-party linkage" assistance and promotion mechanism, implemented practical projects related to people's livelihood, and achieved remarkable results in various rural revitalization tasks. looking to the future, Jiangsu Province will focus on promoting common prosperity in the new era of the new journey, adhere to the goal of "exploring the way for the development of the country as a whole", and promote comprehensive rural revitalization to a new level.

Sichuan Province has anchored the main goals and tasks of comprehensive rural revitalization and development, made great efforts in the new stage of "agriculture, rural areas and farmers", and all aspects of rural revitalization have made overall progress. The province's comprehensive agricultural production capacity has been significantly enhanced, the advantageous and characteristic industries have continued to develop steadily, the agricultural industrialization management system has been gradually improved, the income of rural residents has maintained steady growth, the living environment in rural areas has been gradually improved, and rural governance and rural civilization have been steadily improved. The reform has continued to deepen, and the party's leadership over rural revitalization has been comprehensively strengthened. During the "14th Five-Year Plan" period, Sichuan Province will focus on the difficulties of rural revitalization, adhere to the priority development of agriculture and rural areas, ensure the safe and effective supply of important agricultural products such as food, and accelerate the construction of a modern agricultural "10+3" industrial system with the construction of modern agricultural parks, in-depth implementation of the "beautiful Sichuan · livable countryside" construction action, promote the construction of rural ecological civilization, promote the all-round development of farmers, and deepen agricultural and rural reforms.

Shandong Province has thoroughly implemented the spirit of General Secretary Xi Jinping's important instructions on Shandong work, anchored the goal of "moving forward and opening up a new situation", always placed the work of "agriculture, rural areas and farmers" as the top priority, resolutely shouldered the responsibility of being a major agricultural province, promoting the "five major revitalizations" in a healthy and orderly manner, continuously improved people's lives, and promoted common prosperity. The province's rural revitalization path models have become more abundant, and the creation of Qilu model for rural revitalization has achieved stage-by-stage results. During the "14th Five-

Year Plan" period, Shandong Province will adapt to the internal requirements of the transformation of "agriculture, rural areas and farmers agriculture" in terms of ideas, concepts, and methods, continue to strengthen the guidance of new development concepts, and continuously deepen comprehensive rural reforms. It is necessary to vigorously enhance the endogenous power of rural development, and strive to create a new situation in the work of "agriculture, rural areas and farmers" in the new development stage.

Yunnan Province has firmly holden the bottom line of preventing from returning to large-scale poverty, earnestly maintained and consolidated the great achievements in the fight against poverty, and improved the long-term mechanism for sustainable rural development. The province has focused on improving the supply guarantee capacity of important agricultural products such as grain, accelerated the modernization of agriculture with plateau characteristics, solidly promoted the implementation plan of rural construction actions, deepened the reform of the rural property rights and land system, and strengthened the construction of rural grass-roots organizations and rural governance. A number of typical cases have emerged in the province with referential significance for the whole province and even the whole country. For example, consolidating and expanding the achievements of poverty alleviation has been linked up effectively with the work of rural revitalization in Chuxiong Prefecture; Simola Village in Tengchong City has promoted the integrated development model of agriculture, culture and tourism, and Nujiang Prefecture has promoted the practice model of follow-up assistance for relocation poverty alleviation, etc.

On the basis of building a moderately prosperous society in an all-round way, Zhejiang Province has embarked on a new journey of high-quality development and construction of a common prosperity demonstration zone. The province has aimed at the strategic positioning of leading areas in the coordinated development of urban and rural areas, deeply promoted new urbanization with people as its core, implemented high-quality rural revitalization strategies, built a new urban-rural pattern, accelerated the narrowing of the urban-rural development gap, and ensured stable and steady development of food production and agricultural industries. With progress, the level of ecological livability has been continuously improved, rural civilization construction has achieved fruitful results, rural governance has been continuously optimized, the income gap between urban and rural residents has been further narrowed, and the level of living affluence has been significantly improved, handing in excellent answers to the goal of building a moderately prosperous society in an all-round way at a high level.

All parts of the province have been actively explored and bravely innovated, and a large number of typical cases have emerged and formed the "four major paths" of rural revitalization in Zhejiang: suburban areas, plain areas, island areas, and mountainous areas, as well as the "Ten Development Models" which include: spatial agglomeration, green rise, integration of production and villages, digital empowerment, cultural cultivation, factor activation, capable people driving, regional associations, and integration of "four governances". These experiences and explorations constitute the Zhejiang path, Zhejiang plan and Zhejiang sample for the country's rural revitalization and agricultural and rural modernization.

It should be pointed out in particular that due to limitations of space and research labour, the "Provincial Sub-Report" of this Blue Book only selected the seven provinces mentioned above. Among these seven provinces (autonomous regions), considering the regional differences and characteristics of the provinces in eastern, central and western China in comprehensively promoting rural revitalization practices, three were selected from eastern and western China, and one was selected from central China. We will further expand our research on the achievements and experiences of other provinces (autonomous regions) in China in comprehensively promoting rural revitalization and will present them in subsequent "Blue Book of China's Rural Revitalization". Therefore, on the basis of focusing on the practice of comprehensively promoting rural revitalization in some provinces, based on the overall situation of the comprehensive promotion of rural revitalization in China, summarizing the rich innovative experience in-depth and achievements of various regions, analyzing the challenges faced by various regions and providing countermeasures and suggestions for comprehensively promoting rural revitalization constitute the fundamental task of this Blue Book.

Chinese-style modernization is the modernization with the largest population in human history. Comprehensively promoting rural revitalization through China's modernization is not only of Chinese and contemporary significance, but also of important world significance. Comprehensively promoting rural revitalization is an important part of accelerating the construction of a new development pattern and promoting high-quality development in China. It is necessary to intensively study the spirit of the report of the 20th National Congress of the Communist Party of China, so as to promote the harmonious resonance of rural revitalization and Chinese-style modernization, and achieve steady and long-term progress.

# 第一部分　总报告

Part Ⅰ　General Report

# 以全面推进乡村振兴助力中国式现代化行稳致远

冯颜利　惠　鸣*

**摘要：** 2021—2022 年，中共中央、国务院和农业农村部等各部委，从全面推进乡村振兴全局出发，制定并颁布了一大批促进乡村振兴的政策文件。同时，《乡村振兴促进法》的颁布和《乡村振兴责任制实施办法》出台加强了乡村振兴的法治支撑，保障政策体系化和运行制度法治化成为我国全面推进乡村振兴的重要特征。在各项政策和相关法律的推动下，我国乡村振兴各项事业不断迈向深入，脱贫攻坚成果进一步巩固、乡村产业经济取得发展、国家粮食安全得到有效保障、乡村基础设施建设和生态建设持续推进、农村公共文化服务和文明乡风建设扎实开展，取得丰硕成果。"十四五"期间，我国全面推进乡村振兴事业逐渐迈入深水区，一些深层矛盾和挑战逐渐凸显，成为继续推进乡村振兴所必须面对和克服的难题。其中，提升我国农业现代化水平、壮大乡村新型集体经济、培育乡村地区人才资源，以及优化农村金融服务体系等挑战尤其突出。贯彻落实党和国家关于全面推进乡村振兴的战略部署，需要围绕推进乡村振兴面临的若干深层次挑战开展政策探索与制度创新，实现关键领域的突破。要积极推动我国农业现代化进程，建构新

---

* 冯颜利，中国社会科学院哲学研究所纪委书记、副所长，研究员，中央"马克思主义理论研究和建设工程"首席专家，中国社会科学院创新工程首席专家，中国辩证唯物主义研究会副会长、法人兼秘书长，中国历史唯物主义学会副会长，山东乡村振兴研究院理事长；惠鸣，中国社会科学院哲学研究所、中国社会科学院文化研究中心副研究员，中国社会科学院大学哲学院硕士研究生导师，山东乡村振兴研究院副院长。

型农业体系；要着力推动新型乡村集体经济发展壮大，推动城乡居民共同富裕；要创造发展机遇，吸引人才向乡村汇聚；要以促进农业农村现代化为导向，优化乡村金融服务体系。全面推进乡村振兴事关我国数亿乡村人口的幸福保障，更关乎我国全面建成社会主义现代化强国、实现第二个百年奋斗目标、以中国式现代化全面推进中华民族伟大复兴的千秋伟业。以中国现代化全面推进乡村振兴，不仅具有中国意义和时代意义，而且具有世界意义。要深入学习党的二十大精神，推动乡村振兴事业与中国式现代化和谐共振，行稳致远。

**关键词**：全面推进乡村振兴；政策创新；农业现代化；乡村集体经济；农村金融体系

2021 年是"十四五"的开局之年，也是我国全面推进乡村振兴的破题之年。从 2021 年到 2022 年，尽管受到新冠疫情持续、全球局势动荡加剧、部分发达国家对我国实行"脱钩""断链"等外部不利因素的持续影响，我国的经济、社会建设各项事业仍然能够克服重重困难，稳中向前，保持良好的发展态势。我国的乡村振兴伟大事业正是在这种背景下持续深入，稳健前行，取得了令人振奋的成就。

# 一、乡村振兴政策体系不断完善

2021—2022 年，在全面推进乡村振兴战略目标的推进下，中共中央、国务院和农业农村部等各部委，在深入调研的基础上，从乡村振兴全局和各具体领域协调发展出发，制定并颁布了一大批促进乡村振兴的政策文件，我国乡村振兴事业进入政策创制的密集期。同时，《乡村振兴促进法》的颁布和《乡村振兴责任制实施办法》出台也进一步加强了乡村振兴的法治支撑。体系化政策创新和走向法治化成为 2021—2022 年我国全面推进乡村振兴的重要特征。

## （一）乡村振兴进入体系化政策创新阶段

2020 年 10 月，党的十九届五中全会首次提出全面实施乡村振兴战略："坚持把解决好'三农'问题作为全党工作重中之重，走中国特色社会主义乡村振兴道路，全面实施乡村振兴战略，强化以工补农、以城带乡，推动形成工农互促、城乡互补、协调发展、共同繁荣的新型工农城乡关系，加快农业农村现代化。"① 这一论述被写进《中华人民共和国国民经济和社会发展第十四个五年规划和 2035 年远景目标纲要》，成为我国"十四五"期间乡村振兴工作的总纲领。2022 年 10 月，党的二十大报告明确指出："全面建设社会主义现代化国家，最艰巨最繁重的任务仍然在农村。坚持农业农村优先发展，坚持城乡融合发展，畅通城乡要素流动。加快建设农业强国，扎实推动乡村产业、人才、文化、生态、组织振兴。"② 党的二十大报告还从全方位夯实粮食安全根基、巩固拓展脱贫攻坚成果、增强脱贫地区和脱贫群众内生发展动力、统筹乡村基础设施和公共服务布局、发展新型农村集体经济、深化农村土地制度改革、保障进城落户农民合法土地权益等角度，对"十四五"期间我国乡村振兴的战略架构进行了全面论述。从"十四五"规划到党的二十大报告，我国全面推进乡村振兴的战略目标与宏观布局全面确立。2021 和 2022 年，两个中央一号文件从"十四五"初期全面推进乡村振兴工作全局出发，对上述政策目标进行了阶段性布局。2021 年中央一号文件《中共中央　国务院关于全面推进乡村振兴加快农业农村现代化的意见》从实现巩固拓展脱贫攻坚成果同乡村振兴有效衔接、加快推进农业农村现代化、大力实施乡村建设行动、强党对"三农"工作的全面领导等四个方面对乡村振兴

---

① 《中共中央关于制定国民经济和社会发展第十四个五年规划和二〇三五年远景目标的建议》，中国政府网，http://www.gov.cn/zhengce/2020-11/03/content_5556991.htm。

② 《中国共产党第二十次全国代表大会文件汇编》，人民出版社 2022 年版，第 25—26 页。

工作进行了系统部署。①2022 年中央一号文件《中共中央　国务院关于做好 2022 年全面推进乡村振兴重点工作的意见》延续 2021 年中央一号文件的工作思路，坚持稳中求进，强调全面推进乡村振兴必须守住必须牢牢守住保障国家粮食安全和不发生规模性返贫这"两条底线"，抓住村发展、乡村建设、乡村治理这"三个重点"。②

2021 年 2 月，习近平总书记在《在全国脱贫攻坚总结表彰大会上的讲话》中指出："全面实施乡村振兴战略的深度、广度、难度都不亚于脱贫攻坚，要完善政策体系、工作体系、制度体系，以更有力的举措、汇聚更强大的力量，加快农业农村现代化步伐，促进农业高质高效、乡村宜居宜业、农民富裕富足。"③ 全面推进乡村振兴的任务复杂艰巨，头绪繁多，既涉及全社会充分动员和庞大的资源投入，又涉及深层次体制改革和制度创新，加大政策保障和体制机制创新力度是全面推进乡村振兴战略最终取得成功的重要前提。2022 年 10 月，习近平总书记在陕西省延安市和河南省安阳市考察时强调，全面建设社会主义现代化国家，最艰巨最繁重的任务仍然在农村。要全面学习贯彻党的二十大精神，坚持农业农村优先发展，发扬延安精神和红旗渠精神，巩固拓展脱贫攻坚成果，全面推进乡村振兴，为实现农业农村现代化而不懈奋斗 ④。

2021—2022 年，面对百年变局和世纪疫情，以"十四五"规则纲要和两个年度中央一号文件为基础，中共中央、国务院以及国家部委密集出台数十项全面促进乡村振兴的政策文件，涉及巩固脱贫攻坚成果、加快乡村人

---

① 参见《中共中央　国务院关于全面推进乡村振兴加快农业农村现代化的意见》，中国政府网：http://www.gov.cn/zhengce/2021-02/21/content_5588098.htm。

② 《中共中央　国务院关于做好 2022 年全面推进乡村振兴重点工作的意见》（2022 年 1 月 4 日），http://www.gov.cn/zhengce/2022-02/22/content_5675035.htm。

③ 习近平：《在全国脱贫攻坚总结表彰大会上的讲话》，《习近平谈治国理政》第二卷，人民出版社 2022 年版，第 139 页。

④ 参见《习近平在陕西延安和河南安阳考察时强调：全面推进乡村振兴为实现农业农村现代化而不懈奋斗》，《人民日报》2022 年 10 月 29 日。

才振兴、推动新型城镇化和城乡融合发展、加强国家乡村振兴重点帮扶县人力资源社会保障帮扶工作、农村人居环境整治提升、拓展农业多种功能、"十四五"全国农业机械化发展、推进以县城为重要载体的城镇化、社会组织助力乡村振兴、"十四五"农民体育高质量发展、推进农业农村现代化等方方面面。这些政策文件的出台进一步明确了我国全面推进乡村振兴的目标任务，充实了相关政策工具，为全面推进乡村振兴提供了有力支撑。

## （二）乡村振兴实现运行制度法治化

2021—2022 年，《乡村振兴促进法》的颁布和《乡村振兴责任制实施办法》的实施具有特别意义。2021 年 6 月开始实施的《乡村振兴促进法》是我国首部以乡村振兴命名、旨在全面推进乡村振兴战略实施的法律，对乡村做出了法律定义，并从根本原则、产业发展、人才支撑、文化繁荣、生态保护、组织建设、城乡融合、扶持措施、监督检查等方面对全面推进乡村振兴作出了法律规定。特别是在责任机制的落实方面，《乡村振兴促进法》对国家、各级人民政府及有关部门、村民自治组织、社会各界在乡村振兴事业中应当履行的职责和应当发挥的作用进行明确界定。《乡村振兴促进法》为全面推进乡村振兴提供了全局性、系统性的法律依据，标志着乡村振兴已经从国家战略上升为具有强力约束的法律，乡村振兴伟大事业由此进入法治化阶段。2022 年末，另一涉及乡村振兴的法律《农村集体经济组织法》的草案公布，进入公开征求公众意见环节，这意味着全面推动乡村振兴的法律体系正不断丰富和完善。

2022 年 12 月，中共中央办公厅、国务院办公厅印发了依据《中国共产党农村工作条例》《中华人民共和国乡村振兴促进法》制定的《乡村振兴责任制实施办法》，对中央和国家机关有关部门、地方党委和政府促进乡村振兴的责任作出了明确规定，并把中央统筹、省负总责、市县乡抓落实、五级书记抓乡村振兴的领导体制和工作机制确立为乡村振兴工作的基本制度。同时，《乡村振兴责任制实施办法》还将中央定点帮扶单位、东西部协作双方各级党委和政府、工会、共青团、妇联、科协、残联等群团组织，以及军队、事业单位和社会组织纳入乡村振兴的责任网络，并鼓励鼓励公民个人主动参与乡村振兴。① 这是实施乡村振兴战略以来，从责任主体的角度进行的全方位社会动员，也标志着举全党全社会之力全面推进乡村振兴的伟大事业进入新阶段。

## 二、2021—2022 年中国乡村振兴的新成就

2021 年至 2022 年，在国家各项政策和法律的推动下，我国乡村振兴各项事业不断迈向深入，在巩固脱贫攻坚成果、促进乡村产业经济发展、保障国家粮食安全、推进乡村基础设施建设和生态建设、农村公共文化服务和文明乡村建设等领域取得丰硕成果。

### （一）脱贫攻坚成就进一步巩固

全面建立防止返贫动态监测帮扶机制，巩固脱贫攻坚成果是 2021—2022 年我国乡村振兴领域的重要任务。根据国家乡村振兴局公布的数据，国家对脱贫攻坚期间的帮扶政策分类调整优化，出台 33 项衔接政策，全国确立了 160 个国家乡村振兴重点帮扶县并出台 14 个方面倾斜支持政策，深化东西部协作、定点帮扶和易地搬迁后续扶持。2021 年和 2022 年，全国分别帮扶脱贫劳动力实现务工就业 3145 万人和 3278 万人，分别比上年增加 126 万人，133 万人。从收入增长看，2021 年和 2022 年，脱贫人口人均纯收入分别为 12550 元和 14342 元，同比上年分别增长 16.9% 和 14.3%。到 2022 年底，全国 65.3% 的监测对象已消除返贫风险，其余也都落实了帮扶

---

① 《中共中央办公厅　国务院办公厅印发〈乡村振兴责任制实施办法〉》，中国政府网，http://www.gov.cn/xinwen/2022-12/14/content_5731828.htm。

措施。① 从横向看，根据国家统计局发布的数据，2021 年和 2022 年，我国农村居民人均可支配收入分别为 18930.9 元和 20133 元，同比上年分别增长 10.5% 和 4.2%，脱贫人口的人均收入增长率显著快于全国农村居民。从地区看，2021 年我中西部 22 省（市、区）脱贫县农村居民人均可支配收入达到 14050.9 元，同比增长 11.6%。

经过各方面共同努力，2021—2022 年两年间，我国脱贫攻坚成果得到进一步巩固拓展，守住了不发生规模性返贫的底线，脱贫基础更加稳固，脱贫人口的与全国农村居民人均收入的差距进一步缩小。从更长的周期看，2016—2021 年的 5 年间，在乡村振兴的推动下，农村居民人均可支配收入增速明显快于城镇居民人均可支配收入增速，城乡居民收入比由 2016 年的 2.72 缩小到 2021 年的 2.5。乡村振兴战略的实施在缩小城乡差距、促进城乡居民共同富裕领域已经取得显著成果。

### （二）粮食安全有效保障

粮食生产是我国 14 亿人口粮食安全的重要保障。2021 年是我国实行粮食安全党政同责第一年，各地高度重视，层层压紧压实粮食生产责任，坚决遏制耕地"非农化"，加大对粮食生产支持，调动农民积极性，全国粮食总产量粮食产量创历史新高。全年粮食产量达 13567 亿斤，比上年增长 267 亿斤，增长 2.0%。② 同年，我国农作物自主选育品种面积占比超过了 95%，做到了中国粮主要用中国种，人均粮食占有量达到 483 公斤，高于国际公认的 400 公斤粮食安全线，实现谷物基本自给、口粮绝对安全。2022 年，面对疫情、灾情等多重困难挑战，中央财政对粮食生产的支持力度，三次向实际种粮农民合计发放 400 亿元一次性补贴，比 2021 年翻了一番；安排 70 亿

---

① 数据来源：中国政府网，http://www.gov.cn/xinwen/2022-02/25/content_5676463.htm ；http://www.gov.cn/xinwen/2023-01/25/content_5738683.htm。

② 数据来源：国家统计局农村社会经济调查司编：《中国农村统计年鉴 2022》，中国统计出版社 2022 年版，第 3 页。

元支持夏粮促壮稳产，投入 100 亿元支持秋粮抗高温干旱，有力地调动了农民生产的积极性。在各项政策的促进下，2022 年我国实现播种面积 17.75亿亩，比上年增加 1052 万亩，粮食实现了逆势丰收，总产量 13731 亿斤，比上增产 74 亿斤，粮食产量连续 8 年保持在 1.3 万亿斤以上。[①]2021 年至2022 年，我国粮食生产的连续丰收，进一步巩固了农业在社会稳定和国家发展中的基础性地位，有力维护了国家食粮安全。

### （三）乡村产业经济取得新发展

产业兴旺是乡村振兴取得最终成功的重要标志和根本保证。2021—2022年，各地围绕农业实现多种功能，开发乡村多元价值，大力发展以农业农村资源为依托的农产品加工业、乡村休闲旅游业等，同时着力培育农村电商实体和网络直播等新业态，促进农民就地就近就业增收。

2021 年至 2022 年两个中央一号文件、《中华人民共和国国民经济和社会发展第十四个五年规划五年规划和 2035 年远景目标纲要》，以及由国家发改委、农业农村部等相关部委单独或联合发布的《"十四五"推进农业农村现代化规划》《农业农村部关于保障和规范农村一二三产业融合发展用地的通知》《关于拓展农业多种功能促进乡村产业高质量发展的指导意见》《关于促进文化产业赋能乡村振兴的意见》等重要文件，都对推动农业产业和乡村产业发作出相关要求和政策支持。在各方力量的共同推动下，2021—2022年，我国乡村产业经济乡村产业加快发展。

农产品加工产业是提高农产品附加值、拓展延伸农业产业链的基本方式。近年来，在乡村振兴的推动下，我国农产品加工产业快速发展。截至2020 年底，全国农产品加工业与农业总产值比达到 2.4∶1，主要农产品加工转化率达到 68%。2021 年我国规模以上农产品加工业营业收入超过 17.7

---

① 数据来源：《二〇二二年粮食产量创历史新高，乡村产业培育壮大，农业农村经济发展取得超预期成效》，《人民日报》2023 年 1 月 19 日。

万亿元、增速超过 10%，全年新创建 50 个国家现代农业产业园、50 个优势特色产业集群、298 个农业产业强镇，带动 1560 多万返乡农民工稳定就业。①根据财政部发布的《2022 年中国财政政策执行情况报告》，2022 年，中央财政安排衔接推进乡村振兴补助资金 1650 亿元，同口径较上年增加 84.76 亿元，增长 5.4%；安排资金 118.7 亿元，着力构建省县乡梯次布局、点线面协同推进的现代乡村产业体系。同年，中央财政共支持新创建 50 个国家现代农业产业园、40 个优势特色产业集群、200 个农业产业强镇，乡村产业基础进一步夯实。② 在乡村旅游方面，2022 年全国共有开展休闲农业和乡村旅游接待的村落近 5 万个。截至 2022 年上半年，我国已累计创建 140 个优势特色产业集群、250 个国家现代农业产业园、1300 多个农业产业强镇、3600 多个"一村一品"示范村镇；建设近 2200 多个农村创新创业园区和孵化实训基地。③

近年来，随着网红带货等新型销售方式的繁荣，乡村电商迅猛发展。根据相关统计，2021 年全国农村网络零售额 2.05 万亿元，占全国网络零售额的15.66%，同比增长 11.3%。2022 年全国农村网络零售额达 2.17 万亿元，同比增长 3.6%。据农业农村部在《2021 全国县域农业农村信息化发展水平评价报告》披露的数据，2021 年我国县域农产品网络零售额达到 3895.5 亿元。④2022年全国农产品网络零售额达 5313.8 亿元，同比增长 9.2%，增速较 2021 年提升 6.4 个百分点。⑤ 快速发展的乡村电商已经成为我国乡村产业经济的重要组

---

① 数据来源：《国新办举行 2021 年农业农村经济运行情况新闻发布会》，农业农村部网，http://www.moa.gov.cn/hd/zbft_news/nyncjjyx/。

② 数据来源：《2022 年中国财政政策执行情况报告》，中国政府网，http://www.gov.cn/xinwen/2023-03/21/content_5747677.htm。

③ 《开创新局面，乡村振兴取得阶段性重大成就》，中国商报网，https://www.zgswcn.com/article/202212/202212291030301025.html。

④ 数据来源：《2022 中国县域数字农业农村电子商务发展报告》，农业农村部信息中心、中国电子商务中心 2023 年 1 月发布。

⑤ 数据来源：《第 51 次中国互联网络发展状况统计报告》，中国互联网信息中心发布。

成部分，对推动农民增收和乡村经济发展发挥着日益重要的作用。

在乡村旅游基础设施持续升级和旅游形态不断创新等多重因素的共同作用下，乡村旅游成为近年来我国国内旅游发展较快的部分。2019年国内旅游总人次达 60.06 亿，其中乡村旅游 30.9 亿人次，占国内旅游总人次的一半以上。2021 年和 2022 年，受到新冠疫情影响，我国国内外旅游人数较疫情前有较大下降，年度国内游客总量分别为 28.79 亿人次和 32.46 亿人次。①但疫情期间，国内短途旅游和乡村旅游成为国内旅游的首选，超八成游客在疫情期间选择的乡村旅游类型为市郊游或省内周边游。2021 年，全国乡村休闲旅游业营业收入恢复性增长、比上年增加 1000 亿元左右。截至当年，全国共认定 60 个农业休闲重点县，1442 个美丽休闲乡村，1000 余条精品景点线路。②2021 年 8 月和 2022 年 11 月，文化和旅游部和国家发展改革委分别发布第三批 199 个全国乡村旅游重点村名单和第一批 100 个全国乡村旅游重点镇（乡）名单，以及四批 200 个全国乡村旅游重点村和第二批 98 个全国乡村旅游重点镇（乡）名单。在相关政策的推动下，乡村旅游进入市场规模扩大和整体品质提升的新阶段。

产业融合发展是发展乡村产业的重要方式。2022 年 3 月，文化和旅游部等六部门联合印发《关于推动文化产业赋能乡村振兴的意见》，提出以"文化引领、产业带动""农民主体、多方参与""政府引导、市场运作"等方式，深入开发创意设计、演出产业、音乐产业、美术产业、手工艺、数字文化、其他文化产业、文旅融合等 8 个文化产业赋能乡村振兴重点领域，到 2025年基本建立文化产业赋能乡村振兴的有效机制。2022 年"非遗购物节"前后，全国 150 余个地级市举办相关活动，"非遗"产品销售额超过 20 亿元，其中有 334 个脱贫县的 1000 余家非遗工坊参与了销售活动，覆盖 65 个国家乡村

---

① 数据来源：国家统计局编：《中国统计年鉴 2022》，中国统计出版社 2022 年版，第 573页。

② 规划实施协调推进机制办公室编著：《乡村振兴战略实施规划报告（2018—20220)》，中国农业出版社 2022 年版，第 7 页。

振兴重点帮扶县。①

### （四）乡村基础建设和生态建设持续推进

完善乡村基础设施是推动我国农业农村现代化的重要方式。2021 年和 2022 年两个中央一号文件都把加强农村基础建设作为全面推进乡村振兴的重要抓手。

根据国家统计局发布的数据，截至 2021 年末，我国 87.3% 的村通公共交通；99.1% 的村进村主要道路路面为水泥或柏油；97.4% 的村村内主要道路路面为水泥或柏油；99.0% 的村通宽带互联网，94.2% 的村安装了有线电视。全国有电子商务配送站点的村超过 33 万个。②2022 年底，我国农村供电可靠率达 99.8%。农村人居环境整治提升方面，全国农村卫生厕所普及率超过 73%③，90% 以上的自然村生活垃圾得到收运处理，95% 的村庄开展了清洁行动。

2021—2022 年，我国乡村网络基础设施和数字乡村建设取得显著进展。数字技术与农业生产、农产品流通环节深入融合，数字政务提升了乡村治理的科学化水平，同时增进了广大乡村地区民生福祉，为乡村振兴提供了强大助力。根据《第 51 次中国互联网络发展状况统计报告》，截至 2022 年 12 月，农村地区互联网普及率为 61.9%，较 2020 年 12 月提升 6 个百分点。据此推算，2022 年我国城乡互联网普及率差距较"十三五"初期缩小 18 个百分点，城乡差距大幅缩小。2022 年全国农村宽带用户总数达 1.76 亿户，比上年增长 11.8%，增速较城市宽带用户高出 2.5 个百分点。互联网基础设施的提升促进了我国农村地区数字乡村建设。由农业农村部信息中心牵头编制的《中国数字乡村发展报告（2022 年）》显示，全国数字乡村发展水

---

① 《非遗助力乡村振兴焕发生机活力》，新华网，https://baijiahao.baidu.com/s?id=1753231 446802225610&wfr=spider&for=pc。

② 国家统计局：《农业发展成就显著乡村美丽宜业宜居——党的十八大以来经济社会发展成就系列报告之二》，http://www.stats.gov.cn/sj/sjjd/202302/t20230202_1896672.html。

③ 《2022 年中国财政政策执行情况报告》，中国政府网，http://www.gov.cn/xinwen/2023-03/21/content_5747677.htm。

平达到 39.1%，农业生产信息化率为 25.4%，其中，大田种植信息化率为 21.8%，畜禽养殖信息化率达 34.0%，水产养殖信息化率为 16.6%。在乡村治理方面，2021 年全国"三务"网上公开行政村覆盖率达 78.4%，较上年提升 6.3 个百分点，党务、村务、财务分别为 79.9%、79.0%、76.1%；全国基层政权建设和社区治理信息系统已覆盖 48.9 万个村委会、11.7 万个居委会。2022 年，全国六类涉农政务服务事项综合在线办事率达 68.2%。截至当年 12 月，我国农村地区在线教育和互联网医疗用户占农村网民规模比例为 31.8% 和 21.5%，较上年分别增长 2.7 个和 4.1 个百分点。

2022 年 5 月，中共中央办公厅、国务院办公厅印发了《乡村建设行动实施方案》，提出按照中央统筹、省负总责、市县乡抓落实的要求，推动乡村基础建设，到 2025 年，乡村建设取得实质性进展，农村人居环境持续改善，农村公共基础设施往村覆盖、往户延伸取得积极进展，农村基本公共服务水平稳步提升，农村精神文明建设显著加强，农民获得感、幸福感、安全感进一步增强。该《方案》从加强乡村规划建设管理、实施农村道路畅通工程、强化农村防汛抗旱和供水保障、实施乡村清洁能源建设工程、实施农产品仓储保鲜冷链物流设施建设工程、实施数字乡村建设发展工程、实施村级综合服务设施提升工程、实施农房质量安全提升工程、实施农村人居环境整治提升五年行动、实施农村基本公共服务提升行动、加强农村基层组织建设、深入推进农村精神文明建设等十二个方面对"十四五"期间我国乡村基础设施建设提出了目标。"十四五"期间，我国乡村基础建设将持续展开，乡村基础设施将实现系统性提升。

2021—2022 年，我国乡村生态宜居建设也取得全面进展。在农业绿色转型方面，农业面源污染治理协同推进。畜禽粪污、秸秆、农膜等利用率分别超过 78%、88%、80%，重点流域生态环境加快改善。[①] 农业生产和农

---

① 《国新办举行 2022 年农业农村经济运行情况新闻发布会》，国务院新闻办公室网，http://www.scio.gov.cn/xwfbh/xwbfbh/wqfbh/49421/49494/wz49496/Document/1735475/1735475.htm。

产品"三品一标"深入推进，绿色、有机、地理标志农产品产量占比达到11%，农产品质量安全例行监测合格率97.6%。在乡村生态修复方面，2022年12月，我中国"山水工程"被列入首批十大"世界生态恢复旗舰项目"。"山水工程"是我国践行山水林田湖草生命共同体理念的标志性工程。"十三五"以来，"山水工程"在"三区四带"重要生态屏障区域部署实施44个山水工程项目，完成生态保护修复面积350多万公顷。到2030年，"山水工程"将实现恢复1000万公顷自然生态。在农村基建和生态建设的推动下，我国广大乡村地区生态环境不断优化，日益宜居宜业。

**（五）农村公共文化服务和乡风文明建设扎实开展**

推进公共文化服务体系持续优化是我国乡村文化建设的基本抓手。2021年以来，《国家基本公共服务标准（2021年版）》《"十四五"文化和旅游发展规划》《关于推动公共文化服务高质量发展的意见》等一系列重要政策文件出台，明确提出"十四五"期国家要从推进城乡公共文化服务体系一体建设，增强公共文化服务实效性，推动公共文化服务社会化发展和数字化、网络化、智能化建设，推进公共文化服务区域均衡发展，提升农村公共文化服务水平。

近年来，短视频经成为乡村居民文化消费的重要方式。根据《第51次中国互联网网络发展状况统计报告》，截至2022年12月，农村网民群体短视频使用率已超过城镇网民0.3个百分点，农村地区信息沟通及视频娱乐类应用普及率与城市网民基本持平，即时通信使用率与城镇网民差距仅为2.5个百分点。根据乡村网络文化消费的新特点，2021年文化和旅游部全国公共文化发展中心等单位举办了全国"乡村网红"计划，打造优质"乡村网红"。参加活动的全国3000多家文化馆，采用微综艺节目形态，通过网络征集、嘉宾助力、网友互动等方式，发掘、打造优秀"乡村网红"人才。这些"乡村网红"通过网络视频，以各具特色方式网上为家乡代言，引起热烈反响。截至2021年11月底，国家公共文化云开设的"乡村网红"专题总访问量突破 2500 万人次。

2021 年至 2022 年春节前后，文化和旅游部连续在范围内举办全国"村晚"网络示范活动，通过网络向全国展示各地乡村优秀村庄春节晚会，丰富乡村文化生活。各地乡村地结合活动主题举办"村晚"活动，推介民间文化艺术和乡村好物美景，并在春节期间进行网络接力展播，带动全国"村晚"蓬勃开展。各地还动员本地区文艺工作者、爱好者制作"过大年""迎冬奥""美好生活""百年成就"等主题的"村晚"短视频，随手拍、随时传，上传至国家公共文化云、央视频和新华网等平台，进行云展播。大范围的网络"村晚"展播激发了各地乡村的文化自豪感，对疫情影响下的乡村民众发挥了文化鼓舞作用。

非物质文化遗产保护是乡村文化振兴的重要领域。2021 年以来，文化和旅游部会同人力资源和社会保障部、国家乡村振兴局共同支持地方开展非遗助力乡村振兴工作，建设非遗工坊 2500 余家，其中 1400 余家位于脱贫地区，带动了当地群众就近就业、增收致富。2021 年 12 月，农业农村部公布第六批中国重要农业文化遗产名单，山西阳城蚕桑文化系统等 21 项传统农业系统入选，包括 20 个新增项目和 1 个扩展项目。至此，农业农村部已认定了六批 138 项中国重要农业文化遗产。2022 年 5 月，联合国粮农组织首次通过线上方式完成考察，正式认定我国 3 个传统农业系统为全球重要农业文化遗产，分别是福建安溪铁观音茶文化系统、内蒙古阿鲁科尔沁草原游牧系统和河北涉县旱作石堰梯田系统。至此，我国全球重要农业文化遗产增至 18 项，数量居世界首位。

在文明乡村建设方面，2021—2022 年，全国各地深入开展习近平新时代中国特色社会主义思想学习教育和中国梦宣传教育，推动社会主义核心价值观融入农村发展和农民生活。针对一些农村地区人情攀比、封建迷信、天价彩礼、厚葬薄养等不良风气屡禁不止的现象，农业农村部、中央组织部、中央宣传部、中央文明办、中央农村工作领导小组办公室、民政部、全国妇联、国家乡村振兴局等八部门在 2022 年 8 月联合印发《开展高价彩礼、大操大办等农村移风易俗重点领域突出问题专项治理工作方案》，要求各地在2022—2023 年开展促进乡风文明专项治理，通过充实简办婚丧喜事、减轻人情负担、反对铺张浪费、倡导孝老爱亲等方式建设文明乡风，构建充满活力、和谐有序的善治乡村。2022 年 10 月，农业农村部、国家乡村振兴局联合发布第三批全国村级"文明乡风建设"典型案例，向全国推介北京市房山区青龙湖镇水峪村、新疆维吾尔自治区和田市洛浦县洛浦镇克尔喀什村等38 个村庄在加强党建引领、发挥基层群众组织和村规民约作用、细化实化婚丧嫁娶操办标准规范、传承弘扬家风家训和传统美德、强化移风易俗宣传引导等方面探索创新的经验。

在实践中，广大农村地区充分利用新时代文明实践中心阵地，广泛开展文明实践志愿服务，借助健全道德评议会、红白理事会、禁毒禁赌会，完善村规民约等方式，持续推进农村移风易俗，建设健康文明生活方式。各地抓住家庭这一乡风文明建设的基本单元，通过"优秀传统文化进农家""科学知识进农家""文明风尚进农家""法律法规进农家""传家训、立家规、扬家风"，以及评选"三好一户""人居环境改善先进户""好邻居""十星级文明户""人居环境改善先进户"等各种形式把乡风文明建设落到实处，不断提升乡村文明水平。

乡村空间是传承中华优秀传统文化、传统农耕文化和各类非物质文化传承发展的重要载体，也是优秀传统文化与现代工业文明、科技文明融合发展的重要接口。在城乡融合发展的背景下，推进乡村文化建设，要把实现物的现代化和人的现代结合起来，在促进乡村全面发展、城乡共同富裕的基础上，努力开创新乡村文明新形态，使新型乡村文明成为中国式现代化的重要组成部分。

## 三、"十四五"期间全面推进乡村振兴面临的突出挑战

"十四五"期间，随着全面推进乡村振兴各项政策的持续出台，以及乡

村振兴各领域的创新探索与实践不断深入，我国乡村振兴事业逐渐迈入深水区，一些深层矛盾和挑战逐渐凸显，成为继续推进乡村振兴所必须面对和克服的难题。在这些矛盾和挑战中，提升我国农业现代化水平、壮大乡村新型集体经济、培育乡村地区人才资源，以及优化农村金融服务体系等问题尤其突出，值得深度关注并积极探索。

## （一）进一步提升农业现代化水平的挑战

我国是传统的农业大国，新中国成立之初，就将实现农业现代化列为我国长期的战略目标。早在 1954 年，第一届全国人民代表大会首次提出要实现工业、农业、交通运输业和国防的四个现代化的任务。20 世纪 60 年代中期，我国提出了建设现代农业、现代工业、现代国防和现代科学技术"四个现代化"的宏伟目标。改革开放以来，我国致力于探索实现农业现代化的中国道路。党的十七大报告明确提出加强农业基础地位，走中国特色农业现代化道路，建立以工促农、以城带乡长效机制，形成城乡经济社会发展一体化新格局。党的十八大报告提出，加快完善城乡发展一体化体制机制，着力在城乡规划、基础设施、公共服务等方面推进一体化，促进城乡要素平等交换和公共资源均衡配置，形成以工促农、以城带乡、工农互惠、城乡一体的新型工农、城乡关系。从党的十九大开始，我国从"三农"工作整体的角度，提出了实施乡村振兴战略以及建立健全城乡融合发展的体制机制和政策体系，加快推进农业农村现代化。2017 年底，中央农村工作会议首次提出到2035 年，乡村振兴取得决定性进展，农业农村现代化基本实现；到 2050 年时，乡村全面振兴，全面实现农业强、农村美、农民富。党的二十大报告则进一步向全党全社会发出了"加快建设农业强国"的号召。

农业农村现代化是全面推进乡村振兴的核心目标。尽管在我国现代化进程中，农业农村农民问题紧密相关，不可分割，农业农村现代需要一体化推进，但从建设农业强国的角度，农业现代化和农村现代化内涵和实现路径仍有重要区别。农村现代化一方面体现在城乡融合发展，通过农村地区的交通、通信网络、水、电、医疗、卫生、教育等基础设施和公共服务水平大幅提升，逐步实现城乡公共服务均等化。另一方面，农村现代化也体现在通过新型工业化、信息化、城镇化、农业现代化同步发展，形成工农互促、城乡互补、全面融合、共同繁荣的新型工农城乡关系。就此而论，农村现代化的核心目标是通过重塑城乡关系，达到城乡融合发展和工农融合发展，克服城乡发展差距，实现全体人民共同富裕。在全面推进乡村振兴的背景下，实现农村现代化的根本途径有两个：一是通过公共财政支持和乡村自身经济能力提升乡村基础建设和公共服务水平；二是促进城乡之间人才、资源和资金的双向流通，充分实现乡村资源禀赋的市场价值。在实现方式上，农村现代化的进程和节奏与公共资源投入和城乡之间资源和要素交换的市场化机制的建立有很大关联。

相较而言，实现农业现代化是一个复杂的体系建构过程，是科技、产业、自然资源、生产主体、产业融合等诸多因素相互促进与融合的总体性过程。尽管农村现代化与农业现代具有深刻的内在关联，但实现农业现代化的难度远大于实现农村基础设施和公共服务水平的提升。从总体上看，我国自然条件复杂多样，乡村人口数量庞大，各地农业生产方式差异性巨大，农业生产与国民经济其他部门的产业融合程度还不够充分。《"十四五"推进农业农村现代化规划》指出，我国农业基础依然薄弱，具体表现在耕地质量退化面积较大，育种科技创新能力不足，抗风险能力较弱；资源环境刚性约束趋紧，农业面源污染仍然突出；转变农业发展方式任务繁重，农村一、二、三产业融合发展水平不高，农业质量效益和竞争力不强等方面。在这种背景下，我国农业生产的总体规模虽然巨大，但农业现代化水平和农业生产的国际竞争力与建设农业强国的总目标仍有较大差距。甚至可以说，在我国早在20世纪60年代就提出的"四化"目标中，农业现代化是迄今实现程度最低，发展最为滞后的一个，需要全社会以更多的资源投入和更多的气力付出来切实推进。2021年中央一号文件《中共中央　国务院关于全面推进乡村振兴加快农业农村现代化的意见》指出，要坚持农业现代化与农村现代化一体设计、一并推进。该《意见》从提升粮食和重要农产品供给保障能力、打好种业翻身仗、坚决守住 18 亿亩耕地红线、强化现代农业科技和物质装备支撑、构建现代乡村产业体系、推进农业绿色发展、推进现代农业经营体系建设等角度，对推进我国农业现代化进程进行了规划和部署。

"十四五"期间和今后若干时期，我国农业现代化面临的关键挑战突出体现在三个方面：进一步提升农业生产现代化水平、推动农业生产经营主体专业化、促进农业产业结构现代化。

进一步提升农业生产方式现代化水平的挑战。农业生产方式现代化的标志是农业生产过程实现科技含量高，充分实现机械化、数字化、智能化，以及生物工程技术、基因育种等技术等在农业生产领域的全面应用。科技因素在农产品的品质提升、产量增加方面发挥着关键作用，农业科技现代化是农业现代化的关键。从 2012 年到 2021 年，我国农业科技进步贡献率从54.5%提高到 61%以上。根据农业农村部发布的《2021 年全国农业机械化发展统计公报》，2021 年全国农作物耕种收综合机械化率达到 72.03%，较上年提高 0.78 个百分点，其中机耕率、机播率、机收率分别达到 86.42%、60.22%、64.66%。同年，全国畜牧养殖、水产养殖、农产品初加工、设施农业等产业机械化率进一步提升，分别达到 38.50%、33.50%、41.64%、42.05%，较上年分别提高 2.72 个、1.85 个、2.45 个、1.51 个百分点。

尽管我国在农业机械化率方面已经取得长足发展，但仍有巨大的提升空间。这主要表现在我国农业机械化在不同区域、产业、品种、环节上的发展还不平衡不充分，总体有效供给不足，在农田分高度分散且规模较小的山区和丘陵地区，仍然普遍存在小型农业机械种类较少、配套程度低，农业生产机械化程度较低的现象。在一些耕地规模化程度较高的地区，还存在大豆玉米带状复合种植专用机械、高端智能农机装备供给不足等现象。同时，将大数据、5G 技术、物联网和人工智能等技术结合起来进行农业生产的智慧农业，仍然整体上处于早期发展阶段，普及率较低。习近平总书记指出："中国现代化离不开农业现代化，农业现代化关键在科技、在人才。要把发展农业科技放在更加突出的位置，大力推进农业机械化、智能化，给农业现代化插上科技的翅膀。"①进一步提升农业生产的机械化、智能化水平，使农业生产的科技进步贡献率迈上新的台阶，不断缩小我国农业与世界农业发达国家之间的差距，是"十四五"时期我国农业现代化进一步提升面临的重要挑战。

推动农业生产经营主体专业化的挑战。农业生产经营主体专业化是农业现代的重要前提。只有专业化才能有效提高农业生产的产出效率和品质，从而提升市场竞争力。生产经营主体专业化一方面意味着农业部门从业和经营者职业化，另一方面意味着农业生产活动的规模化。职业化有利于提升农业从业者的专业知识和专业技能，二者都能有效增强农业经营生产主体的市场竞争力，而规模化则能够促进农业机械的利用效率，并有效降低单位产出的成本。从农业生产经营的方式来看，我国是典型的东亚农业模式，"大国小农"特征鲜明，小规模分散经营的家庭农户依然占农业生产主体的绝大多数，家庭农场和农业专业户的总量和平均土地规模、养殖规模相对较少，除国有农场、东北地区和新疆生产建设兵团农户均经营的耕地规模相对较为集中外，其他地区农户户均土地经营规模都相对较小，不利于农业生产经营主体专业化。根据农业农村部发布的数据，"十四五"中期，全国家庭农场、农民合作社分别超过 400 万家、223 万个，各类农业社会化服务组织超过 104 万个，农业生产经营主体专业化水平正在不断发展中。2021 年，我国土地经营权流转面积 5.57 亿亩，有效促进了农业适度规模经营发展。但与我国 18 亿亩以上的耕地面积相比，通过土地流转实现相对经营规模集中的耕地总面积还不到全国耕地总面积的 1/3，远不能适应我国农业发展对专业化生产和规模化经营的要求。因此，如何在农村土地所有权、承包权和经营权"三权分置"的基础上，形成既保护农户利益、维持农村社会的稳定发展，又能通过适当的土地经营权集中化不断提高我国农业生产经营主体的专业化和规模化程度的农业生产新格局，是我国农业现代化面临的又一重大挑战。

---

① 习近平：《论"三农"工作》，中央文献出版社 2022 年版，第 219 页。

促进农业产业结构现代化的挑战。农业产业现代化是农业现代的重要标志，实现农业产业现代化，一方面要积极推进种植业、林业、畜牧业、渔业等产业形态自身的专业化和科技化、智能化水平；另一方面要大力推动实现一、二、三次产业相融合，使农业各部门与加工制造业、现代服务业的融合发展。根据国家统计局发布的数据，2021年我国第一产业（包括农、林、牧、渔业）实现增加值83085.5亿元，占国内生产总值的7.3%，农村第一产业就业人口总量为17072万人，人均创造增加值为48667.4元。而同年，我国全国就业人数为74652万，国内生产总值为1143669.7亿元①，人均创造增加值为153200元，第一产业就业人均创造增加值仅为全国就业人员人均创造增加值的31.7%。促进农业产业结构现代化，就必须加快推进农业产业与其他产业部门的融合发展。党的二十大报告指出，要建构优质高效现代服务业新体系，推动现代服务同先进制造业、现代农业深度融合。推动农业与现代服务业和先进制造业的结合，有利于实现农业产业的多样价值，如农业生态价值、创意农业观光价值、农产品的地域品牌价值，也能够通过深加工提升农产品的附加值，从而实现产业协作的乘数效应，大幅扩张第一产业的经济规模，提升农业就业收入在国民经济总体中的比例。同时，推动农业与现代服务和先进制造业的充分结合，对于建构现代农业流通体系，发展装备农业、工厂农业，以及全面提升农业生产的科技水平与装备水平都具有重要意义。

促进农业产业结构现代化虽然意义重大，但也面临不少挑战。一是农业产业的主体规模相对分散，相对于规模化的制造业和服务业产业资本市场议价能力较低，在产业融合过程中如何保障农业生产主体的利益，实现农业生产者和产业资本的合作共赢，是我国推动一、二、三产业融合发展面临的挑战。二是农业产业易受自然条件和气候等因素影响，风险性、波动性相对较大，如何通过制度设计，降低和平抑产业资本与农业部门融合发展的风险，

---

① 数据来源：国家统计局编：《中国统计年鉴2022》，中国统计出版社2022年版，第4页。

从而形成有利制造业和服务业产业资本积极投资农业部门的局面，促进现代产业要素和科技发展成果加快向农业部门外溢，也是我国农业产业结构现代化而必须克服的挑战。

## （二）壮大乡村新型集体经济的挑战

农村集体经济是社会主义公有制经济在农村的主要实现形式，是农村经济发展的重要引擎、农村公共服务提供的重要主体、乡村文化建设的重要依托、农村治理的重要经济基础，也是实现我国农村共同富裕的重要保障。多途径发展新型农村集体经济，是乡村振兴和农业农村现代化发展的必然要求。2016 年中共中央、国务院颁布的《关于稳步推进农村集体产权制度改革的意见》首次提出发展"新型农村集体经济"以来，我国对农村集体资产进行了清产核资，重点对农村集体经营性资产的权属关系进行了厘清，确立了村民依法享有村集体经济股权及其收益权的原则，并通过每个村级、组级集体资产进行赋码，以村股份经济合作联社、组股份经济合作社等方式，初步建立起了促进新型农村集体经济壮大发展的基本制度。在具体实践中，各地通过村集体土地流转、出租、物业租赁、居间服务、资产参股、乡村旅游等传统方式，以及"融合经济""生态经济""服务经济""飞地经济"等创新方式，建立和拓展农村集体经济。

2021—2022 年，发展新型农村集体经济成为全面推进乡村振兴的重要任务。2021 年中央一号文件提出"发展壮大新型农村集体经济"，2022 年中央一号文件提出"探索新型农村集体经济发展路径"。2022 年，党的二十大报告提出，巩固和完善农村基本经营制度，发展新型农村集体经济。根据国务院印发的《"十四五"推进农业农村现代化规划》，截至 2020 年，我国集体收益 5 万元以上的村占比为 54.4%，全国近半数村集体经济非常薄弱，既不利于促进农村居民共同富裕，也弱化了乡村基层的治理能力。

总体来看，现阶段我国壮大农村集体经济的挑战主要体现在五个方面。一是全国大部分地区农村集体经济基础薄弱，各地农村新型农村集体经济发展通常主要依赖于集体农用土地入市、流转、出租等资源性资产，经营性资产缺乏，从基础上制约了新型村集体经济的发展壮大。二是城乡双向要素流动机制尚未完全打通，村集体所拥有的土地、森林、山岭、草原、荒地、滩涂等资源性资产难以转化成金融性资产，制约了村新型集体经济的发展空间。三是村集体经济与本地区域产业经济以及村农民合作社的联动发展的机制不足，收入来源单一，自我造血和可持续发展的能力不足。四是乡村集体经济运营、管理人才相对缺乏，运行和监管机制不健全，运营风险问题突出。五是一些地区新型村集体经济发展的目标和定位不明确，村集体经济的资本积累和可持续发展动力不足，部分地区存在将村集体资产的收益吃光分净的现象，导致村集体经济难发挥促进村民共同富裕和完善村公共设施、促进村治理水平现代化的作用。

### （三）乡村地区人才资源提升的挑战

人才匮乏是制约我国全面推进乡村振兴的重要因素。由于城乡公共服务、收入、发展机遇等诸多方面的巨大差距，改革开放以来的四十多年间，我国人才流动呈现出与城市化一致的方向，乡村青壮年和主要劳动力流向城市。在城市和乡村之间，一方面农村劳动力和种类经营、管理、科学技术专业人才的严重短缺，另一方面城市各类高学历群体和专业人才相对过剩，就业不充分。根据国家统计局的发布的数据，2022 年，我国农村居民家庭户中，初中及以下文化程度人口占比为 86.2%，高中文化程度人口占比为 11.7%，大专及以上文化程度人口占比仅为 2%。[①] 人才短缺因素极大制约了乡村发展的机遇和空间。实现乡村振兴，必须着力解决乡村人才短缺问题。习近平总书记指出："推动乡村全面振兴，关键靠人。要建设一支政治过硬、本领过硬、作风过硬的乡村振兴干部队伍，吸引包括致富

---

① 数据来源：国家统计局农村社会经济调查司编：《中国农村统计年鉴 2022》，中国统计出版社 2022 年版，第 33 页。

带头人、返乡创业大学生、退役军人等在内的各类人才在乡村振兴中建功立业。"①"十四五"期间，围绕乡村人才振兴，我国制定了一系列战略性措施。2021年初，中共中央办公厅、国务院办公厅印发《关于加快推进乡村人才振兴的意见》，对"十四五"期间乡村人才振兴的目标进行了规划，提出2025年，乡村人才振兴制度框架和政策体系基本形成，乡村振兴各领域人才规模不断壮大、素质稳步提升、结构持续优化，各类人才支持服务乡村格局基本形成，乡村人才初步满足实施乡村振兴战略基本需要。该《意见》还从加快培养农业生产经营人才、加快培养农村二、三产业发展人才、加快培养乡村公共服务人才、加快培养乡村治理人才、加快培养农业农村科技人才等五大领域对乡村人才振兴的具体措施进行了规划。2022年2月，《"十四五"推进农业农村现代化规划》也从农村产业振兴的角度，提出了开展农村创业创新带头人培育行动，确立的目标是在"十四五"期间打造1500个农村创业创新园区和孵化实训基地，培育10万名农村创业创新导师和100万名带头人，带动1500万名返乡入乡人员创业。可以看到，多管齐下，加快乡村人才培养，全面提升乡村人才供给水平，已经成为全社会的高度共识，进入"十四五"期间全面推进乡村振兴的重点布局领域。

2021—2022年，相关政策和各地具体实践推动下，全国各地乡村地区的人才供给情况进一步改善，各类乡村人才在全面推进乡村振兴领域发挥了重要引领作用。但同时也应看到，与我国全面乡村对人才的需求空间相比，乡村人才供给和汇聚仍有巨大缺口。在城市对乡村存在持续的资源和人才虹吸效应的背景下，乡村人才短缺是一个长期的制度性问题，各类短期的人才输入和培训可以改善乡村人才供给状况，但不能根本上解决乡村人才短缺问题。

当前，乡村人才提升的关键是从制度设计上解决城乡人才的自发双向流动和交换问题。要解决这一问题，关键是从制度上解决乡村的自然人文价

---

① 习近平：《论"三农"工作》，中央文献出版社2022年版，第220页。

值、空间价值、土地资源价值及生态环境价值等构成的乡村价值的市场化定价机制。乡村价值的市场化定价机制，本质上是通过制度建设使乡村价值同城市的发展机会与公共服务优势形成价值交换机制，并吸引城市资金和人才充分进入乡村地区，使乡村地区的就业、创业和产业发展与城市之间形成闭环体系，为各类专业人才在乡村的沉淀和集聚创造相应的条件和机遇，使人口和资金不断流失的乡村进入相对的稳态发展。因此，如何通过系统性政策创新突破现有的城乡之间资源交换机制的约束，建立乡村价值的市场化定价机制，是我国乡村地区人才资源全面提升面临的根本性挑战。

### （四）优化农村金融服务体系的挑战

全面推进乡村振兴需要长期进行大量的资金投入。党的十九大以来，我国全面加大了对农业农村发展的公共财政投入。根据国家统计局公布的数据，2021 年，国家财政关于农业、林业、水利、扶贫、农村统合改革的总支出为 19536.2 亿元，占当年全国一般公共预算支出总量 245673 亿元的比例为 7.95％。但乡村振兴涉及数亿农村人口收入的稳定可持续增长、基础设施持续改善和乡村经济全面提升，仅仅依靠公共财政的资金投入是远远不够的，还必须依靠现代金融体系，以市场化方式为乡村振兴和农业农村现代化注入充分的资金，形成公共财政投入和现代金融体系协同推进乡村振兴的格局。

改革开放以来，我国形成了以工业化、城市化为主要导向的现代金融体系。这一体系的基本特征是金融业主要服务于工业化和城市化，国家金融体系的资金主要投向城市地区，农村地区和农业领域金融业发展相对滞后，获取市场资金相对较难。在城乡二元结构下，农业和农村生产效率在总体上低于工业和服务业领域，农村居民家庭的人均可支配收入与消费支出水平也显著低于城市居民家庭。由此造成城市对农村的金融虹吸效应，农村原本稀缺的资金积累通过金融系统大量流向城市。21 世纪以来在快速城市化和房地产经济迅猛发展的背景下，乡村人口加快向中小城镇和大城市迁移，带动农村资金进一步向城市集聚。在这种发展格局下，除少数发达地区外，全国绝大多数乡村地区发展的自我造血能力普遍不足、乡村振兴的基础设施建设高度依赖公共财政资金。发展资金短缺、金融服务支撑体系薄弱、城乡资金双向循环不畅等各种因素造成的乡村"金融失血"，已经成为全面推进乡村振兴背景下加快实现农业农村现代化的重要障碍。

在全面推进乡村振兴背景下，我国农村金融服务体系存在着以下突出问题。一是农村居民家庭融资难度大。一方面，与城市居民家庭可抵押、流通相对较好、变现相比容易的城市房产相比，农村居民家庭宅基地所建房屋属于非标资产，流通性差，通过抵押获得相应的贷款资金难度较大，也无法面向外部市场自由出售，只能在村集体成员之间交易。2015年，《国务院关于开展农村承包土地的经营权和农民住房财产权抵押贷款试点的指导意见》发布以来的数年间，全国各地开展了"两权"抵押相关试点，但迄今并未全面开展，原因在于"两权"涉及农村宅基地使用权和土地的集体所有权，既是非标资产，又属于受限权利，还关乎农村社会稳定问题，因此实际操作起来受到制约较多。另一方面，与城市就业人口相比，农村居民大多没有相对稳定的个人收入银行流水，因此很难从银行获得较好的金融信用额度，个人融资难度比城市就业人口加大很多。二是农业产业融资困难。由于农业产业的高风险特征，以及大多数农户、家庭农场、农户合作社和农业企业能够用于抵押的资产较少，且农业产业资源在现有抵押融资模式的金融服务体系中难以获得贷款资金，这限制了农业及相关产业领域的投资。三是农业保险服务发展滞后。长期以来我国保险机构存在向"三农"下沉深度不够，相关保险产品设计对性弱，部分产品保障能力低，保险产品理赔满意度低，涉农保险宣传力度不足等问题。这一方面造成我国农业发展对大型自然灾害的风险分散机制不健全，农户和农业产业抗风险能力弱；另一方面在客观上造成了农户对涉农保险产品认识不足，投保意愿弱，制约了涉农保险业的充分发展。推动乡村振兴，迫切需要优化推动农业农村现代化的乡村金融服务体系。

近年来，针对农村金融体系存在的上述问题，我国从政策安排方面进行了持续努力。2018 年，中共中央、国务院印发的《乡村振兴战略规划(2018—
2022 年)》提出，健全适合农业农村特点的农村金融体系，把更多金融资源
配置到农村经济社会发展的重点领域和薄弱环节，更好满足乡村振兴多样化
金融需求，并针对优化农村金融体系提出多项改革和创新措施。如稳妥有序
推进农村承包土地经营权、农民住房财产权、集体经营性建设用地使用权抵
押贷款试点，结合农村集体产权制度改革，探索利用量化的农村集体资产股
权的融资方式，等等。2021 年中央一号文件提出，坚持为农服务宗旨，持
续深化农村金融改革，2022 年中央一号文件也明确提出，强化乡村振兴金
融服务。党的二十大报告要求，完善农业支持保护制度，健全农村金融服务
体系。近年来，我国银行业全面加大了服务乡村振兴的力度。根据中国经济
信息社与中国农业银行联合的发布《金融服务乡村振兴指数首期研究成果报
告（2022)》，从 2018 年至 2021 年，金融服务乡村振兴年度指数值分别为
108.00、113.84、125.07 和 132.50，保持每年 5% 以上稳步上升态势，与农
林牧渔业增加值、农村居民人均可支配收入的变化趋势保持一致。

　　尽管在政策发力和银行业不断努力下，我国乡村振兴的金融体系正在不
断改善，但与乡村振兴对金融支持的要求相比，金融系统服务乡村振兴的制
度设计仍然存在巨大的改进空间。如何突破现有金融体系的制度束缚，建立
城乡一体的居民金融征信体系，解决农村居民个人和家庭在银行系统融资
难、融资贵的问题，以及如何全面建构基于农村居民家庭住宅流转权、农村
土地经营权、农民合作社资产所有权和各类乡村涉农资源抵押权的新型"三
农"金融服务体系，从而全面优化乡村发展的金融环境，是"十四五"期间
我国全面推进乡村振兴需要面对的又一重要挑战。

## 四、"十四五"期间全面推进乡村振兴的若干对策

　　"十四五"期间是我国全面推进乡村振兴，大幅缩小城乡差距，建立新
型城乡关系，实现城乡融合发展，促进城乡居民共同富裕，为 2035 年建成

社会主义农业强国奠定坚实基础的关键时期。全面推进乡村振兴，一方面要深入贯彻落实党和国家关于乡村振兴的各项战略部署，扎实、稳步推进乡村振兴各领域的工作；另一方面需要围绕全面推进乡村振兴面临的若干重要问题和挑战，开展政策和制度创新，实现关键领域的突破，推动乡村振兴事业迈向新高度。

## （一）积极推进农业代化进程，建构新型农业体系

"十四五"期间，我们应该围绕建设农业强国的宏伟目标，把深入推进农业现代化作为促进农业农村现代工作的难点，围绕提升农业生产现代化水平、促进农业生产主体现代化和农业产业现代化等领域进行重点突破。

提升农业生产现代化水平。需要重点围绕两大领域展开：一是加快提升农业生产的设备机械化、自动化、数字化和智慧化水平，通过数字农业和智慧农业，全面提升我国农业生产的劳动生产率和人均产值。二是加强农业科研投入，提升农业科研的成果转化率，从制种、育苗和农产品品质优化等角度，提升我国农业生产的科技附加值，推动我国农业生产向农业科技强国看齐。

提升农业生产主体现代化水平。要通过加强农业科技人才培养、促进农业科技人才向农业生产一线下沉、鼓励乡村农业生产主体企业化规模化、农业生产人员职业化、培养职业农民等方式，大规模培育农业产业新型经营主体，使我国农业生产主体的科技水平和专业能力提到全面、快速提升，从而全面缩小我国农业与世界农业发达国家之间的发展差距。

提升农业产业现代化水平。一是围绕一、二、三产业融合发展，延伸农业产业的价值链，丰富农业产业的业态形式，使农业产业的价值实现方式多样化，通过规模经济、范围经济、品牌经济等方式提升农业产业经济效益，提升农业产业在国民经济中的总体地位。二是积极发展观光农业、生态农业、数字农业、电商农业等新型业态，全方位开发农业农村的多元价值，拓展农业产业的价值创造空间。

## （二）促进农村新型集体经济发展，推动城乡居民共同富裕

促进全体人民共同富裕是全面推进乡村振兴的重要内涵。习近平总书记指出，"共同富裕是社会主义的本质要求，是中国式现代化的重要特征"。① 农村集体所有制作为我国社会主义公有制经济的重要组成部分，对于实现全体人民共同富裕，从根本上维护社会主义公正正义具有重要作用。新的历史条件下推动农村新型集体经济的重建和壮大发展，需要从四个方面着手创造农村集体经济健康发展的制度环境。一是完善农村集体经济发展的经济政策。在财政领域，应当考虑设立农村集体经济壮大发展国家专项扶持资金，连续若干年对集体经济薄弱的村集体进行资助，使各地农村集体经济获得持久的发展助力。在税收领域，考虑建立发展农村集体经济的专项税收制度，对农村集体公益事业建设工程与土地使用税、农村集体经济体所交的营业税与房产税等方面的税收给予减免，为农村集体经济发展积蓄内力。在金融领域，需要建立相应的制度安排，加大对全国农村集体经济的信贷支持力度。二是建构农村集体经济发展的现代治理体系。要在总结各地农村集体经济治理经验的基础上，完善农村集体经济的股权设计制度、现代企业制度、财务管理和资产经营村民监督等制度，使农村集体经济的运营发展全面纳入现代市场体系。三是通过国家层面和地方层面立法，建构农村集体经济发展的法律保障体系，为集体经济的依法运营、依法监管提供法律依据。四是深化农村集体土地制度创新，为农村集体土地及其生态价值创造流通性和金融价值，使农村新型集体经济能够充分利用自身所拥有的资源价值和要素价值，实现发展壮大。

## （三）创造发展机遇，吸引人才向乡村汇聚

乡村振兴的关键在人才。"十四五"期间，推动乡村振兴的才问题的解决需要从两个方面着手。

---

① 《习近平谈治国理政》第四卷，外文出版社 2022 年版，第 142 页。

首先，要从促进农业农村现代化的角度，大力培养各类乡村建设人才。一是继续加强乡村基层党组织建设，为乡村基层党组织配备热爱"三农"事业、扎根乡村发展的高学历青壮年人才，建设服务于乡村振兴、具有坚强领导力和坚定执行力的基层党组织和政务服务组织。二是全面加强乡村教育、医疗、公共文化服务、农业科技等基础公共服务领域的人才队伍，使乡村公共服务的覆盖面、服务质量和服务效率得到切实保障。三是有计划地培养乡村经济和农业产业发展领域的职业农民、乡村产业带头人、乡村集体经济和农民合作社的经营运营人才，扩大高校涉农专业的人才培养规模，全面增加乡村产业发展的人才资源供给。

其次，要创造乡村汇聚人才的基础条件。从根本上讲，乡村振兴最大的人才来源在于通过市场化方式吸引人才到乡村就业、创业。为此，需要从促进乡村空间资源、生态资源、土地资源等生产要素的流通性和金融价值的全面实现着手，改变以往城市化进程中，乡村土地资源及相关要素与城市土地资源流通性不对等，乡村资金和人力资源向城市单向流动的状态，从而在城市与乡村之间形成资源、资金和人才双向流通的状态。在此基础上，发挥乡村的空间、生态、土地等资源优势，使乡村成为宜居宜业的经济—生态—文化—创业空间，最终实现以市场力量吸引人才向乡村汇聚，形成人才驱动的农业农村现代化模式。

### （四）以促进农业农村现代化为导向，优化乡村金融服务体系

针对我国乡村金融服务领域的存在的突出问题，"十四五"期间，应该从以下方面着手，优化现有乡村金融体系，逐步建立全面推进乡村振兴的新型金融体系。

一是加快建构面向"三农"的金融普惠体系，引导银行业以可持续方式，向广大农村地区和涉农小微企业、农民提供普惠金融重点服务，增强农村居民家庭和涉农小微企业的融资、借贷能力。

二是建立央行主导下面向"三农"的金融政策体系，通过定向降准、定

向利率减让、定向贷款投放等方式，切实服务"三农"事业发展，为乡村振兴保驾护航。

三是深入推进《乡村振兴战略规划（2018—2022年）》等政策文件对建构面向乡村振兴的金融服务体系的部署，在全面总结提炼各地相关经验的基础上，结合数字金融和金融科技发展，建立面向"三农"的金融征信体系，加快形成成熟的乡村集体土地和农户家庭承包地使用权、涉农与农民合作社资产等各类涉农资产的抵押融资制度，为乡村振兴奠定金融支持系统。

四是促进涉农保险机构向"三农"领域下沉，不断完善服务方式和服务质量，培养面向"三农"的高质量保险市场体系，使"涉农"保险成为乡村振兴金融支撑体系的重要组成部分。

## 结语：推动乡村振兴与中国式现代化和谐共振，行稳致远

全面推进乡村振兴事关我国数亿乡村人口的幸福保障，更关乎我国全面建成社会主义现代强国、实现第二个百年奋斗目标，以中国式现代化全面推进中华民族伟大复兴的千秋伟业。近年来，尤其是过去两年间，随着中美之间大国竞争加剧，美国等一些西方发达国家频频掀起逆全球化浪潮，在国际科技与经济贸易领域不断对中国进行科技封锁、贸易和产业链的"脱钩""断链"，中国和平发展的国际环境正在发生重大变化，各类外部不确定因素和风险不断增加。在这种背景下，农业和农村在国家经济社会发展中"压舱石""减震器"的作用再次凸显。习近平总书记指出："从世界百年未有之大变局看，稳住农业基本盘、守好'三农'基础是应变局、开新局的'压舱石'。对于我们这样一个拥有14亿人口的大国来说，'三农'向好，全局主动。"①相对于高度复杂、高效但脆弱性极高的城市经济发展与民生保障运行体系，

① 习近平：《坚持把解决好"三农"问题作为全党工作重中之重，举全党全社会之力推动乡村振兴》，《求是》2022年第7期。

农村和农业经济社会运行体系在韧性和抗冲击性方面优势突出。全面推进乡村振兴，不仅能够促进城乡融合发展和全体人民共同富裕，而且有利于推进我国国民经济运行体系和社会生产力以及国民财富依托更为广阔的"城市—城镇—乡村"所构成的国土生态空间实现分布式排列。这对于化解过去数十年间我国高度依赖大城市以及城市群所造成的国民经济运行体系和国民财富向少数国土空间高度集中所带来的脆弱性风险，以及应对可能发生的外部风险，都具有极为重大有意义。

党的二十大报告指出，中国式现代化是人口规模巨大的现代化，是实现全体人民共同富裕的现代，是物质文明与精神文明相协调的现代化，是人与自然和谐共生的现代化，是走和平发展道路的现代化。① 乡村振兴是中国式现代化的有机组成部分，中国式现代道路的特点为全面推进乡村振兴提供了根本遵循。要深入学习领会党的二十大报告精神，系统掌握乡村振兴的内在规律，进而设计并完善相应的实现路径。只有从实现中国式现代化的全局高度和历史高度，系统分析并深入解决全面推进乡村振兴所面临的深层次挑战，才能实现乡村振兴与中国式现代和谐共振、行稳致远，保障全面推进乡村振兴各项工作高质量推进。

以中国式现代化全面推进乡村振兴是前无古人的伟大事业，前进的道路不会一帆风顺，我们需要以久久为功的耐力，深入持久扎实地推进各项工作，迎接并战胜一切可能面对的困难与挑战。习近平总书记指出："中国式现代化是中国共产党和中国人民长期实践探索的成果，是一项伟大而艰巨的事业。惟其艰巨，所以伟大；惟其艰巨，更显荣光。"② 站在这一历史高度，我们对以中国式现代化全面推进乡村振兴伟大事业充满时代自信和历史自豪。

---

① 参见习近平:《高举中国特色社会主义伟大旗帜　为全面建设社会主义现代化而团结奋斗——在中国共产党第二十次全国代表大会上的报告》，人民出版社2022年版，第22—23页。

② 《习近平著作选读》第二卷，人民出版社2023年版，第612页。

# 第二部分　省域分报告

Part II　Provincial reports

# 广西乡村振兴发展报告（2021—2022）*

莫光辉**

**摘要：**近年来，广西深入贯彻习近平总书记关于扶贫工作的重要论述和对广西工作的重要指示批示精神，把脱贫攻坚作为头等大事和第一民生工程，把粤桂扶贫协作作为决战脱贫攻坚、决胜同步小康的重大举措，贫困地区整体面貌发生根本变化，精准识别经验、黄文秀同志先进事迹、毛南族整族脱贫得到习近平总书记充分肯定。全面建成小康社会后，广西在巩固拓展脱贫攻坚成果同乡村振兴有效衔接方面成效显著。在系统总结全面建成小康社会后广西乡村振兴主要成就的基础上，分区域分类深入分析了百色市积极推进革命老区乡村振兴先行示范建设、贺州市乡村振兴赋能建设广西东融先

---

\* 本研究报告综合参考了《牢记领袖嘱托　勇担历史使命　凝心聚力建设新时代中国特色社会主义壮美广西——在中国共产党广西壮族自治区第十二次代表大会上的报告》《2022年政府工作报告——二〇二二年一月十七日在广西壮族自治区第十三届人民代表大会第五次会议上》《中共广西壮族自治区委员会广西壮族自治区人民政府关于做好2022年全面推进乡村振兴重点工作的实施意见》等相关文件以及广西壮族自治区农业农村厅、广西壮族自治区乡村振兴局、广西壮族自治区南宁市乡村振兴局、广西壮族自治区百色市乡村振兴局、广西壮族自治区贺州市乡村振兴局、广西壮族自治区柳州市乡村振兴局、广西壮族自治区桂林市全州县县委办、广西壮族自治区百色市西林县乡村振兴局、广西壮族自治区南宁市马山县乡村振兴局、广西壮族自治区崇左市天等县乡村振兴局、广西壮族自治区崇左市龙州县乡村振兴局等单位提供的数据材料，特此鸣谢。

\*\* 莫光辉，广西大学中国贫困治理与社会政策研究中心主任，博士，教授，研究方向为贫困治理、乡村振兴。本研究报告系教育部哲学社会科学研究专项（党的二十大精神研究）选题"加快建设农业强国研究"和研究阐释党的十九届五中全会精神国家社科基金重大项目"深化拓展新时代文明实践中心建设方法与路径研究"（21ZDA077）阶段性研究成果。

行示范区、柳州市以科技创新推动螺蛳粉产业高质量发展、桂林市全州县打造"红色湘江"基层党建先锋体、百色市西林县产业强镇富民的古障镇发展经验、崇左市天等县"实、联、全"三字联动织密筑牢"防贫保障网"、南宁市马山县"引、育、督"共同发力聚才乡村振兴、崇左市龙州县党建"四引领"高效统筹边境疫情防控与乡村振兴等广西乡村振兴的典型实践经验，指出了当前广西乡村振兴面临的主要机遇与挑战，并提出了广西乡村振兴的发展建议。

**关键词**：广西壮族自治区；乡村振兴；壮美广西

"十三五"时期，广西是全国农村贫困人口最多的少数民族自治区，是全国脱贫攻坚的主战场之一。党的十八大以来，广西深入贯彻习近平总书记关于扶贫工作的重要论述和对广西工作的重要指示批示精神，把脱贫攻坚作为头等大事和第一民生工程，把粤桂扶贫协作作为决战脱贫攻坚、决胜同步小康的重大举措，按照"核心是精准、关键在落实、确保可持续"总要求，以深度极度贫困地区为重点，举全区之力集中攻坚，深入推进东西部扶贫协作和定点帮扶，634万建档立卡贫困人口全部脱贫，5379个贫困村、54个贫困县全部摘帽，脱贫地区整体面貌发生根本变化，精准识别经验、黄文秀同志先进事迹、毛南族整族脱贫得到习近平总书记充分肯定，在国家组织的省级党委和政府扶贫开发工作成效考核中，广西连续5年获得综合评价"好"的等次，决战脱贫攻坚取得全面胜利，广西与全国同步全面建成小康社会，开启了全面建设社会主义现代化广西新征程。2021年以来，广西积极推进巩固拓展脱贫攻坚成果同乡村振兴有效衔接各项工作，切实把增加脱贫群众收入作为根本措施，持续做好产业帮扶、就业帮扶"两篇文章"，聚焦重点帮扶县、挂牌督办县进一步强化帮扶政策支持，抓好粤桂协作和社会帮扶、定点帮扶等工作，成效显著，为广西"十四五"时期农业农村现代化建设奠定了扎实发展基础。

# 一、全面建成小康社会后广西乡村振兴的主要成就

## （一）巩固拓展脱贫攻坚成果，守住不发生规模性返贫底线

2021 年以来，广西按照习近平总书记"脱贫摘帽不是终点，而是新生活、新奋斗的起点"[①] 要求，巩固拓展脱贫攻坚成果，严格落实"四个不摘"要求，坚决守住不发生规模性返贫底线，推动脱贫攻坚向乡村振兴衔接过渡。一是健全落实防贫监测帮扶机制。印发了《广西防止返贫动态监测和帮扶工作方案》（桂农发〔2021〕4 号），建立快速发现预警机制，建设防贫监测信息系统，开展集中排查行动，找准监测对象并纳入系统监测，实行分类管理和帮扶。二是大力支持脱贫人口就业增收。坚持外出务工和就地就近就业"双管齐下"，加强劳务协作，抓就业培训，落实跟踪帮扶，确保持续稳定就业。截至 2021 年 6 月底，全区脱贫人口务工人数达 270.2 万人，是 2020 年务工规模的 100.74%，完成国家下达不低于 2020 年务工规模的任务。三是不断加强易地搬迁后续扶持。打好务工就业、发展产业、自主创业"三业"组合拳，持续完善安置区管理服务组织，抓好搬迁户户籍转接和不动产权登记，大力开展精神文明和感恩教育，确保"稳得住、能致富"。稳定实现有劳动能力且有就业意愿的 16.38 万户搬迁户一户一人以上就业，全区安置住房不动产权登记完成率达 100%。四是构建完善乡村振兴帮扶机制。向中央争取并确定广西 20 个原深度贫困县列为国家乡村振兴重点帮扶县，自治区层面确定 20 个自治区乡村振兴重点帮扶县和 4 个"参照政策给予支持"县。广东 5 市继续结对帮扶广西 8 市 33 个原国定贫困县，中央 25 家单位继续定点帮扶广西 28 个原国定贫困县并保持 2 年稳定，协同推进产业、就业、人才、社会力量等领域合作。五是有序推动工作体系平稳过渡。做好扶贫机构改革和驻村工作队轮换工作。2021 年 5 月 10 日，广西壮族自治区乡

---

① 习近平：《论"三农"工作》，中央文献出版社 2022 年版，第 322 页。

村振兴局挂牌成立；截至 2021 年 6 月 6 日，自治区、市、县三级乡村振兴局全部挂牌成立，是全国较早完成三级乡村振兴局挂牌成立的省份之一。对 5379 个脱贫村、78 个易地搬迁安置村（社区）选派驻村第一书记和工作队员，向脱贫县和乡村振兴重点帮扶县派出驻村工作队长 60 人，2021 年 6 月底前已全部到位交接。2021 年以来，广西在防贫监测帮扶、脱贫人口就业、搬迁后续扶持、乡村振兴重点帮扶县支持等工作，创新了经验做法，取得了显著成效，多次在全国性会议（培训班）上作了经验交流发言。

### （二）毫不放松抓好粮食生产发展，牢牢把握住粮食安全主动权

2021 年以来，广西认真贯彻落实习近平总书记关于粮食安全和抓好粮食生产的指示要求，推动各级严格落实粮食安全党政同责要求，扎实推进高标准农田建设，大力恢复双季稻生产，确保粮食播种面积只增不减。一是推动各级压实各级粮食安全党政同责。将粮食生产纳入设区市乡村振兴绩效考核、全区经济高质量发展"红黑榜"考核指标，先后组织召开 5 次全区粮食安全专题会议部署重点工作，确保实现全年粮食面积只增不减。二是强化各项强农扶粮政策的落实。2021 年上半年全区下达粮食生产项目中央资金 8.51 亿元，比上年增加 1.45 亿元，其中中央产粮大县（双季稻补贴）资金 2.89 亿元，同比增加 0.55 亿元；稻谷生产者补贴 4.12 亿元、获双季稻轮作项目资金 1.5 亿元，同比增加 0.9 亿元。自治区财政新增 1.3 亿元，专项扶持粮食全产业链和粮食高产示范创建。三是科学抓好重大病虫害防控等防灾减灾。2021 年上半年草地贪夜蛾发生面积控制在 100 万亩以内，低于上年水平，水稻病虫害危害程度较低，没有出现因自然灾害或重大病虫害造成的农作物大面积减产或绝收情况。四是稳步推进高标准农田建设。2021 年共落实财政资金 35 亿元，比 2020 年增加了 6 亿元，下达 250 万亩高标准农田和 29 万亩高效节水灌溉建设任务。五是坚决遏制耕地"非农化"、防止"非粮化"。加强耕地撂荒治理，联合自然资源部门建立耕地撂荒数据库，并督促审计发现突出问题的 2 市 14 县进行整改，扎实开展农村乱占耕地建房问题

整治、"大棚房"问题专项清理整治行动"回头看"工作，切实加强耕地保护。

### （三）升级打造优势产业集群，推动现代特色农业发展取得新突破

2021年广西深入贯彻习近平总书记视察广西时关于"要立足广西林果蔬畜糖等特色资源，打造一批特色农业产业集群"的重要指示精神，扎实推进现代特色农业建设。一是推进现代特色农业示范园区扩面提质。启动广西特色农业现代化示范区建设五年行动，出台自治区现代农业产业园管理和评价方案，巩固提升1.96万个现代特色农业示范区（园、点）创建成果，争取到了10个国家产业强镇建设项目，累计创建产业强镇37个，总数居西部省份前列。开展示范村镇争创，全区累计建设全国"一村一品"示范村镇108个，入选村镇数量位列西部省份前三名。二是加快打造广西优势产业集群。做强糖料蔗、水果、蔬菜等6大千亿产业，升级家禽、油茶千亿产业，成功争取到桂西猪、桂西芒果2个国家级优势特色产业集群建设项目。至2021年8月，完成广西12个农产品加工强县、农产品加工100强企业、110个农产品加工集聚区授牌，全区主要农产品加工转化率提升到65%左右，比上年增长8个百分点。创建自治区级休闲农业和乡村旅游示范点总数达263个，休闲农业综合实力已进入全国十强。实施信息进村入户产业数字化提升工程，建立益农信息社体系，覆盖全区所有市、县、行政村，数量位居全国第一。三是加强农业科技支撑。打好种业翻身仗，《广西农业种质资源保护与利用规划（2021—2035年）》列入自治区党委全面深化改革委员会2021年重点改革任务。实施农作物、畜禽和水产良种联合攻关，新审定、登记农作物新品种200个以上，排全国前二。推进农业机械化全程全面高质量发展，2021年上半年全区共投入农机具189万台，完成机耕面积3368万亩，机播面积1004万亩，其中水稻机耕率达98.36%。四是深入推进农业绿色发展。深入实施质量兴农绿色发展行动，推动农业由增产导向转向提质导向，增加绿色优质农产品供给，全区新增绿色食品产品72个，广西有效期内的"三品一标"产品获证总数达2416个。

大力推行绿色生产，2021年上半年完成秸秆还田面积1400多万亩，完成测土配方施肥4490多万亩（次），全区化肥使用量继续保持零增长。五是积极培育"桂字号"农业品牌。深入实施品牌强农行动，进一步打造提升"桂字号"农业品牌，评选"广西好嘢"农业品牌共3批285个，11个上榜首批中国农业品牌目录，品牌总价值超过2500亿元，带动农村就业人口856万人次。在央视开展广西农产品区域公用品牌宣传480次，收视率91.3%，覆盖全国约11.55亿人次。

### （四）突出抓好农村人居环境整治，推动乡村建设行动开好局

抓好农村人居环境整治，大力开展乡村风貌提升行动，农村人居环境显著改善，农民群众的生产生活水平不断提高。一是高质量推进农村"厕所革命"。启动广西农村人居环境整治提升五年行动，因地制宜开展"沼改厕"、沼气净化型公厕建设，扎实推进农村改厕行动，累计完成农村户厕改造115万户，全区农村卫生厕所普及率达93.31%，高于全国平均水平25.3个百分点。二是大力开展农村生活污水治理行动。启动编制《广西农村生活污水治理规划(2021—2035年)》工作，组织实施一批示范项目，在13个县(市、区)开展农村生活污水治理示范项目，将各地农村生活污水治理设施运行管理情况列入2021年乡村振兴战略实绩考核；推进农村黑臭水体排查，确认农村黑臭水体156条，其中纳入国家监管清单65条。三是大力推进农村清洁卫生设施建设。开展农村小型生活垃圾处理设施底数和运行状态核实工作，建立监控和维护管理机制；推动2021年度59个乡镇生活垃圾中转站和102个村级生活垃圾处理设施建设。农村生活垃圾收运处置体系覆盖行政村比例达到95%以上，农村保洁员队伍稳定在17万人以上，畜禽粪污综合利用率达88.49%。四是推进乡村风貌改造和提升。加快推进年度7.57万个村屯基本整治和20.5万栋农房风貌塑造工作。此外，2021年上半年各地还自我加压，完成了3.01万栋农房改造。五是严格落实农房管控。印发《关于开展2021年农房管控实地指导的通知》，在南宁、桂林、崇左3市8县（区）17个乡

（镇）推进农房管控试点。全区累计发现新增农村乱占耕地建房问题 629 宗并全部完成整治，整治完成率 100%。

### （五）聚焦重点领域和关键环节，推动农村重点领域改革取得新突破

广西扎实推进农村改革重点任务，切实抓好各项农村改革。一是基本完成农村集体产权制度改革任务。农村集体产权制度改革顺利完成了清产核资及前 4 批全国改革试点任务，广西 1.5 万个行政村已全部成立集体经济组织并进行登记赋码，量化集体资产总额 136 亿元。二是加快推进农村承包地改革。成立广西第二轮土地承包到期后再延长三十年试点厅际联席会议制度，继续做好农村承包地确权"回头看"，全区承包地确权面积 4550 万亩，颁发农村土地承包经营权证书 867.61 万本，颁证率 98.52%，高于全国平均水平。三是稳慎推进农村宅基地改革和管理。深化柳州市鹿寨县等 3 个试点县的农村宅基地制度改革，推行建设宅基地数据库和审批全流程信息化管理系统。进一步压实农房审批管理责任，组建乡镇乡村建设综合服务中心，2021 年 6 月 30 日前全面开展农房审批管理工作。四是农村集体经营性建设用地入市步伐加快。印发《2021 年广西农村集体经营性建设用地入市工作方案》，部署工作任务，建立工作机制，稳妥有序推进入市工作；指导有需求的县（市、区）做好各项农村集体经营性建设用地入市推进的前期申报工作。五是农村产权流转交易市场实现全区联网。广西累计成立了 14 个市级农村产权流转交易信息服务平台和 101 个县级农村产权流转交易信息服务中心，业务覆盖所有县区。六是新型农业经营主体数量进一步增长。深入开展新型农业经营主体培育壮大行动，建设一批示范经营主体，广西农业产业化重点龙头企业达 1499 家，其中国家级 38 家，2021 年上半年新增创建农业产业化联合体超 100 家。推进家庭农场培育，家庭农场呈现跨越式发展，全区家庭农场总数达 5.59 万户，出台广西第一份服务农企的制度性文件，推进农业系统领导干部服务农企制度化、规范化、标准化、常态化。

### （六）突出治理制度建设，推动乡村治理体系和治理能力迈上新台阶

抓好乡村治理工作，推动乡村平安建设，加强乡风文明建设，农村社会保持和谐稳定，不断增强人民群众的获得感、幸福感、安全感。一是乡村治理水平不断提高。以"政治、自治、法治、德治、智治""五治融合"为工作思路，深入推进乡村治理和乡村平安建设，2021年第一季度全区群众安全感达98.67%，创历史新高。抓好乡村综治中心建设，加强乡镇（街道）、村（社区）综治中心基础建设，推动网格化服务管理，科学合理划分网格7.8万个，实现全区网格全覆盖目标，全区开通综治信息系统账号3.9530万个。做好风险隐患排查，制定矛盾纠纷排查化解联动工作机制，建立群众参与乡村治理的渠道。截至2021年6月底，全区共排查矛盾纠纷34375件，调处34221件，调处率达99.55%。二是深化农村精神文明创建。推动各地修订完善村规民约，推进柳州、贺州市婚俗改革试点建设，抵制陈规陋习、弘扬新风正气。在14个市1100个行政村推行乡村振兴文明实践积分卡制度，让新风正气成风尚。开展"听党话、感党恩、跟党走"宣讲1500余场、参加干部群众超8.6万人，有效宣传展示广西"三农"领域取得的巨大成就，激励农民群众满怀信心奋进新征程、建设现代化。三是加强生态保护力度。大力发展生态循环农业，持续推动化肥农药减量增效，实现化肥农药使用量负增长。统筹推进农用地安全利用，实行污染耕地分类管理，深入开展农用地安全利用工作，保障农产品产地环境和农产品质量安全。截至2021年6月，广西畜禽粪污综合利用率达到88.5%，农作物秸秆综合利用率达85%以上，农膜回收利用率超80%，均完成国家下达目标任务。

### （七）实施一批乡村建设项目，加快补上"三农"领域突出短板

广西坚持农业农村优先发展，积极争取财政资金向"三农"领域倾斜，确保支持力度持续加大、总量持续增加。一是建立了投资项目库。印发《关于印发广西扩大有效投资三年攻坚行动方案（2021—2023年）的通知》（桂

政办发〔2021〕22号），建立了涵盖巩固拓展脱贫攻坚成果、粮食安全保障、特色产业提质增效等10大工程30个投资方向的项目库，三年内全区农业农村投资将实现超万亿元目标。其中，2021年力争实现4000亿元投资目标。二是加快项目建设进度。自治区下达2021年涉农投资项目资金110亿元，用于实施高标准农田、现代农业示范区、产业园等重大项目建设，支持粮食、水果、茶叶、生猪、肉牛肉羊、渔业等优势产业发展。推荐十三批共3790户中小微农业企业获得"三农贷"优惠利率贷款86.67亿元。三是拓展投资渠道。争取中央更大支持力度，重点争取中央预算内投资重大建设项目及国家现代农业产业园、产业集群、产业强镇等中央转移支付重大项目资金。加大统筹自治区财政投入力度，每年筹措乡村振兴补助资金70亿元，专项支持产业发展、基础设施、公共服务能力三年提升行动实施。优化财政资金奖补方式，采用以奖代补、先建后补等补助方式，撬动社会资本投入。加大"桂惠贷"贷款贴息政策支农力度，每年涉农贷款贴息不低于4亿元。发挥政策性农业信贷担保放大作用，撬动更多金融资本助力乡村振兴战略实施。推进扩大农业政策性保险覆盖面，努力争取外国银行贷款助力乡村振兴。

### （八）加强党对"三农"工作的领导，凝聚起全面推进乡村振兴的强大合力

广西及时调整工作机构、压紧压实责任，形成合力推进乡村振兴各项工作。一是及时调整工作机构。按照中央要求，广西及时谋划扶贫工作机构调整及自治区党委农办、农业农村厅、乡村振兴局三部门分工，将广西壮族自治区扶贫开发办公室整建制重组为自治区乡村振兴局，是全国较早的5个省之一。成立了广西壮族自治区党委农村工作（乡村振兴）领导小组，实行双组长制，同时，领导小组下设实施乡村振兴战略指挥部。全区巩固拓展脱贫攻坚成果和全面推进乡村振兴工作由指挥部统一指挥。指挥部办公室设在自治区党委农办，与农办合署办公、一体运行。指挥部下设1个办公

室和 13 个专责小组，负责具体统筹全区各部门、各市县工作力量，日常指挥、调度、检查全区乡村振兴各项工作及落实情况。2021 年 6 月 11 日，广西壮族自治区实施乡村振兴战略指挥部办公室正式挂牌，全区乡村振兴工作按下了快进键。二是压紧压实责任。修订《广西市县党政领导班子和领导干部推进乡村振兴战略实绩考核意见》，将市县党政领导班子落实乡村振兴领导责任制、五级书记抓乡村振兴、巩固拓展脱贫攻坚成果、落实农业农村发展"四个优先"要求作为重点考核内容，压实市县党政领导班子和领导干部责任。制定印发 2021 年度推进乡村振兴战略实绩考核实施方案以及落实《关于深化农村改革激发乡村振兴新动能的实施意见》考核方案。三是党在农村的执政基础进一步夯实。高质量完成广西 16411 个村（社区）"两委"换届选举工作，新一届"两委"干部的年龄结构、学历结构等指标大幅优化，党组织书记中，55 岁以下的达 98.9%，高中以上学历的达 83.5%。圆满完成乡镇党委换届工作，全区 1118 个乡镇于 2021 年 6 月 1 日前全部成功召开党员代表大会，圆满完成乡镇党委领导班子换届任务。新一届乡镇党委班子的经历、年龄、知识、专业、能力结构更加优化协调，乡镇班子成员平均年龄达到 36.8 岁，具有 2 年以上乡镇工作经历的占 90.7%，大学以上学历占 97.6%，整体功能更加强劲有力。派驻 1.6 万多名精兵强将到 5379 个"十三五"脱贫村和 78 个易地搬迁安置村（社区）担任驻村第一书记和工作队员，持续强化巩固拓展脱贫攻坚成果、全面推进乡村振兴的驻村帮扶力量。

## 二、广西乡村振兴的案例分析

### （一）百色市：积极推进革命老区乡村振兴先行示范建设

百色市是革命老区、边境地区、少数民族聚居区。全市辖 12 个县（市、区），其中国家乡村振兴重点帮扶县 7 个、自治区乡村振兴重点帮扶县 2 个，有 899 个脱贫村 102.44 万脱贫人口。2021 年，百色市在如期完成脱贫攻坚任务的基础上，推动巩固拓展脱贫攻坚成果同乡村振兴有效衔接，加快农业农村现代化，乡村产业振兴、农村人居环境等乡村振兴重点工作取得阶段性成效，谱写了革命老区乡村振兴先行示范新篇章。2022 年 6 月 2 日，国务院办公厅发布通报，对 2021 年落实打好三大攻坚战、实施乡村振兴战略、保障和改善民生等有关重大政策措施真抓实干、取得明显成效的 199 个地方予以督查激励，百色市乡村振兴重点工作成效明显获通报激励。

1. 强化组织引领，科学谋篇布局

改革创新领导机制，配套落实政策措施，推动乡村振兴朝着正确方向发展。一是完善领导机制。建立健全乡村振兴领导机制体制，书记、市长担任市委农村工作（乡村振兴）领导小组组长，组建实施乡村振兴战略指挥部，严格落实"五级书记"抓乡村振兴要求，建立乡村振兴联系点制度，为巩固拓展脱贫攻坚成果、全面推进乡村振兴提供坚强组织保障。二是完善配套政策。因地制宜研究出台《百色市全面推进乡村振兴加快农业农村现代化实施方案》等重大配套政策文件，编制《百色市"十四五"推进农业农村现代化规划（2021—2025 年）》和 148 个"多规合一"实用性村庄规划，做到农业现代化和农村现代化一体设计、分类实施、分步推进。三是完善评比制度。持续开展"乡村振兴·争创五旗"等评选活动，让全市 1872 个行政村（社区）"打擂台"，争夺产业兴旺、生态宜居、乡风文明、治理有效、生活富裕五面红旗，通过竞争性的创建活动让基层抓乡村振兴工作有标准、有动力，激励乡镇和村两委干部担当尽责、比学赶超，激发农村群众的荣誉感和内生动力，激活乡村振兴的"源头活水"。2021 年，全市评选乡村振兴红旗乡镇 25 个、红旗村 552 个。

2. 强化要素聚集，突出优先发展

树立"四个优先"政策导向，坚持"四个强化"，为乡村振兴提供要素保障。一是强化多元投入。保持过渡期各级财政衔接资金总体稳定，2021 年，全市筹措财政衔接推进乡村振兴补助资金 35.06 亿元，其中用于产业发展 20.24 亿元，占资金总量 57.72%。发放产业奖补资金 20411.89 万元、奖补 66115 户。争取广东帮扶广西财政协作资金 4.98 亿元。二是强化金融支持。2021 年全市涉农贷款余额 791.35 亿元，新发放脱贫小额信贷 15985 户、金额 7.63 亿元，脱贫小额信贷存量 6.78 万户、余额 31.16 亿元。金融机构"桂惠贷"累计投入农业农村 10.57 亿元，累计发放创业担保贷款 5298 笔 52163.5 万元。三是强化用地保障。对脱贫县继续实行用地计划指标单列，确保巩固拓展脱贫攻坚成果和乡村振兴用地需要应保尽保、即报即销，落实 1911 亩设施农业用地推进了牧原集团、正邦集团、东方希望集团、大北农集团等一批农业重大项目建设，支持乡村产业发展、农村人居环境整治提升类项目用地 900 亩，开展农村全域土地综合整治 1.3 万亩。四是强化人才支撑。出台《广西百色重点开发开放试验区推进乡村振兴人才发展实施细则》，引进急需紧缺高层次人才 46 人，定向培养基层农技员 18 人。出台《全市 2021 年公开选聘"土专家"工作方案》《百色市"土专家"选聘管理暂行办法》，为乡镇涉农单位选聘 135 名"土专家"，充实基层一线力量。选派科技特派员 411 名，培育农村党员创业带富先锋 5000 多名，乡村振兴"绿领学院"培训骨干农民 8.33 万人次。田东县实施"干部驻乡、民工返乡、能人回乡、企业兴乡"的"四乡工程"，引导人才、资本、技术等要素向农业农村流动，实施"三支一扶""干部驻乡"、大学生志愿服务基层、科技特派员挂村等人才项目，有计划地组织人才到基层进行对口支持和挂职锻炼，选聘 62 名科技特派员到村指导推广应用新技术，选派 585 名工作队队员驻村帮扶、7000 多名干部结对帮扶。

3. 强化提质增效，壮大乡村产业

立足特色资源，推动三产融合，不断壮大乡村产业，让农民更多分享产业增值收益。壮大特色产业。一是坚持绿色发展。持续优化产业布局，壮大绿色产业。2021 年全市新增绿色食品 60 个，有效期内有机农产品 74 个、面积 24.38 万亩，产品数量和面积位居全区第一。全市认证"三品一标"产品 308 个，位列全区前列。建成百色芒果、百色番茄 2 个国家级特色农产品优势区。田东县制定发布《田东香芒》《芒果电商销售服务规范》等4项地方标准，通过立项申请《田东香稻生产技术规程》《大番茄主要病虫害绿色防控技术规程》等团体、地方标准5项。二是做大主导产业。持续做优做强粮食、水果、蔬菜、甘蔗、蚕桑、烤烟、茶叶、生猪、家禽、渔业等十大主导产业。全市蔬菜面积180万亩，产量329.14万吨，是产值贡献最大的农业产业；芒果面积134万亩，产量100万吨，排名全国第一，"百色芒果"入选中国农业品牌目录百强榜；茶园面积33.76亩，排名全区第一。2021年全市一产增加值完成294.56亿元，增长8.9%，排全区前列。加强农产品产销对接，运营"百色一号"果蔬绿色专列，开通南宁、深圳、北京、沈阳、武汉、重庆等13个国内城市以及越南、柬埔寨、泰国等东盟国家4个主要城市果蔬专列物流分拨中心，带动"南菜北运"果蔬全产业链发展。推进深百农产品供应链建设，获得认定19个供深农产品示范基地、1个出口基地、6个粤港澳大湾区"菜篮子"生产基地，"圳品"认证农产品46个。三是推动三产融合。大力发展农产品加工业，建成3个自治区级、9个市级农产品加工集聚区，全市发展规模以上农产品加工企业118家。以实施广西桂西芒果产业集群项目契机，先后引进果天下、鲜活、巨人园、鲜友、仲辉、壮岭果等6家芒果加工企业，预计2022年全市芒果加工产能将超过20万吨，大大延伸了芒果产业链条，提升了芒果产业效益。凌云县以"泗水缤纷"田园综合体入选自治区试点，正着力打造以桑蚕产业为特色，集乡村振兴示范、一二三产融合发展示范、休闲农业与乡村旅游示范为一体的田园综合体，成为乡村的网红打卡点。

4.强化生态文明，建设美丽乡村

坚持农村厕所革命、垃圾治理、污水治理、村容村貌提升"四位一体"抓，持续开展"美丽百色"乡村建设，留住美丽百色底色。一是扎实推进农村"厕所革命"。针对农村卫生厕所标准不高的问题，对2013年以来全市获得财政支持的17.07万户改厕农户进行全面摸排，2021年全市新（改）建卫生户厕3589座，全市卫生厕所共有82.06万座，普及率95.24%，比全国高 27 个百分点。二是扎实推进农村污水处理。建成污水处理设施 526 套，配套管网约 160 公里，日处理规模污水 4.3 万立方米，受益户数约 55 万人，农村生活污水治理率提升至 8%，2021 年全市水质综合评分排全国 337 个地级市第 6 名。三是扎实推进农村生活垃圾收运处置。建设并运行村级垃圾处理设施 129 个、垃圾填埋场 255 个、焚烧场（焚烧炉）5386 个、垃圾池 2 万多个，聘请保洁员 1.7 万人，建立"村收镇运县处理"等农村垃圾处理体系。如：田阳区率先在全市引进第三方公司对农村生活垃圾统一收集清运，形成前端户清扫、屯收集，后端外包公司统一清运、水泥窑协同处置的农村垃圾处理新模式，提高了农村垃圾处理效率，降低了二次污染风险。四是推进村容村貌提升。出台《百色市农房管控实施方案》等指导文件，2021 年完成农房特色风貌塑造 246 个村庄 2.4 万户，完成村屯整治 7552 个，完成农村危房改造 423 户。五是建立农村基础设施管护长效机制。制定《百色市水电气网络等农村基础设施运行维护和管理工作方案》，出台农村卫生保洁、绿化养护、道路维护、污水设施维护等 13 个领域管理细则，行政村以上均建立日常保洁制度、垃圾清运制度和督查制度，形成建管并举长效机制。

## （二）贺州市：乡村振兴赋能建设广西东融先行示范区

贺州市位于广西东北部，地处湘、粤、桂三省（自治区）交界地，建设广西东融先行示范区、粤港澳大湾区产业外溢新高地、粤港澳大湾区生态绿色后花园等是贺州市"十四五"时期的发展战略定位。2021 年以来，贺州市继续弘扬伟大脱贫攻坚精神，按照中央、自治区决策部署，严格落实"四个不摘"要求，全力推动巩固拓展脱贫攻坚成果同乡村振兴有效衔接，赋能建设广西东融先行示范区。

1. 做强组织文章，强化党建引领

贺州市坚持市县乡党委主要领导亲自抓乡村振兴的工作机制，贺州市委印发《关于"十四五"时期贺州市厅级领导联系脱贫村调整安排的通知》，强化乡村振兴重点村帮扶。将市乡村振兴领导小组与市委农村工作领导小组合并成立市委农村工作（乡村振兴）领导小组，由市委书记、市长担任组长，领导小组下设实施乡村振兴战略指挥部，指挥部下设 1 个办公室和 17 个专责小组。出台《贺州市全面推进乡村振兴加快农业农村现代化的实施方案》等文件 40 多项，形成有效衔接政策保障体系。坚持把抓好党建和抓好乡村振兴有机结合起来，提高抓党建促乡村振兴的质量和实效，推动基层党建与乡村振兴同频共振，把党的政治优势和组织优势转化为乡村振兴的制胜优势。全市 748 个行政村（社区）全部实现党组织书记、村（居）委会主任"一肩挑"，择优向 5 个县（区）的 281 个脱贫村和 6 个易地扶贫安置社区和 1 个全国红色试点村选派了 5 名工作队队长、288 名第一书记、581 名工作队员。八步区炭冲村、平桂区槽碓村荣获 2021 年全国乡村治理示范村。扎实开展农村基层党建"整乡推进、整县提升"示范创建行动，认定达标村 455 个，新命名星级党组织 91 个。

2. 做优生态环境，建设美丽乡村

贺州市持续推进基础设施建设，改善农村人居环境，建设美丽宜居乡村，提升群众的幸福感、获得感。人居环境整治扎实推进，公共服务水平稳步提升，乡村治理体系不断完善。截至 2021 年 6 月，全市完成 2566 个村庄全域环境基本整治和 287 个村庄 15682 栋农房特色风貌塑造，打造"两高两道"沿线 230 多公里"百里风貌示范带"和 10 条县级精品线路；全市所有自然村 100% 达到自治区"干净整洁村"标准，建成一批全国宜居村庄。全市行政村综合性文化服务中心、农民体育健身工程覆盖率 100%，全市行政村客车通达率 100%，全市 57 个乡镇通二级以上公路比例达到 95%，农村生活垃圾收集、转运和处置实现全市行政村全覆盖。

3. 做实协调文章，发展乡村产业

一是现代农业产业高质量发展。贺州市优化县级"5+2"和村级"3+1"特色产业，深入开展现代设施农业推广应用、香芋全产业链和万亩设施蔬菜发展 3 个"三年行动"，开展现代特色农业示范区高质量建设五年提升行动，大力发展设施农业、观光农业、高效农业，着力提升农业现代化水平，推动农业增效农民增收。粤港澳大湾区"菜篮子""果篮子""肉篮子""米袋子"作用凸显。我市建成全国最大的供港豆妃蔬菜生产基地，拥有广西最大的脐橙、三华李、贡柑等特色农产品生产基地；截至 2021 年 6 月，累计认证粤港澳大湾区"菜篮子"基地 18 个，是广西获得认证基地最多的地级市。全市每年约有 70% 的蔬菜、60% 的水果、60% 的畜禽销往粤港澳大湾区。二是现代设施农业等特色产业集群发展壮大。加强现代特色农业园区建设，新认定自治区级特色农业现代化示范区 6 个，累计达到 21 个。富川脐橙、昭平茶、八步蔬菜等广西特色农产品优势区及农业产业强镇项目加快建设；富川瑶族自治县入选全国首批农业现代化示范区创建名单，"电商物流＋特色产业"成为全区首个全国农村物流服务品牌；八步区"百李挑一"田园综合体入选 2021 年自治区田园综合体试点项目，平桂区羊头镇入选 2021 年农业农村部农业产业强镇和全国乡村特色产业 10 亿元镇。2021 年新增 1 个全国乡村旅游重点村、4 个广西乡村旅游重点村（镇）、1 个五星级乡村旅游区，1 个五星级农家乐。截至 2022 年 6 月，全市累计获得认证的"三品一标"产品 256 个，新增 10 个农产品品牌入选广西农业品牌目录，认定全国"一村一品"示范村镇 9 个，率先在全国实现"国家级出口食品农产品质量安全示范区"全覆盖。昭平茶、富川脐橙两个品牌连续 3 年入围中国品牌价值评价区域品牌（地理标志产品）百强榜。

### 4. 做好文明"铸魂"，赋能乡村振兴

贺州市重视大力保护和传承农村优秀传统文化，引导群众自觉摒弃大操大办婚丧嫁娶红白事等铺张浪费行为，从消除"横攀竖比"心理那些看似微不足道的细节入手，不断改善新时代农民的精神风貌，让乡村群众尽享精神文明建设成果。充分发挥新时代实践中心（所、站）作用，结合建党 100 周年，深入开展党史学习教育等宣讲活动。创新"二次四分法"在改革集成试点村推行乡村振兴文明实践积分卡制度。2022 年全市共有自治区级乡风文明示范村 5 个，县级以上文明村 500 个，占比 70.7%。传承发展优秀农耕文化，结合香芋文化节、脐橙文化节等地方节庆举办农民丰收节庆祝活动。印

发《关于进一步推进移风易俗工作实施方案》等文件，推动农村移风易俗工作进村入户，引导群众养成健康的生活方式，培养乡风文明、良好家风、淳朴民风。在全市开展寻找全区、贺州市"最美清廉家庭"和"廉洁"家属活动，培树清廉家庭典型，引导广大家庭成员崇德之家，廉洁齐家。深化农业农村领域改革系统集成，创建八步区长湾村、平桂区中红村等15个乡村振兴改革集成试点村，实现点、线、面协同发展。

### （三）柳州市：以科技创新推动螺蛳粉产业高质量发展

螺蛳粉是柳州的一张城市名片。2021年4月，习近平总书记在视察广西、视察柳州时称赞道："真是令人惊奇！小米粉搞出这么大规模的产业来，不容易，值得好好研究总结。"① 近年来，柳州市以工业化思维谋划螺蛳粉产业发展，加快一二三产高度融合。随着袋装螺蛳粉技术的不断发展，在"互联网+"的推动下，柳州螺蛳粉产业经历了"从无到有，从小到大"的发展历程，迅速成为网红，成功开创了以"螺蛳粉产业培植"推动"造血帮扶"的新路径，成为推动产业振兴、乡村振兴的新引擎。2021年，柳州螺蛳粉全产业链销售收入达到501.6亿元。2022年1—6月，柳州螺蛳粉全产业链销售收入达到275.94亿元，同比增长3.6%。柳州螺蛳粉的成功经验被列为供给侧结构性改革的成功范例、对外传播十大优秀案例以及全国巩固脱贫攻坚成果同乡村振兴有效衔接典型案例，"广西壮族自治区柳州市精准发力推动螺蛳粉产业快速发展"荣获国务院第八次大督查通报表扬；国务院公布第五批国家级非物质文化遗产代表性项目名录，"柳州螺蛳粉制作技艺"榜上有名；中央电视台《瞬间中国》称赞柳州螺蛳粉从地方特色小吃一跃成为我国乡村振兴的重要范本。柳州市紧紧围绕螺蛳粉产业实施创新驱动发展战略，以科技创新筑牢柳州螺蛳粉的食品安全底线，切实守住"舌尖上的安全"。

---

① 《总书记称赞"令人惊奇"的富民产业为何这么火》，人民网，2021年7月29日。

1. 集聚科技创新资源，推动螺蛳粉产业创新平台建设

通过成立柳州市级螺蛳粉工程技术研究中心技术委员会，依托广西科技大学与柳州螺蛳粉检验检测中心联合创建自治区级工程技术研究中心，围绕螺蛳粉产业存在的技术难题及前瞻性技术需求开展科技创新与工程化应用，为柳州螺蛳粉产业技术提升及食品安全保障、打造柳州名片提供技术支撑。2021年7月，广西柳州螺蛳粉工程技术研究中心通过自治区验收，被认定为广西特色食品米粉类中第一家自治区级工程技术研究中心。

2. 用好科技立项手段，推动柳州螺蛳粉产业质量安全建设

2021年以来，针对螺蛳粉产业发展安全，组织完成《预包装螺蛳粉专用半干粉高效生产与品质提升关键技术研究》《Taqman实时荧光PCR对预包装螺蛳粉中沙门氏菌快速检测的应用研究》《高品质螺蛳粉自动化生产技术装备开发与产业化示范》《螺蛳粉包装自动化生产线研发》《柳州螺蛳粉国家地理标志保护产品的特异性指标研究》等5项螺蛳粉产业方面科技计划项目验收，从推动螺蛳粉产业食品安全方面积极做好科技支撑，支持在螺蛳粉专用半干粉关键技术研究方面做出积极探索，推动柳州螺蛳粉国家地理标志保护产品的特异性指标研究，探索在螺蛳粉产业自动化生产方面的科技创新等五方面提供科技支持。

3. 坚持创新引领发展，推动螺蛳粉产业持续加大研发投入

一是市政府支持，通过研发奖补激励螺蛳粉企业加大研发投入。2021年市科技局奖励研发投入在100万以上的螺霸王、善元食品等6家螺蛳粉产业相关企业研发经费投入财政奖补共计27.56万元；二是充分利用培训、会议等工作契机，积极宣传企业研发费用税前加计扣除等自治区、柳州市的各类创新型企业奖补政策，指导帮助企业进行申报享受；三是推动柳州螺蛳粉企业沿着"中小企业——科技型中小企业——国家高新技术企业——瞪羚企业"路线不断实现创新跃进，积极推动螺蛳粉相关企业开展申报高新技术企业认定。

4.聚焦关键技术突破，推动柳州螺蛳粉生产自动化、无人化和智能化

螺蛳粉企业在生产过程中实现螺蛳粉弯头米粉自动化计量包装和预包装螺蛳粉整袋包装（小包配料进大包）自动化，是柳州整个螺蛳粉行业在自动化升级发展面对的共同技术难点和痛点。市科技局支持广西螺霸王食品有限公司率先开展以上两个技术攻关项目，引入外地技术力量开展技术攻关，并计划将科技成果向全行业推广。

## （四）桂林市全州县：打造"红色湘江"基层党建先锋体

桂林市全州县，位于桂林市东北部，地处湘江上游，素有"广西北大门"之称。党的十八大以来，习近平总书记在多个场合高度评价湘江战役，始终牵挂在湘江战役中牺牲的革命先烈，明确要求做好烈士遗骸收殓保护工作、规划建设好纪念设施。2021年4月25日，习近平总书记赴广西考察首站是位于桂林市全州县的红军长征湘江战役纪念园，缅怀革命先烈、赓续共产党人的精神血脉。习近平总书记由衷感慨："到广西，来全州看一看湘江战役，这是我的一个心愿。这一战，在我脑海里印象是最深刻的，我也讲得最多。""我们对实现下一个百年奋斗目标、实现中华民族伟大复兴就应该抱有这样的必胜信念。困难再大，想想红军长征，想想湘江血战。"[①]全州县深入贯彻落实习近平总书记考察指示精神，用好用活"湘江战役"红色资源，结合才湾镇南一村全国红色美丽村庄建设试点工作，以扎实推进党的组织体系建设为纲，以传承长征精神为本，保护利用红色遗址遗存，打造"红色湘江"基层党建先锋体，通过党建引领实现"产业旺、生态美、农民富"的乡村振兴新景象。

1.出台"先锋体"创建方案

牢记习近平总书记"革命理想高于天"的重要指示，出台了《全州县"红

---

[①] 《"加油，努力，再长征！"——习近平总书记考察广西纪实》，新华社新媒体，2021年4月29日。

色湘江"基层党建先锋体创建方案》。深度挖掘、利用"红军三过全州"和湘江血战时的红色遗址遗存，在红军长征湘江战役纪念园周边的村屯，按禀赋特征整体打造类型相近、功能互补的基层党建示范集群，形成与长征精神一脉相承的"红色湘江"基层党建先锋体，兼具组织引领、体验教育、传承发扬和创新发展等党建示范功能，使长征精神在基层组织中看得到、在党建工作中显得出、在党员群众中传得好。建设"南一·红色模范村""毛竹山（王家山）·长征精神实践园""脚山铺·长征精神体验园"和"珠塘铺·长征精神传承园"（一村三园），打造服务"国之大者"的前沿阵地、加强党性教育的情景课堂、提升乡村振兴能力的实践课堂。

2. 打造"南一·红色模范村"党群服务中心

保护利用湘江战役时期红军驻扎地——定国公祠堂，打造成具有"开放式、集约化、共享性、先锋色"等功能的南一村党群服务中心。在充分调研社情民意的基础上，融合长征精神、党建文化、廉政文化、新时代精神文明建设等要素，划分"红色教育、红色管理、红色服务、红色活动、红色发展"五个区域九个模块，提供"接诉即办""志愿积分""农情速递"等12项服务，打造村干部办公的"一体化"场所、服务党群的"一站式"平台、智慧党建的"信息化"站点、党员教育的"体验式"阵地、产业招商的"一条龙"基地。2022年竣工以来，开展党史学习教育情景党课、新任村（社区）干部培训班、支部党日活动等活动20余场次，在全县乡村振兴成果展上，南一村分会场迎接全县286个村（社区）1200余名村干部实地观摩，进一步推动基层党建工作提质聚力增效。

3. 推出"一馆一村三园"红色教育路线

在脚山铺阻击战旧址、红军行军路线沿途的珠塘铺、毛竹山（王家山），发掘保护战场遗址遗存36处，收集整理红军故事120篇。修缮重建"红一军团指挥所""米花山战场""杨成武负伤处""易荡平将军烈士墓""山顶战壕体验区"等学习拓展点，引入VR设备和AR技术搭建多功能体验室，还原实景战场。串联红军长征湘江战役纪念馆和"一村三园"，制作党员教育研学手册。开展"实地拓展+VR体验"、红色影视展播、"追寻领袖足迹"系列活动等体验式教学，打造"方言党课""指尖党课""战地党课"等革命传统教育的生动课堂。线上点击量达4.5万次，线下覆盖党员群众近170.8万人，让长征精神成为新时期党员群众的"精神航标"。

### （五）百色市西林县：产业强镇富民的古障镇发展经验

西林县位于广西的最西端，地处桂滇黔三省（区）接合部，素有"广西西大门"之称，是广西西进和云贵东出的主要门户之一。全县总面积3020平方公里，辖4镇4乡94个行政村5个社区，总人口16.4万人。西林90%以上为土山，森林覆盖率达77.34%。目前全县发展以砂糖橘为主的柑橘类水果20.83万亩、茶叶10.03万亩、油茶14.3万亩、以铁皮石斛为主的林下经济11.39万亩。成功创建国家地理标志产品保护示范区，成功打造了西林砂糖橘、西林麻鸭、西林火姜、西林姜晶四个国家地理标志保护产品，国家地理标志保护产品数量排在广西第一。西林县先后荣获"中国砂糖橘之乡""全国生态文明示范工程试点县""全国十大生态产茶县""中国桫椤之乡""国家重点生态功能区""自治区级生态县"。西林"三品一标"认证产品总数62个，有"西林红茶""砂糖橘"2个"圳品"。古障镇在2014年被国家住房城乡建设部等七部委确定为3675个全国重点镇之一，是西林县茶叶和水果第一大镇、"百色砂糖橘之乡"。

2021年以来，古障镇以打造全国农业产业强镇为目标，加大产业结构调整，加强农业产业服务，破解农业发展瓶颈，促推优势特色农业产业不断优化壮大，促农增收，强镇富民。

1. 统筹发展，特色农业产业提质扩面增效成效明显

一是狠抓两大"支柱产业"。依托古障作为全县茶叶第一大镇、水果第一大镇的产业优势，围绕西林县实施产业扶贫"4510"工程，立足资源优势，重点抓好优质水果、有机茶叶两大"支柱产业"，着力打造"古障百里优质柑橘水果带""王子山下百里茶谷"工程，培育龙头企业3个，成立水果专

业合作社 13 个。水果种植面积达 6.7 万亩，占全县 21 万亩的 32%；全年总产量约 16.5 万吨，年产值约 4.5 亿元；其中改造投产的金秋砂糖橘更是受到市场青睐，全年共投产销售 300 吨，均价 3.8 元/斤，者夯金秋砂糖橘登上了央视农业农村频道；实施 3000 亩金秋沙糖橘高位嫁接，促推水果进一步提质增效。茶叶种植面积达 6.5 万亩，占全县 10.03 万亩比例 68%，总产量 2831.41 吨，占全县 3888.92 吨比例 73%，产值约 1 亿元，其中有机茶种植面积 3000 亩。

二是兼顾三大"特色产业"。紧紧围绕全县壮大"四个十万亩"的特色农业产业，全镇大力推进油茶种植，全镇共种植油茶 9811.88 亩，2021 年全年新增油茶种植面积 3258.4 亩，创建了 1 个市级农业示范园；林下经济不断扩大，全年新增重楼、茯苓等林下种植 3000 亩。全镇地理标志农产品砂姜种植 1000 亩，产量 1600 吨。

一是不断巩固"加工链"。2021 年全镇共有选果厂共 29 家，选果线共 48 条，全年收购打蜡销售水果共 11.24 万吨；全镇共有水果制框厂 5 家，年制框量 400 万个。正在规划新建扩建选果厂 4 个，生产线 10 条，正在规划新建制框厂 2 个，将不断为水果加工销售提高保障服务水平。全镇共有茶叶加工厂 98 家（含小作坊），其中有机茶加工企业 2 家，继续加大对王子山茶业公司和京桂古道茶业公司两大龙头茶叶加工企业的对接服务力度，争创古障有机茶品牌。

二是不断拓宽"销售链"。通过引进泰源果业等龙头企业，培育央达、八索、者夯、央革、塘汪等水果示范点，成立 13 个水果专业合作社，建成央革水果交易市场，规划筹建古障水果茶叶综合交易市场等措施，为全镇水果茶叶交易提供产供销一条龙服务打下良好基础。目前北京、山东、四川、云南、贵州等外地客商纷纷上门收购我镇水果和茶叶，果农和茶农实现大幅度增收。

三是加快发展"服务链"。深入推进产权制度改革、农村集中供水工程水费收缴等领域改革，大力推进"放管服"和政务服务性改革，农林产业富有成效，指导群众砍除黄龙病病树 3 万多株，发放补助苗木 3 万多株。同时设立古障镇绿领人才工作站，推荐优秀乡村人才进入村"两委"班子或聘用补充到镇涉农部门，派遣"土专家"到田间地头为群众发展产业进行技术指导，提高群众种植技能。

2.党建引领，头雁带动产业户发展模式不断强化

一是在产业上扩规模。引导全镇 19 个村党组织书记领办村集体经济基层党建创新项目 38 个，以合作社为依托，紧紧围绕产业发展、群众增收这一目标，与产业户签订最低收购保护价格，在市场价格低时将自身收入的一部分让利于群众，在价格高时，随行就市让群众得到更多实惠。同时将其他村委会种植户上提取的管理费全额返还各村委会，在实现各村都有村集体经济的基础上，进一步调动各村群众参与合作社的积极性，发展壮大种植规模。

二是在产业上传技术。在镇党校的基础上，统筹各类培训资源，依托县委党校作为央革村后援单位的优势和利用闲置小学的资源，探索创建乡村党校（绿领学院），通过举办农业技术培训班争取将各村党组织书记培育成为一批实用型农技人才。由各村党组织书记在整个种植过程中全程为群众提供技术指导和科技服务，以此带动本村产业发展。

三是在产业上树榜样。开展古障镇"两优一标兵"表彰大会暨庆祝建党 100 周年座谈会，表彰部分村党组织书记和致富带头人以此带动产业户发展产业的积极性，以表彰先进探讨发展的模式助推产业发展壮大。全镇表彰优秀共产党员 25 人，优秀党务工作者 21 人，党员创业带富标兵 18 人。

## （六）崇左市天等县："实、联、全"三字联动织密筑牢"防贫保障网"

天等县是国家乡村振兴重点帮扶县，全县辖 6 个镇 7 个乡，总人口 45.73 万人，壮族人口约占总人口的 98％。全县总面积 2164.9 平方公里，耕地面积 63.85 万亩，人均耕地 1.39 亩。天等县驮堪乡道念村荣获全国脱贫攻坚先进集体，天等县扶贫办荣获全国乡村振兴（扶贫）系统先进集体。2021

年以来，天等县深入学习贯彻习近平总书记关于"三农"工作的重要论述和
对广西工作的重要指示精神，全面贯彻落实中央、自治区、崇左市有关决策
部署，将巩固拓展脱贫攻坚成果放在突出位置，强力推进责任、工作、政
策"三落实"，突出"实、联、全"三字联动织密防贫监测帮扶保障网，筑
牢防止返贫致贫底线，扎实推进巩固拓展脱贫攻坚成果同乡村振兴有效衔接
工作。

1. 在防贫监测上练苦功，突出"实"字

一是责任压"实"。天等县党委政府立足新阶段防贫总要求，主要领导
组织召开专题会议 12 次部署推进防贫工作。同时，专门成立防贫监测专责
小组，抽调 15 人集中办公，强化防贫监测力量。在自治区每季度开展一次
集中排查的基础上，天等县主动自我加压，全年组织驻村工作队、帮扶联系
人开展集中走访大排查 8 次，及时排查致贫返贫风险。二是标准务"实"。
合理设置监测预警线，即：2021 年以脱贫攻坚期国家扶贫标准的 1.5 倍（家
庭年人均纯收入 6000 元），重点监测家庭收入支出状况、"两不愁三保障"
和饮水安全及关注有大病重病和负担较重的慢性病患者、重度残疾人、失能
老年人口等特殊群体家庭。坚守为民宗旨，坚持"应纳尽纳"，尽可能将农
村最底层、最困难群体全部"兜住"，全县共纳入防返贫监测对象 2222 户
7710 人，标识消除风险 414 户 1704 人。三是比对核"实"。县主要领导亲
自召开会议，打通县直行业部门数据比对技术障碍壁垒，落实"部门数据比
对预警"。充分利用大数据、信息化技术，依托全国防返贫监测信息系统、
医保信息、学生学籍、残联信息化服务、民政救助、应急救灾等系统平台，
开展线上比对预警。建立"旬分析、月调度、月通报"制度，县级每月组织
系统数据筛查比对，对线上比对发现的疑似风险点下发乡镇入户核实；每月
进行一次调度分析和业务排名，并通报县级党政分管领导和乡镇党政主要负
责人，有效促进工作落实。

2. 在防贫帮扶上下真功，突出"联"字

一是部门联动施策。不定期召开部门联席会议，针对因病、因学、因

残、因灾等致贫返贫监测对象，协调部门联动，精准综合施策，因户落实医疗、教育、兜底等政策帮扶，让困难群体切实感受党和政府的关怀温暖。已有 2222 户落实健康帮扶措施，1964 户落实低保兜底措施，675 户落实教育帮扶措施。二是双业联动扶持。坚持"输血""造血"一起抓。结合劳动力情况、资源条件、发展意愿等，实行针对性产业、就业帮扶。对有就业意愿和条件的监测对象，引导通过就业技能培训、帮扶车间、公益性岗位实现就业；对有产业发展意愿、条件的，通过龙头企业、合作社带动，发放奖补、小额信贷、技术培训等，扶持发展养牛、养羊、养鸡等产业，多渠道增加监测户收入。目前已有 1219 户落实就业帮扶措施（含公益岗位），1939 户落实产业帮扶措施。三是社会联动支援。以粤桂东西部协作为契机，引导东部企业 14 家到天等县投资兴业，带动 288 名脱贫户劳动力就近就业，增加工资收入；利用粤桂消费帮扶平台，帮助销售农户农畜产品和手工艺产品 1915 万元；利用广东省社会捐赠 563.06 万元资金，倾斜扶持救助存在紧急、特殊困难的监测对象。

3. 在防贫"保障"上创新功，突出"全"字

一是防贫对象保障全。在精准落实政策帮扶和"造血"帮扶基础上，积极探索政府主导、社会参与及市场化运作相结合的精准防贫新路径。探索开创"防贫保"，落实精准防贫保险金 384 万元，将全县农村人口全部纳入防贫监控保险范围，用商业保险形式，进一步织密织牢防贫保障网，不漏一人的防贫堵贫。二是保险种类覆盖全。制定《天等县"精准防贫救助金"救助工作实施方案》等文件，以政府购买服务方式与中国人寿崇左分公司合作，通过实施"防贫保"普惠型综合保险项目，对监测对象因病超出年度累计自付费用 6000 元（10 万元为上限）、符合条件的残疾或孤独症儿童家庭、子女在校就学期间家庭当年人均纯收入不足 6000 元、突发重大灾害或交通事故导致财产损失过重或医疗花费过高可能返贫致贫的给予保险金救助，减轻监测对象经济负担，有效消除因病、因残、因学、因灾等各类致贫返贫风险。目前，防贫保项目已救助困难家庭 94 户，发放理赔金 97.82 万元。三

是管理运行机制全。设立精准防贫保险服务中心，组建防贫服务专业团队，为符合理赔监测对象提供咨询解答、费用审核、调查补偿等防贫保险"一站式"服务，及时有效化解家庭困境，广受群众认可。如天等县都康乡龙布村那弄屯农某因家庭成员突发大病治疗费用 51.23 万元，基本医保、大病报销 22.71 万元，个人自付 28.52 万元。通过部门数据比对筛查预警，驻村干部实地走访排查，及时纳入监测对象。经核实确认，快速启动防贫保险，开通绿色办理理赔通道，发放精准防贫理赔金 10 万元。

### （七）南宁市马山县："引、育、督"共同发力聚才乡村振兴

马山县 2021 年 6 月被确定为国家乡村振兴重点帮扶县。现辖 11 个乡镇 156 个行政村（社区），总人口 58 万人，现共有 3.54 万户 14.35 万脱贫人口，75 个脱贫村和 4 个易地搬迁安置点社区。2021 年以来，为破解乡村振兴人才缺乏困境，马山县聚焦人才"引、育、督"各项工作，共同发力聚才乡村振兴，助力全县巩固拓展脱贫攻坚成果同乡村振兴有效衔接各项工作。

1. 聚焦引才机制，在人才引进上精准发力

一是制定和完善人才引进政策体系。近年来，马山县修订下发了《〈县委人才工作领导小组职责〉等 5 个工作制度》文件，压实相关各成员单位人才工作职责。同时还制订出台了《马山县关于加快推进粤桂人才协作三年行动计划》，将粤桂人才交流纳入全县人才工作大盘子，实现粤桂人才协作共赢机制。二是以重点项目为平台引进人才。首先，依托马山县与华南农业大学合作建成的区域性现代种业科技创新中心引进人才。截至 2022 年 6 月，已有 15 家企业签约入驻该科创中心，5 家高校、科研院所与科创中心签约进行合作。另有涉及种业的多家企业意向进驻该中心发展孵化，推进人才集聚。其次，依托企业引进人才。如广西博禄德电子有限公司 3 项技术获列入第三批广西重大科技成果转化。三是努力拓宽招才引智渠道。围绕乡村振兴一线人才紧缺现状，建立在外马山籍优秀学子信息库，计划将部分专技岗位定向招聘马山籍学子，对急需紧缺和特别优秀的人才可采取组织考察等方式

直接录用。2021年以来，拿出1358个岗位编制招聘教育、卫生、旅游、规划等专技人才，进一步壮大县域人才队伍。四是运用粤桂协作关系引进人才。与广东福田区组织实施双向挂职机制，互相选派人才交流挂职，推进两地学校、医院的专业技术人才互访交流和跟班学习等。截至2022年，深圳市福田区已派挂职干部2人、教师28人、医生17人到马山县相应单位进行交流任职。五是从中、区、市直单位引进人才。随着乡村振兴号角的吹响，国家科技特派团、教育人才"组团式"帮扶、医疗人才"组团式"帮扶，东西部协作，中区市直党政干部及各层级支医、支教、科技特派员和"三师队伍"等220余名各类优秀干部人才集聚马山乡村振兴一线。

2.聚焦育才路径，在人才培育上精准发力

一是建立乡土人才信息库。把全县有实业规模、能发挥示范带动作用的乡土人才2890名输入人才信息库。二是大力培育本土优秀人才。首先，马山县利用福田区2021年援助教师培训资金150万元实施马山福田中小学"培优强技"工程，先后组织举办福田领航班、福田培尖班、福田青蓝班和70期"福田·马山好课堂"培训项目，参加培训人员达6000人次。其次，运用福田区向马山县派遣的13位优秀支教老师的优势，在马山成立4个名师工作室，以名师引领示范，为当地4050名教师开展"粤桂教育协作项目"培训。同时，中山大学附属第八医院11名医学专家团队通过现场授课和腾讯课堂直播对马山医务人员进行培训。截至2021年7月底，已成功举办培训医务人员10期，参加现场培训学员约700人次，网络观看直播培训的学员约1400人次。三是开展外出培训培育人才。首先，马山县派出挂职干部2人、支医支教队伍34人到福田区跟班学习，提升派出人员的业务水平。其次，在区内外组织开展干部培训11期，培训科级干部1250人次。最后，运用清华大学乡村振兴远程教学站优质资源，对全县的干部开展线上培训。2022年以来，马山县组织11个乡镇、156个村委、60多个县直单位干部共10000余人收看了3期乡村振兴云课堂讲座。

3.聚焦人才监督，在培养保障上精准发力

督促各级各部门对人才引育工作要高度重视，加大对人才引育全过程参与与监督，特别是纪委监察部门，要主动作为，积极跟进人才引进及培育的各个环节，确保人才引进、培育、选树、发展、创新各环节顺利畅通，为人才强县战略的落实保驾护航。在引育人才过程中，全县纪检监察机关积极参与，立足"监督的再监督"，坚持把监督挺在前面，强化监督检查，压紧压实"两个责任"；坚持严肃追究问责，对违反规定插手、干预干部引进及培育工作等选人用人不正之风，发现一起，查处一起，处理一起，通报一起，为人才强县战略的落实提供坚强的纪律保障。

## （八）崇左市龙州县：党建"四引领"高效统筹边境疫情防控与乡村振兴

崇左市龙州县，地处广西西南边陲，与越南两省四县接壤，边境线长184公里。2021年以来，面对国内外严峻的新冠疫情形势，龙州县坚持党建"四引领"，筑牢我国西南边境防控防线，高效统筹疫情防控与乡村振兴战略，大力发展乡村经济，促进稳边固边兴边各项工作向前发展。

1.党建引领发展壮大村集体经济

火车跑得快，全凭车头带，农村富不富，关键看支部。在增强党组织凝聚力，充实村集体经济实力方面，龙州县积极探索，勇于实践，通过支部带头、能人带动、项目带领等模式，推动村集体经济逐步发展壮大，走出党建引领村级集体经济发展新路子，让村集体经济真正成为夯实执政基础、惠及广大村民、助力乡村振兴的"甜蜜经济"。如，下冻镇盘活资产资源，采取"党支部领办"模式，利用集体闲置土地在下冻社区投资建成一个集餐饮、美发美容、农资等商铺、大型停车场、物流点为一体的新型社区经济体，2021年获得收入38.762万元，占村集体总收入的74.6%。响水镇通过抱团发展，整合全镇10个村级经济联合社资金，联合成立崇左市首家村集体经济联合企业——龙州县响旺基础设施项目建设有限责任公司，2021年底，响旺公司通过公开招投标，承接基础设施项目建设，实现纯利润35万元。

截至2022年6月，全县由支部领办合作社12家，党员创办合作社30家。全县12个乡镇积极推行"党支部＋合作社＋基地＋农户"发展模式，用村级集体经济资金，大力发展米酒蒸制、酸菜腌制、麻鸭养殖、甘牛养殖、蔗海养鸡、坚果种植、火龙果种植等项目，实现村集体经济与农民收入"双增收"。

2. 党建引领促进乡村有效治理

龙州县立足建立健全自治、法治、德治相结合的现代乡村治理体系，深入实施"党旗耀边疆"工程，因地制宜推进"一屯一党支部"、"一屯一产业项目"、"一屯一治理机制"、"一村一教育基地"（精神文明建设基地）、"一屯一乡村建设"等"五个一"工程，有效发挥党组织战斗堡垒和党员先锋模范作用，不断推动祖国南疆边陲繁荣稳定、和谐安宁。如龙州县下冻镇布局村，距离越南仅一山之隔，村边蔗浪翻腾，蕉林翠绿，村内道路宽阔，楼房错落有致，家家户户门口都挂有鲜艳的国旗，边民生活和谐安宁。该村突出党建引领，围绕实现基层党组织领导班子好、党员队伍好、工作机制好、工作业绩好、群众口碑好的"五好"目标，创建服务型党组织，提升工作水平。党员以优良的作风，发挥党组织战斗堡垒作用，解决群众的操心事、烦心事，赢得了群众的信任和拥护。在村党支部的引导下，屯里将拥军泉、防炮洞等10多处战争旧址进行修缮，还发动村里的老党员、抗战老兵给群众上课，讲好爱国主义故事，打造多处爱国主义教育基地。布局村获第七批全国民族团结进步示范村，板局屯获评2021年度自治区先进基层党组织，这是龙州县积极探索实践党建引领边境基层治理推进乡村振兴的一个缩影。

3. 党建引领推动美丽乡村建设

坐落在丽江边上的上金乡进明村临近崇水高速，毗邻发现弄岗、左江湿地公园、花山岩画、人间仙境等，旅游区位优势明显。为进一步挖掘旅游资源，提升乡村风貌建设，2021年以来，进明村以龙州县打造乡村振兴"美丽边关"综合示范带为契机，充分借鉴广东鹤山市共和镇来苏村的建设经验，投入粤桂协作资金218万元，以党建引领＋乡风文明建设模式，建设党群服务中心、氧化池塘提升、污水处理、公共厕所等项目。通过政府提供物料、村民投工投劳等形式，由村民自主规划，自己动手建设美丽家园，为发展乡村旅游产业添砖加瓦。进明村是龙州县实施"五个一批"乡村振兴建设示范点之一，2021年以来，龙州县按照自治区乡村振兴"五个一批"重点工程的建设思路，协同粤桂工作组，创新将"五个一批"乡村振兴重点村建设与强边固边相结合，以党建引领为统筹、激发内生动力为目标、环境与文化建设为手段，利用粤桂协作资金投入1317万元建设"五个一批"乡村振兴示范村项目。当前龙州镇、水口镇、下冻镇、上金乡和上龙乡共5个乡镇的乡村振兴示范点项目正在有序推进建设中，建成后将进一步提升当地农村人居环境水平，更好地发挥基层党组织政治引领，推动社会和谐、富民兴边、稳边固边。

4.党建引领筑牢战"疫"防护网

"我是党员，我来！"2022年3月20日晚，正在北门社区银盛苑小区值守的龙州县乡村振兴局干部黄小兰为小区居家隔离的住户送去食物，每次遇到需要打头阵的时候，她总是这样挺身而出。一名党员就是一面旗帜，一个支部就是一座堡垒。自龙州抗击新冠疫情以来，全县党员干部闻令而动，下沉社区、村屯，连日作战，当好疫情防控宣传员，值守卡点守门员，化身"大白"做好核酸采样引导员、测温员、登记员，采取"敲门行动""扫地行动"等对各村屯、社区开展核酸采样追漏。各级党组织齐心协力，靠前指挥，形成党组织引领，党员示范冲在前的良好局面，做到哪里有疫情、哪里就有党员在疫情防控最前线，用无畏的行动构筑起边境疫情防控钢铁长城。面对当前国内国外严峻的疫情防控形势，特别是国际疫情快速蔓延带来的输入性风险增加，龙州县坚持党建引领及"管理有效、规模适度、边界清晰"的原则，在原有疫情防控网格划分的基础上，综合考虑城区街道、村（社区）地域布局、人口密度等因素，重新对县城街区和各村（社区）网格进行再调整、再完善、再优化。目前，全县科学精准划分网格226个，其中封闭小区网格

12 个、开放街区网格 31 个；非抵边村网格 126 个，抵边村网格 57 个。落实网格长 226 名，配备网格员 3290 名，实现网格点、网格员全县区域全覆盖。设置县城街区疫情防控临时党支部 43 个，在各卡点、核酸采样点等疫情防控一线设立党支部 212 个，党员先锋岗 1560 个，组建党员志愿服务队 701 个，进一步发挥党建引领作用，形成"织好一张网、管好一片格、服务一方人"的服务管理格局，推动疫情防控更加精准高效。选派 45 名"铁桶行动"边境管控段长及 57 名干部组成"戍边先锋队"到 5 个边境乡镇开展边境疫情管控，截断境外疫情输入和外溢风险，切实织密织牢疫情防控网，为"疫情要防住、经济要稳住、发展要安全"提供坚实保障。

## 三、广西乡村振兴面临的主要挑战

### （一）巩固拓展脱贫攻坚成果同乡村振兴有效衔接的压力较大

虽然广西和全国一道已全面完成脱贫攻坚任务，但脱贫地区发展基础还比较薄弱，自我发展能力仍需增强；农村基础设施和公共服务水平还比较低，农村产业的质量、效益、品牌、发展可持续性等核心竞争力还不够强；脱贫群众持续增收压力较大，若遇到自然灾害、脱贫劳动力缺乏等不可抗拒因素，少部分脱贫群众、边缘人口还存在返贫、致贫风险。

### （二）现代农业发展水平仍然不高

虽然广西一些农业产业规模位居全国第一或前列，但农村产业全产业链尚未形成，缺乏产业整体市场竞争力和品牌影响力。乡村振兴重点帮扶县城乡仓储保鲜冷链物流设施明显不足，部分偏远地区农产品产后价值损失 15% 以上，果蔬运输损耗率高达 25%—30%，农产品销售市场问题还不同程度存在。

### （三）农村基础设施还有不少短板

经过近年来的精准扶贫、集中攻坚，广西农村基础设施明显改善，但还有不少短板。农村村屯路网尚未形成，部分村屯道路路面宽度不达标，农村通信网络覆盖率比较低，农村供电、供水等基础设施依然薄弱，距离人民群众美好生活的向往还有较大差距。

### （四）农村人居环境水平还有提升空间

经过"清洁乡村""生态乡村""宜居乡村""幸福乡村"四个阶段持续推进"美丽广西"乡村建设，广西农村生活垃圾处理问题得到基本解决，但农村生活污水处理水平仍然有待提高，亟须花大力气加以解决。农村环境整治虽然成效明显，但乡村风貌还有提升，少部分农村还存在"有新房无新村、有新村无新貌"问题，距离"环境优美、设施完善、特色鲜明、山水共融"的美丽乡村风貌要求还有较大发展空间。

## 四、广西全面乡村振兴的发展建议

### （一）深入推进巩固拓展脱贫攻坚成果同乡村振兴有效衔接工作

进一步理顺各级党委农办与实施乡村振兴战略指挥部、农业农村部门和乡村振兴部门等单位之间的职责界定和任务分工，在职责界定清晰的基础上强化部门联动，资源共享，高效推进巩固拓展脱贫攻坚成果、深入实施乡村振兴战略各项工作。严格落实"四个不摘"要求，保持主要帮扶政策总体稳定，细化落实过渡期各项帮扶政策，开展政策效果评估。巩固"两不愁三保障"和饮水安全成果，逐年提升保障水平。全面落实针对性帮扶政策措施，健全防贫动态监测和帮扶工作机制，建立防止返贫监测标准年度调整机制，加快建设全区乡村振兴和防贫监测大数据信息系统，建立完整的动态监测数据库，健全防贫监测评估体系，强化监测帮扶责任落实，分层分类落实帮扶措施，做到实时掌控、及时启动、精准施策、有效帮扶，坚决守住不发生规模性返贫的底线。狠抓易地扶贫搬迁后续扶持，抓好安置区社会治理和社会融入，扎实推进产业培育、就业帮扶、公共服务、社区管理等工作，不断提升安置区配套基础设施建设水平和公共服务能力。稳定外出务工规模，扩大返乡留乡农民工就地就近就业。全面排查登记脱贫劳动力就业信息，搭建就业信息平台，开展就业招聘服务、职业技能培训行动，提升脱贫劳动力就业技能水平，促进充分就业、高质量就业。提前做好《广西乡村振兴战略规划（2018—2022年）》实施进展情况评估准备相关工作。

### （二）高质量发展现代特色农业

一是要建立现代农业产业体系。依托农业龙头企业，重点发展市场前景好的现代农业项目，延长产业链条，提升农业标准化、组织化、产业化程度。规划引进的地方特色农业精深加工企业，依托地方地理标志品牌，打造链条完整、融合循环、品牌带动，形成从原材料的种养殖、农产品深加工到物流销售的全产业链发展模式，提升产品附加值和竞争力。二是加强新型经营主体引进和培育。聚焦农业产业化程度低的现状，加强新型经营主体引进和培育。结合实施农业龙头企业成长倍增计划、产业发展"千人联千企"活动等，加大招商引资力度，帮助脱贫地区引进和培育大型龙头企业，加大招商引资力度，大力引进一批国家重点农业产业化龙头企业，拉长产业链条，做大集群规模。积极推广"龙头企业＋合作社＋农户"等模式，完善紧密稳定的联农带农机制，让群众长期稳定获得产业收益。二是打造一批经济强县和特色示范县。立足广西林果蔬畜糖等特色资源，用好现代特色农业示范园区、特色农产品优势区、农业产业强镇、田园综合体等平台载体，打造一批特色农业产业集群，形成一批千百亿元产业。持续实施油茶"双千"计划，推广桑蚕标准化生产，加快推进牛羊规模化养殖全产业链发展。实施农产品加工业提升行动，推动农村冷链物流体系建设，加快推进农产品加工集聚区建设，培育乡村产业"增长极"，打造一批经济强县和特色示范县。三是强化特色产品品牌培育。打好"绿色生态、长寿壮乡"牌，加大"桂字号"农业品牌培育力度，系统推进农业品牌建设，健全完善"广西好嘢"品牌认定标准，开展"广西好嘢"集体商标注册，实施"圳品"认证倍增行动，提升广西农产品品牌影响力。深度对接阿里、京东等电商平台，推进物联网、大数据、移动互联等信息技术与农业深度融合，让广西地方特色产品"走出去"畅销海内外。

### （三）持续加大国家重点帮扶县倾斜支持力度

国家乡村振兴局在 2021 年 8 月确定了 160 个国家乡村振兴重点帮扶县，广西南宁市马山县、河池市都安瑶族自治县、崇左市天等县、百色市德保县等 20 个县被确定为国家乡村振兴重点帮扶县。国家乡村振兴重点帮扶县在基础设施建设、产业发展、返贫风险等方面面临更大挑战，需要持续加大对国家重点帮扶县倾斜支持力度。一是持续强化配套政策支持。在 2021 年出台了《〈关于支持国家乡村振兴重点帮扶县的实施意见〉贯彻实施方案》《广西关于全面推进乡村振兴加快农业农村现代化的实施意见》《关于印发自治区继续支持脱贫县开展统筹整合使用财政涉农资金工作实施方案的通知》等政策文件基础上，根据国家重点帮扶县发展实际和迫切需求，倾斜支持国家重点帮扶县优势特色产业集群创建、农业产业园建设、龙头企业认定、农业品种培优、品质提升、品牌培育、冷链设施、高素质农民培育等产业发展重点领域，争取实现国家乡村振兴重点帮扶县"一县一策"的政策倾斜支持力度。二是持续壮大优势特色产业。深入落实习近平总书记考察广西时关于"立足广西林果蔬畜糖等特色资源，打造一批特色农业产业集群"指示精神，加大力度指导重点帮扶县发展和培育壮大优势主导产业，统筹建立重点帮扶县主导特色产业目录，每个重点县集中打造 5 个主导产业，持续培育出柳州螺蛳粉、河池寿乡牛、融安金桔、三江茶叶、大化七百弄鸡、天等辣椒等一批"广西好嘢"国家乡村振兴重点帮扶县农业产业品牌。三是持续加大产业项目倾斜支持。将产业配套基础设施建设、高标准农田建设、生猪调出奖励、现代种业提升、农业资源及生态保护、畜禽粪污资源化利用、农村人居环境整治、新型经营主体扶持等项目向国家重点帮扶县倾斜。

### （四）稳步提升脱贫人口就业劳务经济收入

就业劳务收入还是当前农村脱贫人口的主要收入方式，需要多渠道稳步提升脱贫劳动力就业劳务经济收入，防止出现规模性返贫和新致贫。一是稳住现有就业规模，拓展就业岗位。加强扶贫车间转型升级和动态管理机制。加大扶持带动效益强的车间，把同质化、零散化的小车间整合为差异化、规模化的特色车间，力争实现提质增效。整合财政资金、衔接资金、就业帮扶资金、村集体经济收益金等，大力开发乡村公益性岗位，推动以工代赈。二是加强东西部劳务协作。推进劳务信息共享，实现稳岗就业。主动对接就业岗位多的东部发达县区，建立已外出务工脱贫人口、计划外出务工脱贫人口信息清单，借助数据共享、平台联动等互联网＋就业手段，促进求职意愿与岗位需求匹配更加精准，推动劳务协作在精准服务、主动施策、稳定就业等方面取得更大成效。特别是在疫情防控的特殊时期，需要在做好安全防护的基础上，通过"送岗上门""包车接送""就业补贴"等多种方式促进脱贫人口务工就业，增加劳务经济收入。三是培树劳务品牌，推进就地就近就业。引导当地企业结合本地文化、风俗、地域等优势条件培育劳务品牌，从政策、制度和资金上予以倾斜保障。加大对劳务品牌带头人在就业创业等方面的培训，通过树典型、送技术、供岗位、增工资等形式，激励引导劳务品牌健康快速发展。以市场需求为导向，以技能培训为重点，打造劳务品牌培训示范基地，推动靠苦力挣钱向凭技能提高工资的转变。

### （五）打造农文旅融合的广西乡村旅游品牌

一是提质升级重点区域文旅产业。南宁地区，推进旅游与中医药、体育、养生、养老等健康旅游产业融合发展，打造绿城生态游、养生休闲游、壮乡风情游等精品旅游线路产品和中国—东盟（南宁）戏剧周等文化旅游精品工程等；崇左地区，充分挖掘壮族天琴艺术、壮族侬峒节、左江花山岩画、龙州起义等文化特色，打造文旅活动品牌，促进文旅融合发展；桂林地区，大力促进红色旅游和文化产业的融合发展，实现经济效益和社会效益的共赢；河池地区，推动"生态长寿市·三姐文化城"建设，推进铜鼓文化生态保护实验区和巴马国际长寿养生旅游胜地建设，充分挖掘和利用河池生态、长寿、民族、红色文化资源；柳州地区，重点发展戏曲文化、民俗文化，助推柳州建设文旅特色名城。二是全力打造"壮美广西"康养农文旅系列品牌。依托广西区位、民族资源、地理生态、红色文化等资源优势，集中打响一批具有八桂地域特色、民族文化记忆、革命红色故事、生态休闲文化的"壮美广西"康养农文旅系列品牌，着力打造"壮美广西·养生福地""壮族三月三·八桂嘉年华""广西有礼"等一批"桂字号"高端文化旅游产品，大力培育以康养体验、特色民宿、休闲农庄、农家乐为主要业态的农文旅度假经济新业态，以特色化、多样化、体验化、系列化的"壮美广西"康养文旅新业态，促进广西农业更强、农村更美、农民更富。

### （六）加大力度引进和培育乡村振兴专业人才队伍

随着农村劳动力外流和基层教师、医务人员流失趋势加剧，乡村振兴面临一个很大的问题是扎根农村建设的人才太少，通过政府作为与市场化运作，双管齐下，吸引更多人才回流乡村、建设乡村。一是引进高端专业人才。实施高端人才引领、高层次人才储备等一批工程，探索建立"双招双引联络机制"，将人才引进与招商引资、项目建设相结合，紧密对接地方优势产业，引进企业管理团队等人才资源。支持各类市场主体在不改变人事、档案、户籍、社保等关系的前提下，通过顾问指导、挂职兼职、技术咨询、退休特聘、项目合作、联合研发等灵活多样的方式柔性引进人才。公务员和事业单位招录设立一定数量的职位（岗位）面向急需紧缺人才，引进研究生学历或具有中级以上职称、技师以上执业（职业）资格的高层次人才，培养"专

业技术＋管理"复合型人才，乡（镇）事业单位公开招聘大学本科以上学历
或持有相关从业资格证书的人员，可采取直接面试和考核的方式招聘，"三
支一扶"招募名额要向乡村振兴帮扶类岗位倾斜。充分发挥区内外学校人才
培养聚集作用，实施"医疗卫生学子"回乡计划，与初、高中毕业生签订"定
向"委培协议，吸纳高校毕业生返回生源地就业。实施科教振兴战略，通过
科教融合、产教融合，培养人才、留住人才。二是实施乡村振兴人才培育工
程。完善"土专家"选聘和积分评价机制，实施基层农技推广人才培养计划，
实施职业技能提升工程，加大农业农村领域技能培训。支持高等学校、职业
院校创新人才培养模式，扶持培养农业职业经理人、经纪人、乡村工匠、文
化能人、非遗传承人等，将熟悉地方环境资源、生产经验和风土人情的养殖
能手、农业技术骨干、能工巧匠、回乡创业人士、村组干部等"土专家""田
秀才"纳入本地乡土人才库，建档造册，分类建立生产型、经营型、技能服
务型等本土人才档案台账，并开展相应培育计划持续赋能，为乡村振兴培养
专业化人才。三是探索乡贤村治的乡村治理新模式。通过设立乡村振兴乡贤
村治公益岗位，吸引有兴趣、有爱心、有责任、有情怀、有资源、身体健康
的退休公职人员和创业成功人士到农村进行乡村振兴管理服务或创业，探索
乡贤村治的乡村治理新模式。

### （七）持续做细做好易地扶贫搬迁后续帮扶工作

党中央、国务院高度重视易地扶贫搬迁后续扶持工作，习近平总书记在
多个场合特别强调，易地扶贫搬迁是一项复杂的系统工程，要确保"搬得
出、稳得住、有事做、能致富"。"十三五"时期，广西通过实行建设包进度、
工程质量、资金监管、搬迁入住、后续产业发展、就业创业、稳定脱贫、考
核验收的"八包"责任制完成了 71 万贫困人口搬迁任务，建成集中安置点
506 个。目前，易地扶贫搬迁工作已转入以后续扶持为中心的新阶段，搬迁
后扶成效是巩固拓展脱贫攻坚成果的重中之重，而易地扶贫搬迁后续产业就
业发展还面临安置点特色产业培育能力有限、就业机会较少、培训效果有待

提升等主要问题，需要以做好易地扶贫搬迁后续产业就业发展为核心，培育易地扶贫安置点特色富民产业（链），做强易地扶贫安置点就业创业平台，增强搬迁群众的内生发展能力，确保搬迁群众安居乐业，实现持续增收和共同富裕。

## （八）探索专家学者常态化智力服务乡村振兴新机制

探索专家学者常态化智力服务德保县乡村振兴新机制，各地积极探索与国内乡村振兴智库机构联合共建乡村振兴研究院或乡村振兴学院，建立地方乡村振兴顾问专家人才库，根据各地巩固拓展脱贫攻坚成果和实施乡村振兴战略实际需要，通过柔性引进、挂职交流、项目委托、合作研究等方式引进国内外在产业振兴、人才振兴、文化振兴、生态振兴、组织振兴方面有研究成果和社会影响力的专家学者，通过专家学者短期或常驻方式开展乡村振兴咨询服务、资政建言、技术指导、专题授课、项目合作、高端论坛、学术会议、短期培训、公益活动、实地调研等活动，利用专家学者把脉问诊和问计献策乡村振兴优势，引领带动培养一批本土乡村振兴相关领域人才，为地方乡村振兴和区域经济社会发展提供强大智力支持。

## （九）持续深化拓展四类帮扶活动

持续深化拓展粤桂协作、中央单位定点帮扶、自治区和市直后援帮扶、社会力量帮扶"四类帮扶"工作，各类帮扶力量要重点围绕促进乡村振兴开展帮扶，切实提供更加有力的支持保障。一是深化粤桂协作。加大广西与广东在优化结对协作、深化产业协作、加强劳务协作、强化消费协作、促进人才协作、推进基础设施协作、加大社会事业协作、鼓励社会力量协作、推动区域战略协作等"九大协作"粤桂协作帮扶力度，不断深化提升粤桂协作水平。重点做到"三抓三促"，即抓帮扶、促巩固脱贫成果；抓示范、促乡村振兴；抓合作、促区域发展，促进东西部协作开新局、谱新篇。二是深化中央单位定点帮扶。积极与中央定点帮扶单位对接落实结对帮扶工作，着力补齐短板弱项，促进特色产业持续发展壮大，全面推进乡村振兴。重点是保持帮扶力度不减，不断拓展帮扶领域，深化帮扶内容和形式，更好发挥中央单位帮扶作用。三是深化自治区和市直后援帮扶。充分发挥自治区、各市直后援帮扶单位发挥各自职能优势，做好与当地区域经济社会发展各方面需求的有效结合，在促进乡村全面振兴、技术指导等方面，采取有力帮扶举措，全面推动德保经济社会高质量发展。四是强化社会力量帮扶。健全完善乡村振兴社会力量帮扶工作机制，深入实施"万企兴万村"行动，积极动员社会组织参与帮扶；探索建立防止返贫基金，通过募集社会帮扶资金，调动更多社会力量参与到巩固脱贫成果工作中，不断凝聚社会帮扶的强大合力。开展"消费帮扶"行动，鼓励优先采购、推销和消费国家乡村振兴重点帮扶县、易地搬迁安置区生产的农副产品，引导全社会参与消费帮扶。

### （十）加快推进乡村全面振兴

一体落实党中央、国务院关于疫情防控和经济社会发展的重大部署。深入学习贯彻习近平总书记视察广西的"4·27"重要讲话精神和对广西工作系列重要指示要求，要立足广西当前经济发展特点和乡村振兴战略实施进展，不折不扣落实党中央、国务院"疫情要防住、经济要稳住、发展要安全"的重大部署要求，围绕全面落实自治区第十二次党代会建设壮美广西"1+1+4+3+N"目标任务体系精准细化巩固拓展脱贫攻坚成果、乡村振兴战略的各项工作，加快推进乡村全面振兴。推进产业振兴，谋划发展现代特色农业，推动农村一二三产业融合发展，打造一批特色优势产业集群、加工集聚区、现代特色农业园区和田园综合体，打造更多"桂"字号优质农产品品牌。推进人才振兴，完善招才引智优惠政策，鼓励各类人才投身乡村振兴；实施新型职业农民培育工程，加强对各类农村农业人才培训培养。推进文化振兴，实施文化惠民工程，弘扬优秀传统文化、精神品质，推进移风易俗、革除陈规陋习，完善农村公共文化服务设施。推进生态振兴，实施乡村风貌提升行动，做好村庄规划建设，开展村庄"三清三拆"环境整治，推进土地、田林综合整治。推进组织振兴，构建完善党组织领导的自治、法治、德治相结合的乡村治理体系，推动农村各类组织在乡村振兴中发挥智慧力量。

# 湖南乡村振兴发展报告（2021—2022）*

钟 君 李 晖**

**摘要：** 全面建成小康社会以来，湖南以习近平新时代中国特色社会主义思想为指导，全面贯彻党的十九大和十九届历次全会、党的二十大、中央经济工作会议、中央农村工作会议精神，深入落实习近平总书记对湖南重要讲话重要指示批示精神，全面落实"三高四新"战略定位和使命任务，牢牢守住保障粮食安全和不发生规模性返贫两条底线，持续深入实施"六大强农"行动，培育发展农业优势特色千亿产业，着力壮大村级集体经济，扎实推进乡村建设、人才队伍建设、乡村治理、冷链物流等重点工作，在巩固拓展脱贫攻坚成果同乡村振兴有效衔接、推进农业农村现代化建设等方面取得了显著成效。本报告系统总结湖南乡村振兴主要成就的基础上，分区域分类深入分析了郴州市推进西河示范带乡村建设、岳阳市以做实基层党建促进乡村振兴、怀化市绘就美丽乡村新画卷、衡阳市打造高质量农村改厕样板、长沙市

---

\* 本研究报告综合参考了《中共湖南省委、湖南省人民政府关于做好 2022 年"三农"工作扎实推进乡村振兴的意见》《湖南 2022 年全面推进乡村振兴研究报告》等相关文件以及湖南省农业农村厅、湖南省乡村振兴局、郴州市乡村振兴局、岳阳市乡村振兴局、怀化市乡村振兴局、衡阳市乡村振兴局、长沙市长沙县乡村振兴局、岳阳市临湘市乡村振兴局、怀化市芷江县乡村振兴局、怀化市沅陵县乡村振兴局、邵阳市新邵县乡村振兴局、郴州市资兴市乡村振兴局、张家界市桑植县乡村振兴局等单位提供的数据材料。湖南省社会科学院经济研究所助理研究员许安明等同志对本报告也有贡献。特此感谢。

\*\* 钟君，湖南省社会科学院党组书记、院长，研究员，博士生导师；李晖，湖南省社会科学院经济研究所所长，研究员。

长沙县以党建引领集体经济提档升级、岳阳市临湘市创机制固成果开拓乡村振兴新格局、怀化市芷江县创新金融服务助力乡村振兴、怀化市沅陵县巩固易地搬迁成果、邵阳市新邵县打好农村人居环境整治"组合拳"、郴州市资兴市充分发挥乡贤作用助力乡村全面振兴、张家界市桑植县打造"三个帮扶"党建品牌等湖南乡村振兴的创新实践经验，分析了湖南全面推进乡村振兴面临的主要问题，并提出了湖南乡村振兴的发展建议。

**关键词**：湖南；乡村振兴；脱贫攻坚成果

湖南省坚持以习近平总书记关于"三农"工作重要论述和"三高四新"战略定位和使命任务为根本遵循，深入贯彻党中央、国务院关于乡村振兴系列部署，持续巩固拓展脱贫攻坚成果，大力实施"六大强农"行动，乡村振兴各项工作稳步推进、成效明显，呈现出"山乡巨变"的时代画卷。

# 一、全面建成小康社会后湖南乡村振兴的主要成就

## （一）坚持守住不发生规模性返贫底线，持续巩固拓展脱贫成果

湖南省将防止返贫工作作为头等大事来抓，继续以精准扶贫首倡地的担当，严格落实"四个不摘"要求，坚决守住不发生规模性返贫底线，推动脱贫攻坚向乡村振兴衔接过渡。一是依靠科技抓防贫。在全国率先创建省级防返贫监测与帮扶信息管理平台，推行监测预警信息化管理。2021 年以来，全省累计识别监测对象 16.85 万户 42.59 万人，已消除返贫致贫风险 8.55 万户 21.36 万人。二是健全防止返贫长效机制。建立横向到边部门信息比对预警、纵向到底干部入户排查、突发性风险防范、因户因人精准帮扶等七大机制。三是重点地区帮扶更加有力。全省共认定 15 个重点帮扶县、2307 个重点帮扶村和 1 个示范创建市、14 个示范创建县、2371 个示范创建村，打造了湘赣边乡村振兴先行示范区和大湘西巩固脱贫成果示范区。先后安排

16 名省级领导联系指导乡村振兴重点帮扶县和示范创建县，选派 3.37 万名干部组成 1.28 万支工作队驻村帮扶。四是促进脱贫群众稳定增收。湖南先后出台《应对新冠疫情和灾情影响持续巩固拓展脱贫攻坚成果的十条举措》《关于促进脱贫群众持续增收的八条意见》，通过狠抓产业和就业"两个关键"，实现脱贫群众持续稳定增收。2021 年底，全省脱贫家庭人均纯收入达到 13553 元，增长 13.5%。五是持续巩固提升"两不愁三保障"和饮水安全保障成果。对义务教育阶段经济困难家庭学生资助全覆盖，失学辍学问题实现动态清零，以面向 51 个脱贫县为主的 101 所芙蓉学校全面建成并投入使用；合理确定困难群众资助参保政策和农村居民医疗保障水平，脱贫人口和监测对象实现 100%参保，综合保障农村低保和特困供养人员 106.5 万人；将农村住房保障对象由 4 类扩大到 6 类，完成农村危房改造 2.8 万户；全面开展农村饮水安全监测排查，加强集中供水工程养护，解决了 1.66 万人供水不稳定问题。

## （二）坚持农业基础地位不动摇，着力提升重要农产品有效供给能力

牢记习近平总书记提出的"确保重要农产品特别是粮食供给，是实施乡村振兴战略的首要任务"[①]的重要论述，扛稳农业大省的责任担当。一是毫不松懈抓粮食生产。全面落实粮食安全省长责任制，强化激励表彰，调动地方抓粮积极性。深入实施"湘米工程"和"优质粮油工程"，率先在全国开展耕地土壤环境质量类别划分，大力推进重金属污染耕地修复治理和种植结构调整，提高产业发展质量。2021 年全省完成粮食播种面积 7137.6 万亩，超过国家下达任务 53 万亩，总产 614.9 亿斤，同比增加 11.9 亿斤，其中早稻面积、产量均居全国第 1 位。完成高标准农田建设 463 万亩，全省累计建成高标准农田 3805 万亩，占耕地面积的 61.3%。二是全力推进生猪稳产保供。围绕"优质湘猪工程"，全省着力培育区域性全产业链龙头企业，打造

---

① 习近平：《论"三农"工作》，中央文献出版社 2022 年版，第 293 页。

优质湘猪品牌，促进现代屠宰和冷链物流体系建设，加快生猪产业转型升级。2021年生猪出栏675.06万头，增长28.2%，生猪存栏468.18万头，增长11.5%。三是推动蔬菜生产稳中有增。近年来，湖南蔬菜出口呈阶梯式增长，远销29个国家和地区。湖南已有382家种植基地入选粤港澳大湾区"菜篮子"认定基地名录，筑牢了经济社会发展"压舱石"。四是积极推进农业机械化和种业发展。湖南大力推进适应山地作业的农业机械。2021年以来，全省打造智慧智能农机产业，拥有各类农机总量达970万台（套），农机监测系统覆盖90个县（市区），农机合作社总数达6000家。湘潭县、湘乡市、韶山市获评全国农作物全程机械化示范县。利用岳麓山实验室和杂交水稻全国重点实验室资源优势，开展关键核心共性技术集中攻关，培育重大新品种。

### （三）坚持以供给侧结构性改革为主线，着力推进精细农业发展

深入实施农业"百千万"工程和"六大强农"行动，以精细化、特色化现代农业引领乡村产业振兴。一是聚焦农业优势特色千亿产业。2021年，湖南省出台《关于持续推进"六大强农"行动促进乡村产业兴旺的实施意见》《关于打造农业优势特色千亿产业促进乡村产业振兴的意见》，推进"一县一特""一特一片"，构建了"四带八片五十六基地"特色产业发展布局，形成洞庭湖稻田综合种养区、长株潭都市农业区、大湘南粤港澳蔬菜供应区和大湘西山地特色农业区等4大功能区，规划布局优势特色产业核心产区产业集群12个，建成了柑橘、生猪、茶叶和中药材4个国家级农业产业集群，新增"湘九味"中药材、"五彩湘茶"2个国家级优势特色产业集群，在4个县市启动国家农业现代化示范区创建，创建数量排名中部省份第1位。当年全省新增国家级重点龙头企业20家，全省农产品加工业产值达到1.99万亿元，同比增长7%，产值居全国第7位、中部省份第3位。二是精心打造"湘味"农产品品牌。以品牌引领精细农业发展，重点打造了"湖南茶油""湖南红茶""安化黑茶""湖南菜籽油"四大省级区域公用品牌，崀山脐橙、岳

阳黄茶、南县小龙虾、"湘江源"蔬菜等5个片区品牌，创建"一县一特"特色品牌20个。积极申报全省十大农产品区域公用品牌、全国百强农产品区域公用品牌，"两品一标"产品有效总数达334个。全方位宣传推介品牌农产品，在香港、澳门、深圳、北京等地举办品牌农产品或脱贫地区农产品产销对接会，积极推进以永州、郴州、衡阳为核心区、面向粤港澳大湾区的"湘江源"蔬菜基地建设，全省14个市州均签约粤港澳大湾区"菜篮子"工程。三是不断强化农业科技支撑。创新构建水稻、生猪、油菜、水果、蔬菜、茶叶、水产、草食动物、中药材和旱粮等10大产业技术体系，形成了由农业院士领衔全省农业科技创新的喜人局面。组织实施水稻、油茶等7个科技重大专项，解决了一批优势产业领域的关键技术问题。

### （四）坚持生态绿色发展主基调，着力改善农村人居环境

以"一拆二改三清四化"为总抓手，扎实开展农村人居环境整治，连续四年获得国务院真抓实干督查激励。一是突出抓好厕所革命。将农村改厕纳入省委省政府重点民生实事，突出重点县市改厕工作，分类部署、分级培训、强化督导。利用全省农村厕所革命信息管理系统，加强数据管理，狠抓质量监管。2021年，改（新）建农村户用厕所76.27万个，农村卫生厕所普及率达到85%。特别是2021年7月全国农村厕所革命现场会在湖南召开。二是加强农村生活垃圾污水治理。全面开展村庄清洁行动，推广"十佳、十差"乡镇评比做法，形成农民积极参与的良好局面。建制镇污水处理设施覆盖率达到76%。三是强化规划引领。全省坚持统一底图底数、规划编制流程、标准制作和规范成图、规划成果入库、技术培训指导，基本完成县级国土空间总体规划编制。2021年，村庄规划编制如期完成，主要包括重点帮扶村、示范创建村、骨干交通沿线村等，并在长株潭接合部规划建设绿心中央公园，打造生态文明展示区。四是强化人居环境改善推进"一市十县百镇"全域美丽乡村建设及示范村创建。截至2021年，全省累计创建美丽乡村示范村6757个，其中，省级美丽乡村示范村1049个，全省村庄（建制

村）绿化覆盖率达 64.2%。五是强化农村水、电、路、网、物流等基础设施建设。加强基础设施建设和管护，推动公共基础设施向村覆盖、向户延伸。2021 年，全省新建或改扩建农村供水工程 1269 处，受益人口 284 万人；投入 16.01 亿元完成 10 千伏及以下行政村配电网改造工程，完成年度目标任务的 100.1%；完成乡镇通三级路 638 公里，建设农村旅游路、资源路和产业路 3941 公里；建成 4G 基站 1605 个，522 个行政村通组光纤工程全部建成，完成年度目标任务的 100%；开展农村客货邮融合发展试点，全省通快递村达到 16388 个、覆盖率 68.4%。

### （五）坚持重心下移强基础，着力开创乡村文明和谐新局面

致力基层组织、乡村文化、治理模式等关键因素和环节的创新变革，统筹推进乡风文明建设和乡村有效治理。一是加强基层组织建设。省委出台了《关于全面加强基层建设的若干意见》及 5 个配套实施方案，将 128 项任务分解到 44 家省直单位。从村（社区）党组织书记、大学生村官、乡镇（街道）事业编制人员和选调生中比选产生乡镇（街道）领导班子成员。2021 年完成的村（社区）"两委"换届，平均年龄为 42.6 岁、较上届下降 6 岁，具有大专以上学历的近 50%、较上届提高 18.1%，排查整顿软弱涣散村（社区）党组织 680 个。二是巩固农村精神文明建设成果。发挥德治教化作用弘扬时代新风，指导县乡制定完善村规民约，通过开展"湘'约'我的村——寻找最美村规"活动，制定《红白理事会章程》，启动"三湘新风拂面来"主题宣传，发挥道德评议会、红白理事会等作用，逐步解决高价彩礼、人情攀比、厚葬薄养等问题，推进移风易俗，树立文明新风。三是创新乡村治理模式。推动依法自治、依法协助政府工作、减负工作"三个清单"落实，加快推广运用积分制、清单制，促进繁杂事务具体化、抽象事务数量化、分散事务标准化，提高乡村治理水平。近年来，湖南不断加强乡村治理试点示范，6 个县市区的全国乡村治理体系试点、10 个镇和 99 个村的全国乡村治理示范镇村创建工作扎实推进。四是推进平安乡村建设。完善农村公共法律服务

体系，乡镇（街道）公共法律服务工作站、村（社区）公共法律服务工作室（点）建成率均达到100%，不断健全"一村一辅警"制度。

## 二、湖南乡村振兴的案例分析

### （一）郴州市："四个三"工作举措，推进西河示范带乡村建设

郴州西河全长约142公里，流经桂阳、北湖、苏仙、永兴4个区县9个乡镇（街道）52个行政村。郴州市委、市政府作出"打造西河乡村振兴示范带"的决策部署以来，以"四个三"工作举措推进示范带乡村建设，取得明显成效，发挥良好示范带动效应。

1."三个坚持"完善基础设施，为乡村"筑基"

一是坚持统筹推进。既突出建设方便农民生产、生活的水、电、路、讯等基础设施，又通过路段新建联通、道路改造加宽、整体加铺沥青等方式建设旅游公路，完善游步道、驿站等配套设施，西河沿线共完成66条154公里通村通组公路建设，完成供水工程养护项目297处，52个村全部建成"数字乡村"平台，建成旅游公路102公里、游步道149公里、旅游厕所70余座、驿站8所。二是坚持多元投入。前几年，在推进西河风光带建设中市县财政整合资金20多亿元。2021年以来，采取财政保障、金融支持、社会参与等方式筹集资金，市财政预算4600万元，沿线四个区县整合涉农资金3.5亿元，申请专项债3.1亿元，金融贷款2665万元，企业捐资690万元，农民出资1000余万元，新乡贤捐资1670万元。三是坚持建管并重。将基础设施建设与管护一体谋划、统筹实施，前期建设严把质量关口，后期管理注重常态长效，采取有偿服务、党员干部认领、设置公益性岗位等方式，健全完善长效管护机制。

2."三量齐抓"规范村民建房，为乡村"塑形"

一是消除存量。组织开展规范村民建房专项整治"百日攻坚"行动和自

建房专项整治，扎实推进建新拆旧、拆违拆危。2021 年以来，西河沿线各村拆除空心房零散房危险房违建房 4409 间、残垣断壁 1044 处。二是严控增量。落实批前选址踏勘到场、批后定点放样到场、建成竣工验收到场"三到场"制度，建立定人员、定区域、定职责、定时间、定奖惩"五定"建房网格化巡查工作机制，坚决防止未批先建，坚决防止"面积超 120 平方米、层数超三层、总高超 12 米"等现象，坚决遏制违法违规建房。三是保证质量。加强对村民建房技术服务指导，引导村民规范建房，保留原有湘南民居风貌。全面实行具有资质的建筑工匠施工制度，广泛开展农村建筑工匠培训，不断提升农村建筑工匠的专业素养，确保施工安全和房屋质量。

3."三化同步"整治人居环境，为乡村"美颜"

一是抓洁化。按照统一采购、施工、设计、验收"四个统一"推进厕所革命，实施"五点减量法"治理垃圾，建立跨县跨部门河湖管护协作机制和联合执法机制，全面加强农村生活污水和水体治理。沿线卫生厕所普及率达 97.3%，行政村生活垃圾治理覆盖率达 100%，基本实现建制镇污水处理设施全覆盖。二是抓绿化。加强生态廊道建设，突出抓好旅游公路、游步道、村庄出入口等重点地段绿化，引导村民在房前屋后种植果蔬、花木。2021 年，西河沿线各村绿化种植和生态廊道种树 10 万余株。三是抓美化。因地制宜开展美丽乡村和美丽屋场创建活动，坚持集约节约、生态环保，多就地取材、废旧利用，多用石头、砖瓦、木材、竹片等修筑小路、设置围栏，明确不能用水泥把地面全覆盖，将闲置的菜地、空地、草地建设成小菜园、小花园、小果园。沿线 34 个美丽屋场、30 个绿色村庄建设全面推进，已创建省级美丽乡村示范村 20 个。

4."三色辉映"涵养文化根脉，为乡村"铸魂"

一是保存古色风貌。依托现有村落、民居等，坚持原真性保护、原住式开发、原特色利用，不搞大拆大建。西河沿线留存历史印记的古民居、古桥、古祠堂等全部纳入保护范围，修缮提质了湘昆古戏台骆氏宗祠等 10 余个市级以上重点文物保护单位。二是用好红色资源。充分挖掘利用丰富的红色文化资源，讲好桂阳朝阳村"红军夜宿梨山"、永兴松柏村"插标分田"等红色故事，建设"村史馆"等，打造爱国主义教育和研学基地。三是彰显特色魅力。坚持"一村一特""一村一策"原则，深入挖掘历史文化内涵，因村制宜做好52个村庄发展规划，确定发展主题，展现独美风景。西河沿线"鱼粉香瓦灶""福寿兰王庙""好客招""和谐共享""爱尚三合""竹韵板屋""雄鸣松柏"等特色村庄串珠成链，形成"一村一处景、一乡一幅画、一县（区）一风光"格局。

### （二）岳阳市：做实基层党建，力促乡村振兴

岳阳着力基层基础，突出实干实效，不断强化党建引领作用，激活乡村振兴动能。

1. 开展"四亮创建"，让组织"强起来"

围绕"抓党建、促发展、优服务"，大力开展以党支部亮旗帜、组织生活亮规矩、党员示范亮身份、党建阵地亮形象为主要内容的"四亮创建"主题活动，激励基层党组织和广大党员在乡村振兴中走在前列、当好先锋。坚持支部扛旗、领导示范、党员带头、群众参与，全面推行清单制、承诺制、公示制、评议制举措，推动"四亮创建"主题活动走深走实。全市3500个乡村基层党组织、11.9万名农村党员积极参与，广泛搭建"三联一创""六到网格、六兴乡村"系列载体，深入开展"党员志愿服务先锋行"活动，3.8万名党员登记注册志愿者，组建1300支"乡村振兴志愿服务先锋队"，在疫情防控、生态保护、春耕生产、禁捕退捕、便民服务中发挥党员先锋力量、彰显党建引领作用。

2. 实施"消薄清零"，让家底"厚起来"

深入开展村级集体经济"消薄清零"攻坚行动，结合岳阳实际，明确二十条村级集体经济发展路径，推行四大举措，着力推进薄弱村全面清零，整体提升集体经济实力。实行建档立卡管理，全面摸清集体经济底子，掌握薄弱情况、分析薄弱原因、找准发展路径、选准发展项目，逐村建立工作台

账。突出典型示范带动，选树全市 20 个集体经济发展好的村作为标杆，分片组织 374 个薄弱村的支部书记现场观摩，专题培训，交流结对，互助共赢。开展专项督导考评，实行一月一调度、一季度一督导、半年一讲评，市委组织部对 102 个乡镇、县委组织部对 374 个薄弱村督导"两个全覆盖"。建立销号退出机制，坚持"挂图作战"、攻坚推进、销号管理，全市"一本总账""一张总图"管到底，制定集体经济薄弱村退出验收标准，按照村申请、乡申报、县核查、市抽查步骤，验收一个、销号一个、巩固一个。

3. 推进"整建提质"，让治理"好起来"

按照"抓重点、治乱象、固根基、建机制"的要求，大力实施整建提质专项行动，全面提升党建引领基层治理水平。聚焦电信网络诈骗、涉毒、非法宗教蔓延、黑恶势力影响等方面问题，全面开展"村情体检"，全市摸排软弱涣散村党组织 19 个。部署实施政法机关干部下基层活动，向城郊接合部、高校周边、农村宗族势力影响的村选派"100 名平安书记"，推行政法党员领导干部"基层走访日""民情接待日"制度。集中开展"治乱象、优服务、当先锋"党日活动，组织签订党员承诺书 10 万余份。加强农村网格化精细治理，依托 1.8 万个农村网格党小组，广泛开展"敲门行动"，做到村不漏户、户不漏人，"零距离"宣传动员群众，广泛凝聚基层治理力量。聚焦党建重点任务，抓实乡镇关键层级，健全"抓书记、书记抓"机制，全面开展乡镇党委书记实绩评价。实行目标化引领、清单化推进、定量化评价，以"20+3+N"为主要内容（"20"即乡镇抓党建促乡村振兴 20 条重点任务，"3"即"四亮创建""消薄清零""整建提质"三个专项，"N"即乡镇党建自选创新动作），科学合理确定评价标准，建立可量化、可操作、可评价的目标责任体系。加强过程管理、质效评价，实行普遍访谈、问题约谈制，"一人一册"建立纪实评价档案。全面加强评价结果运用，推行"一书一函"（实绩评价意见反馈书、党建考核等次建议函）举措，开展十佳乡镇、十佳乡镇党委书记"双十佳"评选。

### （三）怀化市：以"打擂台"为抓手，绘就美丽乡村新画卷

近年来，怀化市把乡村建设作为实施乡村振兴战略的重要任务，以"打擂台"方式推动农村人居环境整治提升"十大行动"，组织县市区每季度打一次"擂台"，开一次现场推进会，组织乡村一月一考评，形成了全民参与、层层打擂台、比学赶超的浓厚氛围，农村人居环境明显改善，带活了美丽经济发展，绘就了美丽乡村新画卷。

1. 坚持五治并举，从根本上改善农村人居环境

将倡导文明新风与摒弃陈规陋习相结合，把"五治"作为突破口，"内外兼修"扮靓乡村。提质扩面治厕，分类推行"缸体式、现浇式、湿地式"和"单户单体＋人工湿地、多户连片＋人工湿地"改厕模式，全面完成露天粪坑、简易棚厕动态清零任务，农村卫生厕所普及率比 2021 年提升 11 个百分点。分类减量治垃圾，探索推广"互联网＋再生资源回收"模式，建立农村垃圾分类处理试点 1562 个、再生资源回收利用试点 520 个、垃圾付费试点 466 个，基本建成"户分类、组保洁、村收集、镇转运、县处理"垃圾收运处置体系。全域统筹治房，全面开展农村住房排查摸底，通过翻新、配套功能等方式改善特色民居居住条件，有序拆除农村废弃杂屋 17375 处，拆除率达 96％。多措并举治水，广泛开展清沟渠、清塘坝、清溪河、建小型人工湿地行动，治理农村黑污水体 1463 个，建成人工湿地 2185 个。浓郁氛围治风，通过侗款、山歌等喜闻乐见的形式倡导文明新风，探索推广积分制管理、道德银行等新机制，在潜移默化中推进移风易俗。

2. 坚持微改造精提升，因村施策建设美丽乡村

原汁原味保留乡土风貌。尊重当地习俗，尽量保留自然团寨和风雨桥、鼓楼、寨门等特色建筑风貌，留住乡愁，比如，溆浦枫香瑶寨、通道芋头侗寨、靖州地笋苗寨等一大批古色古韵的美丽村寨成为网红打卡地。就地取材实施微改造。不搞大拆大建和大型人工景观，利用本地竹木、土砖、鹅卵石等乡土材料，将农村道路、沟渠、墙垛、栅栏及其他空间建成微景观，打造

微公园、微花园、微菜园、微池塘等 5033 个，让乡村步步是景、处处有画。以点带面开展美丽创建。每年评选 10 个美丽乡镇、100 个美丽村庄、1000个美丽团寨、10000 个美丽庭院，沅陵县借母溪、洪江市翁朗溪等一批美丽村寨呼之欲出，吸引了越来越多的游客。2021 年 7 月以来，全市乡村旅游总人数、总收入均实现两位数增长。

### 3.坚持"八整洁"，提升农户舒适度满意度

以户为单位进行环境卫生红黑榜评比，发动群众开展客厅收拾整洁、灶屋清理整洁、厕所清洗整洁、床铺折叠整洁、鞋子摆放整洁、衣物晾晒整洁、院子清扫整洁、杂物堆放整洁"八整洁"行动，逐步实现户户干净、村村过关。截至 2021 年 8 月，694 个村初步达到"八整洁"标准。同时，推广集中圈养生态养殖模式，实施畜禽养殖"归圈"整村推进试点 318 个。开展大清扫大整治 4.9 万余次，下大力气整治农村"乱丢乱堆、乱摆乱挂、乱贴乱画、乱排乱倒"现象，防止乱象反弹。

### 4.创新治理方式，夯实基层基础

建立分管领导牵头调度的联席会议制度，一月一调度项目库建设，实行清单制、任务交办项目建设制、后续维护闭环管理销号制，有力有序推进人居环境整治。注重发挥群众主体作用。发动党建网格员、乡贤能人、"五老"队伍等参与其中，健全完善"一约三会"，确保看得懂、记得住、做得实。比如，沅陵千堂湾村编制村规民约"三字经"，芷江渔鼓说唱文明新风，通俗易懂，深入人心；洪江市茶溪村开设慈善爱心超市，爱乡人士积极募捐满足群众心愿。"数字乡村"赋能产业发展。建立"三社合一"APP 平台，采取"互联网＋农产品"方式，强化生产、供销、信用一体化服务。全市70％以上的行政村因地制宜采取村庄整体开发、土地流转服务等 8 种新模式，发展壮大新型村级集体经济。积极探索"三源"共治。建立群众诉求"一窗口"受理、"一揽子"解决、"一张网"共治、"一站式"服务机制，一体推进访源、诉源、警源"三源"共治。

### （四）衡阳市：打造高质量农村改厕样板

衡阳市深入贯彻落实习近平总书记关于农村厕所革命的系列重要指示精神，将农村改厕工作列入重点民生实事项目，扎实推进农村厕所革命。2019年来，共完成改（新）建农村户厕31.8万户、农村公厕275座，全市卫生厕所普及率由2018年底的56%提升到2021年底的92%，一类县无害化厕所普及率超过90%。

1. 群众作主，变"要我改"为"我要改"

一是推行"党建＋屋场恳谈会"。以村组为单位，党员干部到群众家门口召开厕所革命屋场恳谈会，把改厕的政策讲透彻，把改厕的模式说清楚，把改厕的大账小账算明白，既充分尊重农户改不改的意愿，又积极引导符合条件的农户改厕。二是发动群众全程参与。通过播放视频、发放宣传册、组织巡回演出等群众喜闻乐见的方式，提高群众知晓率、支持率和参与度，让群众积极自觉参与改水改厕。三是坚持人居环境同改善。把农村改厕与人居环境整治、乡风文明提升同部署、同推进，不断优化人居环境，持续提升群众卫生意识、健康意识、环保意识，让群众成为改厕亲身体验者、直接受益者。

2. 示范带动，以"首厕过关"带动"每厕过关"

一是区域示范，全域推广。创新推行"首厕过关制"，即建好第一个厕所并通过辖区群众验收满意后，再全域推广，以"首厕过关"带动"每厕过关"，确保改一个、成一个、带一片。运用"试点试验法"，全面推广湖南省"首厕过关制"培训示范点成功经验，在全市范围分区域选取示范点，建立"县有示范镇、镇有示范村、村有示范户"的工作模式，按照"整村推进、分类示范、先建后验、以奖代补"的原则推进"首厕过关制"。二是因地制宜，分类施策。根据全市地理环境、聚居密集度等差异性，坚持具体问题具体分析。在生态敏感地区采用"三格式化粪池＋小型人工湿地"模式，在居住密度较大地区采用"小型污水处理设施＋纳入污水管网"模式，在分散居住地区采用"小菜地就近消纳"模式。三是严格标准，注重实效。把标准规范应用贯穿于农村改厕全过程，注重改厕实效性，确保改一户、成一户、用一户、好一户。

3. 严格质量，"土坯墙"改出"城里范"

一是严把源头材料关。按照"一户一策"的要求，开展"私人定制"，做到保质量、控成本、优材料。以县为单位统一招标采购厕具，把厕具质量参数及购买价格及时向群众公开公示，推广建造质量过硬、使用方便、经济性好的厕所，同时市场监备施工资质的施工队伍承担各乡镇改厕工作。2019—2021年，衡阳市各级共开展改厕业务培训3000余人次。建立群众监督机制，按照资料验收、材料验收、工程验收、功能验收四个方面，坚持"改造一批、核实一批、验收一批"的方式有序推进验收工作。三是严把运维管理关。充分发动群众自主参与、自我监督、自我维护，实现共建共用共享。石鼓区分季度对乡村环境卫生进行评比打分，对"优秀"和"良好"的乡村给予1到2万元的奖励，不断激发农户参与厕所保洁的积极性和主动性。

4. 多元投入，"政府奖补"激发"产业反哺"

一是财政资金用足用活。建立"以市县为主、中央和省级奖补、多元投入"的农村改厕资金筹措机制。三年共筹措改厕资金近5.8亿元，2019年、2020年、2021年中央和省级资金分别按每户500元、630元、700元的标准进行奖补，市级财政按每年每户100元标准进行奖补，各县市区根据财力情况按每户不低于300元的标准进行奖补。二是群众参与投工投劳。发挥群众的积极性，鼓励农户积极投工投劳参与室内外改厕建设。珠晖区茶山镇金甲村推行"县区统筹、乡镇实施、农户参与"改厕模式，"户内自改、屋外投工投劳"的主体作用得到充分发挥。三是反哺产业有力有效。以农村厕所革命为契机，加快完善农村基础设施和公共服务，为乡村产业发展夯实基础。珠晖区金甲村坚持将农村改厕、湖水治理、美丽乡村建设、乡土文化休闲旅游结合起来，进行环境综合治理，2021年来，乡村文化休闲旅游收益200余万元，以村集体经济出资22万余元的形式反哺农村厕所革命，推动全村卫生厕所整改率达 100%。

### （五）长沙市长沙县：党建引领集体经济提档升级

长沙县位于长沙市中部，湖南省东部，东接浏阳市，西、南连长沙市城区，北达岳阳市平江县、汨罗市，总面积 1756 平方公里，下辖 13 个镇、5 个街道。近年来，长沙县把发展壮大村级集体经济作为抓党建促乡村振兴的"头号工程"，通过建强组织保障、丰富发展模式、拓宽发展路径，2018 年在全省率先全面消除村集体经济薄弱村，2020 年全县村集体经济总收入突破 1 亿元大关，2021 年 145 个涉农村（社区）收入全部完成 25 万元提标任务，实现村集体经济发展"三级跳"。

1. 建强战斗堡垒，选育实干"领头雁"

抓住村级换届选举契机，将 96 名懂经营、善管理、发展集体经济意识强的党员致富能手、外出务工经商人员选入新一届村"两委"班子。全面推行村（社区）党组织书记通过法定程序担任村级集体经济组织、合作经济组织负责人。出台"育雁工程"八条举措，开展"头雁讲坛"及擂台比武 23 场，培树了一批"讲政治、敢担当、善作为、有故事"的优秀村（社区）党组织书记。持续抓好村（社区）党组织后备力量队伍建设，动态储备 300 名以上愿意扎根农村、热衷农业发展的后备骨干，从高学历人群、致富带头人中培养 500 名左右入党积极分子，不断充实服务农村经济发展力量。

2. 发挥党员示范，锻造兴业"先锋队"

引导村党组织和党员领办创办农民合作社 1570 家、家庭农场 425 家，成功打造国家级农业龙头企业 7 家。开展"党支部＋村级供销合作社"工作试点，提升农业生产组织化、规模化、集约化水平。创新党组织设置，把党支部建在产业链上，建立党员干部群众参与管理村级事务新模式，切实发挥党员骨干示范带动作用。在全县选派农业和工业类科技特派员 90 名，向脱贫村、乡村振兴重点帮扶村、易地扶贫集中安置村等 43 个村选派驻村第一书记和工作队员 98 名，为发展壮大村集体经济提供强大人才支撑。

3.优化资源整合，输送富民"政策包"

制定下发《长沙县发展壮大新型农村集体经济十条措施》等相关政策，通过每年预留 100 亩村庄规划建设用地专项指标、允许村集体承建 100 万元以下的农村中小型项目等举措，进一步畅通资本、人才、服务下乡通道。与星沙建行等金融机构签订乡村振兴战略合作协议，创新构建"智慧财务"村社分账和集中代理记账管理模式，加快农村产权交易体系建设，做活"三大到村服务项目"文章。推进党建引领"六大强农"行动，促成 65 家非公企业结对帮扶 65 个村（社区），带动 1000 多户群众增收。

4.坚持因村施策，探索发展"多模式"

鼓励因地制宜、大胆创新集体经济发展路子，对达到村级集体经济发展奖励标准的村级集体经济组织理事会成员，县财政给予每年最高不超过 5 万元的奖励。路口镇龙泉社区探索发展"物业经营型"模式，村级股份经济合作社通过兴建仓储设施、厂房、门面商铺等，实现集体物业收入增幅 30%以上。果园镇新明村依托有机农产品，创新发展"服务产业型"模式，通过服务当地企业、发展特色产业，2021 年实现集体收入 198 万元。高桥镇白石源村、开慧镇锡福村等地依托农文旅优势，发展"旅游开发型"模式，按照农民、公司、集体"631"的比例实现集体分红 20 万元以上。路口镇明月村引进中国隆平种业硅谷示范基地，发展"研学集聚型"模式，开发研学经济，为集体增加经营性收入 30 万元以上。

## （六）岳阳市临湘市：创机制固成果开拓乡村振兴新格局

近年来，临湘市乡村振兴综合规划，因地施策，开拓创新工作方法，健全完善工作机制，进一步巩固拓展脱贫攻坚成果，促成了乡村振兴工作常态长效。主要进行了六个方面的机制创新。

一是创新监测预警机制筑牢防返贫底线。通过农户自主申报、干部走访排查、部门筛查预警的方式健全常态化防止返贫监测。开展了全覆盖大排查。按照网格化方式包片到人，逐户走访排查，对存在致贫返贫风险的农户，及时纳入监测。2022 年 5 月底，从市委组织部、市乡村振兴局、市驻村办、相关行业部门及各镇街乡村振兴办抽调业务专干 20 人，组成 5 个查组围绕省委提出的 10 个方面突出问题，进村入户进行排查。2022 年全市相继开展了农村人口务工收入排查、防返贫监测排查等各项集中排查 3 次，共收集 11 大类、462 个具体问题，并制订问题清单、责任清单和整改方案，所有问题均在 6 月底前已全部整改到位。开展了结对帮扶。对全市 616 户监测户均安排有帮扶能力的人员结对帮扶，要求"一对一"制定帮扶方案，落实帮扶举措，一月一走访，直至风险消除。实行了"网格管理"。我市江南镇全镇共设 14 个网，由群众推选 552 名格长，格长全部下到格内，每一个格长最多联系 20 户村（居民），共联系群众 7779 户。以"格长"的精准自治，确保所有农户生产、就业务工情况、家庭生活等监测全方位、无死角。

二是创新监测纳入机制切实应纳尽纳落地。上级要求监测户纳入不能搞一刀切，只能根据实际情况来操作。市乡村振兴局建章立制，制定了三步走的监测户纳入制度。第一步是成立监测户纳入研判小组。研判小组成员由各行业部门业务骨干组成，视情况不定期召开会议，主要是会商评判监测户纳入问题。第二步是深入现场实地摸排。2022 年来，各镇街对于 9 类重点人群进行深入摸排，按照"五个必须"的原则新增监测户，对于在"五个必须"范围内的农户但又没有纳入监测户的说明原因，并提供依据。第三步是联合会审。市评判小组根据乡镇提供的资料进行会审，对实际情况复杂、镇村难以判定的农户进行最终裁定，决定是否纳入，有效解决了镇村想纳不敢纳、想退退不出的难题。

三是创新收入增长机制巩固脱贫成果运用。以巩固拓展脱贫攻坚成果为主题，以脱贫人口及监测户增收为主线，出台了《临湘市脱贫人口持续增收三年行动方案》，通过多种途径确保脱贫户监测户收入增长不低于全市农村居民收入增长率。产业升级增收一批。围绕临湘传统优势及特色农业产业，如楠竹、茶叶、油茶、稻虾、中药材等帮助补齐技术、设施、营销短板，精心打造"一县一业""一村一品"和特色产业基地，增强主导产业辐射能力和带动能力；信贷创业增收一批。发放了 1800 万元支持产业发展，支持科技特派员、中小科技企业、返乡创业人员以技术、资金等方式入股，创办领办合作社、企业等市场主体，与所在村、群众形成产业发展共同体，带动脱贫人口及监测户增产增收；消费帮扶增收一批。继续实行全市中小学食堂采购帮扶企业产品，加大电商人员培训力度，采取网购、直播带货等新方式拓展销售渠道；务工就业增收一批。依托园区发展建设，培育一批有专业技能的劳动力。开展了有劳动能力零就业清零行动，有针对性地开展劳动力技能培训，全市每年计划培训脱贫劳动力 500 人次以上，确保培训后每人掌握 1 项劳动技能、获得 1 项职业技能认定，就业率达 90% 以上。通过进一步开发新的公益岗位，2022 年已设置公益性岗位 586 个，超过 2021 年 103 个，增长 18%。同时，通过灾情、疫情防控的人员空缺，帮助回流劳动力重新上岗，确保脱贫户、监测户不因灾、因疫收入减少，生活质量下降。2021 年脱贫劳动力已就业人数 3792 人，已就业比例 90.14%，相比 2020 年提升 0.5%；发展乡村旅游增收一批。大力发展全域旅游，完善旅游基础设施，引导发展民宿、农家餐饮、采摘等。支持十三村食文化建设，带动旅游购物。利用好壁山苏区等红色资源，发展红色文化旅游。打造"6501"、竹乡瑶寨、油菜花海、菊博园、十三村"酱"文化博览园、临湘塔等一批网红打卡景点。扶持有条件的脱贫户、监测户将闲置房屋改造为乡宿、乡游、乡食、乡购、乡娱等乡村旅游经营实体，实现多点增收；易地搬迁后扶增收一批，全市共有 3 个易地搬迁安置点，集中安置人员 303 户 1136 人。3 个安置点全部都成立了专门的服务管理机构。云湖、羊楼司尖山小区在安置点周边统一安排 30 亩空地，集中分配给搬迁户种植蔬菜，补给生活。云湖小区还流转稻田 70 亩建成粮油基地，由搬迁脱贫群众进行管护，年底为小区脱贫家庭分米分油；政策兜底增收一批，织密织牢社会保障网络，全面提升兜底保障水平，全市农村最低生活保障标准从 4200 元 / 年每人提高至 4620 元 / 年每人，农村特困人员最低生活标准从 6012 元 / 年每人提高至 7200 元 / 年每人，稳定收入预期。

四是创新投入保障机制确保后续工作开展。强化政策保障。按照《湖南省医疗救助办法》，继续保障脱贫攻坚期开展的扶贫特惠保、财政兜底等政策，有力支撑脱贫成果巩固。强化资金保障。医疗保障扶贫措施的资金 800 万元平移并入医疗救助基金，配套改厕工程缺口资金 700 万元，预算乡村振兴乡镇工作经费 120 万元。本级配套资金比照脱贫攻坚期间的规模，只增不减，配套到位，配套资金超过 3000 万元。强化人才保障。由组织部门严格把关，增加 3 名工作人员到市乡村振兴局，确保全市乡村振兴工作有序有力推进。

五是创新示范引领机制带动整体工作提升。在全市开展乡村振兴示范镇、村创建。选定 1 个乡镇 9 个村作为示范镇村创建，对这些镇村政策优先支持，项目优先安排，财力优先保障。通过持续打造。创建镇安排资金不少于 100 万元，示范村资金安排不少于 50 万元。对示范镇、示范村进行适时调整。对示范创建工作推进不力、示范引领特色不明、作用效果不显的创建镇、村进行动态调整，确保示范称号优者先得。

六是创新督导考核机制压实部门主体责任。成立了临湘市巩固拓展脱贫攻坚成果同乡村振兴有效衔接工作督导组。组织构成，督导组共分 7 个小组，其中 6 个组负责督导镇街、1 个组负责督导市直部门，每个小组 2—3 人，各小组组长由副科级实职以上领导担任。运作模式，督导小组每个星期一碰头一汇总，将问题报市乡村振兴局，由乡村振兴局制定出问题清单、责任清单、措施清单，下发到镇街和相关行业部门，限期整改到位。对问题突出市卫健局、詹桥镇、詹桥镇水泉村三个单位实行挂牌重点督办。结果运用，将乡村振兴工作纳入全市年终目标管理考核，考核到镇村、到行业部门、到后盾单位、到驻村工作队。从驻村工作队中提拔重用干实事、有担当、口碑好的人员。

### （七）怀化市芷江县：创新金融服务助力乡村振兴

芷江县充分发挥金融在乡村振兴工作中的引擎作用，着力深化农村金融改革，优化农村金融环境，创新金融服务形式，丰富金融产品形态，闯出一条独具特色的农村金融发展之路，为"农业强起来、农村美起来、农民富起来"积极贡献金融力量。

1. 出台一套制度

结合县域实际，制定出台芷江县金融服务乡村振兴"1+5"制度文件。其中，"1"是管总方案，即《金融服务乡村振兴工作实施方案》；"5"是配套制度，陆续出台农村信用体系建设实施方案、金融服务乡村振兴整村推进授信评级工作实施细则、信用互助贷款管理办法、财政风险补偿金管理办法和金融服务乡村振兴工作考评办法。在此基础上，县内各金融机构根据行社实际，自行制定相应实施方案和操作细则。

2. 落实两大保障

落实组织保障。成立由县委书记任顾问，县长任组长，常务副县长任副组长，县政府办、县乡村振兴局、县金融办、县信用办、人民银行芷江支行及相关金融机构为成员单位的县金融服务乡村振兴工作领导小组。同时，设立乡镇金融服务中心和村金融服务站，构建起"县、乡、村"三级联动、全域覆盖的金融服务乡村振兴组织体系。落实经费保障。一方面，县财政每年安排专项支持资金；另一方面，金融机构当年到期贷款收回率达98%及利息收回率达100%的，按实收利息一定比例提取费用作为工作经费。

3. 加强三方宣传

加强阵地宣传。引导各金融机构利用支行网点宣传栏、电子显示屏等滚动播放金融服务乡村振兴政策，并在试点村部设立专题宣传栏、在村组张贴宣传标语、向农户发放宣传折页，提高广大农户的政策知晓度和工作配合度。加强平台宣传。充分利用芷江新闻网、天下芷江APP和微信公众号等新媒体平台，及时发布工作动态，多层次、多角度宣传金融服务乡村振兴工作。加强对外宣传。积极向中央和省市金融部门以及主流媒体推介经验做法。

4.做到四个聚焦

聚焦"产业兴旺"。研发创新"优享贷""惠农 e 贷""农贷通""芷橘贷""芷烟贷""芷微贷"等近 10 种支农惠农金融产品。结合数字技术，依托"融 e 购""融资＋电商＋物流"等线上、线下模式，实现金融服务全方位。聚焦"生态宜居"。围绕乡村农业开发、农村基础设施，开展中长期信贷业务。聚焦"金融便民"。通过加设物理网点、布设智能机具等方式，加快推进农村普惠金融服务点升级改造，全面解决农村地区结算难、偏远地区村民小额取现难的问题。建设银行芷江支行已在 219 个乡镇村布设"裕农通"设备 437 台，新增智慧政务功能 20 余项，实现了助农取款、转账汇款、便民缴费等基础金融服务不出村。聚焦"生活富裕"。通过信用评级及资产核定，核定 3000 元至 30 万元的授信额度，解决"三农"发展融资难题；引导金融机构拓宽农村厂房、大型农机具抵押、活体禽畜抵押、动产质押、仓单和应收账款质押、农业保单融资抵质押物范围，激活农村资产资源融资功能。引导各金融机构下调利率，在一定范围内降低农村产业发展融资成本。

5.开展五村试选取建设银行芷江支行、农业银行芷江支行、邮储银行芷江支行、县农商银行和湖南芷江湘江村镇银行五家金融机构分别在县内沙湾村、四方园村、小溪村、五郎溪村、桃花溪村等 5 个村进行试点，通过完成人员配备、广告宣传信息收集、评级授信等"规定动作"和其他"自选动作"，归纳形成有特色、可推广、能复制的金融服 4 条乡村振兴工作模式。各金融机构分别通过上级领导联点、省行派驻专职干部等方式助力试点村建设。

## （八）怀化市沅陵县：巩固易地搬迁成果，接续推进乡村振兴

沅陵县全面认真贯彻落实习近平总书记考察湖南作出的重要指示精神，紧紧围绕的目标，在推动高质量发展上闯出新路子，做强做大做优做实易地扶贫搬迁后扶大半篇文章，真正实现了"搬得出、稳得住、有就业、逐步能致富"的目标，拓宽了乡村振兴的致富路。

**1. 进一步完善后扶重点政策措施**

一是重点完善乡镇 33 个安置区水、电、路、讯、气、网、污水处理、消防及环境美化等配套设施纳入乡村振兴建设行动，持续优化和美化搬迁群众人居环境。二是保持 34 个安置区"关爱"基金制度不变，即每年太安社区 100 万元、乡镇 33 个安置区 100 万元，重点用于搬迁群众子女升大学奖励、监测户特殊困难补助、重特大病诊疗补助等方面的支出。三是继续执行县级财政配套资金制度，"十四五"期内，每年县财政预算不少于 0.4 亿元资金，专款用于安置区服务及功能配套设施的完善和提升，以及就业、产业、帮扶车间等帮助搬迁群众增收主体的奖励。

**2. 进一步巩固提升就业帮扶措施**

继续执行《沅陵县扶贫车间奖励和补贴政策操作办法》（沅办〔2018〕9号），进一步吸引市场主体到安置点创办帮扶车间，计划到 2025 年底，在集中安置点新建帮扶车间 13 个，帮扶车间总数达 22 个并吸纳搬迁人口就业 1000 人以上。保持就业技能培、创业培训和务工交通补贴支持政策不变，继续加大培训力度和外出务工输送力度，确保易地扶贫搬迁劳力稳定就业。放大了"劳务输出就业、帮扶车间就业、公益特岗就业、产业园区就业、自主创业就业、城镇就业、打零工就业、旅游景区就业、家政服务就业、商贸流通就业"十种就业模式。

**3. 进一步巩固提升产业扶持政策**

一是继续执行《关于于鼓励新型农业经营主体（农民专业合作社）带动贫困户发展产业的奖补办法》（沅办〔2019〕29 号）文件，继续对易地扶贫搬迁户自主发展种植、养殖产业进行奖补。二是继续实施产业委托帮扶全覆盖。集中安置户碣滩茶产业分红享受 5 年以上，人均每年不少于 160 元。分散安置户 1828 户全部纳入县级统一实施的产业委托帮扶项目，享受同等标准的产业分红收益。三继续推进"一区一产业"项目。因地制宜地发展生态旅游、休闲观光农业和种养加工等后扶产业，确保搬迁群众稳定增收。

**4.进一步稳固落实权益保障措施**

对搬迁县城太安社区的安置户创新实施"农村户籍＋城镇居住证"的双重身份管理，确保安置户既能享受迁入地的城镇居民政策，又能保留迁出地的惠农政策，落实"双重享受"。所有搬迁户在迁出区"三块地"所享受的森林生态效益补偿、天然商品林停伐管护补助、耕地地力保护补贴等各项惠农补贴均保持不变。同时，搞好"三块地"的经营管理服务，由迁出地所在乡镇人民政府和村委会帮助搬迁户落实流转经营、集中管护，确保资源有效利用，搬迁户获得相应经营收益。

**5.进一步创新举措助推太安社区产业"双融合"发展**

政策支持有深度。用好用活易地扶贫搬迁政策，激发群众干事创业的内生动力。县委、县政府为支持太安社区一、二、三产业融合发展，制定出台了《沅陵县推动农村一二三产业融合发展促进易地扶贫搬迁群众增收助力乡村振兴的实施意见》（沅办发〔2021〕5号）文件，为全县农业产业深度融合和易地扶贫搬迁安置区产业融合提供了强有力的政策支持。同时，进一步优化了产业融合发展环境，文件针对全县34个易地扶贫安置区的产业融合发展制定科学规划，指明发展方向。

**6.大力开展了易地搬迁后扶宣传活动**

全面落实习近平总书记关于讲好中国故事的指示精神。由县委宣传部、县易地搬迁联席办、县太安社区联合牵头，邀请本土知名作家戴小雨作词、刘武华作曲，西安电影集团摄制，中国民族唱法女歌手李友琳(沅陵北溶人、中央音乐学院硕士研究生）演唱歌曲《太阳出来照窗台》，在中宣部·学习强国平台、国务院·中国新闻网等各大网站转发，表达了搬迁群众"感党恩、跟党走"的真挚情怀。中央电视台还派出记者到太安社区制作了专题片，并进行了连续报道。中国改革报也先后多次对太安社区易地搬迁后续帮扶情况进行了多次报道。

**7.持续推进示范创建活动**

一是特色类创建。重点围绕创建"省级文明社区""湖南省最美潇湘文化阵地""国家级基层妇女组织示范点""省市乡村振兴产业发展示范园""市级就业帮扶车间"等目标，不断加大示范创建力度，提升了社区居民生活质量。二是示范类创建。全县创建 1 个集中安置综合示范区为太安社区。创建 3 个集中安置后续管理示范区分别为县级示范区明溪口镇黄秋坪安置点、乡级示范区麻溪铺镇辽龙安置点、村级示范区凉水井镇松山边安置点。创建 3 个集中安置就业帮扶示范区分别为县级示范区太安社区、乡级示范区官庄镇集镇回购房安置点、村级示范区盘古乡盘古村集镇安置点。

### （九）邵阳市新邵县：打好农村人居环境整治"组合拳"

近年来，新邵县坚持把农村人居环境整治作为乡村振兴的先手棋和突破口来抓，做到高起点规划、高强度推进、高规格管控，全力打造美丽乡村，取得较好成效。2019 年成功创建国家卫生县城，2020 年被评为全国村庄清洁行动先进县。

1. 强化顶层设计，确保工作责任压实到位

在县乡（镇）村三级成立领导组织机构，安排专门力量抓农村人居环境整治，实行县级领导联乡镇、科级干部联村，实现全县 413 个村（社区）环境卫生整治工作干部督促、指导、帮扶全覆盖。二是建立三位一体调度机制。实行县委、县政府主要领导定期调度、分管领导日常调度、部门及乡镇负责人实时调度的三位一体工作调度机制。专门出台村（社区）人居环境整治考核办法，对全县所有村（社区）进行统一督查、排名、考核、评比，做到一季度一明察、一暗访、一讲评、一奖罚，并按照一类村、二类村、三类村进行分类，集中力量重点整治三类村，确保平衡推进。四是建立奖罚分明奖惩机制。对季度排名前 3 位和排名后 3 位的乡镇分别予以一定资金的奖罚；连续两个季度考核排名后 3 位的乡镇给予通报批评，对党政主要负责人进行约谈，责令限期整改，连续三个季度考核排名后 3 位的乡镇，对党政主要领导进行调整，对分管领导予以免职处理。

2.强化工作举措，确保重点问题整治到位

重点抓好五个方面的工作：一是突出抓好村庄清洁行动。按照"扫干净、摆整齐、讲秩序、改习惯"的总体要求，深入开展村庄清洁行动。二是突出抓好垃圾分类处理。按照"村归集、乡转运、县处理"的模式，推行垃圾分类处理，从源头减量减负。在各村（社区）组建专门队伍，采取社会化运作、财政适当予以奖补的方式，全面推行垃圾分类处理和收集。三是突出抓好农村改厕工作。按照市对县、县对乡镇、乡镇对村逐级进行"首厕过关制"验收，同步推进厕所粪污无害化治理、资源化利用，积极探索"分户改造、污水集中、湿地净化、长效管理"的农村厕所粪污集中处理新模式。四是突出抓好农村绿化美化。积极创建国家森林城市，开展"四边五年"绿色行动，截至 2021 年，完成各类造林 14 万亩、绿色通道建设 879 公里、绿色水道建设 75 公里、绿色城镇荒山造林 1135 亩，全县村庄绿化覆盖率达 43.7%，建设绿色村庄 339 个。

3.强化经费投入，确保人力物力保障到位

一是强化资金保障。2019—2021 年，共投入 4.7 亿元用于人居环境整治工作，每年财政预算安排 4000 万元，用于乡镇、村人居环境整治工作经费、保洁员工资、垃圾收集转运处理费用等。二是强化人力保障。村（社区）按每 500 人配备 1 名保洁员的标准聘请专职保洁员，保洁员工资、清扫工具费用全部由县财政统一拨付。推行村（社区）人居环境整治网格化管理模式，做到一个网格、一名村干部、一名网格管理员、一名保洁员。三是强化设施保障。正在建设总投资 6.54 亿元、年发电量约 1.3 亿度的生活垃圾焚烧发电厂，新建大中型垃圾中转站 14 座、村级垃圾收集亭 2000 个，投放垃圾收集桶 2 万个，配套购置垃圾转运车和洒水车，环境卫生公共服务覆盖至每个村。

4.强化群众参与，确保内生动力激发到位

一是以"星期一夜校"为平台教育群众。在全县上下开展"星期一夜校"活动，把每周一晚上定为干部、群众集中学习时间，每月不少于 2 次，每次不少于1.5小时。干部到村（社区）召开村组院落会议、群众代表会议、党员组长会议，讨论制定村规民约，让老百姓都参与进来，激发群众动力。二是以"星期五大扫除"为抓手发动群众。把每周五下午定为全县集中大扫除行动时间，由县级领导带头，驻村工作队、联村科级干部、驻村干部全部下到村（社区）开展环境卫生整治，带动、引导、督促群众自觉养成良好卫生习惯和文明风尚。三是以"先进典型"为标杆引领群众。村（社区）对农户实行一月一检查、一评比、一通报、一奖罚，对于做得好的在全村广播通报表扬，并奖励香皂、牙膏等日常用品，做得差的在全村通报批评，激发群众的荣誉感和积极性，切实营造人人参与整治、人人支持整治的良好氛围。

### （十）郴州市资兴市：充分发挥乡贤作用助力乡村全面振兴

为全面推进资兴市乡村振兴，汇聚乡贤力量，发挥好乡贤们"智力援村、经验助村、资本富村"的作用，提升新时期农村基层社会治理水平，在全市范围内开展"迎乡贤、回故乡、建家乡"主题活动。

1.高度重视，高位推动

召开高规格地开展"迎乡贤、回故乡、建家乡"主题活动动员大会。建立了市级推进、乡镇（街道）落实、行政村为主体的工作机制，成立了资兴市"迎乡贤、回故乡、建家乡"工作领导小组，各乡镇（街道）都相应成立领导机构，明确专人抓此项工作，进而形成了市委、市政府统一领导、市乡村振兴局具体抓、市直有关部门支持配合、上下齐抓共管的工作机制。同时，出台下发了《资兴市开展"迎乡贤、回故乡、建家乡"主题活动实施方案》，明确了工作原则、工作重点、工作任务、工作举措及督查考核方式。

2.强化举措，强力推进

建立好乡贤库。各乡镇（街道）、行政村迅速动员，以行政村为主体，积极行动，主动联系户籍、原籍在当地，品行好、有声望、有能力，热心公益事业的各类贤达人士，建立乡贤名册，分门别类，形成乡贤库。截至目前，全市各乡镇都建立了乡贤库，共有资兴在外乡贤1349人。乡贤主要包括在外党政公务人员、企业家、学者、知名人士、专家等。同时，各乡镇、村都相应建立了微信群，以便与乡贤们及时沟通。

3. 引导乡贤返乡

利用清明、春节等重要时间节点，召开乡贤座谈会、乡情通报会等，介绍家乡的现状和群众的意愿；运用 QQ、微信群、手机短信等平台，定期向乡贤宣传家乡发展变化，加强乡贤与家乡的沟通联系，激发乡贤助力家乡建设发展的热情。各乡镇（街道）、行政村充分利用村级综合服务中心，增设乡贤活动室，开辟村史乡贤专栏等，让乡贤主动返乡，提升乡贤归属感、荣誉感。

4. 开展乡贤助力家乡发展行动

各乡镇、村建立了乡贤助力家乡发展"项目库"，推动智力回哺、项目回归、资金回流，促进"智力援村、经验助村、资本富村"。充分利用乡贤协会，感召乡贤关注家乡建设和发展，反哺家乡，积极引导乡贤以各种形式参与产业开发、美丽乡村建设、服务基层等活动。一是实施乡贤助力乡村产业行动。乡镇、村充分利用自身资源优势，激发农村产业集群效应，建设农业产业特色乡村；动员在外乡贤返乡创业，为家乡招商引资牵线搭桥，推动产业、资金、技术回归，促进信息、文化、人气回流。二是实施乡贤参与乡村治理行动。解决探索建立"支村两委＋乡贤"乡村治理议事制度，建立以农村基层党组织为核心，民主协商（议事）组织为补充，乡贤引领、村民参与的乡村治理新模式，鼓励乡贤参与公共事务决策咨询、协商民主议事对话等基层社会治理和公共服务活动。三是实施乡贤投身农村环境整治行动。各行政村将乡贤组织起来，发挥他们典型示范、协调治理乡村的作用，用他们的行动和威望带动和影响身边的村民参与人居环境整治及基础设施建设，助力乡村振兴发展，为农村人居环境整治五年提升行动的顺利开展注入乡贤力量。

5. 因势利导，加大督查考核力度

市委、市政府将"迎乡贤、回故乡、建家乡"工作纳入了对乡镇、街道年终绩效考核内容，由市委办、市政府办会同市直有关部门参与考核督查。各乡镇、街道也把主题活动开展情况纳入了对行政村年终绩效考核的重要内容，加强调查研究、督促检查，推动工作真正落到实处。由市乡贤领导小组办公室牵头，每季度与农村人居环境整治督查工作一并开展，对各乡镇工作开展情况及时督查通报。

### （十一）张家界市桑植县：乡村振兴"三个帮扶"党建品牌

为深入贯彻习近平总书记关于乡村振兴工作重要指示精神，全面落实县委关于党建工作安排部署，深入结合桑植县乡村振兴局职能职责，坚持党建、业务两手抓，积极创建乡村振兴"三个帮扶"党建品牌。

1. 以支部为轴心，织密一张网，做好防返贫监测帮扶

立足防返贫监测和帮扶职责，建立"乡村振兴局贫困监测中心+乡镇管理中心+村（居）网格+村（居）民小组微网格"监测帮扶体系，以乡村振兴局党支部为中心，统筹设立298个网格，配备299名信息员，设置3741个微网格，配备4777名监测员，对全县农户进行常态化监测。每月组织召开一次情况分析会，对农户收入、帮扶情况进行综合研判和入户核实，及时掌握农户疑似返贫致贫风险，立即开展入户核实，第一时间上报乡镇管理中心启动纳入程序。县乡村振兴局贫困监测中心党员干部对拟纳入监测对象进行逐户把关，确保更加精准。做到返贫致贫风险对象15日内按程序纳入监测；新纳入监测对象10日内安排领导干部进行结对帮扶，切实实现了"早发现、早干预、早帮扶"。

2. 以党组为后盾，驻好一个村，扎实开展好驻村帮扶

高度重视驻村帮扶工作，明确1名党组成员为分管领导，选派3名优秀党员干部，入驻洪家关白族乡龙头村。坚持定期研究驻村工作，按照每季度在所驻村召开1次党组会的要求，在洪家关白族乡龙头村召开党组会4次，为龙头村明确了发展方向、建设目标；坚持按需研究驻村工作，结合工作实际，加强驻村工作督导，及时研究解决驻村工作中存在的重点难点问题。

2022 年以来，共解决龙头村实际问题 12 个，重点完成了"美丽屋场"示范创建，实施庭院改造 35 户、户厕改（新）建 30 户，整修硬化农村道路 3 条 2.3 公里，新建篮球场、羽毛球场各一个。

3. 以党员为纽带，结好一群人，全面落实好结对帮扶

切实压实党员干部结对帮扶和结对联系责任，全体党员干部全部参与结对帮扶，党组成员重点结对帮扶监测对象，其余党员干部结对联系脱贫户，全局 17 名在职党员干部共结对帮扶监测对象 3 户 9 人，结对联系脱贫户 53 户 175 人。坚持按照结对帮扶每月一走访、结对联系每季度一走访要求，全面掌握结对家庭真实情况，真实了解结对家庭实际生活困难。2022 年以来，通过全局党员干部共同努力，共发现解决龙头村农户临时生活困难 12 户，落实公益性岗位 7 个，新纳入低保户 1 户、监测户 1 户，发放交通补贴 15 户 4800 元、"五小"产业补贴 3 户 3000 元，为 192 户非贫困户购买农作物保险、为 80 户脱贫户及监测户购买深贫保。

# 三、湖南乡村振兴存在的主要问题

## （一）乡村振兴融资难

金融活，则经济活，全面推进乡村振兴离不开金融的有力支撑。但是湖南省乡村振兴缺资金，贷款缺途径，融资缺平台（融资平台和要素交易平台），抵押缺政策。一是涉农贷款总量不足、人均过少。截至 2021 年末，湖南涉农贷款余额 1.66 万亿元，以乡村居住人口 2667.99 万人计算，人均 6.22 万元，低于全国人均的 8.48 万元，如果以农户贷款余额计算，湖南农户贷款余额 7832.40 亿元，人均 2.94 万元。二是贷款门槛高、抵押难。据调研，面向农户的涉农贷款主要有农商行、农业银行等商业银行，以这两家的涉农金融产品，都要求固定生产经营项目或有稳定收入来源，需要根据信用、担保等情况确定贷款额度和利率。而大多农户没有稳定收入、固定生存经营项

目，很难满足贷款基本条件。此外，农村房产、土地等资源资产流通性差，在市面上不能交易，导致农村资源资产抵押担保融资难。三是金融产品额度低、时限短。中国农业银行的"三农"无担保贷款产品利率4.8%左右，贷款期限最长3年，一般为1年，最高可贷50万，但平均放款额度为20万左右。而建一亩土钢结构温室投入9万元左右，建一亩茶林至少投入4000元，相比之下，贷款额度显得"杯水车薪"。另外，湖南省优势产业油茶从下苗到丰产至少需要5年，贷款期限明显不足。四是涉农贷款放贷成本高、信贷风险大。由于农村信用体系尚未建立，金融机构每次放贷需派人对农户进行调查，放贷成本高。农业风险大决定了贷款高风险，银信部门放贷积极性不高。

## （二）粮食安全有待加强

悠悠万事，吃饭为大。粮食安全，"国之大者"。2020年9月，习近平总书记在我省考察时强调："要扛稳粮食安全的重任，稳步提升粮食产能，全面压实耕地保护责任，推进高标准农田建设，坚决遏制各类违法乱占耕地行为。"① 但是需要引起重视的是，当前湖南部分地区已经出现粮食生产弱化、淡化、边缘化的苗头。统计数据显示，湖南省粮食种植面积占农作物播种总面积的比重已由最高时期的63.3%下降至2020年的56.6%，长期低于全国平均水平，与湖南产粮大省、"九州粮仓"的地位很不相称。粮食生产"边缘化"的另一个潜在隐患是耕地抛荒和"非农化"，复耕难度较大。据统计，2009—2020年湖南省耕地面积净减少759.2万亩，有493万亩耕地净流向林地、草地、湿地等其他农用地，卫星监测发现平均每月仍有3400亩左右耕地流失。与此同时，耕地生产和流转的"非粮化"倾向也趋于加重。截至2021年底，湖南省共排查出耕地"非粮化"面积386.39万亩，占全省耕地总面积的6.19%。农业农村部政策与改革司公布的统计数据显示，2020

---

① 《习近平关于国家粮食安全论述摘编》，中央文献出版社2023年版，第127页。

年底湖南省共流转出家庭承包耕地面积 2395.8 亩，其中用于种植粮食作物的耕地面积只占到 57%，在全国 13 个粮食主产省中居于倒数第 4 位。农民种粮的积极性越发难以调动起来。我们必须清醒地认识到，农民才是粮食生产的真正主体，种不种粮食要看农民的选择。而对于农民而言，最关心的是种粮食能否得到可接受的收益。根据种粮户测算，目前种植双季稻亩均纯收益能达到 200 元已经属于收成比较好的情况，而倘若外出务工，每天的工资就可以达到 100 元 / 天以上。

### （三）乡村产业比较脆弱

产业兴旺，是解决农村一切问题的前提。当前湖南省乡村产业发展仍然还存在产业起点较低、产业规模偏小、产业同质化严重的短板。一是产业延伸不充分，且大多以农产品直接销售与供应原料为主，农产品精深加工不足。根据湖南省农业农村厅公布的数据，2020 年湖南省农产品加工产值与农业产值比只有 2.55∶1，远低于河南、山东等加工强省；农产品加工转化率也只有 53%，低于全国 67.5% 的平均水平。比如，"樟树港辣椒"是湘阴县的特色农业之一，虽然名声在外，但由于辣椒的加工研究开发滞后，辣椒产品仍以原始初加工生产的鲜椒、手工腌制剁辣椒和潦辣椒为主，产品在销售上并未表现出强大的市场活力，获利空间被极大压缩。二是产业集约化程度低，产业带动力不强。目前湖南省乡村产业发展整体还处于自发、分散状态。以茶叶为例，作为我省农村的重要产业，全省有 80% 以上的县市区都产茶，农村涉茶人口超过 1000 万人，但在调研中发现，绝大多数县市区的茶叶生产都处在小规模或超小规模层次，"小、散、弱"的农户占绝大多数。三是产业结构单一，产业特色不明显，同质化严重。从 2018 年起，推动实施"一县一特""一村一品"战略，全省农业产业特色化发展取得明显成效。现在，几乎每个县每个乡镇每个村庄都有一个特色农业产业。然而也要看到，在具体产业发展过程中，一些乡镇脱离自身实际，不顾自身条件，盲目跟风，快干蛮上，结果"样板化"流于"同质化"、"铺摊子"变成"烂摊子"。

### （四）集体经济比较薄弱

发展壮大集体经济是乡村振兴的重点工作，也是乡村振兴的一块硬骨头。近年来，通过政府补贴、党费补助、社会投入等方式，湖南村级集体经济发展取得一定成效，集体经济"空白村"和"薄弱村"大幅减少，但是现实的情况仍不容乐观。一是内生动力不足。在调研中，在问及为什么发展村级集体经济，很少有干部群众答得上来，反映对发展村级集体经济认识不够，甚至纯粹为应对自上而下的集体经济指标考核。缺乏有效的激励考核机制，对于村干部来说，没干好，村民议论纷纷；干好了，得不到什么收益。对于农户来说，村集体经济有少数几个人在经营，与广大农户利益关联不够，导致干部群众发展村级集体经济的积极性不高、参与度不够。虽然我省允许各地拿出当年村级集体经济净利润不超过 20% 的部分奖励做出突出贡献的人员，但没具体操作细则，鲜有人敢吃"螃蟹"。三是区域差异显著。湘南湘北差异大，2021 年底，浏阳村级集体经济收入全部超过 20 万元，而隆回村级集体经济不到 5 万元的村占 72.6%。不同乡村差异大，依托酒鬼酒的酒瓶制作产业，泸溪马王溪村村级集体已在 100 万以上，而有些村村级集体经济几乎空白。四是村级集体经济致富带头人缺乏。政经未分离的情况下，集体经济负责人一般由村主任兼任，每天的工作量很大，没有时间和精力发展村级集体经济。发展集体经济是市场行为，大部分村干部不具备相应的经营素养，造成敢想难做的尴尬局面。五是发展村级集体经济方式单一。部分村级集体经济收入来源为山塘水库、房产、山林土地等集体资产租赁实现短期内一次性增收，收入来源稳定，但增长极低。经营性收入是衡量农村集体经济"含金量"的重要指标，而走访的 50 多个村，有经营性收入的村并不多见。

### （五）乡村人才短缺

乡村振兴，人才为要，但是湖南省乡村人才十分匮乏。一方面，农村人口总量减少。随着城镇化的推进，城镇凭借医疗、教育和就业资源优势，吸引农村人口逐渐流向城市，2021 年，湖南农村常住人口为 2667.99 万人，占 40.29％，与上年相比，乡村人口减少 72.27 万人，比重降低 0.95 个百分点。乡村常住人口不断减少，呈现"空心化"，已经成为不争的事实。另一方面，乡村振兴人才不足。在基层治理人才方面。湖南村支两委的工资待遇由县财政承担，出现不同县之间村支差别，全省村支书待遇普遍为每月 3200 元左右，其他村支两委普遍每月 2400 元左右，怀化个别地区存在一般村支两委成员工资每月 800 元的情况。换届之后全省村（社区）"两委"成员平均年龄 42.6 岁，大多是"上有老下有小"，正是养家糊口之时，现在村支两委工作量比较饱和，需要全职在岗，与外出务工的收入相比，付出与回报不成正比。在新型农民方面，很多年轻人不愿意农业生产，职业教育大多停留在素质教育和理论教育，很多学生主要混文凭，并没学到真正的本领，无论农机手、农业技术人才、乡村工匠等专技人才，还是致富能人都比较缺乏。

## 四、湖南推进农业农村现代化的建议

### （一）完善监测帮扶机制，守住不发生规模性返贫底线

健全防止返贫致贫动态监测和帮扶机制，确保及早发现、应纳尽纳。一是精准识别帮扶对象。利用信息监控平台，加大脱贫不稳定户、边缘易致贫户的动态监测，采取专人负责、专人跟踪的方式，定期进行摸底排查，同时，推动扶贫、医保、民政、残联、教育、住建等部门信息共享与对比。二是分类施策制定帮扶方案。根据监测对象的风险类别、发展需求等，制定个性化帮扶方案，提前介入干预，确保已脱贫户稳定不返贫，边缘户及时得到帮扶不致贫。三是促进脱贫人口持续增收。深入实施"千企兴村、万社联户"行动，积极打造劳动密集型产业，加快提高脱贫人口家庭经营性收入。加大帮扶车间（基地）开发力度，开发设置公益性岗位，抓好贫困劳动力和低收

入群体农村实用技术、务工技能等培训，增强市场竞争力，从而增加产业和就业收入。四是增强巩固脱贫内生动力。继续抓好脱贫"扶智"和"扶志"，发挥典型示范引领作用，通过先进典型宣传、榜样示范引导和完善正向激励等机制，激发低收入人群自身发展动力。

### （二）大力发展农业优势特色产业，培养千亿农业产业

发展现代农业产业是实施乡村振兴战略的重中之重，是产业兴旺的核心。湖南以粮食、畜禽、蔬菜、茶叶、油料、水产、水果、中药材、竹木、种业等为重点，推动一、二、三产业融合发展，培育千亿优势特色产业。一是充分发挥农民主体作用。加强制度建设、政策激励、宣传引导，把发动群众、组织群众、服务群众贯穿乡村振兴全过程，充分尊重农民意愿，弘扬自力更生、艰苦奋斗精神，激发和调动农民群众积极性主动性。二是培育农产品加工市场主体。加快推进"微升小""小升规"，深入实施"百企"工程，培育一批标杆龙头企业、省级龙头企业，支持一批龙头企业开展技术改造和产能提升。实施企业上市"金芙蓉"跃升行动，推动农产品加工企业股改上市，提高直接融资比重。引导采取兼并重组、股份合作、资产转让等形式组建大型农业产业化企业集团，加快培育一批十亿级、百亿级、千亿级企业。三是打造一批农业产业集聚平台。依托优势特色产业资源，促进产业向园区集中，打造一批绿色精细高效生产基地，创建国家农业现代化示范区，建设一批现代农业产业园、农业科技园。四是促进三产融合发展。促进农业与加工、休闲旅游、文化教育、康养等产业深度融合，鼓励具备条件的地方发展电子商务、创意农业、观光农业、健康养生等新兴业态，创建农村一、二、三产业融合发展示范县、农业产业强镇和农业特色小镇等。五是推进农业品牌建设。支持开展绿色食品、有机农产品、地理标志农产品认证，建立地理标志农产品重点支持和保护清单，加大农业区域公用品牌、特色农产品品牌和农业企业品牌的培育、推广和保护力度。

### （三）加强重要农产品供给，确保粮食安全

树立大粮食观，按照党政同责要求，加强粮食、生猪、蔬菜等重要农产品供给，确保"米袋子""菜篮子"安全。一是提升粮食产量。健全农民种粮收益保障机制，加大粮食生产政策支持力度，落实稻谷最低收购价和地方临储收购政策。严格粮食安全责任制考核，确保粮食播种面积和产量。大力开展绿色高质高效行动，实施优质粮食工程，提升粮食单产和品质。充分利用旱土、高岸田、天水田、渗漏田和不适合种植水稻的严格管控区等发展旱杂粮生产。二是做好粮食储备。建立健全省级储备粮集中承储体系，严格做实地方成品粮储备，督促建立企业社会责任储备，指导农户科学储粮。加强智能粮库建设，强化粮食库存动态监测，依法从严惩治粮食购销领域系统性腐败。三是确保种业安全。高标准推进岳麓山实验室、岳麓山种业创新中心建设，推进省南繁科研育种园规范高效运行，提质建设芙蓉区国家现代农业（种业）产业园。加强农业种质资源收集、引进、保护、创制与利用，组织开展种源关键核心技术和重大良种攻关，推进种业科技成果转化和新品种繁育推广。四是加强生猪供给。推进绿色健康养殖行动，实施优质湘猪工程，保障生猪出栏量。支持生猪养殖大县、大型养殖企业发展与养殖产能相匹配的屠宰加工、冷链销售，支持家禽、牛羊集中屠宰，推动由活畜禽调运向冷鲜肉品调运转变。五是加大蔬菜供给。加强城镇保供蔬菜基地提质改造升级，提高蔬菜应急保供能力。推进环洞庭湖区外向型蔬菜及大湘西高山蔬菜生产。积极对接粤港澳大湾区等市场，支持"湘江源"品牌蔬菜发展，建设优质农产品供应基地。

### （四）壮大集体经济，激发乡村振兴活力

按照"薄弱村提升、一般村壮大、富裕村做强"的思路，培育壮大新型村级集体经济组织，因地制宜促进集体经济发展。一是支持集体经济产业化发展。立足资源禀赋、区位条件和产业基础，以高品质农业及农产品加工

业、农旅融合为重点，科学谋划各村主导产业，并围绕主导产业构建仓储物流、技术推广、劳务承包、生产生活和基础设施维修管理等服务链。二是探索"飞地抱团"模式。以"县域统筹、跨村发展、股份经营、保底分红"为原则，采用"土地＋资金""强村＋弱村"模式，通过增减挂钩节余指标交易，解决强村的土地制约问题，通过土地指标入股，解决弱村的资金和产业发展不足问题，打破地域界限和要素流动障碍，做到全域优化布局、全域整合资源、全域整体收益。三是促进生态资源转化为经济价值。在进一步拓展农村绿色发展空间的同时，运用集体经济组织与市场主体合作的经营模式，培育发展以良好生态环境为基础的生态农业、休闲旅游、民宿、家庭农场等生态经济，打造高品质生活场景、新经济消费场景。四是建立农村集体经济发展绩效考核机制。将农村集体经济发展情况纳入年度县级目标管理考核，并作为评价干部政绩、选拔任用干部的重要依据。将财政支持和考核机制结合在一起，探索新型农村集体经济发展财政奖励办法。五是加强集体资产监督。不断完善村集体财务制度，构建资产管理规范化、会计操作电算化、财务审计常态化的"三位一体"管理体系。在实行民主议事、动员村民监督的基础上，建立多主体进入、全方位公开的监督制度。加快推进村级集体资产监督立法。六是探索农村集体经济组织与村支两委"政经分开"。选拔和培养一批能人担任村级集体经济组织主要领导，村支两委原则上不得干预村级集体经济组织的日常经营活动。稳妥推进集体经济组织与村支两委账目分离、资产分离。

## （五）加强农村人居环境整治，建设美丽宜居乡村

改善农村人居环境，是以习近平同志为核心的党中央从战略和全局高度作出的重大决策部署，是实施乡村振兴战略的重点任务，事关广大农民根本福祉，事关美丽湖南建设。一是加强村容村貌整治。支持美丽屋场、美丽庭院和美丽农村公路建设，加强村庄公共照明设施建设，鼓励村民委员会组织村民开展房前屋后院内、村道巷道、村边水边、空地闲地的绿化美化，支持

建设小菜园、小果园、小花园、小公园，保护和修复自然景观。二是推动农村厕所标准化建设。全面落实"首厕过关制"，综合考虑当地地理环境、经济水平、人口数量、生活习惯等因素制定农村厕所建设改造标准，推动农村新建住房配套建设卫生厕所，完善农村厕所长效管护机制。三是加快农村生活污水治理。推动城镇污水管网向周边村庄延伸，推进乡镇污水处理设施建设，实现建制镇污水处理设施基本覆盖。四是加强黑臭水体治理。采取控源截污、清淤疏浚、生态修复、水体净化等措施综合治理农村黑臭水体，加强农村水系综合整治修复，促进农村水环境改善。五是推进垃圾分类减量。健全"户投放、组保洁、村收集、镇转运、县处理"的农村生活垃圾收运处置体系，加快补齐偏远地区垃圾收转运设施短板，推广"五点减量""二次分拣""绿色存折""积分银行"等分类处理模式，减少垃圾出村处理量。六是提升农房质量安全。加强新建农房选址的引导，合理避让滑坡、泥石流、崩塌等地质灾害危险区、山洪危险区和地下采空区，与交通设施、易燃易爆品仓库等危险危害源头保持足够的安全距离。推进农村危房改造，完善农村房屋建设标准规范。深入开展以用作经营的农村自建房为重点的农村房屋安全隐患排查整治。

### （六）提升农村公共服务水平，增强农民幸福感

农村公共服务的完善是乡村振兴的重要组成部分，也是检验乡村振兴水平的重要指标。一是提高乡村教育质量。多渠道增加农村普惠性学前教育供给，加强乡镇公办中心幼儿园、村级幼儿园建设，发挥乡镇公办中心幼儿园对村级幼儿园的辐射指导作用。加强芙蓉学校内涵建设，持续推进乡村小规模学校优化提质。实施多媒体教室攻坚行动和农村网络联校攻坚行动，构建城乡数字教育资源共同体。继续推进"特岗计划"和"三区"支教，加强对偏远地区教师精准培训。推动义务教育学校教师"县管校聘"改革和校长教师交流轮岗。二是加强农村医疗卫生建设。加强乡村医疗卫生服务体系建设，加强乡镇卫生院、村卫生室等基层医疗卫生机构标准化、信息化建设，

保障临床用药的有效供给和及时配送。升级改造一批中心乡镇卫生院，鼓励有条件的建设发热门诊。健全城乡医院对口帮扶、巡回医疗和远程医疗制度，推动优质医疗资源和服务向乡村延伸。推进健康乡村建设，组织开展村民体检，建立村民健康档案。三是加大临时救助力度。健全基本生活救助制度和医疗、教育、住房、就业等专项救助制度，完善救助标准动态调整机制。充分发挥商业保险的补充作用，加大商业保险参与力度，由政府财政和低收入人群共同出资方式实现商业保险对低收入人群的全覆盖。四是完善社会保障体系。加强农村普惠养老和互助养老服务，推进农村养老服务设施建设，落实城乡居民基本养老保险待遇确定和正常调整机制。支持卫生院、敬老院利用现有资源开展农村重度残疾人托养照护服务。持续开展"湘融湘爱"农民工服务保障活动，合理引导灵活就业农民工在就业地按规定参加职工基本养老保险。

### （七）加强文化传承保护，促进文化振兴

加强文化遗产保护传承是文化振兴的主要内容，是乡村振兴不可或缺的重要一环。一是加强文化服务供给。加大对乡村公共文化产品和服务供给保障投入，鼓励和支持有条件的乡村建设村史馆、民俗馆、农耕文化馆等，鼓励乡村史志修编。利用图书馆、文化馆、体育设施等开展全民健身和全民学习活动，支持农业农村题材文艺作品创作，活跃繁荣农村文化市场。二是推动文化传承。推动民间传说、传统音乐舞蹈、传统美术、传统技艺、传统戏剧曲艺、传统体育游艺、传统医药、少数民族文化、民俗活动等非物质文化遗产传承发展，鼓励和支持非物质文化遗产传承人、其他文化遗产持有人开展传承、传播活动。完善传统工艺、技艺认定保护机制，推动乡村地区传统工艺振兴。三是加强文化保护和利用。加强对历史文化名镇名村、传统村落、传统民居、历史建筑、少数民族特色村寨、文物古迹、农业遗产、红色资源的保护和合理利用。

### （八）深入推进乡村治理，维护农村社会平安稳定

促进自治法治德治有机结合，提高乡村善治水平，不断提高人民群众的安全感。一是加强法制乡村建设。开展"送法下乡"活动和民主法治示范村创建，培养乡村"法律明白人"。加强人民法庭建设，完善人民法庭巡回审理制度，合理设置巡回办案点和诉讼服务点。加大涉农公益诉讼案件办理力度，鼓励公证、司法鉴定、仲裁等法律服务主动向农村延伸。二是加强平安乡村建设。总结和推广新时代"枫桥经验"，深化"一村一辅警"建设，积极培育"红袖章""义警"等社会力量，全面排查化解村组矛盾纠纷。常态化开展扫黑除恶专项斗争，持续打击和整治"村霸"等农村黑恶势力。开展农村交通、消防、安全生产、自然灾害、食品药品安全等领域风险隐患排查和专项治理。三是探索集成善治乡村建设。集成推广清单制、积分制、"屋场会"、"社团织网"、"美丽宜居共同缔造"、"湘妹子能量家园"等乡村治理经验做法。鼓励开展村民说事、民情恳谈、百姓议事等协商活动，充分调动基层群众参与村级事务和乡村治理的积极性。四是推动村民自治。依托村民会议、村民代表会议、村民小组会议等创新议事协商形式和机制，推广积分制、清单制、屋场会等治理模式。健全完善村务公开制度，实现乡村事务公开经常化、制度化和规范化。

### （九）加强人才队伍建设，筑牢乡村振兴的人才支撑

人才作为支撑发展的第一资源，要从推进人才振兴战略出发，建设好人才新高地。一是加强乡村振兴人才培育。整合各类教育培训资源，大力实施高素质农民、"农民大学生"、农村实用人才培训计划，以及乡村振兴青春建功行动和巾帼行动、"乡村工匠"培育工程，培养乡村规划、设计、建设、管理专业人才和乡土人才。加强涉农专业学历教育，支持农民参加中高等职业教育，支持符合条件的农民参加职业技能鉴定和专业技术职称评定。二是引进乡村振兴人才。建立灵活多样的乡村人才引进机制，激励和吸引优秀人

才返乡下乡服务乡村振兴事业。建立乡村振兴人才绿色通道，为乡村振兴人才落户、生活居留、子女入学、社会保障等方面提供便利，鼓励有条件的乡镇、村（社区）建设乡村人才公寓。三是加强人才队伍管理。以县为单位统一编制农村基层急需紧缺人才目录，招录大学毕业生到村工作。在基层事业单位编制总量内建立"人才编制池"，允许乡镇统一设置岗位、统筹使用岗位。四是完善人才支持制度。推进"湘才乡连"万名专家服务乡村振兴行动。推行基层专业技术人员职称定向评价、定向使用、定向聘任，推动人才工程、绩效工资分配、表彰奖励适当向基层和艰苦边远地区倾斜。

### （十）加强冷链物流建设，提高农产品仓储运输能力

围绕蔬菜、水果，兼顾薯类、食用菌、茶叶、中药材、畜牧、水产等农业优势特色产业，依托家庭农场、农民合作社、基层供销合作社等，建设预冷库、节能型机械冷库、节能型气调贮藏库、通风贮藏库等农产品冷藏保鲜设施。支持农产品批发市场、综合加工配送中心、产地集中配送中心建设，健全农产品仓储冷链物流体系。发挥骨干冷链物流基地资源集聚优势，加强冷链设施对接和信息协同，提升资源共享和优化配置效率。提高农产品上行效率，推广农产品产地发展"电子商务＋产地仓＋快递物流"仓配融合模式，支持农超对接、农批对接、农企对接、农社对接等农产品产地直供直销模式。构建"一核三区多基地"冷链物流格局，布局建设长株潭冷链物流核心区块和湘南、洞庭湖、大湘西地区冷链物流区域中心。深化交通运输与邮政快递融合发展，打通农产品进城"最先一公里"。改造提升县城连锁商超和物流配送中心，支持有条件的乡镇建设商贸中心，发展新型乡村便利店，扩大农村电商覆盖面。

# 江苏乡村振兴发展报告（2021—2022）*

姜颖鹏　佘明薇　陆　扬**

**摘要：** 2021—2022 年，江苏省全面落实党中央"三农"重中之重战略定位，加强党对乡村振兴工作的集中统一领导，出台系列全面推进乡村振兴发展的政策举措，巩固脱贫攻坚成果，大力推进农业农村现代化和促进共同富裕，奋力书写全面乡村振兴新篇章。全省深入实施现代农业提质增效工程、农民收入新增万元工程、美丽宜居乡村建设工程、乡风文明提升工程、万村善治推进工程、乡镇功能提升工程、农村基础设施和公共服务建设工程、脱贫致富奔小康工程、农村改革创新工程、农村基层党建创新提质工程等乡村振兴十项重点工程，深化"五方挂钩"帮促机制，扎实抓好民生实事项目，乡村振兴各项工作取得显著成效。实现了农业农村优先发展，农业质量效益和竞争力得到有效提升，农村各项改革积极得到稳步推进，农民生产生活条件得到持续改善，农村基本公共服务进一步完善，乡村治理水平继续提升。党的二十大胜利召开为江苏乡村振兴注入了强劲东风，构建新发展格局为江

---

\* 本报告写作过程中参考了以下文献：《江苏农村发展报告（2022）》，周力主编，社会科学文献出版社，2022；《江苏省国民经济和社会发展第十四个五年规划和二〇三五年远景目标纲要》，《新华日报》2021 年 3 月 2 日；《关于做好 2022 年全面推进乡村振兴重点工作的实施意见》，《新华日报》2022 年 2 月 25 日；江苏省乡村振兴局：《江苏乡村振兴简报》，2021—2022 年各期，http://xczxj.nynct.jiangsu.gov.cn/col/col75216/index.html。

\*\* 姜颖鹏，法学博士、博士后，苏州大学中国特色城镇化研究中心研究人员；佘明薇，法学博士、博士后，苏州大学中国特色城镇化研究中心研究人员；陆扬，法学博士、博士后，苏州大学中国特色城镇化研究中心研究人员。

苏推进乡村振兴确定了新的发展路径，党的集中统一领导为江苏乡村振兴提供了根本保证。同时，江苏省乡村振兴各项工作也面临世界发展不确定性增加、乡村发展不平衡问题突出、农业发展面临的资源环境压力持续增大、乡村振兴人才短缺、农村基层党组织建设亟待加强等挑战。推进江苏省全面乡村振兴，需要坚持以习近平总书记关于"三农"工作的重要论述为指导，加强党对乡村振兴发展的全面领导，坚决扛起重要农产品稳产保供责任，筑牢现代农业发展和村产业振兴基础，营造乡村干净整洁环境，加强乡村风貌规划与建设，推进乡风文明向上向善，培养职业农民，提升乡村治理水平。面向未来，江苏省要在新时代新征程上聚焦推动共同富裕，坚持"为全国发展探路"的目标引领，推进全面乡村振兴迈上新台阶，实现到 2025 年全省乡村振兴战略目标，并为到 2035 年全省在全国率先基本实现农业农村现代化和到 2050 年全省乡村全面振兴，农业强、农民富、农村美全面实现奠定坚实基础。

**关键词：**江苏省；全面推进乡村振兴；农业农村优先发展；对策；展望

江苏位于长江三角洲地区，自然条件优越，农耕文明历史悠久，是全国农业主产区和粮食主产省，素有"鱼米之乡"美誉。在向第二个百年奋斗目标迈进的历史关口，江苏省委、省政府按照习近平总书记"着力在改革创新、推动高质量发展上争当表率，着力在服务全国构建新发展格局上争做示范，着力在率先实现社会主义现代化上走在前列"的新要求，全面贯彻落实习近平总书记关于"三农"工作的重要论述，把推进乡村振兴作为全面建设社会主义现代化国家的一项重大任务。2021—2022 年江苏锚定全面推进乡村振兴发展的主要目标任务，真抓实干做好新阶段"三农"工作，实施乡村振兴战略正以前所未有的广度与深度向前推进，致力于探索一条符合江苏实际、体现江苏特色、凸显江苏优势的乡村振兴发展之路。

# 一、江苏乡村振兴的做法与成效

作为东部沿海发达省份，江苏既是经济大省，也是农业大省。2021 年是全面建设社会主义现代化国家、实现国民经济和社会发展第十四个五年规划和 2035 年远景目标纲要的第一年，江苏立足于发展快、人口多、密度高的省情特点，坚持"三农"重中之重战略定位，着力守底线、补短板、扬优势，为全面推进乡村振兴开好局、起好步、打好基础。2022 年是乡村振兴全面展开关键之年，江苏乘势而上、踔厉前行，大力推进农业农村现代化和促进共同富裕，奋力书写乡村振兴江苏新篇章。

## （一）江苏乡村振兴的做法

### 1.加强党对乡村振兴工作的集中统一领导

落实五级书记抓乡村振兴要求，健全党政负责同志牵头、分管负责同志具体负责的乡村振兴组织领导体系。建立与完善党组织推进乡村振兴各项制度建设，具体落实乡村振兴战略包村联系制度，充分发挥县级"一线指挥部"作用，合力推进乡村振兴格局全面形成。压紧压实各级党委、政府乡村振兴主体责任，把发展壮大新型农村集体经济与全面推进乡村振兴、引领农民群众实现共同富裕等紧密结合起来，高位推动乡村振兴各项重点工作在基层得到全面落实，扎实推进富民强村帮促行动。2022 年省委、省政府筛选了 820个乡村振兴重点帮促村，按照每村 160 万元标准安排专项资金，重点支持发展产业和乡村建设，助力发展壮大集体经济，为全面推进乡村振兴提供了坚强有力保障。

### 2.出台系列全面推进乡村振兴发展的政策举措

2021 年 11 月，江苏省第十四次党代会对全面实施乡村振兴战略做出周密部署，坚持以人民为中心的发展导向，把实施乡村振兴战略作为新时代"三农"工作的总抓手，加大政策支持力度，强化推进举措落实。江苏省委、省政府在《江苏省乡村振兴战略实施规划（2018—2022 年）》《江苏省乡村振兴十项重点工程实施方案（2018—2022 年)》的基础上，发布 2021年 1 号文件《关于全面推进乡村振兴加快农业农村现代化建设的实施意见》，2021 年 5 月公布《关于贯彻落实乡村振兴战略的实施意见》，2021 年 10 月印发实施《江苏省"十四五"全面推进乡村振兴加快农业农村现代化规划》，2022 年 1 月出台《关于做好 2022 年全面推进乡村振兴重点工作的实施意见》等一系列文件，始终把"三农"工作摆在重中之重的首要位置，巩固拓展脱贫攻坚成果，全面推进乡村振兴目标任务压紧压实，加快推进农业农村现代化，确保全面乡村振兴战略实施行稳致远。

3. 深入实施乡村振兴十项重点工程

2021—2022 年，江苏以深入实施现代农业提质增效工程、农民收入新增万元工程、美丽宜居乡村建设工程、乡风文明提升工程、万村善治推进工程、乡镇功能提升工程、农村基础设施和公共服务建设工程、脱贫致富奔小康工程、农村改革创新工程、农村基层党建创新提质工程等乡村振兴十项重点工程建设为抓手，围绕全面推进乡村"五大振兴"，坚持农业现代化与农村现代化一体设计、一并推进，统筹发展与安全，把乡村建设摆在社会主义现代化建设的重要位置。江苏坚决守牢粮食等重要农产品稳产保供底线，乡村产业高质量发展持续推进；乡村建设行动全面启动，农村改革创新不断深化；城乡融合发展步伐加快，农民收入稳步增长；农村社会保持和谐稳定，促进乡村振兴各项任务落地见效，为开启乡村振兴新征程奠定坚实基础。

4. 深化"五方挂钩"帮促机制

江苏深入开展富民强村帮促行动，持续巩固拓展脱贫致富奔小康成果，不断强化对农村低收入人口、重点帮促村、重点帮促县区以及"6+2"重点片区的帮促力度，抓好项目实施和项目管理，多措并举促进农民增收和重点帮促地区发展。2021 年省委、省政府在部署实施富民强村帮促行动时，明确要求深化"五方挂钩"帮促机制，继续助力苏北地区巩固拓展脱贫致富奔小康成果、接续推进乡村全面振兴，加快实现共同富裕。2022 年是江苏实施"五方挂钩"帮促机制 30 周年。30 年来，这项机制在助力苏北地区打赢脱贫攻坚战、高水平全面建成小康社会、促进城乡区域协调发展等方面，发挥了重要作用、作出了重要贡献。省政府办公厅作为队长单位，加强"五方挂钩"协调小组成员单位统筹协调，倾情帮促取得显著成效。

5.扎实抓好民生实事项目

江苏把满足人民群众对美好生活的向往作为一切工作的出发点和落脚点，贯彻精准扶贫、精准脱贫方略，加强经济薄弱村和低收入群体脱贫攻坚，着力解决因病致贫返贫问题，深入推进专项扶贫行动。扎实推进乡村建设行动，抓细全省农村户厕问题摸排整改"回头看"，抓好乡村振兴、乡村治理、生态宜居美丽乡村等各类示范创建，形成示范带动效应，发挥示范引领作用。2021年江苏高质量推进农村厕所革命、乡村公益医疗互助试点、事实无人抚养儿童"梦想小屋"建设三件省政府民生实事项目，切实解决好人民群众关切的急难愁盼问题。

6.统筹实施乡村振兴有关工作

江苏省乡村振兴局在2021年6月挂牌成立，负责全省巩固拓展脱贫攻坚成果，统筹实施乡村振兴有关工作。省乡村振兴局成立后，根据江苏乡村振兴发展工作的实际，开展贯彻落实乡村振兴专项督查和实绩考核工作，设立省乡村振兴表彰制度，编写《江苏乡村振兴简报》，选育省"共同富裕百村实践"典型案例，指导、推进面上乡村振兴工作的具体开展，有力促进了全省乡村振兴战略的实施。

## （二）江苏乡村振兴的成效

1.农业农村优先发展得到有力保障

一是农业现代化建设迈出坚实步伐。江苏牢牢稳住农业基本盘、充分发挥"三农"压舱石作用，落实粮食主产区、产粮大县支持政策，落实好稻谷补贴和粮食收购政策，坚决守牢粮食等重要农产品生产和供应稳定底线，把全省8500多万人的饭碗牢牢端在自己的手中。2021年新建高标准农田390万亩，比2020年增加30万亩；全省粮食播种面积8120万亩，粮食总产量达 749.2 亿斤，粮食播种面积、粮食总产量均创历史新高，水稻平均亩产量继续保持全国第一。2022 年夏粮再获丰收，呈现面积、单产、总产、效益"四增"好形势，确保粮食稳产保供。

二是落实重要农产品保障战略。江苏实行粮食安全党政同责，压紧压实"菜篮子"市县长负责制，压紧压实生猪稳产保供属地责任，加快构建现代养殖体系。2021 年全省生猪存栏 1482.6 万头，同比增 7.8%，生猪出栏 2210.1 万头，同比增 21.1%，猪肉产量显著增长。2021 年蔬菜播种面积 2100 万亩，产量达 5856 万吨；水产品产量 495.5 万吨。水产、畜禽、蔬菜等重要农产品平稳发展，确保全省肉蛋奶果菜鱼供应总量充足，满足了城乡居民多样化的消费需求。

三是打造农业全产业链。构建现代农业全产业链标准体系，全省现代乡村产业体系基本形成，粮食综合生产能力得到有效保障。大力发展高效精品农业和都市农业，把产业链主体留在基层，让农民更多分享产业增值收益。强化粮食生产功能区、重要农产品生产保护区和特色农产品优势区建设，扎实推进特色产业集群集聚发展。粮食等重要农副产品供应保障有力，近 10 年间，江苏农林牧渔总产值从 5200 亿元增加到 8000 多亿元。

四是提升现代种业创新发展能力。江苏加快实施现代种业创新工程，研究制定支持种业创新发展的政策措施。建设省级种质资源大数据平台，建立省级农业种质资源综合基因库。强化育种基础研究，实施农业生物育种重大科技项目，深入实施畜禽水产遗传改良计划，按产业主要品种组建培育自主创新联合体，开展种源"卡脖子"技术联合攻关行动。2021 年，建设 50 家国家级、省级种质资源保护库（场、区），实现种业引领的一、二、三产融合年产值 850 亿元以上。

2.农业质量效益和竞争力得到有效提升

一是提升现代农业科技装备支撑能力。江苏开展乡村振兴科技支撑行动，大力推动乡村产业融合发展，粮食生产基本实现全程机械化，农业信息化覆盖率、农业科技进步贡献率均处于全国领先水平。建设 25 个省级现代农业产业技术体系，推进农业机械化向智能化、信息化、绿色化转型升级，建成省农业农村大数据云平台，截至 2022 年 6 月，农业科技进步贡献率达 70.9%、农作物耕种收综合机械化率达到 83%、数字农业农村发展水平达 66.5%。

二是优化产业布局。江苏因地制宜做好乡村产业发展规划，建设特色优势农产品基地，发展特色农业"链状经济""块状经济""网状经济"，推动乡村产业提档升级。组织新型农业经营主体按标生产，统筹推进特色农业培育、休闲农业发展和数字农业建设，高质量推动乡村产业振兴。积极引导农产品"触网"销售，全面推动农业电商转型升级发展。淮安市盱眙县依托互联网技术优势，大力发展数字农业，成立盱眙互联网农业发展中心，获批全国电子商务进农村综合示范县、"互联网＋"农产品出村进城工程试点县，截至 2021 年底，全县规模设施农业物联网技术推广应用面积占比达 17% 以上，数字农业发展水平达 69% 以上，农业信息化覆盖率达 69% 以上。

三是大力推动乡村产业融合发展。江苏构建现代农业产业体系、生产体系、经营体系，引领农业产业结构优化，推动优势特色产业集群创新发展，为实现农村一、二、三产业深度融合发展、建设现代化经济体系奠定坚实基础。2021 年打造 8 个千亿元级优势特色产业，全省 10 亿元以上县域产业 185 个，全国产业强镇 64 个、"一村一品"示范村镇 186 个；优化加工业布局，省级农产品加工集中区达到 60 家。

四是大力发展新产业新业态。江苏乡村旅游业蓬勃发展，成为乡村产业体系中的支柱产业和农村一、二、三产业融合发展的重要模式，成为促进农民增收、农业增效、乡村增绿、市民增乐的重要载体，成为乡村振兴和城乡融合发展的活力源泉。常熟市建成"康居乡村""千村美居"等各类美丽村庄 3166 个，实施覆盖率达 67.2%，2022 年末实施覆盖率达 80%。创新开展"苏韵乡情"等系列乡村休闲旅游农业推介活动，2021 年全省休闲农业综合收入达 902 亿元。深入实施农产品质量监管"十万规模主体入网行动"，截至 2022 年 6 月，全省入网主体达 17.1 万家。

**3. 农村各项改革积极得到稳步推进**

一是农村基本经营制度进一步巩固完善。江苏基本完成农村土地承包经营权确权登记颁证，农村集体产权制度等各项改革有序推进，城乡融合发展体制机制基本建立，全省农村集体产权市场建设实现县域全覆盖，为乡村振兴注入强大动力。2021年，省级以上农民合作社示范社达1700家，各级示范家庭农场达1.5万家，培育3万个农业科技示范主体。成立江苏省乡村振兴产业联盟，每年新建高标准农田300万亩以上，2次获国务院表彰激励。

二是充分发挥改革的突破和先导作用。江苏乡村振兴的制度框架和政策体系建立健全，各地有关部门把推进"苏"字号农业品牌建设作为做大做强优势特色产业的重要抓手，2021年做强25个省级现代农业产业技术体系，新型农业经营主体发展迅速，培育了一批全省著名、全国知名的农业品牌。

三是突出乡村规划引领。完成镇村布局规划优化完善工作。开展"共绘苏乡"规划师下乡行动，指导各地编制实用性村庄规划。2021年新改建农村公路1500公里，更新改造农村供水管网2000公里，改造老旧配电线路3200公里，县（市、涉农区）编制农村公共基础设施管护清单全覆盖。加快农村基础设施提档升级，农村生活设施便利化水平巩固提升，武进农村土地制度改革试点、江阴县级集成改革试点、社会主义现代化建设试点等产生较大影响，农业基础设施现代化迈上新台阶。

**4. 农民生产生活条件得到持续改善**

一是工业化、城镇化发展让广大农民广泛得到实惠。2021年江苏农村区域供水入户率已达99%以上，行政村双车道四级公路、农村地区4G网络实现全覆盖；启动实施城乡公交一体化和物流服务一体化两个"三年行动计划"，在全国率先实现"快递进村"省域全覆盖。

二是特色田园乡村建设行动计划启动实施。江苏完成8个大型灌区、27个中型灌区续建配套与节水改造年度建设任务，农作物耕种收综合机械化率达80%以上，新建30个省级数字农业农村基地。将特色田园乡村建设作为美丽江苏建设的重要抓手，从试点示范逐步转入试点深化和面上创建，到 2022 年已经建成省级特色田园乡村 446 个，乡村面貌不断改善。吴江区在江苏省级以上亩均 1100—1600 元补助的基础上，将亩均投入标准提高到 5000 元，通过"新增建设用地有偿使用费"，加快完成高质量农田建设。

三是农民收入实现连续较快增长。江苏 13 个设区市 2021 年全部进入全国经济百强城市行列，综合实力百强市县数量位居全国第一。在全国 4000 元脱贫标准上将江苏标准提升到 6000 元，集体经营性收入 18 万元以下的经济薄弱村全部帮扶达标。2021 年全省农民人均可支配收入达到 2.68 万元，比 2020 年增加 2600 元，同比增 10.7%，增幅连续多年高于城镇居民，城乡居民收入比缩小到 2.16∶1，是全国城乡收入差距最小的省份之一。

**5. 农业生态环境建设取得积极成效**

一是生态环境持续向好。江苏扎实推进农村人居环境整治，加强美丽宜居城市和美丽田园乡村建设，国家生态市县、国家生态文明建设示范市县、国家生态园林城市数量位居全国前列。在全国率先开展轮作休耕试点，建设 16 个部级绿色种养循环农业试点县，推进千村万户百企化肥减量增效、绿色防控等行动，2021 年化肥使用量较 2015 年削减 13.9%、农药使用量较 2015 年下降 16.1%，畜禽粪污综合利用率达 97%。2021 年，农村生活污水治理设施正常运行率达 75%、农户覆盖率达到 35%，新建农村生态河道 300 条以上，建设绿美村庄 500 个。

二是绿色江苏建设持续推进。全省林木覆盖率为 24%，林地 78.71 万公顷，森林抚育面积为 36.29 万公顷；PM2.5 年均浓度实现 2013 年以来"八连降"，首次降至国家环境空气质量二级标准限值以下；地表水达到或好于 III 类比例持续提升，升幅超过全国平均水平；自然湿地和野生动植物得到有效保护，自然湿地保护率达到 58.9%，推动形成乡村生态建设新格局。

三是农业面源污染防治得到重视。江苏启动实施化肥农药"零增长"行动，全省化肥、农药使用总量下降。2021 年，全省农业废弃物综合利用积极推进，畜禽粪污综合利用率 68% 以上；大力提高稻麦秸秆综合利用率，基本实现农作物秸秆露天禁烧目标；生态循环农业加快发展，稻田水产养殖面积扩大到 67 万亩，轮作休耕面积增加到 58 万亩。

四是所有村庄完成一轮环境综合整治。江苏 2021 年 1 万多个村庄建有生活污水处理设施，建制镇垃圾中转站、行政村生活垃圾收集点实现全覆盖。将改厕列为重点民生工程，改厕工作取得了令人瞩目的成绩，农村居民卫生习惯正在改变，传染病发病率连年下降。

**6. 农村基本公共服务体系不断完善**

一是全面推进城乡公共服务一体化。江苏激发农村资源要素活力，加快建立健全全民覆盖、普惠共享、城乡一体的基本公共服务体系，推广应用积分制、清单制和三个"一张图"等创新经验，激发农民参与基层治理的积极性。探索建立小微权力、村级事项、公共服务等各类清单，规范村级组织运行。

二是民生保障取得新的进展。2021 年江苏支持新建改扩建农村中小学80 所，基本建成 80 个农村区域性医疗卫生中心，新建 200 个甲级村卫生室，达标提升 30 家农村失能（失智）特困人员集中供养服务机构，建设 100 个省级儿童"关爱之家"示范项目。

三是持续提升基本公共服务水平。2022 年江苏超 90% 的义务教育学校达到标准高于国家的省定办学要求，义务教育巩固率 100%。基本做到每个建制乡镇 1 所公办卫生院、每个行政村 1 个村卫生室。从 2022 年 1 月 1 日起，全省城乡居保基础养老金省定最低标准提高至每人每月 187 元，城乡居民基本养老金最低标准"十一连增"；城乡居民医保财政补助最低标准提高到每人每年 640 元，以设区市为单位实现城乡低保标准一体化。

四是持续改善农民住房条件。江苏大规模开展农村危房改造工作，采取翻建新建或维修加固等形式，帮助困难群众实现"住有所居"。2018—2021年全面完成苏北三年 30 万户农房改善任务，群众满意度达 93.3%。在农村人居环境方面，深入实施并圆满完成农村人居环境整治三年行动，2022 年启动新一轮农村人居环境整治提升行动，苏州、太仓、昆山乡村振兴重点工作和农村人居环境等先后获得国务院督查激励。

7. 乡村治理水平得到逐步提升

一是不断发展全过程人民民主。江苏积极开展经济发达镇行政管理体制改革，扩大经济社会管理权限，完善基层政府功能，推进基层治理体系和治理能力现代化。注重完善村民自治制度，努力保障村民自治与基层民主，不断丰富基层民主形式，更好地维护村民合法权益。城乡统一的社会保障制度体系得到巩固，城乡居民基础养老金标准逐步提高。

二是完善农村矛盾纠纷排查化解机制。江苏持续推进平安乡村、法治乡村建设。增加农村基层医疗、教育设施、公共文化供给。新时代文明实践中心、县级融媒体中心建设走在前列，注册志愿者人数占城镇常住人口比重超过15%，居民综合阅读率达90.2%。深入开展农村移风易俗，发挥红白理事会、村民议事会、道德评议会等作用，着力解决高价彩礼、人情攀比、厚葬薄养、封建迷信等问题，提升乡风文明水平。

三是探索构建新型乡村治理体系。江苏积极建立党建引领、自治法治德治智治融合、村级集体经济充分发展的"1＋4＋1"乡村治理体系。南京市新北区薛家镇等6个镇、浦口区永宁街道青山村等60个村入选全国乡村治理示范乡镇和示范村，数量位居全国第一。宿豫区推行"三定四专五化"等3个案例入选全国乡村治理典型案例；常熟"小线杆"破解大难题等2个案例入选全国农村公共服务典型案例。

四是乡风文明达到新的水平。江苏深入挖掘农耕文化蕴含的优秀思想观念、人文精神、道德风尚，健全自治、法治、德治相结合的乡村治理体系，在新时代焕发乡风文明新气象。新时代文明实践中心实现县、乡、村三级全覆盖，乡村优秀传统文化得以传承和发展，农民精神文化生活基本需求得到满足，农民精神风貌和乡村社会文明程度不断提升。

五是农村改革和国家城乡融合发展试验区建设扎实推进。2021—2022年，江苏培育壮大新型农业经营主体和服务主体，每年新培育15万高素质农民，开展12万人次新生代农民工培训；家庭农场、农民合作社分别达到近17万家和8.5万家；省级以上农业龙头企业达到907家，其中国家级99家。

### 8. 民生保障水平稳步提高

一是城乡居民收入差距持续缩小。江苏因地制宜创新集体经济发展体制机制，多措并举促进农村集体经济发展壮大和农民增收致富。积极实施农民收入新增万元工程和农民收入十年倍增计划，着力构建集体经济发展与农民增收的联结机制，真正让农民成为新型农村集体经济发展的积极参与者和直接受益者。2021年苏州全市常住居民人均可支配收入68191元，比上年增长9.0%，其中城镇常住居民人均可支配收入76888元，增长8.3%；农村常住居民人均可支配收入41487元，增长10.4%。全体常住居民人均消费支出41818元，比上年增长20.3%，其中城镇常住居民人均消费支出46566元，增长19.4%；农村常住居民人均消费支出27240元，增长23.1%；城乡收入差距逐年缩小，收入比缩小至1∶1.853。

二是开展富民强村帮促行动。江苏聚焦重点帮促县、重点片区、省定乡村振兴重点帮促村和农村低收入人口，落实"四个不摘"要求，明确帮促工作的战略定位、目标任务、政策举措和工作机制，形成"1+29"帮促政策体系。2022年江苏全省村均集体经营性收入突破200万元。

### 9. 党对乡村振兴集中统一领导得到大力加强

一是系统谋划重点工作举措。江苏各级党委加强乡村振兴工作的全面领导，集中精力兴办一批好事实事，解决一批难事愁事，使广大农民增加了对未来的信心，更加坚定地跟党走、跟党干。党在农村的执政基础不断夯实，乡村治理能力和治理水平得到增强。

二是设立重点工作专班。江苏各地大力推进基层党建，重视选优配强村级党组织班子。坚持把党的全面领导贯穿发展壮大新型农村集体经济全过程。对乡村发展、乡村建设、乡村治理等乡村振兴重点工作，建立联席会议制度、工作专班等推进机制。

三是建立高效运行机制。江苏连续3年开展贯彻落实乡村振兴专项督查和实绩考核工作。2022年，江苏设立乡村振兴表彰制度，积极引导广大农民走上共同富裕发展道路，评选表彰了65个乡村振兴先进集体和200名乡村振兴先进个人。

## 二、江苏乡村振兴面临的机遇与挑战

江苏深入贯彻党中央、国务院的决策部署和省第十四次党代会精神，按照"产业兴旺、生态宜居、乡风文明、治理有效、生活富裕"的总体要求，持续沿着"高质量发展、高水平循环、高技术引领、高成长收入、高品质生活、高效能治理和加快形成新型工农城乡关系"的规划目标和路径，努力建设农业强、农村美、农民富的新时代鱼米之乡。在新征程上，江苏要把握全面推进乡村振兴所面临的机遇与挑战，更富成效地推进农业农村现代化和促进共同富裕，不断创造乡村振兴发展新的辉煌。

### （一）江苏乡村振兴面临的机遇

2021年11月省第十四次党代会提出了在国家"强起来"和民族复兴的伟大进程中展现江苏担当、作出江苏贡献的新目标新任务新要求。江苏发展基础好，经济实力强，在全国乡村振兴发展大局中具有重要地位，有条件、有信心、有能力在积极应对变化变局中育先机、开新局，为从农业大省迈向农业强省发展，促进农业高质高效、乡村宜居宜业、农民富裕富足和城乡一体化、乡村振兴高质量发展走在全国前列带来新的契机。

1. 开启全面乡村振兴新的征程

一是巩固拓展脱贫攻坚成果同乡村振兴有效衔接。江苏紧紧抓住全面建成小康社会后"三农"工作重心历史性转移的契机，脱贫致富奔小康成果持续巩固提升，帮促政策举措实现有效衔接，农村集体综合实力稳步增强，农村低收入人口生活和保障水平不断提高，农村产业发展、厕所革命、人居环境、乡村建设、乡村治理等重点工作有序推进，全面推进乡村振兴实现良好开局。

二是完善政策扶持体系。江苏开展富民强村帮促行动，聚焦农村低收入人口、重点帮促村、重点帮促县区、"6+2"重点片区，加大帮促力度，明确到 2025 年，重点地区农村居民及全省农村低收入人口可支配收入增幅高于全省农村居民可支配收入平均增幅，乡村振兴重点帮促村集体年经营性收入增幅高于全省村级平均增幅。

三是强化资源要素保障。2021 年 11 月，江苏印发《关于加快推进乡村人才振兴的实施意见》，聚焦"育、引、用、留"关键环节，创新基层专技人员"定向设岗、定向评价、定向使用"等政策举措。优先保障产业发展土地，明确市县单列不低于 5%新增建设用地计划支持农村产业融合发展，制定保障和规范产业融合发展用地政策实施细则。大力推进高素质农民培育，每年培育 15 万新型职业农民。

四是推进农业农村现代化试点示范。江苏与农业农村部签署全国第一个以率先实现农业农村现代化为主题的合作框架协议，推动苏州、无锡、常州、南京 4 个整市和 33 个县（市、区）开展农业农村现代化试点建设，率先在全国开展省级农业农村现代化评价体系研究，以县域为单位，开展"六强六化"行动，扎实推进 4 个国家农业现代化示范区和 13 个省级农业现代化先行区建设。

五是出台加强帮扶项目资产后续管理实施意见。江苏将国家相关强农惠农富农政策上升为制度规范，对各级财政资金、地方政府债券资金、南北合作、五方挂钩、社会捐赠等投入形成的帮扶项目资产，实施分级分类认定、明晰资产权属关系、落实资产监管职责、严格资产运营管护、优化资产收益分配、规范资产处置方式，推动帮扶项目资产在巩固拓展脱贫致富奔小康成果、乡村振兴的"四梁八柱"基本形成。2021 年无锡市制订实施促进共同富裕行动计划，推进"共同富裕无锡实践"，市级财政设立专项资金 4000 万元，精准帮扶薄弱村经济发展，江阴市创新成立全国县域首家"乡村振兴·共富基金"，向 23 个经济相对薄弱村项目投放 4086 万元，村均收益 50 余万元。

六是开展 2022 年就业富民助力乡村振兴行动。江苏制定新一轮减负稳岗扩就业政策，扶持农民自主创业 6.5 万人，新开发不少于 5000 个公益性岗位托底安置就业困难人员；实施新就业形态劳动者技能提升行动，培训新生代农民工 9 万人次；城乡居民养老保险基础养老金省定最低标准按照不低于 8% 的增幅增长，2022 年提高到每人每月 187 元；壮大乡村人才队伍，定向培养 2800 名乡村师范生和 1500 名农村订单医学生；开展乡村人才职称申报评审和专家服务基层系列活动，遴选建设 100 家省级乡村人才大师工作室、30 家示范工作室和 10 家传承示范基地；开展人社服务"快办行动"，打造"苏心办"人社政务服务品牌。优化人社政务服务电子地图功能，积极打造城区步行 15 分钟、乡村辐射 5 公里的便民服务圈，这些措施大大缩小了城乡差距，推动了城乡融合发展。

七是制定推进乡村振兴战略实绩考核办法。江苏充分发挥考核指挥棒作用，把乡村振兴实绩考核纳入高质量考核指标体系，为全面推进乡村振兴提供政策支持。把开展富民强村帮促纳入市县区对街镇、街镇对村居高质量发展绩效评价考核体系，将各项重点工作目标要求及时传导到基层，并将考核结果作为干部选拔任用、评先奖优、问责追责的重要参考，确保乡村振兴各项工作部署落到实处。2022 年 7 月，南通市召开县（市、区）推进乡村振兴战略实绩考核调度会，对实际存在问题与比较薄弱的考核指标，与相关涉考部门做好沟通对接，提醒提示补齐短板，强化以"刻不容缓"的紧迫感、"如履薄冰"的危机感、"重任在肩"的压力感积极对标先进、查找不足、迎头赶上。

2.党的二十大召开为江苏乡村振兴注入了强劲东风

党的二十大是我们党在进入全面建设社会主义现代化国家新征程的关键时刻召开的一次十分重要的大会，将科学谋划未来 5 年乃至更长时期党和国家事业发展的目标任务和大政方针。党和人民的伟大事业必将以党的二十大为新的重要里程碑，开创更加光明、更加壮丽、更加宏伟的未来。党的二十大为乡村振兴战略实施开辟了新空间，为推进共同富裕取得实质性进展注入了新动力。乘着喜迎党的二十大召开的东风，江苏省委提出敢为善为坚决担起"勇挑大梁"重大责任，把乡村振兴发展放在全国一盘棋的大格局中来谋划，争取乡村振兴发展的更大的历史主动，加快构筑江苏乡村振兴战略新优势，力求更高水平展现乡村振兴发展的示范样本。

江苏省委强调，学习宣传贯彻党的二十大精神是全省上下的重大政治任务和工作主线。要坚持五级书记抓乡村振兴，齐心协力全面实施乡村振兴战略，把厚植产业作为乡村振兴的核心关键，持续深化农业供给侧结构性改革，深入实施藏粮于地、藏粮于技战略，严守耕地红线，打好种业翻身仗，高标准建设旱涝保收、高产稳产的"吨粮田"，确保"米袋子""菜篮子"价格稳定、供给安全，扎实推进农村一、二、三产业融合发展，大力实施乡村建设行动，健全城乡融合发展体制机制，更富成效推进农业农村现代化，努力建设农业强、农村美、农民富的新时代鱼米之乡。

2022年6月20日，江苏召开新一届驻县（市、区）乡村振兴（帮促）工作队长培训会，部署推进全省挂钩帮促、真挂实挂工作，在乡村振兴一线干事创业、建功立业，着力打造江苏乡村振兴帮促工作品牌。2022年4月，扬州市委、市政府印发《扬州市乡村振兴示范带建设行动计划（2022—2025)》，明确开展农业生产提质行动、农田设施提升行动、美丽乡村打造行动、生态河道治理行动、乡村道路改造行动、乡村产业推进行动、富民强村帮促行动、数字农业示范行动、农村改革深化行动和基层组织强基行动等"十大行动"，汇聚各类资源投向乡村振兴示范带，在推动基础设施、生态宜居、产业质态、公共服务、富民强村、乡风文明六个方面明显提升。

3. 坚持"三农"优先发展为江苏推进乡村振兴提供了有力支持

《中华人民共和国乡村振兴促进法》于2021年6月1日正式施行，要求"坚持农业农村优先发展，在干部配备上优先考虑，在要素配置上优先满足，在资金投入上优先保障，在公共服务上优先安排"。江苏抓住严格落实乡村振兴促进法各项规定的机遇，分别就财政投入、融资担保、金融服务、农业保险、用地保障等作出规定，加快建设农业产业强省，健全配套法规制度，乡村振兴迈出坚实步伐，确保《乡村振兴促进法》全面落地见效，将乡村振兴发展提上法治化建设的轨道。

一是毫不放松抓好粮食和重要农产品稳产保供。2022年全省加强高标准农田建设、建设500个粮油作物绿色高质高效示范片，确保粮食播种面积8124.9万亩、总产量740亿斤以上。淮安市是全国商品粮生产基地，市委、市政府严格落实粮食安全党政同责，坚持超前谋划、高位推动，强化粮食安全责任制考核，扎实推进粮食稳产增产，用江苏10.4%的耕地生产出了12.9%的粮食，每年在实现粮食自给的同时调出50亿斤，为江苏乃至全国粮食安全作贡献。

二是统筹推进乡村发展。建立集体经济发展成效与经营管理人员待遇报酬增长挂钩机制。加强农村集体资产规范化、常态化管理和监督。无锡市坚持创新集体资产管理、深化产权制度改革和引导集体经济发展一体谋划、一体部署、一体推进，壮大村级集体经济，筑牢集体经济发展基础，有力促进了乡村振兴。2021年全市村级集体资产总额856亿元，村均年收入1083万元。

三是搞好乡村建设。江苏在中央财政衔接推进乡村振兴补助资金在达到千亿元规模的基础上持续增加，2022年衔接资金规模达到1650亿元，同口径较2021年增加84.76亿元，增长5.4%，为推动乡村高质量发展提供资金保障。继续聚焦农村低收入人口、乡村振兴重点帮促村、重点县区和重点片区"四类对象"，巩固拓展好帮扶成果。宜兴市全面整合"农村人居环境整治督查信息系统"、问题线索"随手拍"等数字化功能应用，启动全市乡村振兴大数据平台建设，纵深推进农村人居环境整治提升，努力实现农业农村行业管理决策精细化、科学化、智能化。

四是推进乡村治理。江苏全面加强农村基础设施建设和农村公共卫生服务体系建设，大力提升农村教育医疗和社会保障水平，增强农村公共文化服务供给创新方式提升治理效能，健全完善农村基层民主选举、民主协商等自治机制，充分发挥村规民约、村民民主协商、村民自我约束自我管理的积极作用，大力推进平安乡村建设，引导农民把传统美德和现代文明观念转化为行为习惯，孕育乡村文明新气象。常州溧阳市推进乡村治理试点，创新实施人大代表票决制，畅通民生实事、公共服务、社会治理等"下乡"的制度通道，以党建作为引领，三治融合为动力网格化为抓手，辅以"党员代办""五堂一站""四美社区""楼长制"等溧阳特色典型做法。依托全国乡村治理体系建设试点示范，打造乡村治理体系建设的"溧阳样本"。

五是深化农村改革。江苏扎实推进农村集体产权制度改革"回头看"，稳步推进农村承包地"三权分置"改革，全面完成农业综合行政执法改革强化就业增收，精准实施援企稳岗和就业优先政策，深入推进"资源变资产、资金变股金、农民变股民"改革，稳步提高农村社会保障标准，切实增加农民财产性和转移性收入。深化农村土地"三权分置"改革，完成农村集体产权制度改革整省试点任务。2021年昆山等6个县（市、区）入选全国农村宅基地制度改革试点。农村改革试验区工作走过十年，全省依托全国和省改革试验区，累计落实155项改革任务，水稻收入保险试点、农村产权市场标准化建设、政府购买公益性服务等一批创新成果在面上推广。

六是把富民增收作为"三农"工作的鲜明导向和检验标准。江苏提出实施农民收入十年倍增计划，加强基础性普惠性兜底性民生保障建设，高水平覆盖低保、农保、社保三大保障，切实保障和改善民生，扎实推动共同富裕取得更为明显成效，让人民群众生活一年更比一年好。徐州市制定低保边缘家庭和支出型困难家庭救助帮扶政策，2021年城乡低保标准由每人每月650元调整到670元，城市特困供养标准由每人每月1510元调整到1579元，连续九年提高；全市城乡低保补差金额分别为每人每月447.17元和442.69元，补差率分别提升至66.74%和66.07%。

4.积极实施"双碳"战略目标为江苏乡村振兴转型明确了优先发展方向

"双碳"目标的提出并上升为国家战略，为乡村地区加快形成资源节约和保护环境的产业结构，培育符合新时代绿色发展要求的乡村人才，推动乡村生态振兴指明了方向。江苏坚持生态优先绿色发展，把碳达峰碳中和纳入整体布局，聚焦"三美一高"目标，以农村厕所革命、生活污水和垃圾治理、村容村貌提升为重点，以生态宜居美丽乡村示范建设为抓手，加快推动减污降碳协同增效。

一是大力实施农村人居环境整治提升行动。江苏按照"四整治四提升"的整治任务和标准，因地制宜推动解决农村饮用水保障、污水与黑臭水体治理、卫生厕所建设和改造等问题，突出抓好生活垃圾"日产日清"、厕所革命和污水处理等重点环节，着力推进农村人居环境整治提升。2022年苏州作为江苏唯一被评为开展农村人居环境整治成效明显的城市，"促进乡村产业振兴、改善农村人居环境等乡村振兴重点工作成效明显"，获得国务院督查激励。吴江区探索按照村庄规划科学布点建设农村公共厕所，制定了一套完整、科学和规范的标准化公厕保洁工作流程，即"十步保洁法"，全面推行城乡一体化管理模式，"吴江模式"成功入选全国农村厕所革命典型范例。

二是优化乡村人居环境。积极推进特色田园乡村建设，创建让城市更向往的美丽田园乡村，让生态环境美成为江苏乡村振兴发展最鲜明的底色。扬州市依托区域特有的地形地貌、村庄自然肌理、区域产业特色、文旅资源等区域优势，推动近邻特色田园乡村抱团组区发展，激活全域乡村振兴。连淮扬镇铁路、S611和S353沿线人居环境整治提升195千米，间隔3—5千米共打造60个节点环境，培育41个村庄环境长效管护示范村，建设11个特色田园乡村、69个美丽宜居村庄和13个省级绿美村庄。

三是加快高质量推进乡村生态振兴步伐。深入实施农村生活污水治理提升行动和农村生活垃圾分类治理，进一步完善设施设备，加强垃圾处置终端监管，逐步建立农村生活垃圾分类投放和收运处体系，持续改善提升农村人居环境质量。为打造一批美丽庭院、美丽菜园、美丽果园、美丽村景、美丽田园，盐城东台市健全"政府+村集体+农民+社会力量"的运行模式，定人、定岗、定点、定时，明确镇村组三级管护人员，重点打造"8镇11村"农村人居环境示范区，形成了全周期、广覆盖的长效管护机制。

5.构建新发展格局为江苏推进乡村振兴确定了新的发展路径

江苏工业化已经进入中后期，具备了较强的以城带乡、以工补农的物质基础和经济实力。2022 年江苏省常住人口城镇化率达到 73.44%，城镇化总体进入成熟稳定、质量提升阶段。畅通国内大循环有利于破解城乡二元体制下生产要素自由流通的体制机制壁垒，在乡村形成人才、土地、资金、产业、信息汇聚的良性循环，为农业农村高质量发展凝聚各类要素，以市场化手段提高乡村配置效率。

一是构建现代乡村发展体系所需人财物投入巨大。江苏拥有一批国家级农业高新技术产业示范园区、国家现代农业产业科技创新示范园区、国家级现代农业产业示范园，为引领江苏省现代农业高质量发展提供了强劲的科技支撑。促进国内国际双循环意味着可以利用两个市场两种资源来推动农业农村发展，为农业农村现代化整合资源、拓展市场。2021 年 5 月 30 日，江苏省农学会、江苏省农业科学院、江苏南京国家农业高新技术产业示范区在南京溧水主办首届江苏农业科技节暨 2021 江苏农业与科技融合发展大会，大力推进科技兴农行动，促使农业科技进步贡献率稳步提升。

二是推动高素质人才持续向乡村流动。人才是乡村振兴的智力基础，高质量推进乡村振兴，对乡村人才无论是规模还是质量上均有更高要求。坚持农业农村优先，在要素配置上优先满足，保证了惠农利农政策连续性，为各类乡村人才提供持续的发展机遇，为高质量推进乡村振兴持续吸引高质量人才。太仓依托临沪区位优势，围绕"农文旅"融合文章，充分对接长三角高校院所科技资源，组建乡村振兴博士"帮帮团"，组织专家人才与各村结对合作，打通农业科技成果转化"最后一公里"。2022 年，太仓已有 37 名博士"帮帮团"的专家奔赴在广大田间地头，在农村推广农业技术，提升农业现代化水平。

三是让农民过上幸福美好生活。江苏制定新一轮减负稳岗扩就业政策，扶持农民自主创业 6.5 万人，新开发不少于 5000 个公益性岗位托底安置就业困难人员；认定省级劳务品牌 50 个，推动南北开发区深度吸纳农村劳动力转移就业；构建城乡融合发展体制机制和政策体系，苏南地区加快打造现代化建设先行示范区，苏中地区加快实现中部崛起，苏北地区努力实现跨越赶超，推动乡村产业发展，带来新的创业机会。溧阳市针对村民协商议事难、养老就餐难、文化供给难、弱势群众关爱难等热点难点问题，系统推进百姓议事堂、如意小食堂、文化小礼堂、幼童小学堂、道德讲堂和"心愿树"爱心工作站"五堂一站"建设，统筹实施"微民生"工程，为农民群众提供个性化服务。创新了乡村治理和民生服务机制模式，秉承"普惠化、均衡化、精准化"理念，实实在在地解决了民生难题，提升了幸福指数，赢得了百姓赞誉。

6.党的集中统一领导为江苏乡村振兴提供了根本保证

一是坚持和加强党对乡村振兴的集中统一领导。江苏按照中央"五级书记抓乡村振兴"的要求，加强党对"三农"工作的全面领导，选好用好农村党支书，建优建强农村党支部，持续为推动乡村振兴高质量发展、创造人民群众高品质生活、实现高效能治理赋能增力，走出一条具有江苏特色的乡村善治之路。常熟围绕"五大振兴"目标任务，按照"五级书记抓乡村振兴"的要求，组建了市委书记任第一组长、市长任组长的市委农村工作领导小组，建立了乡村振兴战略包村联系制度江苏继续向重点帮促村选派第一书记，实现有关重点村全覆盖。

二是充分发挥县级"一线指挥部"作用。江苏按照农村生产生活生态"三生同步"、一二三产业"三产融合"、农业文化旅游"三位一体"的要求，高位推动乡村振兴各项重点工作在基层得到全面落实。从严从实筑牢基层基础，持续加强农村基层组织建设，持续整顿软弱涣散村党组织，严肃查处农民群众身边的腐败问题和不正之风，强化督查考核刚性约束，健全完善考核监督、问责追责、正向激励等一套完善的制度体系。宿迁市宿豫区坚持以基层党建为引领，探索成立新型农村社区"一委两站五岗"（成立社区党委，设立党建工作站、文明实践站和便民服务、产业发展、生态优居、网格治理、富民增收等五个专职岗位）党建模式，推动实体化运行，着力打造党建引领乡村治理的"宿豫样板"。

## （二）江苏乡村振兴面临的挑战

2021—2022 年，全面推进乡村振兴进入了新的发展阶段。江苏作为农业大省、开放前沿，必然会更早更多遇到变化变局的影响，必然会更多面对各种新的风险和挑战，乡村振兴高质量推进意味着在实现产业、人才、文化、生态和组织五大振兴过程中，只有打破原有路径依赖，变革现有农业农村生产生活方式，才能最终实现农业农村现代化。习近平总书记强调指出：要坚持乡村全面振兴，抓重点、补短板、强弱项，实现乡村产业振兴、人才振兴、文化振兴、生态振兴、组织振兴，推动农业全面升级、农村全面进步、农民全面发展。面对内外部发展环境复杂多变，江苏乡村产业的质量效益竞争力有待进一步提高、农民增收内生动力仍需持续激活、城乡要素自由流动的通道还未完全打通、城乡间基本公共服务水平和质量差距较大，城乡、区域间仍有一些短板弱项亟待补齐。

1. 新冠疫情暴发对江苏乡村振兴发展产生严重冲击

一是乡村产业发展受到严重冲击。近三年的新冠疫情持续多点暴发导致农业生产进程被打乱，全球产业链断裂，部分地区人员流动、农资运销和农产品流通受阻、工人返城受阻、工厂复工延迟、企业停工减产，江苏乡村小微企业众多，受疫情影响面临现金流断裂而破产的危机，特别是城市疫情防控直接导致农产品消费市场交易量减少，给农业生产带来了很大的负面影响。

二是巩固脱贫成果面临很大压力。农民就业增收长效机制存在脆弱性，新冠疫情持续多点暴发导致企业生产用工大量减少，特别是大众消费、饮食行业受到很大冲击，农村进城务工人员失业风险增加，收入持续减少，直接影响脱贫攻坚成果巩固。

三是乡村旅游经济遭受巨大损失。江苏乡村旅游从业者遭受很大生存压力。根据疫情防控要求，人员流动受阻，各地暂停经营团队旅游，导致乡村旅游景区基本关闭，对全省乡村旅游产业链造成连锁式破坏，造成乡村旅游市场的准入与退出机制失衡，给乡村旅游业经营收入带来无可挽回的损失。

2.当今世界发展不确定性对江苏乡村振兴带来严重影响

一是守住粮食安全底线目标的任务更加艰巨。由于地缘经济政治冲突愈演愈烈，俄乌冲突持续发酵，中美经贸关系不确定性增加，全球经济复苏仍脆弱乏力，不同程度对我国粮食安全形成冲击。全球农业生产资料供应紧张加剧，原油价格上涨推动国内化肥、农药等农资成本上升，造成国内农资价格上升明显；国内粮食生产成本拉升，抑制了农民种粮积极性。江苏作为一个农业大省，肩负着确保国家粮食平安以及菜篮子产品有效供给的艰巨任务。

二是国际环境日趋复杂。西方国家贸易保护主义抬头，国际农产品市场不稳定性加剧，对农产品国际市场的影响持续多年，对江苏省发展外向型农业，扩大农产品出口与引进国外先进农业技术等将带来长期性影响。

三是重大灾害对农业和食物系统造成严重损害。近年来，全球气候变化的不确定性，各类水灾、旱灾、地质灾害危害频发多发，不仅给人民生命财产安全带来严重威胁，而且直接导致病虫害发生率提升，动植物重大疫病增多，对粮食生产安全造成消极影响，影响了作物、牧畜、渔业等正常供给，重大动物疫病的防控压力明显加大。

3.乡村发展不平衡不充分问题仍比较突出

一是乡村区域间存在发展不平衡、不充分问题。江苏区域发展不平衡不充分问题在乡村尤其在苏北乡村尤为突出，由于县域经济发展不均衡，部分县城带动乡村发展能力相对较弱，乡镇产业层次相对偏低、集聚资源要素能力有限。又由于原有基础不同、经济实力不同、生产要素投入不同，区域间农业现代化发展水平差距依然较大。

二是工业化与城市化进程中存在城乡发展不平衡、乡村发展不充分问题。江苏形成的农村小城镇、骨干城市、中心城市为特色的城镇化网络，亟待进一步向下拓展，以覆盖到全部乡村地区为目标，实现由城市网络向城乡一体化网络过渡，最终消除城乡差别、一起走向现代化。

三是农业产业各环节之间不平衡。农业产业结构上，有些环节的科技进步奉献率较高，但有些生产环节科技进步奉献率偏低，不同品种之间在劳动生产率、科技进步奉献率、农业机械化水平等方面存在差距。江苏种植业比重大、科技含量低，林业渔业畜牧业养殖企业、加工企业面临生存压力，有机农业、旅游农业等多功能农业发展慢，无公害产品、绿色产品比重小，现代农业产业结构亟待优化。

四是不同村庄发展存在明显差距。江苏村庄发展分化日趋明显，一些村庄经济实力强，发展势头旺，保存了传统村庄聚落的整体空间形态，成为特色田园乡村的主力；另一些村庄缺乏人力、物力、财力投入，出现逐步衰落萎缩趋势，存在村庄空心化、闲置化。

4.乡村产业转型升级任务十分艰巨

一是农业基础还不稳固。粮价天花板、农资价格上行、劳动力紧缺，生产效率提升面临诸多技术瓶颈；一些地方的产业较为单一，仍以传统种植业为主，其他产业基础薄弱。一些农村集约化生产程度和水平较低，化肥、农药用量大，造成环境污染与土地质量退化，仍没有摆脱"靠天吃饭"的窘境。

二是产业经营模式粗放。工业化与城镇化过程中发展起来的制造业，与乡村地区农业产业关联度较低，不能形成乡村与城市的产业互动。一些农村耕作方法陈旧、种植技术落后、机械化程度较低；农产品阶段性供过于求和结构性供给矛盾并存，一、二、三产业融合发展深度不够；乡村产业产值规模扩大，但市场竞争力不强；乡村产业基础设施实现了从无到有，但难以满足产业持续发展需要等。

三是涉及乡村振兴的重点领域、关键环节改革任务仍然艰巨。深入推进农业供给侧结构性改革难度加大，农产品阶段性供过于求和有效供给不足并存，农业供给质量效益和综合竞争力亟待提升；农业成本上升和价格"天花板"挤压，促进城乡融合发展还面临不少障碍。

5.乡村振兴人才瓶颈依然突出

一是农业高质量发展对科技创新人才的依赖程度加深。随着农村人口外流、农业生产一线劳动力骤减，农业生产主体适应生产力发展和市场竞争的能力不足，农村产业发展普遍面临人力资源短缺，由于缺少与乡村产业发展相契合的本土科技创新技术人才，导致农村专家技术人才引进难、使用难、留住难问题日益显现，逐渐成为了制约农村产业转型升级的一大"瓶颈"。

二是新型农业经营主体、高素质农民队伍亟待加强。农业机械化、数字化、智能化是解决目前农村劳动力不足问题的关键，但真正愿意留在农村的高素质人才不多，农业科研上存在基础研究不够、原创成果不多、科研经济"两张皮"、重复研究重复建设、科研力量分散等问题。

三是乡村治理的核心技术问题亟待突破。现代农业的升级发展遭遇各类农村人才瓶颈制约。加快乡村振兴，缺少与市场经济要求相适应的经管、营销、电商、金融等人才。加快培养乡村产业人才、特色乡土人才、乡村治理人才、乡村公共服务人才、农业农村科技人才队伍，已成为江苏乡村振兴发展的当务之急。

6. 农业发展面临的资源环境压力越来越大

江苏受粗放型农业生产方式制约，农业面源污染仍然存在，一些地方农村生态环境不尽如人意，农业资源约束加剧，土地集约化发展水平亟须提升，节能降耗还需持续发力。农村环境和生态问题总体上较为突出，美丽乡村建设亟待开展问题排查整改，补齐农村问题厕所、河道治理、生活垃圾清理收运及农村人居环境长效管护等方面的短板，乡村人居环境质量有待改善提升。

7. 江苏城乡区域发展和收入分配仍有差距

江苏城乡间不同区域家庭间的收入不平衡问题突出，不少农村低收入户的实际收入水平还很低，生活还很困难。2021 年全省人均可支配收入 47498 元，最高的苏州人均可支配收入为 68191 元，而最低的宿迁市仅有 29122 元。一些低收入农户增收基础还比较脆弱，一些边缘户稍遇风险变故就可能收入锐减；经济薄弱村收入来源仍不稳固，产业发展还比较薄弱，城乡居民收入的绝对差距仍在扩大，促进农民收入持续较快增长面临较大压力。

### 8. 乡村社会治理仍存弱项

江苏乡村治理的短板弱项非常明显。大量农民仍然生活在农村的省情不会改变，不少城乡居民存在急难愁盼问题，城乡基本公共服务差距较大，乡村基础设施比较薄弱；公共卫生服务短板弱项亟待解决，农村社会建设管理服务不健全；农民转移就业空间收窄，促进农民持续增收任务艰巨；一些被撤并乡镇集镇服务功能弱化，基础设施老化，更新改造缺乏有效投入，少数集镇衰败现象严重。

### 9. 农村基层党组织建设亟待加强

江苏一些农村党支部工作没有摆上应有位置。农村人口结构、社会结构正在发生剧烈变化，而一些村的集体经济较为薄弱，农村基层组织软弱涣散，村干部年龄老化，乡村的治理体系和治理能力难以适应乡村振兴发展需要。一些党组织自身建设不过硬，缺少称职、优秀的党支部书记，党支部制度建设不完善，党员队伍管理偏松，党员意识淡化，党组织工作方法简单，为基层为群众办好事办实事缺乏主动性、创造性，党组织缺少凝聚力和向心力，党员活动缺乏吸引力、号召力，农村基层党组织建设亟待加强。

## 三、江苏乡村振兴的对策与展望

实施乡村振兴战略，打好乡村振兴持久战，是党中央作出的重大决策部署，是新时代做好"三农"工作的总抓手。江苏坚持以习近平新时代中国特色社会主义思想为指导，深入贯彻党的十九大、十九届历次全会精神，认真学习、深刻领会、全面落实党的二十大精神，落实中央农村工作会议要求，按照省第十四次党代会部署，坚持稳中求进工作总基调，全面加强党对"三农"工作的领导，完整、准确、全面贯彻新发展理念，全面实施乡村振兴战略，毫不放松抓好粮食和重要农产品稳产保供，统筹推进乡村发展、乡村建设、乡村治理和农村改革等重点工作，勇于探索乡村振兴实践，聚焦薄弱环节和痛点难点，着力构建城乡融合发展体制机制和政策体系，持之以恒做好乡村振兴各项工作，全面开启农业农村现代化新征程，真正走出一条具有江苏特色的乡村振兴发展新路子，推动乡村振兴走在全国前列。

## （一）江苏乡村振兴的对策

围绕率先实现农业农村现代化、推进乡村全面振兴的战略目标，江苏要坚持以习近平总书记关于"三农"工作的重要论述为指导，自觉承担起在稳住全国宏观经济大盘中的重要"压舱石"责任，确保守住国家粮食安全的底线，着力构建"三农"工作新机制，努力打造乡村振兴示范区、践行"两山"理念样板区、共同富裕试验区，坚定不移推进乡村振兴高质量发展，奋力谱写新时代乡村振兴新篇章。

1. 坚决扛起重要农产品稳产保供责任

一是强化粮食安全政治责任。坚决守牢粮食和重要农副产品稳产保供底线，确保粮食等重要农产品以及菜篮子产品的有效供给，这是江苏农业农村工作的重中之重。要全面落实粮食安全党政同责，严格粮食安全责任制考核；支持各类农业经营主体、服务主体加强产业链联合，加快推行"种粮一体化"新模式；2022 年启动新一轮优质粮食工程，放大优良食味稻米、专用小麦生产优势，确保粮食播种面积 8124.9 万亩、总产量 740 亿斤以上；下大力气抓好秋粮生产，高质量完成旱涝保收、高产稳产"吨粮田"建设年度任务。

二是巩固生猪等重要农副产品综合产能。压紧压实"菜篮子"市长负责制，确保供给安全、价格稳定。加强生猪产能逆周期调控，2022 年能繁母猪存栏量稳定在 120 万头，规模猪场数量稳定在 5000 家以上。加强产需对接，统筹推进扬子江城市群"菜篮子"工程绿色蔬菜保供基地建设，提升淮北等蔬菜优势区生产能力，全省蔬菜播种面积 2100 万亩左右。

三是加强重要农产品储备调运和应急保障。健全农产品质量平安保障体系，完善县级、镇级、基地 3 级检测网络体系，实现对主要农产品、农业投入品、农业生态环境及农产品的产前、产中、产后全过程实施质量平安检测。完善粮食储备管理机制，落实省级储备粮增储 10 亿斤任务。增强供需调节、调运和应急保障能力，促进粮食、蔬菜及重要农副产品保供稳价。

**2. 为发展现代农业夯实牢固基础**

一是落实"长牙齿"的耕地保护硬措施。江苏人多地少，人均耕地不足一亩。要严格落实耕地保护党政同责，坚决守住耕地红线，逐级分解下达耕地保有量和永久基本农田保护目标任务，逐级签订新一轮耕地保护责任书，并将此作为刚性指标严格开展耕地保护责任目标考核。改进和规范耕地占补平衡管理，严格补充耕地认定和监管，坚决遏制耕地"非农化"、防止"非粮化"。

二是高标准推进"吨粮田"建设。围绕建设旱涝保收、高产稳产"吨粮田"目标，省定高标准农田建设最低投资标准提高到每亩 3000 元。推进数量、质量、生态"三位一体"建设，深入实施耕地质量提升工程，以县为单位探索开展高标准农田质量评价，探索实施灌排系统生态化改造，新建高标准农田 400 万亩。

三是深化种业振兴行动。认真落实种业振兴行动方案，扎实做好农业种质资源普查收集，高水平建设好管理好应用好农作物种质资源库；组建种业科技创新联合体，开展种质资源创新等关键核心技术攻关；加强种质资源保护，支持种苗自主创新，提升优良品种应用水平；支持以企业为主体的商业化育种能力提升建设，扶优一批现代商业化育种重大创新中心（企业）。

四是推进农机化"两大行动"。推进农业生产全程全面机械化行动，2022 年新建 10 个以上省农业生产全程全面机械化示范县，农作物耕种收综合机械化率达 85%；推进农机装备智能化绿色化提升行动，加快农机装备补短板，梳理需求清单，牵引供给侧研发制造；实施农机购置与应用补贴政策；开展粮食生产智慧农场和特色农业生产全程机械化示范基地（园区）建设，特色农业机械化率达 60%。

**3. 夯实乡村产业振兴基础**

一是大力发展乡村特色产业。挖掘农村丰富文化资源，传承发展传统经典产业，发展传统工艺、民间技艺、非遗产品产业。加强历史文化名镇名村保护和传统村落保护发展，打造特色文化村（镇），发展乡村特色文化产业和旅游业。鼓励各类创客下乡创新创业，发展创意农业。做大做强特色农业和农产品加工业，培育一县一业、一镇一特、一村一品，重点培育年产值超10亿元的特色产业。

二是促进乡村传统产业转型升级。支持农业产业化龙头企业发展，培育一批产加销一体的全产业链企业集群，带动农业产业链全面升级。实施农产品加工业提升行动，重点支持苏北地区省级农产品加工集中区建设，支持主产区农产品就地加工转化增值，构建以工促农、以工富农的产业发展体系。开展农产品加工、综合利用关键技术研究与示范，提升农业价值链竞争力。

三是培育乡村新产业新业态。推动科技、人文等元素融入农业，稳步发展体验农业、创意农业、光伏农业等新业态。推进"百园千村万点"休闲农业精品行动，运用"旅游+""生态+""互联网+"等模式，推动休闲观光农业和乡村旅游高质量发展。鼓励发展农业生产租赁、众筹合作等互助共享经济，探索农产品个性化定制服务、农业农村会展服务等新经济。

4.营造乡村干净整洁环境

一是提升乡村规划建设水平。江苏各县（市）及涉农区结合镇村布局规划，完成新的县域乡村建设规划编制，推行多规合一，将公共服务改善、基础设施配置以及其他建设发展要求落实到县域空间。推进实用性村庄规划编制实施，确保乡村建设依据规划实施。特色保护类村庄、特色田园乡村应编制有效规划，切实落实山水田园格局保护、历史文化遗存保护和特色风貌塑造提升等实际要求。

二是深入实施农村人居环境整治行动。以农村生活垃圾、生活污水治理和村容村貌提升为重点，持续改善乡村人居环境。推进农村生活垃圾治理，开展垃圾分类、收运、处置的试点示范。推进村庄生活污水治理，实现所有行政村中规模较大的规划发展村庄生活污水处理设施全覆盖、设施运行正常化。继续实施农村"厕所革命"建设改造农村无害化卫生户厕。

三是切实改善农民居住条件。积极实施农村危房改造，加快完成全省所有已申请建档立卡低收入农户等四类重点对象危房改造任务。重点改善苏北地区农民群众住房条件，优先支持经济薄弱村、低收入农户和房屋质量较差农户实施住房改造，对因生态保护、行滞洪区建设需要或存在安全隐患的村庄实施搬迁改造。对建档立卡低收入农户、低保户、残疾人困难家庭等对象，给予重点倾斜支持，对特别困难的农村分散供养人员要实行托底安置。

5.突出乡村风貌特色鲜明

一是以县域为单位实现城乡统筹规划。按照城乡发展规划一体化的目标要求，把农村和城市作为整体，统一规划各类区域，使城乡发展互相衔接、互相促进，并引导产业空间布局、基础设施建设的一体化。因地制宜编制村土地利用规划，优化村庄建设、产业发展、生态保护等用地布局，细化土地用途管制，引导农村形成生态环境优美、农田集中连片、村庄集约紧凑的田园乡村风貌。

二是分类指导村庄建设。根据不同村庄的发展现状、区位条件、资源禀赋等，按照集聚提升、融入城镇、特色保护、搬迁撤并的思路，分类推进村庄建设发展。科学确定村庄发展方向，在原有规模基础上有序推进改造提升，激活产业、优化环境、提振人气、增添活力，保护保留乡村风貌，建设宜居宜业的美丽村庄。

6.推进乡风文明向上向善

一是实施乡风文明提升工程。以培育和践行社会主义核心价值观为根本，实施文明村镇创建、农村文明家庭建设，推进乡村移风易俗，传承发展农村优秀传统文化，丰富农民群众文化生活，开展农村全民健身活动。大力加强农村思想道德和公共文化建设，提升农民精神风貌，培育文明乡风，焕发文明新气象，凝聚实现乡村振兴的强大精神力量。

二是深入推进农村精神文明建设。把社会主义核心价值观融入农民喜闻乐见的地方戏曲、民俗节庆、公益广告、网络作品和群众性文化活动，将爱国主义、集体主义、社会主义教育与民族精神、时代精神培育结合起来，用农民能够理解的方式有效传播。注重实践养成，大力弘扬农民身边的先进模范人物，推进新时代文明实践中心建设，用中国特色社会主义文化占领农村思想文化阵地。

7.培育现代新型职业农民

一是建立新型职业农民制度。实施新型职业农民培育工程，开展农业职业技能培训、涉农专业大学生创新创业培训、新型农业经营主体带头人轮训、农村实用带头人培训以及"半农半读"农民中等职业教育，支持新型职业农民通过弹性学制参加中高等农业职业教育。全面建立职业农民制度，鼓励各地开展职业农民职称评定试点。

二是加强农村专业人才队伍建设。加大"三农"领域实用专业人才培育力度，提高农村专业人才服务保障能力。培育农技推广人才队伍，农技人员可以通过提供增值服务合理取酬。加强涉农学校和学科专业建设，鼓励地方政府与涉农院校交流合作，委托定向培养农业专业人才。开展乡土人才示范培训，发挥带领技艺传承、带强产业发展、带动群众致富的作用。

三是发挥农业科技人才支撑作用。高度重视农业科技人才队伍建设，制定和完善相应人才战略政策，依托重大项目和高水平研发机构引进培养一批国家级领军人才和省"双创计划"专家等农业高层次人才，培养一批省杰出和优秀农业青年科技人才。鼓励市、县安排农业科技人才发展专项资金，加大对农业科技队伍建设的支持力度。

四是鼓励社会人才投身乡村建设。以乡情乡愁为纽带，引导鼓励企业家、专家学者、医生、教师、规划师、建筑师、技能人才等，到乡村投资兴业、行医办学、提供志愿服务，参与乡村振兴。

8.实施富民强村帮促行动

一是深入实施富民强村帮促行动。进一步优化富民强村帮促政策体系，推动帮促政策更快落地见效。深化帮扶项目资产管理和监督，更好满足低收入人口小额信贷需求。加大省级乡村振兴重点帮促村支持力度，继续选派工作队、第一书记到村帮促。建立分层分类的常态化救助帮扶机制，持续推进低收入农户家庭和经济薄弱村集体增收。

二是继续扎实推进农民收入十年倍增计划。推动先富带后富，加快构建农民收入持续较快增长长效机制，实现农民人均可支配收入增幅高于城镇居民、农村低收入人口可支配收入增幅高于农民平均增幅。优化农民就业环境，支持多渠道灵活就业，规范发展新就业形态，支持农村创业创新，健全集体收益分配机制，拓展工资性、经营性和财产性收入。完善农村社会保障制度，稳步增加转移性收入。

9.确保乡村治理规范有序

一是加强基层政权建设。科学设置乡镇机构和职能，构建简约高效的基层管理体制，完善农村基层服务体系，夯实乡村治理的组织基础。推动乡村治理重心下移，尽可能把资源、服务、管理下放到基层，采用扁平化、网格化模式，贴近群众、靠前服务。完善基层政府管理体制机制，改进乡镇财政预算管理制度整合优化村级公共服务和行政审批职责，利用互联网构建乡村便民服务体系。

二是实现自治法治德治有机结合。建立健全现代乡村社会治理体制，夯实基层基础，打造新时代善治乡村。健全和创新村党组织领导的充满活力的村民自治机制，强化法律权威地位，以德治滋养法治、涵养自治，让德治贯穿乡村治理全过程。加强农村群众性自治组织建设，健全民主决策程序，落实群众知情权决策权。依托村民会议、村民代表会议、村民议事会、村民理事会等，形成基层民主协商格局。全面建立村务监督委员会，健全村务监督机制。

10.高度重视党对乡村振兴发展的全面领导

一是切实加强党对乡村振兴发展的集中统一领导。压紧压实全面推进乡村振兴领导责任、主体责任，贯彻落实乡村振兴责任制实施办法。实施乡村振兴"书记项目"，推动县（市、区）、乡镇党委书记切实扛起"第一责任"。落实县级领导班子成员包乡走村入户、乡镇领导班子成员包村联户、村"两委"成员经常入户制度。加强各级党政领导干部特别是分管"三农"工作的领导干部培训，开展《江苏省乡村振兴战略实施规划（2018—2022 年）》总结评估。

二是建强党的农村工作机构。积极发挥各级党委农村工作领导小组"三农"工作牵头抓总、统筹协调作用，一体承担巩固拓展脱贫致富奔小康成果、全面推进乡村振兴议事协调职责。推进各级党委农村工作领导小组议事协调规范化制度化建设，健全党组织领导自治、法治、德治相结合的乡村治理体系，建立健全重点任务分工落实机制，协同推进乡村振兴。

三是发挥乡村党建示范引领作用。以农村基层党组织建设为主线，突出政治功能，提升组织力，把农村基层党组织建设成为宣传党的主张、贯彻党的决定、领导基层治理、团结动员群众、推动改革发展的坚强战斗堡垒。创新农村基层党组织建设理念、方法和载体，以党建创牌为统领，完善基层组织设置，强化党员教育管理，利用红色资源开展党史学习教育，增强党组织的凝聚力和号召力，以高质量的党建工作促乡村振兴。

四是健全农村基层党的组织体系。坚持农村基层党组织领导核心地位，推进村党组织书记通过法定程序担任村民委员会主任和集体经济组织、农民合作组织负责人，推行村"两委"班子成员交叉任职。落实农村基层党建"六强六过硬"要求，创新完善党组织设置，推动基层党组织和党员在脱贫攻坚和乡村振兴中发挥作用、提升影响。加强农村新型经济组织和社会组织的党建工作，引导其始终坚持为农民服务的正确方向。

五是实施抓党建促乡村振兴行动。深化"党旗飘在一线、堡垒筑在一线、党员冲在一线"突击行动，充分发挥基层党组织战斗堡垒作用和党员先锋模范作用。实施村党组织带头人整体优化提升行动，推进村书记专职化管理全覆盖。加强党支部标准化建设，以县为单位排查整顿软弱涣散村党组织，全面向经济薄弱村、软弱涣散村党组织派出第一书记，建立长效机制。启动实施村干部学历"8090"计划，逐步推进村干部、村书记大专以上学历占比分别达到80%、90%，重视发现和树立优秀农村基层干部典型，彰显榜样力量。

六是加强农村党员队伍建设。加强农村党员教育、管理、监督，教育引导广大党员干部自觉用习近平新时代中国特色社会主义思想武装头脑。严格党的组织生活，全面落实"三会一课"、主题党日、谈心谈话、民主评议党员、党员联系农户等制度。加强农村流动党员管理。注重发挥乡贤、老模范等无职党员作用。扩大基层党内民主，推进党务公开，加强党内激励关怀帮扶。

### （二）江苏乡村振兴的展望

江苏全面实施乡村振兴战略有声有色，"三农"工作发展正呈现蓬勃向上的良好态势。在新时代新征程上，要聚焦推动共同富裕取得实质性进展，坚持"为全国发展探路"的目标引领，推进乡村振兴迈上新台阶、实现新跨越，注重统筹提升，开展探索性、创新性、引领性乡村振兴发展的生动实践，全面展示农村新变化、农业新气象、农民新形象，为全面建设高质量乡村振兴扛起江苏责任、贡献江苏智慧，汇聚起广大干部群众奋进新时代、建设新乡村的磅礴力量。

1.2025年江苏乡村振兴发展的阶段性目标

到2025年，江苏乡村振兴战略全面推进，农业农村现代化取得重大进展，农业现代化迈上新台阶，农村生活设施便利化水平巩固提升，城乡基本公共服务均等化机制基本建立。8500万江苏人民大力推动农业全面升级、农村全面进步、农民全面发展，朝着共同富裕的发展目标走在全国前列，初步展现出农业现代化发展生动图景。

一是农业基础地位将得到全面增强。江苏以产业兴旺为重点，做大乡村特色产业，乡村经济发展进入创新引领加速、质量全面提升的阶段。到2025年，粮食播种面积稳定在8000万亩以上，粮食总产保持在740亿斤以上。加快发展农村电子商务、农村休闲旅游、农业生产性服务业等新产业新业态，构建农村产业融合发展新体系。到2025年，建强一批国家农村产业融合示范园和省级农村一、二、三产业融合发展先导区，农业服务业产值超过 1000 亿元，培育省级以上农业龙头企业达到 1000 家，每个县（市、涉农区）培育一个 10 亿元级以上的农业龙头企业。

二是农业质量效益和竞争力将得到大力提高。坚持把保障粮食和重要副食品有效供给作为首要任务，加快高标准农田建设，建强粮食生产功能区和重要农产品生产保护区，着力推进农机化"两大行动"，强化农业科技装备建设。到 2025 年，新建、改造提升高标准农田 1500 万亩，完成灌区续建配套与节水改造 500 万亩，农作物耕种收综合机械化率达 90% 以上。

三是新型工农城乡关系将取得实质性进展。推动乡村振兴工作驶入"快车道"，城乡深度融合发展机制逐步建立，深化农村一、二、三产业融合发展，强化以工补农、以城带乡，深化城乡融合发展，形成工农互促、城乡互补、协调发展、共同繁荣的新型工农城乡关系，2025 年江苏争创一批国家农业现代化示范区，建设 50 个省级农业现代化先行区，城乡区域发展将进入功能互补、深度融合的阶段。

四是乡村生态环境将得到持续改善。以生态宜居乡风文明为保障，把"两山"理念转化为江苏的生动实践，将秀美山水转化为江苏高质量发展的最美底色和强劲优势，加速构建生产、生活、生态"三生"融合的美丽宜居乡村。积极发展绿色经济，共建绿色优质农产品基地，发展绿色有机农产品，做强区域公用品牌。到 2025 年，苏南等有条件的地区自然村生活污水治理率达 90%，苏中、苏北地区行政村生活污水治理率达 80%；全省农村集中供水率达到 100%。高标准完成农村人居环境整治，碳排放提前达峰后持续下降，生态环境根本好转，建成美丽中国示范省份。

五是农村社会治理体系和治理能力现代化水平将得到大力提升。加快建设江苏乡村振兴人才发展高地，使江苏成为吸引、集聚乡村振兴人才的"强磁场"，勇当全国乡村"五大"振兴的开路先锋。到 2025 年，政府主导、多方参与、市场运作的农村公共基础设施管护体制机制基本建立，管护水平和质量显著提升。加快改善传统村落的污水、道路、厕所等基础设施，建好优质医疗、健身、文化等公共服务设施。

　　六是新型农业经营主体将得到大力培育。实施高素质农民培育工程，壮大新型职业农民队伍。吸引有知识眼光和技能的创业者投身农业领域，探索推动农业从业人员职业化，加快形成现代"新农人"群体。扶持乡土人才创新创业，打造新型乡土人才队伍，开展农民合作社"双建双创"行动，培育农民专业合作社联合社。到 2025 年，培育一批年产值超百亿的农业"链主"企业、一批全产业链价值超百亿的典型县、一批跨市域县域全产业链重点链，每个农业大县形成 1—2 个优势特色产业集群，10 亿元以上县域优势特色产业超过 200 个；建立示范家庭农场达到 3 万家，省级以上示范社达到 2000 家以上。

　　七是乡风文明建设将取得显著进展。2025 年江苏重视挖掘本土文化资源，注重"文化引领、产业带动"，积极发展各具特色的乡土文化产业，为乡村振兴插上文创翅膀。文化产业赋能乡村振兴的有效机制基本建立，文化产业对乡村经济社会发展的综合带动作用更加显著，对乡村文化振兴的支撑作用更加突出，让山水林田路村融为一体，谱写文旅融合新篇章。

　　八是乡村治理水平将得到明显提升。江苏以治理有效为基础，建立健全基本公共服务均等化体系，乡村治理水平明显提高，制度优势更好转化为治理效能，着力办好民生实事和解决民生突出问题，持续增进民生福祉。全面推进新型农村社区治理，建立社会组织、社会工作者、志愿者、现代乡贤等协同参与体系，强化医疗教育住房养老等社会保障。到 2025 年，全省农村集体经济增长多元路径基本形成、集体经济组织体系建立健全、内部治理优化完善、发展动能持续有力、经营机制规范高效、服务成员和联农带农能力明显提升。

　　九是推动富民增收将得到有效落实。江苏以生活富裕为根本，民生发展进入加快品质提升、促进共同富裕的阶段。细化落实农民收入十年倍增计划方案，实施富民强村帮促行动，完善新型农村集体经济发展路径，实现农民人均可支配收入增幅高于城镇居民、农民低收入人口可支配收入增幅高于农民平均增幅。到 2025 年加快构建农村低收入人口增收长效机制，加强对农村低收入人口进行动态监测，农村低收入人口增收将得到有效保障。

十是农村基层组织建设将得到大力加强。按照"五级书记抓乡村振兴"的要求，形成"市级协调指导、市区组织推进、镇村全面实施、村民充分参与"的四级工作网络体系，扎实推进乡村产业振兴、人才振兴、文化振兴、生态振兴、组织振兴。启动党群服务中心功能提升行动，到 2025 年新建和改扩建村党群服务中心建筑面积不低于 400 平方米。按要求规范悬挂"一徽一标四牌"等标识牌，党务、村务、财务公开栏及时规范更新。持续实施村（社区）书记"百千万"工程，推动基层带头人队伍整体提升，充分发挥党组织在社会转型和基层治理中的引领作用。

2. 2035 年江苏乡村振兴发展的主要目标

到 2035 年，江苏乡村全面振兴将取得实质性进展，农业现代化与新型工业化、信息化、城镇化基本同步，农业高质高效、乡村宜居宜业、农民富裕富足的乡村振兴目标基本实现，让农民和市民不再有明显的身份界限，让城乡生活品质不再有明显的落差，在全国率先基本实现农业农村现代化，并做到水平更高、走在前列。

到 2035 年，农业农村现代化将呈现发展的崭新模样。农业结构得到根本改善和优化，创新力、竞争力和全要素生产率大幅提升，职业农民成为农业生产的主力军，农村一、二、三产业深度融合发展；城乡融合发展格局基本形成，更多资本、技术、人才等要素向农业农村流动，镇村布局和功能进一步优化；乡风文明达到新的高度，农村公共文化服务体系健全，农村优秀传统文化在传承与保护中得到创新发展，农民综合素质进一步提升，乡村精神风貌焕然一新；乡村治理体系更加完善，乡村自治、法治、德治结合更加充分有效；农村基层党组织凝聚力和号召力不断增强，领导核心作用得到有效发挥；共同富裕迈出坚实步伐，农民增收渠道有效拓宽，城乡居民生活水平差距进一步缩小，农民群众生活品质显著提升。

到 2035 年，江苏大力提高乡村社会文明程度，焕发乡村文明新气象，美丽江苏展现新面貌。优质均衡的公共服务体系基本建成，卫生健康体系、社会保障体系、养老服务体系的质量和水平进一步提升，人民群众"衣食住行康育娱"水平显著提升，高品质生活需求不断得到满足。生态环境治理体系和治理能力现代化取得重要突破，绿色发展活力持续增强，资源能源利用集约高效，生态环境质量明显改善，生态产品供给稳步提高，生态安全屏障更加牢固，美丽江苏建设的空间布局基本形成，自然生态之美、城乡宜居之美、水韵人文之美、绿色发展之美初步彰显，基本建成美丽中国示范省份。

3. 2050 年江苏乡村振兴发展的主要目标

到 2050 年，在实现农业农村现代化的基础上，江苏乡村全面振兴，农业强、农民富、农村美全面实现，全体农民共同富裕高标准实现、享有幸福安康的生活，美丽宜居乡村成为"强富美高"新江苏的鲜明底色，真正让农业成为有奔头的产业，让农民成为有吸引力的职业，让农村成为安居乐业的美丽家园。

# 四川乡村振兴发展报告（2021—2022）[*]

丁玉峰[**]

**摘要：** 2021—2022 年，四川省锚定全面乡村振兴发展的主要目标任务，真抓实干做好新阶段"三农"工作，坚持党的全面领导，坚持有序调整、平稳过渡，坚持群众主体、激发内生动力，坚持政府推动引导、社会市场协同发力，在全面推进乡村振兴战略新征程上奋力谱写四川发展新篇章。全省农业综合生产能力显著增强，"川字号"优势特色产业持续稳定发展，农业产业化经营体系日渐完善，农村居民收入保持平稳增长，农村人居环境逐步整治改善，乡村治理和乡风文明稳步提升，农村综合改革不断深化，党对乡村振兴的领导全面加强，乡村振兴各项事业取得全面进展。"十四五"期间，四川全面乡村振兴面临诸多机遇和有利条件，但同时也面临当今世界局势不确定性和极端气候、新冠疫情干扰与后续影响等外部因素以及农业发展面临的压力较大、乡村发展不平衡不充、乡村振兴人才瓶颈制约、农村生态环境保护任务艰巨、农民持续增收缺乏新的支撑和动力等内部因素的多重挑

---

[*] 本报告写作过程中参考了以下文献：张克俊主编：《四川蓝皮书：四川农业农村发展报告（2022）》，社会科学文献出版社 2022 年版；《四川省国民经济和社会发展第十四个五年规划和二〇三五年远景目标纲要》，《四川日报》2021 年 3 月 17 日；《四川省人民政府关于印发〈四川省"十四五"推进农业农村现代化规划〉的通知》，https://www.sc.gov.cn/10462/zfwjts/2021/7/26/4027648ea73543adadc03c0172d50948.shtml；《关于做好 2022 年全面推进乡村振兴重点工作的实施意见》，《新华日报》2022 年 2 月 25 日；四川省乡村振兴局：《四川乡村振兴简报》，2021—2022 年，http://xczxj.sc.gov.cn/wza/。

[**] 丁玉峰，电子科技大学马克思主义学院副教授。

战。面对这些挑战，四川省要深入学习贯彻习近平总书记关于四川工作系列重要指示精神，坚持和加强党对"三农"工作的全面领导，统筹推进乡村发展、乡村建设、乡村治理和农村改革等重点工作，聚焦乡村振兴的痛点难点堵点问题，坚持农业农村优先发展，做好巩固拓展脱贫攻坚成果同乡村振兴有效衔接。要保障粮食等重要农产品安全有效供给，加快构建现代农业产业体系，深入实施"美丽四川·宜居乡村"建设行动，推进农村生态文明建设，推动农民全面发展，强化乡村治理，深化农业农村改革，加快推进农业农村现代化，推动形成工农互促、城乡互补、协同发展、共同繁荣的新型工农城乡关系。

**关键词：**四川省；全面乡村振兴；"三农"工作；现代农业；乡村治理

四川省地域广阔、地形地貌复杂，平原、丘陵、山地、高原均有分布，各地发展条件差异大，区域发展不协调、不平衡问题明显。同时，四川省作为农业大省，乡村面积大、人口多，城乡之间发展不平衡、农村发展不充分的问题尤为突出。在向第二个百年奋斗目标迈进的历史关口，四川省委、省政府深入领会习近平总书记对四川工作系列重要指示精神，严格贯彻和落实习近平总书记提出要持续推动同乡村振兴战略有机衔接，确保不发生规模性返贫，切实维护和巩固脱贫攻坚战的伟大成就。① 坚持农业农村优先发展，坚持把实施乡村振兴战略作为新时代"三农"工作的总抓手，按照产业兴旺、生态宜居、乡风文明、治理有效、生活富裕的总要求，统筹推动乡村产业振兴、人才振兴、文化振兴、生态振兴、组织振兴，建立健全城乡融合发展体制机制，加快推进农业农村现代化。2021—2022 年四川省锚定全面乡村振兴发展的主要目标任务，真抓实干做好新阶段"三农"工作，坚持党的全面领导，坚持有序调整、平稳过渡，坚持群众主体、激发内生动力，坚持政府

---

① 《中央农村工作会议在京召开　习近平对做好"三农"工作作出重要指示》，《人民日报》2021 年 12 月 27 日。

推动引导、社会市场协同发力，在全面推进乡村振兴战略新征程上奋力谱写四川发展新篇章。

# 一、四川乡村振兴的做法与成效

2021年是我国"两个一百年"奋斗目标的历史交汇点，也是全面建设社会主义现代化国家、实现国民经济和社会发展第十四个五年规划和2035年远景目标纲要的第一年，四川省为贯彻习近平总书记对四川"三农"发展的重要指示，坚持把"三农"工作摆在重中之重的位置，认真贯彻落实党中央、国务院"三农"工作各项决策部署，把"三农"工作作为全省工作的重中之重，认真践行新发展理念，统筹推动各项重点工作，牢牢守住保障国家粮食安全和不发生规模性返贫两条底线，充分发挥农村基层党组织领导作用，扎实有序做好乡村发展、乡村建设、乡村治理重点工作，按照产业兴旺、生态宜居、乡风文明、治理有效、生活富裕的总要求，擦亮四川农业大省金字招牌，推动由农业大省向农业强省跨越，让农业成为有奔头的产业，让农民成为有吸引力的职业，不断推动农业全面升级、农村全面进步、农民全面发展，全省农业农村发展取得了历史性成就，发生了历史性变革，为实施乡村振兴战略奠定了坚实基础。

## （一）四川乡村振兴的做法

### 1. 不断加强党对四川乡村振兴工作的领导

习近平总书记强调："实施乡村振兴战略，各级党委和党组织必须加强领导，汇聚起全党上下、社会各方的强大力量。"[①]为进一步加强党对乡村振兴的领导，四川省认真落实中央统筹、省负总责、市县乡抓落实的工作机制，构建责任清晰、各负其责、执行有力的乡村振兴领导体制，层层压实责

---

[①] 《习近平谈治国理政》第三卷，外文出版社2020年版，第261页。

任。强化五级书记抓乡村振兴工作机制，加强党委农村工作领导小组和工作机构建设，全面实行市县党委、政府主要负责人和农村基层党组织书记抓乡村振兴责任制。市县党委要定期研究乡村振兴工作，县委书记主要精力要抓"三农"工作，将市县党委、政府主要负责人和农村基层党组织书记抓乡村振兴工作情况作为经济责任审计的重要内容。不断完善规章制度，建立乡村振兴联系点制度，市县党委、政府负责人及部门（单位）都要确定联系点。加强党对乡村人才工作的领导，将乡村人才振兴纳入党委人才工作总体部署，健全适合乡村特点的人才培养机制，强化人才服务乡村激励约束。加快建设政治过硬、纪律过硬、作风过硬的乡村振兴干部队伍，选派优秀干部到乡村振兴一线岗位，把乡村振兴作为培养锻炼干部的广阔舞台，对在艰苦地区、关键岗位工作表现突出的干部优先重用。深化乡镇管理体制改革，健全乡镇党委统一指挥和统筹协调机制，加强乡镇、村集中换届后领导班子建设，全面开展农村基层干部乡村振兴主题培训。持续排查整顿软弱涣散基层党组织。发挥驻村第一书记和工作队抓党建促乡村振兴作用。完善村级重要事项、重大问题经村党组织研究讨论机制。深入开展市县巡察，强化基层监督，加强基层纪检监察组织与村务监督委员会的沟通协作、有效衔接，强化对村干部的监督。

2. 出台系列推进乡村振兴发展的政策文件

为推动四川省乡村振兴工作的有效开展，四川省委、省政府坚定不移贯彻新发展理念，坚持稳中求进工作总基调，坚持加强党对"三农"工作的全面领导，坚持农业农村优先发展，做好巩固拓展脱贫攻坚成果同乡村振兴有效衔接，以园区建设为抓手加快构建"10+3"现代农业体系，实施"美丽四川·宜居乡村"建设行动，深化农业农村改革，促进农民全面发展，出台了一系列有关政策和文件。四川省委、省政府在《四川省乡村振兴战略实施规划（2018—2022年）》的基础上，发布先后出台了《关于全面实施乡村振兴战略开启农业农村现代化建设新征程的意见》（省委2021年1号文件）、《四川省"十四五"推进农业农村现代化规划》、《成渝现代高效特色农业带建设规划》、《四川省乡村人才振兴五年行动实施方案（2021—2025 年)》、《四川省健全防止返贫动态监测和帮扶机制办法（试行)》、《四川省县（市、区）实施乡村振兴战略分类考评激励办法》等一系列文件，始终把"三农"工作摆在重中之重的首要位置，巩固拓展脱贫攻坚成果，全面推进乡村振兴目标任务压紧压实，加快推进农业农村现代化，为四川省全面乡村振兴战略实施提供制度保障。

3.深入实施乡村振兴有关重大举措

为深入贯彻《中共中央　国务院关于全面推进乡村振兴　加快农业农村现代化的意见》和《中共中央　国务院关于实现巩固拓展脱贫攻坚成果同乡村振兴有效衔接的意见》精神，2021—2022 年，四川以深入实施坚决守住耕地红线、强化国土空间规划引领作用、保障农村一、二、三产业融合发展用地、用好用活城乡建设用地增减挂钩政策、持续深化土地制度和行政审批改革、统筹推进生态保护修复、大力提升地质灾害综合防治能力、加大矿产资源保障力度、继续做好定点帮扶工作、进一步提升服务效能共十个方面提出了具体的要求。四川省通过这十项重要举措坚决守住粮食安全底线，提升重要农副产品供给保障水平；加快发展高质高效现代特色农业，提升产业链供应链现代化水平；加快补齐"10 + 3"产业体系支撑性短板，构建现代农业园区梯级发展体系；深入实施"美丽四川宜居乡村"建设行动，建设宜居宜业乡村；坚决打好农业农村污染防治攻坚战，推进农村生态文明建设；推动农民全面发展，健全现代农业经营体系；扎实做好乡村治理这篇大文章，建设文明和谐乡村；持续用力巩固拓展脱贫攻坚成果，推进脱贫地区乡村振兴；全面深化农业农村改革，健全城乡融合发展体制机制；健全规划落实机制，保障规划顺利实施，进一步做好巩固拓展脱贫攻坚成果同乡村振兴有效衔接相关工作，用好用活政策，创新工作，持续巩固拓展脱贫攻坚成果，接续推进脱贫地区经济社会发展和群众生活改善，全面助推乡村振兴。

4.完善巩固拓展脱贫攻坚成果同乡村振兴有效衔接机制

为进一步巩固拓展脱贫攻坚成果，四川将巩固拓展脱贫攻坚成果放在突出位置，接续推动脱贫地区发展和乡村全面振兴，不断完善巩固拓展脱贫攻坚成果同乡村振兴有效衔接机制。建立健全巩固拓展脱贫攻坚成果长效机制，提出在脱贫攻坚目标任务完成后，对摆脱贫困的县，从脱贫之日起设立5年过渡期。过渡期保持现有主要帮扶政策总体稳定，并逐项分类优化调整，逐步实现由集中资源支持脱贫攻坚向全面推进乡村振兴平稳过渡，推动"三农"工作重心历史性转移。省直有关部门要抓紧完善政策优化调整的具体实施办法。健全防止返贫动态监测和帮扶机制，对易返贫致贫人口及时发现、及时帮扶，守住防止规模性返贫底线。巩固"两不愁三保障"成果，落实行业主管部门工作责任。健全农村低收入人口常态化帮扶机制。以现有社会保障体系为基础，对农村低收入人口开展动态监测。完善农村低收入人口认定办法。对脱贫人口中丧失劳动能力且无法通过产业就业获得稳定收入的人口，按规定纳入农村低保或特困人员救助供养范围并及时开展救助。加强易地扶贫搬迁后续扶持。完善易地扶贫搬迁后续扶持政策体系，持续加大就业和产业扶持力度，巩固易地搬迁脱贫成果。分类研究县城安置、场镇安置、跨村聚居点安置等搬迁群众的社会保障、集体经济组织成员权益保护、安置住房确权颁证等问题。完善集中安置区配套基础设施、公共服务设施，提升安置区社区管理服务水平，实施"彝路相伴"三年行动计划、"牵手伴行"三年行动计划。加强扶贫项目资产管理和监督。分类摸清各类扶贫项目形成的资产底数，分级确定县、乡、村、户资产权属，实行台账管理。接续推进脱贫地区乡村振兴。推动明确一批国家乡村振兴重点帮扶县，确定一批省级乡村振兴重点帮扶县。指导市县自主确定一批乡村振兴重点帮扶村，进行集中支持。优化对大小凉山彝区的扶持政策，支持凉山州按规定开展巩固拓展脱贫攻坚成果同乡村振兴有效衔接示范工作。支持涉藏地区、革命老区巩固拓展脱贫攻坚成果、推进乡村振兴。优化调整帮扶工作机制。深化东西部协作，配合中央单位开展定点帮扶。调整完善党政机关和企事业单位定点帮扶关系、职责任务和工作重心，深化省内对口帮扶工作。从已脱贫村、党组织软弱涣散村、集体经济薄弱村、乡村振兴重点帮扶村、易地扶贫搬迁集中安置点所在村中，确定一批巩固拓展脱贫攻坚成果和乡村振兴任务重的村，根据需要继续选派驻村第一书记和工作队，落实脱贫攻坚帮扶干部人才关心激励政策，倾情帮促取得显著成效。

5.切实抓好民生实事项目

四川省坚持以人民为中心的发展思想，全省上下将保障和改善民生作为"我为群众办实事"的出发点和落脚点，不断增进民生福祉，着力解决群众身边急难愁盼问题。既发挥政府作用保基本，也发挥市场供给灵活性优势，实现经济效益和社会效益相统一，各地各部门细化目标任务、出台推进方案、优化支出结构、保障资金投入、严格督导落实，扎实推进30件民生实事落地见效。为做好脱贫攻坚收官收口和总结评估，严格落实"四个不摘"要求，全覆盖开展"回头看"，落实监测对象帮扶措施。接续推进乡村振兴，建立完善衔接政策体系，完成省市县三级乡村振兴机构优化重组，选派新一轮驻村干部3.4万名，全国首个乡村振兴金融创新示范区在川落户。推进浙川东西部协作，实施帮扶项目776个、完成投资34亿元。出台指导意见和"1+24+1"工作方案，划分乡镇级片区809个，以片区为单元编制乡村国土空间规划。① 颁布实施农村集体经济组织条例，加快推进农村集体产权制度改革基本完成，探索开展合并村集体经济融合发展试点。推进乡村建设。实施"美丽四川·宜居乡村"建设行动，设立100亿元乡村振兴投资引导基金，实施农村危房和农房抗震改造，完善农村基础设施。

6.完善乡村振兴机构设置

为适应四川省乡村振兴的工作需求，2021年5月四川省乡村振兴局挂牌成立，负责全省巩固拓展脱贫攻坚成果，统筹实施乡村振兴有关工作，扎实做好巩固拓展脱贫攻坚成果同乡村振兴有效衔接各项工作，确保脱贫不返贫、振兴不掉队，朝着共同富裕的目标稳步前行。四川省乡村振兴局成立

---

① 《2022年四川省政府工作报告》，四川省人民政府网站，2022年1月18日，https://www.sc.gov.cn/10462/10464/10797/2022/1/18/adef77c52dd14eeca0a3f33cc68ee0e4.shtml。

后，以局门户网站为主要公开平台，积极利用政务微信、政务微博、《四川扶贫》杂志、《脱贫攻坚》简报等形式加大公开力度，方便广大群众获取信息，有力促进了全省乡村振兴战略的贯彻和落实。

7. 加强乡村振兴实绩考评考核

2021年11月，四川全省市县党政和省直部门（单位）领导班子领导干部为进一步巩固脱贫成果，大力推进乡村振兴战略实绩考核，科学设置考核指标，切实减轻基层负担，要求明确四项考核任务，即2021年度全省市县党政和省直部门（单位）领导班子领导干部推进乡村振兴战略实绩考核、县（市、区）实施乡村振兴战略分类考评、巩固脱贫成果后评估、现代农业园区考评，实现县乡村全覆盖。分别针对不同的考评对象进行分类考核，如对市（州）的考核，由省直部门副厅级领导带队成立21个交叉检查组，主要采取日常抽查、交叉检查和部门评分相结合的方式进行综合评分，而乡村振兴先进乡镇、示范村、重点帮扶优秀村的考评，则由各市（州）组织开展。同时，考核结果将作为干部选拔任用的重要参考。乡村振兴实绩考核是对领导班子领导干部的考核，要作为对领导班子和相关负责同志综合考核评价的重要依据，同时，将考核结果作为干部选拔任用、评先奖优、问责追责的重要参考。考核结果分为优秀、良好、中等、较差4个等次。考核优秀的，由省委、省政府进行通报表扬，其主要负责同志、有关负责同志同等条件下优先评先评优、晋升职级，对市（州）还要给予一定的项目资金奖励。考核较差的，要对其主要负责同志进行约谈。对履职不力造成重大工作任务未完成或者严重后果的责任人，依规依纪依法追究责任。

## （二）四川乡村振兴的成效

1. 农业综合生产能力显著增强

一是耕地保护压实责任。2021年，四川省全年粮食作物播种面积635.8万公顷，比上年增长0.7%；油料作物播种面积165.2万公顷，增长4.3%；中草药材播种面积15.0万公顷，增长4.0%；蔬菜及食用菌播种面积148.1

万公顷，增长 2.5%。水利设施持续完善，有效灌溉面积达 4485 万亩。①

二是农业领域加大投入。2021 年，全省建成高标准农田 470 万亩、高效节水灌溉面积 52 万亩，发放了乡村振兴考核考评奖励资金。落实了近 90 亿元耕地地力保护补贴、稻谷补贴、种粮一次性补贴和种粮大户补贴，保障了种粮合理收益。全年新增有效灌溉面积 2.5 万公顷，年末有效灌溉面积 300.8 万公顷。全年新增综合治理水土流失面积 52.7 万公顷，累计 1146.7 万公顷。年末农业机械总动力 4833.9 万千瓦，比上年增长 1.7%。全年农村用电量 214.5 亿千瓦小时，增长 4.2%。

三是粮食产量持续增长。2021 年，四川省全年粮食产量 3582.1 万吨，比上年增长 1.6%；其中小春粮食产量增长 0.7%，大春粮食产量增长 1.7%。经济作物中，油料产量 416.6 万吨，增长 6.0%；蔬菜及食用菌产量 5050.4 万吨，增长 4.9%；茶叶产量 37.5 万吨，增长 8.9%；园林水果产量 1154.2 万吨，增长 6.5%；中草药材产量 57.6 万吨，增长 9.3%。②

四是农业经济提质升位。2021 年，全省农林牧渔业总产值 9383.3 亿元，比 2016 年增加 2566.4 亿元，平均增长 4.6%（按可比价计算）。农业经济实现高位提升，经济总量由 2016 年的全国第 4 位上升至 2021 年的第 2 位。

五是特色产业稳定增长。2021 年全省菜、茶、果、药、鱼 5 个产业共实现产值 3569.1 亿元（第一产业部分），比 2016 年增加 1042.6 亿元，对第一产业产值增长贡献率达到 42.1%。肉猪出栏 6314.8 万头，比上年增长 12.5%；牛出栏 293.1 万头，减少 1.1%；羊出栏 1766.2 万只，减少 1.4%；家禽出栏 77467.3 万只，与上年基本持平。猪肉产量增长 16.6%，牛肉产量减少 0.5%，羊肉产量减少 0.8%，禽蛋产量增长 0.8%，牛奶产量增长 0.5%。全年水产养殖面积 19.3 万公顷，与上年持平；水产品产量 166.5 万吨，增长

---

① 《2021 年四川省国民经济和社会发展统计公报》，四川省人民政府网，https://www.sc.gov.cn/10462/c108715/2022/3/14/099b4e5265174012853dea414ac9fdf5.shtml。

② 《2021 年四川省国民经济和社会发展统计公报》，四川省人民政府网，https://www.sc.gov.cn/10462/c108715/2022/3/14/099b4e5265174012853dea414ac9fdf5.shtml。

3.8%。①

2."川字号"优势特色产业持续稳定发展

一是"10+3"产业体系率先在现代农业园区落地。"10+3"产业体系初步构建，农业优势特色更加凸显。粮食安全保障能力稳步提升，2021年粮食总产量达到716.4亿斤。2021年全省出栏生猪6314.8万头，继续保持全国第一位。2021年油菜籽产量达到338.7万吨，预计继续保持全国第一位。生猪出栏数量保持全国第一位，茶产业综合实力稳居全国第二位，形成全国最大的晚熟柑橘产业带，川芎、川贝母等大宗药材人工种植面积全国第一位，竹林面积居全国第一位。

二是以园区建设引领现代农业高质量发展。现代农业园区梯次推进体系稳步推进，至2021年末，全省创建国家产业园13个，数量居全国前列，建成省星级园区107个。

三是农产品质量安全持续稳定向好。农业生产标准化水平进一步提升，累计制修订省级农业地方标准800项，累计创建部省级畜禽标准化养殖场1401个、部级水产健康养殖示范场391个。风险防控及监管能力进一步增强，累计创建国家农产品质量安全市2个、安全县15个，完成国家、省级追溯平台对接，全省大宗农产品例行监测总体合格率达99.3%。

四是"川字号"农产品品牌体系不断壮大。培育"天府龙芽""天府菜油"等212个区域公用品牌，"新希望""竹叶青"等816个优质品牌农产品；11个地理标志产品进入中欧地理标志协定首批保护目录，数量位居全国第一。

3.农业产业化经营体系日渐完善

一是新型经营主体不断壮大。全省省级以上重点龙头企业达902家，其中国家级重点龙头企业75家，数量位居全国第四、西部第一。累计培育农民合作社10.56万个、农民合作社联合社461个、家庭农场16.6万家，培

---

① 《2021年四川省国民经济和社会发展统计公报》，四川省人民政府网，https://www.sc.gov.cn/10462/c108715/2022/3/14/099b4e5265174012853dea414ac9fdf5.shtml。

训新型职业农民 30 万人次。发展农业社会化服务组织 2.6 万个，服务对象 473.6 万户。农村新产业新业态持续发展。农产品加工业持续发展，农产品产地初加工率达 60%。村一、二、三产业融合效应逐步显现，累计建成产业融合园区 430 个。

二是农产品加工提档升级。全省实施了"川字号"农产品初加工提升和精深加工拓展行动，5 年间，全省农副食品加工业规模壮大，增加值平均增长 3.9%，2021 年全省拥有规模以上农副食品加工企业 15611 户，比 2016 年增加了 1792 户。

三是农村物流日益完善。加快农村物流建设，补齐三大先导性产业发展短板，基本形成了县、乡、村"一张网"和产、贮、销"一条链"的农产品产地仓储保鲜冷链物流体系。2021 年实现网络零售额和餐饮收入 27.7 亿元，比 2016 年增加了 27.4 亿元，农村电商快速发展，农村电商销售额达到 455 亿元。农产品销售正走出一条现代化发展的新路子。

4. 农村居民收入保持平稳增长

一是农村居民收入持续不断增加。四川省不断完善促进农民增收工作机制，出台惠农富农政策，全省农村居民收入持续增长，2021 年，全省农村居民人均可支配收入达 17575 元，比 2016 年增加 6372 元，平均增长 9.4%。城乡居民收入差距由 2016 年的 2.53∶1 缩小至 2021 年的 2.36∶1。[1] 产业扶贫撑起了脱贫攻坚"半壁江山"。率先在全国创新设立贫困村产业扶持基金，支持贫困户发展产业和壮大集体经济，全省 360 万贫困人口依靠产业和就地产业务工脱贫，占脱贫总人口的 57.6%。全省 88 个贫困县组建脱贫攻坚造林专业合作社 1317 个。

二是乡村旅游积聚人气。2021 年，全省约有 8300 个村开展了休闲农业和乡村旅游接待，占乡村总数的 27.2%。有乡村旅游的村居民人均可支配收

---

[1] 《数读这五年：三个维度看四川乡村振兴成就》，四川乡村振兴建设局网站，http://xc-zxj.sc.gov.cn/scfpkfj/sjfb/2022/5/16/55a68ed13951423a9b26bea1904968e3.shtml。

入达到20000元以上的约占46.7%，占比较没有乡村旅游的高29个百分点。

三是不断推动电子商务带动农村居民收入的增长。2021年，四川省新增国家级电子商务进农村综合示范项目15个，累计覆盖110个县、位居全国第一。①

5.农村人居环境逐步整治改善

一是生态文明建设取得新成效。农村人居环境持续改善。"十三五"期间，四川省大力开展农村人居环境整治"五大行动"，全省一类县农村无害化厕所普及率达94%、二类县卫生厕所普及率91%，全省90%以上行政村生活垃圾得到有效处理，58.4%的农村生活污水得到治理，全省80%以上的行政村建成幸福美丽新村，在19个县（市、区）开展农产品产地土壤重金属污染综合防治试点，为"十四五"期间全省农村人居环境进一步提升奠定了很好基础。

二是全省化肥使用量连续5年实现负增长。"十三五"期间，四川省主要农作物绿色防控覆盖率达到38.6%，全省农作物秸秆综合利用率达到91%，废旧农膜回收利用率达到80.2%，畜禽粪污资源化利用率达到75%以上。新建沼气工程792处。全省森林覆盖率达到40.03%。

三是继续推进"厕所革命"。2021年，全省通过以奖代补方式推进1300个农村"厕所革命"示范村建设，实施农村无害化卫生厕所新（改）建60万户，引导各地推动有条件的农村普及无害化卫生厕所。2021年底，全省农村卫生厕所普及率、生活垃圾处理体系覆盖率分别达87%、96%。

6.乡村治理和乡风文明稳步提升

一是实施10万村级后备干部培育工程。推行小区院落自治，建立民主协商平台，创新基层协商实现方式和途径，基层民主自治水平不断提升。乡村治理水平不断提升。"十三五"期间，全省51524个村（社区）在实现网格化服务管理、32026个村建成规范化综治中心的基础上，深入开展法律进

---

① 《2022年四川省人民政府工作报告》，《四川日报》2022年1月24日。

农村活动和"民主法治示范村"创建。

二是村规民约持续修订完善。"雪亮工程"覆盖率超过80%乡风文明水平不断提升。文明村镇建设有序推进，在全国率先启动农村生产生活遗产保护传承工作，"农民丰收节""戏曲进乡村""文化列车""文化院坝建设""千村文化扶贫工程"等文化惠民工程广泛实施。

三是颁布实施农村集体经济组织条例，农村集体产权制度改革基本完成，农村承包地确权颁证率达97.5%，1292个村探索开展合并村集体经济融合发展试点，新增家庭农场1.1万家。①

四是持续推进基础设施建设。实施农村通信基础设施能力提升工程等继续实施的民生实事基础上，2022年四川安排资金4亿元，支持1000个行政村推进农村生活污水治理；安排资金1.22亿元，实施乡村客运线路提质升级工程，通过不断"补软""补短""补缺"民生项目工程，不断提升群众幸福感和满意度。新改建农村公路1.7万公里，新创建四好农村路全国示范市1个、示范县10个，12个乡镇、119个村被认定为全国乡村治理示范镇村，评选"最美古镇"20个、"最美村落"30个、"水美新村"316个。②

7.农村综合改革不断深化

一是农业对外开放合作成效明显。农村各项改革全面深化。"十四五"开局之际，全省稳步推进和完善"三权分置"制度，耕地流转率达40.5%；国家级农村宅基地制度改革试点扩大到1市5县（市、区）；全面推开农村集体产权制度改革试点。农村产权流转交易体系持续完善，成德眉资四市实现交易一体化。不断强化投入保障，出台金融服务乡村振兴意见；4个国家级农村改革试验区的15项试验成果转化为中央相关文件的政策举措，试验成果转化数量居全国第一。全省供销社基层社经营服务覆盖率达到100%；农业对外交流合作持续加强。"川字号"农产品"走出去"步伐不断加快，

---

① 《2022年四川省人民政府工作报告》，《四川日报》2022年1月24日。

② 《2022年四川省人民政府工作报告》，《四川日报》2022年1月24日。

建成国家级、省级出口食品质量安全示范区 20 个，出口食用农产品基地 501 个；农业境外投资合作涉及 27 个国家（地区）。

二是金融机构深化合作。行业部门积极推动与银行、保险机构签订战略合作协议，2021 年向金融机构集中推介了 300 余个农业农村领域重大融资项目，全省发行乡村振兴专项债券 100 余亿元，累计到位风险补偿金 25.3 亿元，撬动银行贷款 348 亿元。

8. 党对乡村振兴集中统一领导得到大力加强

一是健全以党组织为核心的组织体系。坚持农村基层党组织领导核心地位，坚持乡村振兴重大事项、重要问题、重要工作由党组织讨论决定的机制。大力推进村党组织书记通过法定程序担任村民委员会主任和集体经济组织、农民合作组织负责人，推行村"两委"班子成员交叉任职。提倡由非村民委员会成员的村党组织班子成员或党员担任村务监督委员会主任。村民委员会成员、村民代表中党员应当占一定比例。

二是创新党组织设置，在以行政村为基本单元设置党组织的基础上，稳妥有序推进党组织按产业、区域联建共建，推行"强村带弱村、富村带穷村"行动，实现组织上统一领导。加强农村新型经济组织和社会组织党建工作。完善和落实村党组织定期听取村民委员会工作报告制度。推动农村基层党组织和党员在脱贫攻坚和乡村振兴中提高威信、提升影响。

三是把基层党组织建成坚强战斗堡垒。加强农村党员教育、管理、监督，推动"两学一做"学习教育常态化制度化，教育引导广大党员自觉用习近平新时代中国特色社会主义思想武装头脑，推动农村基层党组织全面进步全面过硬。严格党的组织生活，全面落实"三会一课"、主题党日、谈心谈话、民主评议党员、党员联系农户等制度。扩大党内基层民主，推进党务公开。加强党内激励关怀帮扶，定期走访慰问农村老党员、生活困难党员，帮助解决实际困难。加强农村流动党员管理，加大在青年农民、外出务工人员、妇女中发展党员力度。建立农村党员定期培训制度，着力提高党员队伍整体素质。重视发现和树立优秀农村基层干部典型，彰显榜样力量。持续整顿软弱涣散农村基层党组织，稳妥有序开展不合格党员处置工作，着力引导农村党员发挥先锋模范作用。

四是加强农村基层党组织带头人队伍建设。实施村党组织带头人队伍整体优化提升行动，注重从本村致富能手、外出务工经商人员、本乡本土大学毕业生、复员退伍军人党员中培养选拔，选优配强村党组织书记，大力实施基层党组织"千名好书记"培养计划和 10 万村级后备干部培育工程，实行村党组织书记县级备案管理。建立选派第一书记工作长效机制，全面向贫困村、软弱涣散村和集体经济薄弱村党组织派出第一书记。不断健全和完善从优秀村党组织书记中选拔乡镇领导干部、考录乡镇机关公务员、招聘乡镇事业编制人员等机制。

五是强化农村基层党组织建设责任与保障。推动全面从严治党向纵深发展、向基层延伸，严格落实各级党委尤其是县级党委主体责任，进一步压实县乡纪委监督责任，将抓党建促脱贫攻坚、促乡村振兴情况作为每年市县乡党委书记抓基层党建述职评议考核的重要内容，纳入巡视、巡察工作内容，作为领导班子综合评价和选拔任用领导干部的重要依据。坚持抓乡促村，整村推进、整县提升，加强基本组织、基本队伍、基本制度、基本活动、基本保障建设。加强农村基层党风廉政建设，强化对农村基层干部和党员的日常教育管理监督。推行村级小微权力清单制度，加大基层微权力腐败惩处力度，开展扶贫领域腐败和作风问题专项治理，严肃查处发生在惠农资金、征地拆迁、生态环保和农村"三资"管理领域的违法违纪问题，坚决纠正损害农民利益的行为，严厉整治群众身边腐败问题。全面落实村级组织运转经费保障政策。不断加强对农村基层干部的关心关爱，做到在政治上激励、工作上支持、待遇上保障、心理上关怀。


## 二、四川乡村振兴面临的机遇与挑战

习近平总书记指出："我们要坚持用大历史观来看待农业、农村、农民问题，只有深刻理解了'三农'问题，才能更好理解我们这个党、这个国家、这个民族。必须看到，全面建设社会主义现代化国家，实现中华民族伟大复兴，最艰巨最繁重的任务依然在农村，最广泛最深厚的基础依然在农村。"① 四川深入学习贯彻习近平总书记对四川工作系列重要指示精神，认真落实中央和省委、省政府决策部署，在把握四川乡村发展规律和现状的基础上，明确阶段性目标任务，坚定不移贯彻新发展理念，推进乡村全面振兴，加快农业农村现代化，为推动治蜀兴川再上新台阶提供有力支撑。在新征程上，四川要把握全面推进乡村振兴所面临的机遇与挑战，更富成效地推进农业农村现代化和促进共同富裕，不断创造乡村振兴发展新的辉煌。

## （一）四川乡村振兴面临的机遇

四川省曾是全国脱贫攻坚的主战场之一，认真落实党中央、国务院和省委决策部署，聚焦"守底线、抓衔接、促振兴"，脱贫攻坚铸就的"里程碑"是推动巩固拓展脱贫攻坚成果同乡村振兴有效衔接的"航向标"。"十四五"时期，是乘势而上开启全面建设社会主义现代化四川新征程、推动治蜀兴川再上新台阶的第一个五年，也是四川脱贫攻坚任务胜利完成后，巩固拓展脱贫攻坚成果，全面推进乡村振兴、加快农业农村现代化关键的五年，四川省农业农村发展的外部环境、阶段特征和比较优势发生深刻变化，在实施乡村振兴战略，引导资源要素向农村贫困地区流动，改善农村生产生活条件，增进农民福祉，提高民生保障水平，促进农业全面升级、农村全面进步、农民全面发展，让全省农民走上共同富裕的道路中面临一系列重大机遇。

1. 国家重大战略交汇叠加为四川农业农村高质量发展提供重大机遇

一是国家一系列与四川密切相关的重大战略实施。"一带一路"建设、长江经济带发展、新时代西部大开发、黄河流域生态保护和高质量发展、成渝地区双城经济圈建设等国家战略深入实施，一系列政策红利、改革红利和

---

① 习近平：《论"三农"工作》，中央文献出版社 2022 年版，第 3 页。

发展红利将持续释放。《成渝地区双城经济圈建设规划纲要》明确提出，要建设现代高效特色农业带、共同推动城乡产业协同发展，明确了当前和今后一个时期四川省乡村振兴战略定位，为四川省推进农业农村现代化指明了前进方向，提供了根本遵循。

二是新一轮科技革命和产业变革蓬勃兴起，为四川乡村振兴带来重要科技支撑。全球科技创新呈现交叉、融合、渗透、扩散的鲜明特征，颠覆性技术创新不断涌现，成为影响和改变竞争格局的关键变量。国家把科技自立自强作为发展的战略支撑，有利于四川省现代农业充分发挥科技资源优势，以科技赋能产业转型升级，实现跨越式发展。人工智能、互联网、大数据等技术进步，对提高土地产出率、劳动生产率和资源利用率的驱动作用更加直接，正在引领现代农业发展方式发生深刻变革。

三是党的二十大召开为四川乡村振兴注入了强劲东风。党的二十大是我们党在进入全面建设社会主义现代化国家新征程的关键时刻召开的一次十分重要的大会，科学谋划了未来5年乃至更长时期党和国家事业发展的目标任务和大政方针。党的二十大为乡村振兴战略实施开辟了新空间，为推进共同富裕取得实质性进展注入了新动力。乘着喜迎党的二十大召开的东风，四川省委提出把乡村振兴发展放在全国一盘棋的大格局中来谋划，争取乡村振兴发展的更大的历史主动，加快构筑四川乡村振兴发展战略新优势，力求更高水平推进乡村振兴发展。

2. 全面打赢脱贫攻坚战奠定了乡村全面振兴基础

一是脱贫攻坚任务全面完成。四川省举全省之力打赢精准脱贫攻坚战，625万建档立卡贫困人口全部脱贫、11501个贫困村全部退出、88个贫困县全部摘帽，区域性整体贫困得到解决，绝对贫困全面消除！尤其是曾经"一步跨千年"的凉山彝区和涉藏地区，实现了从贫穷落后到全面小康新的历史性跨越，群众生活发生翻天覆地变化，长期困扰广大农村群众的行路难、饮水难、用电难、通信难等问题得到有效解决，数百万贫困群众住上安全敞亮的新居，教育、医疗保障水平大幅提升，群众精神面貌焕然一新，党员干部队伍经受锻炼洗礼，为乡村振兴奠定了坚实基础。

二是不断提升脱贫地区整体发展水平。四川省在脱贫攻坚战的基础上，准备明确一批国家和省级乡村振兴重点帮扶县，指导市县自主确定一批乡村振兴重点帮扶村，进行集中支持。优化对大小凉山彝区的扶持政策，支持凉山州按规定开展巩固拓展脱贫攻坚成果同乡村振兴有效衔接示范工作。支持涉藏地区、革命老区巩固拓展脱贫攻坚成果、推进乡村振兴。不断发展壮大脱贫地区乡村特色产业，推动脱贫地区新业态融合发展，促进脱贫劳动力稳定就业，持续改善脱贫地区基础设施条件，提升脱贫地区公共服务水平。继续优先支持脱贫县培育现代农业园区、现代林业园区、科技园和产业融合发展示范园。

三是持续推进脱贫攻坚成果同乡村振兴有效衔接。比如，在凉山规划实施一批交通、水利等项目，成昆铁路复线年底全线通车，乐西、宜攀等 5条高速公路加快建设；在金沙江下游建设了向东部沿海地区输送水电的白鹤滩、乌东德、溪洛渡和向家坝 4 座大型水电站，前 3 座都在凉山；规划了安宁河流域水资源配置工程，列为全省"二号工程"。高原涉藏地区、秦巴山区、乌蒙山区等也在稳步推进乡村振兴。2021 年，全省脱贫地区农村居民人均可支配收入 14909 元，增长 12.6%。

**3. 大力发展现代农业为四川推进乡村振兴提供了有力支持**

一是切实保障重要农产品有效供给。四川省实施高标准农田建设、耕地质量保护与提升工程，明确耕地利用的优先顺序，稳定粮食播种面积。开展优质粮食工程和"天府菜油"行动，布局建设"鱼米之乡"试点县、乡镇。实施"以草换肉""以秸秆换肉奶"工程，实现牛羊肉基本自给。推进安宁河谷现代农业提升，打造我省"第二大粮仓"。加快建设成德眉资都市现代高效特色农业示范区，发展都市农业。严格落实耕地保护责任，坚决遏制耕地"非农化"、防止"非粮化"。完善重要农产品价格调控机制，保障市场供应和价格总体平稳。

二是积极推动现代高效特色农业带建设。四川省依托区域农业资源禀赋，加快建设优势聚合、产业融合的现代高效特色农业带，打造有竞争力的优势特色产业集群，擦亮四川农业金字招牌。做优盆地外销加工蔬菜、盆周山区高山蔬菜、川南早春蔬菜和攀西冬春喜温蔬菜，打造优质蔬菜产业带。加大雅安、乐山、宜宾、广元和巴中等茶叶主产区低产低效茶园基地改造和品种改良力度，做强川西南名优茶产业带和川东北富硒茶产业带。加快品种更新和技术推广，做优长江上游晚熟柑橘产业带。建设安岳中国柠檬集散交易中心，提升中国柠檬核心产区市场影响力。做优苍溪、绵竹、蒲江等猕猴桃产业，建设世界红心猕猴桃之都。强化优质石榴和晚熟芒果品牌推广，培育攀西南亚热带特色水果产业带。依托四川盆地大宗药材、秦巴乌蒙山区特色药材、川西北高原民族药材等优势种植区，打造全国优质道地中药材产业带。

三是不断提升农业组织化程度。壮大新型农业经营主体，发展多种形式适度规模经营，提高农业集约化、专业化、组织化水平。加大家庭农场、专业合作社、龙头企业等培育力度，建立职业农民教育培训体系，支持组建农业产业化联合体。完善土地流转市场化服务体系和风险防范机制，合理引导土地向新型农业经营主体流转。推广生产托管、就业带动、保底分红、订单农业等合作模式，支持小农户与新型农业经营主体建立"收益分成""资产入股"等利益联结机制。健全农业社会化服务体系，大力培育覆盖种养、加工、销售、科技、金融等环节的多元化经营服务实体，加强供销合作社为农服务综合平台建设，推动邮政等服务网点向产业基地延伸。

四是有效增强农业综合竞争力。创建国家农业现代化示范区和各类"国字号"农业园区，培育认定省级现代农业园区，推进国省市县四级园区梯次发展。建设国家级农业高新技术产业示范区，深化农业科研、开发和产业化合作，打造西部农业科技创新中心，发展现代循环农业和智慧农业。做强原产地初加工，发展品种专用、生产定制、产销对路的精深加工新模式，加快建设全球泡菜出口基地、川菜产业和竹产业基地。实施现代农业种业提升行动，建设四川南繁科研育种基地、国家种质资源库西部中心库。突出农业装备支撑，强化先进适用农机装备的自主研发和引进推广。支持农业烘干冷链物流体系建设，打造国家骨干冷链物流基地。加强绿色食品、有机产品、道地药材认证，打造农产品地理标志。做大做强天府菜油、天府龙芽等农产品区域公用品牌，建设西部农产品集散交易中心。

4.科学推进乡村规划建设推进乡村振兴提质增效

一是统筹县域城镇和村规划建设，积极有序推进"多规合一"实用性村规划编制工作，积极探索"以片区（经济区）为单元编制镇乡级国土空间规划和多规合一村规划"的跨行政区规划编制模式，对有条件、有需求的村尽快实现村规划全覆盖。系统保护历史文化名村、传统村落、田园景观和历史文化资源，加强规划对乡村风貌的引导，防止盲目大拆大建。坚持从实际出发推进乡村规划建设，充分尊重农民意愿。加强乡村建设规划许可管理，深入推进宜居乡村建设，推广"小规模、组团式、微田园、生态化"模式，加强农房建设管理，推进"数字农房"建设。突出乡土文化和地域民族特色，因地制宜推进川西民居、巴山新居、乌蒙新村及少数民族特色村寨、民族团结进步示范村建设。

二是持续抓好农村人居环境整治。持续开展农村人居环境整治重点县和农村"厕所革命"整村推进示范村建设，分类有序新（改）建农村无害化卫生厕所，基本普及卫生厕所。健全农村生活垃圾收集、转运和处置体系，力争实现行政村生活垃圾收集设施全覆盖、村民小组专职保洁员全覆盖。持续推进非正规生活垃圾堆放点整治工作。梯次推进农村生活污水治理，有序开展农村黑臭水体整治，加快推进农村河湖"清四乱"工作。持续开展水美新村建设。推进村庄清洁行动常态化。完成农村危旧房屋改造任务。加大地质灾害避险搬迁政策支持力度。坚持山水林田湖草沙系统治理，开展大规模国土绿化行动，因地制宜开展庭院绿化、四旁绿化、乡村公园建设，加强古树名木保护。

三是加快推动农村基础设施提档升级。推进"四好农村路"示范创建提质扩面。有序推进较大人口规模自然村组通硬化路建设，实施撤并建制村畅通工程和乡村振兴产业路旅游路工程。全面实施"路长制"。强化农村道路安全监管。实施乡村运输"金通工程"和平安渡运工程。加强农村集中式饮用水水源保护管理，实施农村供水保障工程，有条件的地方推进城乡供水一体化。深入推进农业水价综合改革。实施乡村电网巩固提升工程。持续推动天然气供气设施向农村延伸。推进农村能源高质量发展。实施数字乡村建设发展工程，推动农村光纤宽带和4G网络深度覆盖、5G网络向农村延伸，提升乡村基础设施数字化水平。推进"智慧广电"网络乡村全覆盖。实施"一镇（村）一屏"智慧广电助农工程，打造"政务＋商务＋服务"综合化平台。推进基层应急广播体系建设，向城乡居民提供灾害预警应急广播和政务信息发布、政策宣讲服务。

四是推进城乡基本公共服务均等化。探索建立城乡公共资源均衡配置机制，强化乡村基本公共服务供给县乡村统筹。优化基础教育学校布局，推进义务教育教师"县管校聘"管理改革，健全县域内义务教育教师、校长交流轮岗机制，引导优秀校长和骨干教师向农村学校流动。职称评聘向乡村教师倾斜。推进城乡教育联合体和紧密型县域医疗卫生共同体建设。完成乡村两级医疗卫生机构布局调整。建设一批乡镇级农村社区健身中心。实施基层公共文化服务设施补短板工程。完善气象防灾减灾综合服务。推动公共就业服务机构向乡村延伸。完善统一的城乡居民基本医疗保险制度，逐步提高城乡居民基本养老保险基础养老金最低标准。依法保障农村妇女土地权益，加强农村留守儿童、留守妇女和老年人、困境儿童、残疾人等特殊困难群体的关爱服务。健全县乡村衔接的三级养老服务网络，发展农村普惠型养老服务和互助性养老。支持建设乡镇社会工作服务站（点）和城乡社区志愿者服务站（点）。推进农村公益性殡葬设施建设。

5. 乡村高效治理为乡村振兴奠定了稳定和谐建设环境

一是扎实做好"两项改革""后半篇"文章。推动做好乡镇行政区划和村级建制调整改革"后半篇"文章工作方案落地落实，切实把改革成果转化为发展红利和治理实效。进一步提升乡村规划建设水平，完善农村交通路网、水网、电网等基础设施，优化公共服务资源布局，逐步形成适度均衡的新型城镇化空间格局。顺利完成村（社区）"两委"换届、乡镇领导班子换届，建立权责一致、简约精干、务实高效的乡镇（街道）管理体制。逐步完善合并镇村产业协作及融合发展机制，推进现代农业园区、优势特色产业基地等提质扩面，建成一批农业强镇、特色乡镇和特色村，进一步夯实乡村振兴产业基础。使公共服务供给与人民群众个性化、差异化、多样化需求相匹配，城乡社区治理框架初步形成，基层群众自治体系更加完善，基本实现"事合、人合、心合"。

二是重塑乡村经济和治理版图。省委、省政府顺应乡村发展演变规律，高位谋划推进乡镇行政区划调整和村级建制调整改革，改革以后乡镇和行政村数量分别减少32.73%和40.6%，重塑了乡村经济和治理版图，乡村空间布局得到优化，发展资源进一步整合，治理服务效能明显提升，为乡村振兴提供了有力支撑。充分发挥农村基层党组织领导作用，增强政治功能、提升组织力。选优配强乡镇领导班子、村"两委"成员特别是党组织书记，持续整顿软弱涣散村党组织。将减轻乡镇党委、政府和村级组织不合理负担作为省委为基层减负督查重点内容。

三是加快构建现代乡村治理体系。统筹推进乡村综治中心、基层派出所、司法所、基层法庭建设。以"四好村"、农民夜校为重点，持续深化基层法治示范创建，常态化推进农村地区扫黑除恶，持续开展"法治乡村""平安乡村"建设。加大对农村基层微权力腐败惩处力度。健全农村矛盾纠纷多元化解机制，深入开展农村安全专项整治。通过建立健全群众参与机制，持续推进移风易俗，实行生产奖补、劳务补助、以工代赈，不断激发贫困群众内生动力。创建乡村文明新风，每个村都制定了村规民约，倡导喜事新办、丧事简办，群众负担大幅减轻。

6.加强推动农民的全面发展为乡村振兴提供群众基础

一是加强小农户与现代农业有机衔接。统筹兼顾培育新型农业经营主体和扶持小农户，深化建立带动小农户发展机制。扶持更多有意愿、符合条件的小农户发展为家庭农场。制定完善扶持小农户与现代农业有机衔接的政策体系，提升小农户自身发展能力。优先发展面向小农户需求的农业社会化服务体系，将先进适用的品种、技术、装备、设施导入小农户。探索建立财政支持新型农业经营主体联农带农的约束性制度，引导龙头企业等新型农业经营主体带动小农户发展。支持小农户与新型农业经营主体建立公平合理的"收益分成""资产入股"等利益联结机制。优化针对小农户的土地、金融、保险、补贴、技术等资源要素配置。

二是探索创新职业农民培养机制。按照"爱农业、懂技术、善经营"的总要求，加快培育现代农民。实施高素质农民培育工程、农村实用人才培养计划，突出抓好农业经理人、家庭农场主、农民合作社带头人、农村集体经济组织带头人培育。按部署将农民工、高素质农民、在岗基层农技人员纳入高职扩招范围。发展农业农村特色学院，办好职业院校涉农专业。实施卓越农林人才教育培养计划2.0，大力发展"新农科"，建设一流涉农专业与课程。制定四川省新型职业农民教育总体规划，建立新型职业农民教育培训体系。积极探索建立新型职业农民制度。鼓励在乡镇、村干部中培养社会工作人才。

三是着力提升农民收入水平。进一步落实农民增收县（市、区）委书记和县（市、区）长负责制。大力发展县域经济，提升农村经济发展水平。支持龙头企业与小农户、家庭农场、农民合作社组建产业化联合体，引导农民以产权、资金、劳动、技术等与经营主体开展多种形式的合作，创新完善保障农民收益的利益联结机制。发展壮大农村新型集体经济，盘活农民集体所有的土地、房屋等资产，推进集体经营性资产确权到户和股份合作制改革，增加农民财产性收入。保持强农惠农富农政策的连续性和稳定性，确保农民转移性收入不减少。完善回引优秀农民工返乡创业政策，进一步落实农民工与城镇职工平等就业、同工同酬制度。加强农民工技能培训，发展"川字号"劳务品牌，稳定和扩大外出务工规模。深入贯彻《保障农民工工资支付条例》，严格落实农民工工资清欠工作属地责任制，将其纳入对本级政府有关部门和下级政府的目标绩效考核。开展农民共同富裕指标体系研究。实施农村中低收入群体收入倍增计划。

**7. 党的集中统一领导为乡村振兴提供了根本保证**

一是五级书记抓乡村振兴工作机制有效运行。四川省深入贯彻落实《中国共产党农村工作条例》，建立健全上下贯通、精准施策、一抓到底的乡村振兴工作体系。全面实行市县党委、政府主要负责人和农村基层党组织书记抓乡村振兴责任制。市县党委要定期研究乡村振兴工作，县委书记主要精力要抓"三农"工作。把市县党委、政府主要负责人和农村基层党组织书记抓乡村振兴工作情况作为经济责任审计的重要内容。建立乡村振兴联系点制度，市县党委、政府负责人及部门（单位）都要确定联系点。开展县乡村三级党组织书记乡村振兴轮训。加强党对乡村人才工作的领导，将乡村人才振兴纳入党委人才工作总体部署，健全适合乡村特点的人才培养机制，强化人才服务乡村激励约束。

二是党委农村工作领导小组和工作机构建设成效显著。四川省充分发挥党委农村工作领导小组牵头抓总、统筹协调作用，成员单位出台重要涉农政策要征求党委农村工作领导小组意见并进行备案。强化党委农村工作领导小组办公室决策参谋、统筹协调、政策指导、推动落实、督促检查等职能，每年分解"三农"工作重点任务，落实到各责任部门，定期调度工作进展。有关部门每年年初和年底要向同级党委农村工作领导小组报告本部门落实农业农村优先发展的工作计划和执行情况。加强党委农村工作领导小组办公室机构设置和人员配备。

三是乡村振兴考核落实机制有序开展。四川省各市（州）党委、政府每年向省委、省政府报告实施乡村振兴战略进展情况，严格落实《四川省市县党政和省直部门（单位）领导班子领导干部推进乡村振兴战略实绩考核办法（试行）》，加强考核结果运用。强化乡村振兴督查，创新完善督查方式，推进政策措施落地落实。健全"三农"统计调查体系，开展乡村振兴进展情况监测评估。稳步推进反映全产业链价值的农业及相关产业统计核算。

### （二）四川乡村振兴面临的挑战

2021—2022 年，全面推进乡村振兴进入了新的发展阶段。四川作为农业大省、开放前沿，必然会更早更多遇到变化变局的影响，必然会更多地面对各种新的风险和挑战，乡村振兴高质量推进意味着在实现产业、人才、文化、生态和组织五大振兴过程中，只有打破原有路径依赖，变革现有农业农村生产生活方式，才能最终实现农业农村现代化。同时，四川省农业农村现代化面临诸多困难挑战，与习近平总书记关于"擦亮农业大省金字招牌，实现由农业大省向农业强省跨越"的重要指示还有较大差距。

1. 当今世界局势不确定性和极端气候对四川乡村振兴带来严重影响

一是国际农产品贸易形势日趋复杂。粮食贸易保护主义的抬头，国际农产品市场不稳定性加剧，对农产品国际市场的影响持续多年，对四川省发展外向型农业，扩大农产品出口与引进国外先进农业技术等将带来长期性影响。

二是守住粮食安全底线目标的任务更加艰巨。国际形势复杂严峻，特别是地缘政治冲突加剧，导致国际大宗商品价格，尤其是粮食、能源价格大幅上涨，不同程度上对我国粮食安全形成冲击。全球农业生产资料供应紧张加剧，原油价格上涨推动国内化肥、农药等农资成本上升，造成国内农资价格上升明显；国内粮食生产成本拉升，抑制了农民种粮积极性。四川作为一个农业大省，肩负着确保国家粮食平安以及菜篮子产品有效供给的艰巨任务。

三是极端气候现象对农业和食物系统造成严重损害。近年来，全球气候变化的不确定性，各类水灾、旱灾、地质灾害危害频发多发，尤其 2022 年夏天四川省多地出现了高温干旱天气，对粮食生产产生较大影响。不仅给四川人民生命财产安全带来严重威胁，而且直接导致病虫害发生率提升，动植物重大疫病增多，对粮食生产安全造成消极影响。

2. 新冠疫情暴发对四川乡村振兴发展产生一定冲击

一是农产品运不出去，一定程度存在卖难现象。近三年的新冠疫情持续多点暴发导致农业生产进程被打乱，部分地区人员流动、农资运销和农产品流通受阻，农产品出现难卖的现象，对农业农村经济的长期影响将呈现全方位态势。

二是乡村产业发展受到严重冲击。农民外出务工受阻、工厂复工延迟、企业停工减产，特别是赴省外务工、经商的有近1100万人，对他们2022年的收入有影响，也给农业生产带来了很大的负面影响。

三是乡村旅游和休闲农业遭受重大损失。疫情对全省乡村旅游产业链造成连锁式破坏，造成乡村旅游市场的准入与退出机制失衡，农民的这部分收入也将受到影响。四川省农民的收入结构当中，经营性收入和工资性收入分别占到了38%和32%，这两部分都受到了影响，2022年农民增收压力较大。

3.农业发展面临的压力较大

一是粮食等重要农产品稳产保供压力较大，农业大省这块金字招牌亟待持续擦亮。四川是"天府之国"，是我国粮油、生猪、茶叶等农产品大省。同时，四川省仍然面临着资源环境约束加剧、粮食结构性矛盾仍然存在、规模化经营程度有待继续提升、粮食生产成本不断上涨，耕地和种子两个"要害"问题突出，随着城市化不断发展，耕地数量在不断减少，一些地方"占优补劣"等现象导致的耕地质量下降也不容忽视。四川省种业自主创新能力不强、企业竞争力弱，全省种质资源优异基因完成鉴定评价和利用的不足2%、比全国低8个百分点，全国农作物种企前10强中没有四川企业、前50强中四川仅有3家，没有1家上市农作物种企。

二是农业质量效益和竞争力不强，实现由农业大省向农业强省跨越面临诸多挑战。发展现代农业要走质量兴农之路，念好"优、绿、特、强、新、实"六字经，推动农业由增产导向转向提质导向。但农田基础设施薄弱，已建成高标准农田仅占耕地面积的44.6%，全省有效灌溉面积和宜机作业高标准农田占比低，一些地区农业"靠天吃饭"的局面未能得到根本改变。科技支撑不足，四川省农机购置补贴产品目录中的四川农机产品仅占2.6%。产业化水平较低，农产品加工业产值与农业总产值之比为1.9∶1，明显低于全国 2.2：1 的平均水平。

4. 乡村发展不平衡不充分问题仍比较突出

一是乡村区域间存在发展不平衡、不充分问题。四川地域广阔、地形地貌复杂，各地发展条件差异大，农村地区发展不协调、不平衡问题明显。乡村空间结构失衡，体现为一些乡村空间资源配置不平衡、空间资源浪费，存在"工业化"倾向、"类城市化"建设、宅基地规划混乱，县域经济发展不均衡，部分县城带动乡村发展能力相对较弱，乡镇产业层次相对偏低、集聚资源要素能力有限，区域间农业现代化发展水平差距依然较大。

二是农业产业结构失衡。农业供给结构失衡，表现为阶段性农产品供大于求，农产品品种、品质结构性失衡，优质化、多样化和专用化的农产品发展滞后；农业发展中种养结合不紧、循环不畅问题凸显，一、二、三产业融合不足。农村发展结构失衡，表现为一些地区重经济轻生态、重物质轻精神、重发展轻治理。农业产业生产环节的不平衡，表现为有些环节的科技进步奉献率较高，但有些生产环节科技进步奉献率偏低，不同品种之间在劳动生产率、科技进步奉献率、农业机械化水平等方面存在差距，农村要素结构失衡，体现为"三农"资金投入结构单一，过度依赖财政专项资金。

5. 乡村振兴人才瓶颈依然突出

一是农村实用人才缺口较大。农村大学生渐离乡土，更倾向于选择留在大城市发展，真正学成返乡、投身农业的只占极少数，乡村振兴人才后继乏人问题，招人难、留人更难的问题较为突出，导致农村专家技术人才引进难、使用难、留住难问题日益显现，逐渐成为制约农村发展一大"瓶颈"。

二是高素养高水平农民人才队伍亟待加强。受农民生产生活的压力、学力水平的限制、学习内容的广泛性等因素制约，农民在学习时间、学习地点、学习方式等方面的存在多样性、多元化的需求，新型职业农民培养力度不够。

三是乡村振兴急需的技术人才问题亟待突破。在推进乡村振兴过程中，缺少与市场经济要求相适应的经管、营销、电商、金融等人才，加快培养乡

村产业人才、特色乡土人才、乡村治理人才、乡村公共服务人才、农业农村科技人才队伍，已成为四川乡村振兴发展的当务之急

**6.农村生态环境保护任务艰巨**

"美丽四川·宜居乡村"建设任务还比较繁重。谱写美丽中国的四川篇章，要牢固树立和践行绿水青山就是金山银山的理念，坚持把生态文明建设放在突出地位。但乡村建设现状与"让美丽城镇与美丽乡村交相辉映、美丽山川和美丽人居有机结合，充分绽放四川独特的自然生态之美、多彩人文之韵"的目标愿景，还有不小差距。农村基础设施建设滞后，农村人居环境"脏乱差"的问题仍然突出，900余万农户仍没有建设无害化卫生厕所。农村电网、通信网等建设与老百姓的期盼还有较大差距。

**7.农民持续增收缺乏新的支撑和动力**

一是制约农民共同富裕的体制机制障碍还未完全消除。生活富裕是乡村振兴的根本要求，是乡村振兴的目的所在。近两年全省主要农产品价格上涨，助推了农民经营性收入实现较快增长，但随着农产品特别是生猪生产逐步恢复，农产品价格将逐渐企稳，生猪等涨幅较大的品种价格逐渐回落，国际市场农产品价格波动对国内农产品生产交易的影响持续存在，经营性收入增长可能趋缓甚至下降。村集体经济带动能力不足，农民财产性收入增长乏力。

二是脱贫攻坚成果巩固任务艰巨。打赢脱贫攻坚战、全面建成小康社会后，要进一步巩固拓展脱贫攻坚成果，接续推动脱贫地区发展和乡村全面振兴。四川省通过建立防止返贫监测和帮扶机制，对7.8万户25.6万人脱贫不稳定户和边缘易致贫户实施了帮扶，消除了返贫致贫风险，但部分地区部分群体由于其自身发展能力较弱，巩固拓展脱贫攻坚成果任务艰巨。37万户136万人通过易地扶贫搬迁解决了"搬得出"的问题，但部分易地扶贫搬迁户"稳得住、逐步能致富"的问题还未根本解决，巩固拓展脱贫攻坚成果还需持续用力。

**8.城乡要素交换不平等**

制约城乡融合发展的体制机制障碍依然存在。推动城乡融合发展，要推动基础设施向农村延伸，推动城乡公共服务均衡发展，让进城的进得放心，留在农村的留得安心。但城乡要素交换不平等，基础设施和公共服务差距明显，"一条腿长、一条腿短"的问题比较突出。一些改革政策落地困难，农村用地难、贷款难、人才缺乏等问题依然突出，资本、人才留在乡村、流向乡村的机制还不健全。

**9.农村基层党组织建设亟待加强**

党管农村的组织体系、制度体系和工作机制仍需完善，党对农村工作的全面领导亟待加强。全面推进乡村振兴必须健全党领导农村工作的组织体系、制度体系、工作机制，提高新时代党全面领导农村工作的能力和水平。四川省实施乡村振兴战略迈出坚实步伐，党管农村工作的体制机制进一步健全，但统筹各方共同推进乡村振兴的工作格局有待完善，农村基层组织软弱涣散，村干部年龄老化，部分地方党委对"三农"工作重视不够，五级书记抓乡村振兴责任未完全落实到位，政策的横向协调性和纵向传递性还有待加强。

# 三、四川乡村振兴的对策与展望

实施乡村振兴战略，解决好农业农村农民问题已经成为党和国家各项工作的重中之重。习近平总书记指出："全面实施乡村振兴战略的深度、广度、难度都不亚于脱贫攻坚，必须加强顶层设计，以更有力的举措、汇聚更强大的力量来推进。"① 四川坚持以习近平新时代中国特色社会主义思想为指导，全面贯彻党的十九大和十九届历次全会精神，全面落实党的二十大精神，深入学习贯彻习近平总书记对四川工作系列重要指示精神，认真落实中央农村

---

① 习近平：《论"三农"工作》，中央文献出版社2022年版，第11页。

工作会议和省委农村工作会议决策部署，坚定不移贯彻新发展理念，坚持稳中求进工作总基调，坚持和加强党对"三农"工作的全面领导，统筹推进乡村发展、乡村建设、乡村治理和农村改革等重点工作，聚焦乡村振兴的痛点难点堵点问题，坚持农业农村优先发展，做好巩固拓展脱贫攻坚成果同乡村振兴有效衔接，保障粮食等重要农产品安全有效供给，以现代农业园区建设为抓手加快构建现代农业"10+3"产业体系，深入实施"美丽四川·宜居乡村"建设行动，推进农村生态文明建设，推动农民全面发展，强化乡村治理，深化农业农村改革，全面推进乡村振兴，加快推进农业农村现代化，推动形成工农互促、城乡互补、协同发展、共同繁荣的新型工农城乡关系。

## （一）四川乡村振兴的对策

深化推进乡村振兴，四川需要全面贯彻党的十九大和十九届历次全会精神，全面落实党的二十大精神，深入落实习近平总书记对四川工作系列重要指示精神，认真抓好中央农村工作会议部署落实，坚持稳中求进工作总基调，坚持和加强党对"三农"工作的全面领导，牢牢守住保障国家粮食安全和不发生规模性返贫两条底线，充分发挥农村基层党组织领导作用，扎实有序做好乡村发展、乡村建设、乡村治理重点工作，推动乡村振兴取得新进展、农业农村现代化迈出新步伐。

1.切实提升重要农产品供给能力

一是落实粮食安全党政同责。贯彻落实《四川省粮食安全保障条例》。全面开展粮食安全责任制考核，压紧压实各级党委、政府粮食安全主体责任。粮食播种面积和产量目标未完成的市（州）、县（市、区），在推进乡村振兴战略实绩考核和分类考评激励中不得评为先进或优秀。强化粮食生产功能区内目标作物种植情况动态监测，建立耕地"非粮化""非农化"情况通报机制，对问题突出的进行约谈。在相关涉农项目安排上将粮食贡献率作为重要考量因素。持续开展撂荒地专项整治，完善推动进一步盘活撂荒地的奖惩措施。

二是稳定提高粮食播种面积和产量。落实稻谷最低收购价政策。完善和落实耕地地力保护补贴、稻谷目标价格补贴、种粮大户补贴政策。实现水稻、小麦、玉米三大粮食作物完全成本保险和种植收入保险产粮大县全覆盖。推进粮食绿色高质高效行动，组织开展"稻香杯"暨农业丰收奖评选活动。积极助推国家粮食安全产业带建设，加快建设省级现代农业粮食园区。

三是落实国家大豆振兴计划。开展大豆科技自强县建设和玉米大豆带状复合种植全程机械化试验推广。大力发展油料作物生产，深入实施"天府菜油"行动。支持建设木本油料产业集中发展带。

四是保障"菜篮子"产品供给。严格落实"菜篮子"市长负责制。稳定生猪生产长效性支持政策，加强生猪产能调控，稳定基础产能。推动牛羊禽兔产业高质量发展。严格落实非洲猪瘟等重大动物疫病常态化防控措施。稳定大中城市常年菜地保有量，支持彭州加快建设"中国西部菜都"，提高蔬菜应急保供能力。健全"菜篮子"主要产品价格监测和预警机制。推行食用农产品承诺达标合格证制度，健全农产品全产业链质量安全追溯体系。

五是落实"长牙齿"的耕地保护硬措施。按照耕地和永久基本农田、生态保护红线、城镇开发边界的顺序，统筹划定落实三条控制线，把耕地保有量和永久基本农田保护目标任务足额带位置逐级分解下达，各市（州）签订耕地保护目标责任书，作为刚性指标实行严格考核、一票否决、终身追责。严格实行耕地保护党政同责，严守耕地保护红线，确保完成国家下达的耕地保护目标任务。分类明确耕地用途，严格落实耕地利用优先序，耕地主要用于粮食和油、糖、蔬菜等农产品及饲草饲料生产，永久基本农田重点用于粮食生产，高标准农田原则上全部用于粮食生产，确保"良田粮用"。引导新发展林果业上山上坡，不与粮争地。强化耕地用途管制，将一般耕地转为林地、草地、园地等其他农用地及农业设施建设用地的，要做到年度"进出平衡"。落实耕地占补平衡政策，建立健全补充耕地立项、实施、验收、管护全程监管机制，确保补充可长期稳定利用的耕地，实现补充耕地产能与所占耕地相当。巩固"大棚房"问题专项清理整治成果。建立健全工商资本流转农村土地分级审查审核和风险防范机制。

六是加强高标准农田建设。严格按照"能排能灌、旱涝保收、宜机作业、稳定高产、生态友好"的标准，统筹规划、同步实施高效节水灌溉与高标准农田建设。在高标准农田建设中增加的耕地作为占补平衡补充耕地指标在省域内调剂，所得收益用于高标准农田建设。加强耕地质量保护，加大中低产田改造力度，提升耕地地力等级。按照中央部署启动第三次土壤普查工作。加快推进重大水利工程建设及前期工作，全面启动"十四五"大型灌区续建配套与现代化改造，推进中型灌区续建配套与节水改造、水库除险加固。完善现有水利工程渠系配套，增加农田有效灌溉面积，整合资金解决好农业生产用水"最后一公里"问题。在新建重大水利工程沿线同步规划、同步建设农田，增加水田面积。加强"五小水利"工程规划建设和运行维护管理，推进机电（太阳能）提灌站、提灌设施建设和老旧提灌站更新改造，强化山坪塘运行维护管理。

2.持续巩固和拓展脱贫攻坚成果

一是推动脱贫地区帮扶政策落地见效。严格落实"四个不摘"要求，细化落实巩固拓展脱贫攻坚成果同乡村振兴有效衔接。用好财政衔接推进乡村振兴补助资金，加大脱贫县财政涉农资金统筹整合力度，用好金融支持、保险保障、城乡建设用地增减挂钩等政策，加强资金项目资产管理，深化浙川东西部协作和对口支援，拓展中央单位、省直部门（单位）定点帮扶和省内对口帮扶、驻村帮扶成效，深化"万企兴万村"行动。

二是完善监测帮扶机制。精准确定监测对象，将有返贫致贫风险和突发严重困难的农户纳入监测范围，简化工作流程，缩短认定时间。针对发现的因灾因病因疫等苗头性问题，及时落实社会救助、医疗保障等帮扶措施，继续开展巩固脱贫成果后评估工作。

三是促进脱贫人口持续增收。支持脱贫地区发展特色产业，逐步提高财政衔接推进乡村振兴补助资金用于产业发展的比重，对原有的帮扶产业、帮扶园区、帮扶车间进行倾斜支持，补齐初加工、冷链物流、产品销售等短板。健全联农带农机制，提高脱贫人口家庭经营性收入。推广用好"天府乡村"公益品牌，支持有条件的地方创建消费帮扶示范城市，持续带动脱贫地区农产品销售。稳定脱贫人口和低收入人口就业，统筹以工代赈、公益岗位、生态护林员等政策。持续加大脱贫地区基础设施和公共服务补短板力度。

四是加强易地搬迁后续扶持。落实市县领导联系易地搬迁安置点制度。加大易地搬迁安置点后续扶持项目谋划和实施力度，完善提升安置点配套基础设施和公共服务。加强安置社区治理，保障搬迁群众合法权益，促进搬迁群众融入新环境新生活。抓好搬迁脱贫村剩余掉边掉角农户搬迁工作。

五是加大对乡村振兴重点帮扶县支持力度。落实对乡村振兴重点帮扶县的支持政策。组织编制乡村振兴重点帮扶县巩固拓展脱贫攻坚成果同乡村振兴有效衔接实施方案，实施一批补短板促发展项目。做好乡村振兴重点帮扶县发展监测评价工作，加强对乡村振兴重点帮扶村的工作指导。

3. 为现代农业发展提供科技支撑

一是实施种业振兴行动。制定种业振兴行动实施方案。持续推进全省农业种质资源普查工作，加快建设四川省种质资源中心库、国家中药材种质资源库。支持成都建设区域农作物种业创新中心，支持绵阳建设区域畜禽种业创新中心。[①] 高标准推进邛崃天府现代种业园、三台县国家级生猪现代种业园区和省级现代种业园区建设。加强国家级育种制种基地和南繁科研育种基地建设，支持建设种业强市、强县。加强种业知识产权保护，持续净化种业市场。

二是深化农业科研院所改革。推进省属农业科研院所改革，整合农业科技资源，建立健全适应农业科研行业特点的体制机制，激发农业科研院所内生活力。推动成立四川乡村振兴职业学院。

---

① 《关于印发〈四川省"十四五"推进农业农村现代化规划〉的通知》，四川省人民政府网，2021 年 7 月 26 日，https://www.sc.gov.cn/10462/zfwjts/2021/7/26/4027648ea73543adadc03c0172d50948.shtml。

三是加强农业科技攻关和成果转化。持续开展农作物和畜禽育种攻关，组织推进"10+3"现代农业产业关键技术攻关，实施川猪、生物育种重大科技专项。加强国家现代农业产业技术体系四川创新团队建设。建设国家农业科技园区。支持农业企业、涉农高校开展科技攻关。调整优化省级农业科技园区布局。推动"四川科技兴村在线"平台提质扩面。

四是提升农机装备研发应用水平。实施农机购置与应用补贴政策，加大丘陵山区和粮食种植机械补贴支持力度。实施丘陵地区薄弱机械化技术研发攻关项目。推进"五良"融合产业宜机化改造，将符合条件的农机纳入首台（套）政策支持范围。优化农产品冷链物流中心空间布局，以整县推进试点县为引领，持续推进农产品产地冷藏保鲜设施建设。

五是加强农技推广和基层动植物疫病防治体系建设。加强市县乡农业科技推广体系建设。组织农业科研院所组建科技小分队，开展绿色高产技术模式集成推广。落实动植物疫病防控属地责任，配齐配强专业人员，实行定责定岗定人，加强非洲猪瘟、草地贪夜蛾等动植物重大疫病防控和人畜共患病源头防控。推进农业重大病虫害和植物检疫性有害生物疫情防控能力建设。加大检疫监测和综合执法力度，加强外来入侵物种防控管理。

4. 在推动农村一、二、三产业融合发展中建设"10+3"现代农业体系

一是培育优势特色产业园区。围绕粮油等大宗农产品，加强现代农业园区建设，健全管理机制，实行"园长制"。研究制定四川省现代农业园区管理条例。实施现代农业产业提升工程，建设农业产业强镇、优势特色产业集群、特色农产品优势区。[①] 大力发展"一村一品""一乡一业""一县一特"，培育乡村特色产业亿元村、十亿元镇，支持创建一批国家农业产业强镇，加快建设优势特色产业集群、特色农产品优势区。因地制宜推进农业种植园地分类优化改造，探索推广低质低效经果林腾田上坡、粮经复合高效种植、稻

---

① 中共四川省委、四川省人民政府：《关于全面实施乡村振兴战略开启农业农村现代化建设新征程的意见》（2021 年 3 月 1 日），《四川日报》2021 年 3 月 24 日。

渔规范种养等模式，盘活"四荒"地、恢复冬水田，建设以粮为主、粮经统筹、种养循环、"五良"融合的现代农业园区和"鱼米之乡"。

二是大力发展农产品加工业。完善农产品产后初加工基础设施，提高乡村农产品商品化处理能力。培育壮大一批对乡村振兴带动效果明显的农产品加工园区，深化省级农产品加工示范园区建设。推动一批农产品加工产业龙头企业做大做强，支持龙头企业在乡镇建立"第一车间"。

三是支持乡村新产业新业态发展。推进乡村旅游重点村镇和天府旅游名县、名镇、名村建设，认定一批休闲农业重点县，培育省级农业主题公园和休闲农庄。积极发展县域内比较优势明显、带动农业农村发展能力强、就业容量大的产业。支持具备条件的中心镇发展专业化中小微企业集聚区，推动重点村发展乡村作坊、家庭工场。

四是加快培育新型农业经营主体。围绕"一组一场"目标，实施现代农户家庭农场培育计划，继续开展家庭农场示范创建。实施农民合作社规范提升行动，开展农民合作社示范社四级联创和质量提升整县推进试点工作，继续开展农民合作社高质量发展重点县（市、区）培育行动。制定支持农业产业化龙头企业做大做强的政策措施。

五是深化农业开放合作。推进成渝现代高效特色农业带建设，支持打造一批川渝毗邻地区现代农业合作园区和成德眉资都市现代高效特色农业园区。加快建设中法、中智等农业科技园。扩大优势特色农产品出口。培育壮大农产品外贸主体，探索建立农业外贸综合服务平台。

5. 加强乡村国土空间规划推进"美丽四川·宜居乡村"建设

一是以片区为单元编制乡村国土空间规划。统筹衔接"三区三线"划定试点、市县级国土空间总体规划编制等工作，加快推进以片区为单元的乡镇级和村级国土空间规划编制。推动产业布局和资源要素向乡村优势区域集聚，增强中心镇经济、人口等集聚承载和辐射带动能力。统筹中心镇与其他建制镇基础设施和公共服务设施建设，发挥中心镇对片区产业发展和公共服务的辐射带动作用，构建片区差异化设施配套模式。健全乡村建设规划许可管理制度，加快推进全域土地综合整治试点。

二是健全乡村建设行动实施机制。因地制宜、分区分类建设各具特色的美丽宜居乡村。把握乡村建设的时度效，求好不求快。立足村庄现有基础开展乡村建设，坚持改造、保护、新建相结合。推广以奖代补等方式，引导各方积极参与乡村建设。落实村庄小型建设项目简易审批有关要求，鼓励符合条件的农村集体经济组织承接建设项目，具备条件的可采取以工代赈等方式实施。

三是推进农村基础设施建设。有序推进乡镇通三级及以上等级公路、较大人口规模自然村（组）通硬化路，实施撤并建制村畅通工程和乡村振兴产业路旅游路工程。全面推进乡村水务工作，加大农村供水工程升级改造力度。实施农村电网巩固提升工程。推进农村边远地区"光纤+4G"网络覆盖。推动"智慧广电"网络乡村全覆盖。实施数字乡村建设发展工程。推进农村危房改造和抗震改造。

四是实施农村人居环境整治提升行动。实施"美丽四川·宜居乡村"建设五年行动。推进农村生活污水治理"千村示范工程"。因地制宜推进农村生活垃圾分类减量和就地资源化利用。深入实施村庄清洁行动。

五是加强农村生态环境保护。巩固上一轮退耕还林成果，加强天然林资源和古树名木保护。推动农村河湖水环境治理改善。全面实施节水行动。实施有机肥替代化肥、生物农药替代化学农药行动，推进农业投入品减量化，加强畜禽粪污和农作物秸秆资源化利用。推进草畜平衡发展。巩固长江禁渔成果。扎实推进森林草原防灭火常态化治理工作。强化农业农村气象灾害监测预警服务。

6.大力提升乡村治理能力和治理水平

一是完善村民自治机制。健全党组织领导的村民自治机制，村级重大事项决策实行"四议两公开"制度。规范村委会建设。推广村级组织依法自治事项、依法协助政府工作事项等清单制，规范村级组织机构牌子和证明事项，推行村级基础信息统计"一张表"制度，减轻村级组织负担。指导各地在乡村治理中推广运用积分制等做法，深入推进乡村治理试点示范。

二是建设平安法治乡村。深化"六无"平安村（社区）建设。建立健全农村社会治安风险隐患信息化排查处置机制。常态化开展扫黑除恶专项斗争，完善防范和整治"村霸"问题长效机制。依法严厉打击农村黄赌毒和侵害农村妇女儿童人身权利的违法犯罪行为。开展农村交通、消防、食品药品安全等领域风险隐患排查和专项治理，依法严厉打击农村制售假冒伪劣农资、非法集资、电信诈骗等违法犯罪行为。优化农村公共法律服务供给。规范农村户籍登记管理和农业人口统计监测。巩固提升农业农村安全生产专项整治三年行动成果，抓好农村新冠疫情常态化防控。

三是推进农村精神文明建设。实施新时代乡风文明建设十大行动，创新开展"听党话、感党恩、跟党走"宣讲活动，深化文明村镇、文明家庭创建活动。优化城乡文化资源配置，实施中心镇公共文化服务提质增效工程。推进乡村文化振兴样板村镇建设。实施农耕文化保护传承工程，传承弘扬中华优秀传统文化。推动农村移风易俗。加强历史文化名镇名村、传统村落和传统民居保护。

四是做好农民工服务保障工作。实施农民工服务保障专项行动。强化农民工权益保障，加大根治欠薪力度，依法保护农民工的土地承包权、宅基地使用权、集体收益分配权。加强农村地区劳动力培训，确保全省农村劳动力转移就业稳定。持续打造"川字号"特色劳务品牌。支持农民工返乡创业，完善四川农民工服务平台。

五是关爱农村儿童和老年人。健全农村留守儿童和困境儿童关爱服务体系，加强政府购买服务资金保障。在凉山实施"树新风促振兴"暨妇女儿童关爱提升三年行动。深入开展"乡村振兴巾帼行动"。推进农村三级养老服务网络建设，健全农村特殊困难老年人关爱巡访与帮扶制度。将农村"一老一小"关爱保护工作作为推进乡村振兴战略实绩考核的重要内容。

六是加快农村社会事业发展。编制实施农村中小学、幼儿园布局结构调整规划，补齐农村地区办学条件短板。强化乡镇卫生院能力建设，推进县域医疗卫生次中心建设。推动城乡居民基本养老保险适龄参保人员应保尽保，合理引导灵活就业农民工按规定参加职工基本医疗保险和城镇职工基本养老保险。建设一批乡镇（街道）社会工作服务站。

7. 发展壮大新型农村集体经济

一是大力发展新型农村集体经济。全面实施《四川省农村集体经济组织条例》。规范建立新型农村集体经济组织，完善法人治理机制。继续实施扶持壮大村级集体经济项目，探索新型农村集体经济有效实现形式。有序推进合并村集体经济融合发展。在农村集体经济组织与其设立的企业之间设立"防火墙"，防止农村集体经济组织因设立的企业经营不善而出现重大风险。加强对农村集体经济组织投资规模和经营性债务规模的监测和风险提示。严禁将政府债务转嫁给农村集体经济组织或将农村集体经济组织债务转嫁给政府。

二是深化农业农村领域重点改革。开展集体产权制度改革"回头看"。稳慎推进农村宅基地制度改革试点，规范开展房地一体宅基地确权登记。完善宅基地基层管理体系。加强农村产权流转交易市场体系建设。持续深化供销合作社综合改革。推进农村水权水价改革。深化家庭农场和农民专业合作社带头人职业化试点，开展县域内城乡融合发展改革试点。

三是创新农村金融服务。持续推进乡村振兴金融创新示范区建设。加大对"三农"领域的信贷支持力度，保持同口径涉农贷款余额和普惠型涉农贷款余额持续增长。按规定组织开展金融机构服务乡村振兴考核评估，引导在川大中型商业银行提升县级机构授信放贷能力和效率，督促指导农村中小金融机构强化支农支小市场定位，将当年新增可贷资金主要用于支持当地农业农村发展。支持金融机构在农村设立金融综合服务站。支持各地扩大优势特色农产品保险范围和规模。

四是创新农业社会化服务体系。支持农村集体经济组织、农民合作社、供销合作社、专业服务公司等主体，开展以农业生产托管为重点的社会化服务，支持成立服务组织联盟（联合社）。开展第二批农业社会化服务省级重点县建设，推广"服务主体＋农村集体经济组织＋农户""农业共营制""整村托管"等模式。

8.激活乡村振兴"三要素"

一是落实资金投入优先保障。持续增加公共财政对乡村振兴和衔接推进乡村振兴补助资金的投入，确保财政投入与乡村振兴目标任务相适应。加大政府新增债券资金对乡村振兴的支持力度。出台关于调整完善土地出让收入使用范围优先支持乡村振兴的实施意见。发挥省乡村振兴投资引导基金作用。扩大乡村振兴农业产业发展贷款风险补偿金规模，不断降低政策性农业融资担保门槛和担保费率，提高放大倍数。鼓励县（市、区）按照产业规划和有关规定制定产业发展引导政策，建立乡村振兴重点投资项目库，大力推进产业招商。建立健全社会资本投入乡村振兴的对接、服务和保障机制。建立市县乡领导干部定点联系涉农企业和新型农业经营主体制度。

二是强化乡村发展用地保障。落实承包地"三权分置"，在农民自愿的前提下，充分发挥农村集体经济组织作用，探索通过土地承包经营权互换，或在承包权不变的前提下通过经营权互换、出租、入股等方式，逐步解决承包地细碎化问题，配套实施高标准农田建设等工程，实现土地集中连片耕种。稳妥有序推进农村集体经营性建设用地入市。新编县乡级国土空间规划应安排不少于10%的建设用地指标，重点保障乡村产业发展用地。制订土地年度计划时应安排不少于5%的新增建设用地指标，重点保障乡村重点产业和项目用地。

三是加强乡村人才队伍建设。深入实施乡村人才振兴五年行动，全面推进人才招引、定向培养、在职培训、人才援助、人才激励等工作，明确年度目标，落实具体举措。深入推行科技特派员制度。建设一批乡村振兴高技能人才培育基地。全面推行县以下事业单位建立管理岗位职员等级晋升制度。实施高素质农民培育工程。推进新农科建设，支持涉农高校加强专业课程建设，支持职业院校按规定开设涉农专业。加快建立责任（乡村、社区）规划师制度，建设乡村人才服务平台。

9. 坚持和加强党对乡村振兴的全面领导

一是压实全面推进乡村振兴责任。深入贯彻落实《中国共产党农村工作条例》，健全省负总责、市县乡抓落实的工作机制，构建责任清晰、各负其责、执行有力的"三农"工作推进机制。建立健全省级领导分工联系推进乡村产业振兴、人才振兴、文化振兴、生态振兴、组织振兴及体制机制改革等重点工作的机制。落实乡村振兴责任制实施办法，完善各级各有关部门抓乡村振兴责任落实机制。建立市县党政主要负责人抓乡村振兴责任清单和县（市、区）党委、政府推进乡村振兴年度任务清单制度。加强各级领导干部做好"三农"工作能力建设，组织开展新任职市（州）、县（市、区）党委、政府主要负责同志和分管负责同志乡村振兴专题培训。

二是建强党的农村工作机构。各级党委农村工作领导小组要充分发挥"三农"工作牵头抓总、统筹协调等作用，一体承担巩固拓展脱贫攻坚成果、全面推进乡村振兴议事协调职责。健全巩固拓展脱贫攻坚成果同乡村振兴有效衔接工作机制，统筹考虑工作力量、规划实施、项目建设、要素保障等，做到一盘棋、一体化推进。加强各级党委农村工作领导小组办公室建设，充实工作力量，完善运行机制，强化决策参谋、统筹协调、政策指导、推动落实、督导检查等职能。

三是发挥农村基层党组织战斗堡垒作用。强化县级党委抓乡促村职责，深化乡镇管理体制改革，健全乡镇党委统一指挥和统筹协调机制，加强乡镇、村集中换届后领导班子建设，全面开展农村基层干部乡村振兴主题培训。持续排查整顿软弱涣散基层党组织。发挥驻村第一书记和工作队抓党建促乡村振兴作用。完善村级重要事项、重大问题经村党组织研究讨论机制。深入开展市县巡察，强化基层监督，加强基层纪检监察组织与村务监督委员会的沟通协作、有效衔接，强化对村干部的监督。

## （二）四川乡村振兴的展望

习近平总书记指出："从现在到 2035 年，也就 3 个五年规划期，要抓紧行动起来。对农业农村现代化到 2035 年、本世纪中叶的目标任务，要科学分析、深化研究，把概念的内涵和外延搞清楚，科学提出我国农业农村现代化的目标任务。当前，首先要把'十四五'时期农业农村发展规划制定好。"①在新时代新征程上，四川要聚焦推动共同富裕取得实质性进展，坚持"为全国发展探路"的目标引领，推进乡村振兴迈上新台阶、实现新跨越，注重统筹提升，开展探索性、创新性、引领性乡村振兴发展的生动实践，全面展示农村新变化、农业新气象、农民新形象，为全面建设高质量乡村振兴扛起四川责任、贡献四川智慧，汇聚起广大干部群众奋进新时代、建设新乡村的磅礴力量。

1.2025 年四川乡村振兴发展的阶段性目标

四川省提出，到 2025 年，农业基础更加稳固，乡村振兴战略全面推进，农业农村现代化取得重要进展，脱贫地区实现巩固拓展脱贫攻坚成果同乡村振兴有效衔接。

一是粮食等重要农产品供给保障更加有力。粮食综合生产能力稳步提升，粮食播种面积稳定在 9500 万亩以上、产量稳定在 3540 万吨以上。生猪产能巩固提升，生猪存栏稳定在 4000 万头以上、出栏稳定在 6000 万头左右。油料生产加快发展，其他重要农产品保持合理自给水平。

二是农业质量效益和竞争力明显提高。现代农业"10+3"产业体系基本形成，构建起符合四川实际的现代农业园区梯级发展体系，带动小农户进入现代农业发展轨道，形成乡村一、二、三产业融合发展新态势。绿色优质农产品供给能力显著增强。农业基础设施现代化迈上新台阶，现代农业种业、装备、烘干冷链物流支撑保障水平显著提升。

三是"美丽四川·宜居乡村"建设行动取得明显成效。乡村布局规划进一步优化，农村生活设施便利化初步实现，城乡基本公共服务均等化水平明

---

① 习近平：《坚持把解决好"三农"问题作为全党工作重中之重 举全党全社会之力推动乡村振兴》，《求是》2022 年第 7 期。

显提高，乡村面貌发生显著变化。农村人居环境整体提升，农村生态环境明显改善，化肥农药减量增效成效明显，农村生产生活方式绿色转型取得积极成效。乡村治理体系和治理能力不断加强，乡村文明程度得到不断提升，农村发展安全保障更加有力。

四是农民全面发展取得重要进展。农民增收渠道持续拓宽，农村居民人均可支配收入增幅继续保持高于城镇居民和全国农民平均水平，城乡居民收入差距持续缩小。初步建立职业农民教育培训体系，农民科技文化素质和就业技能进一步提高，高素质农民队伍不断壮大。

五是脱贫攻坚成果得到巩固拓展。脱贫攻坚政策体系和工作机制同乡村振兴有效衔接，脱贫人口"两不愁三保障"成果有效巩固，农村低收入人口分类帮扶长效机制逐步完善，守住不发生规模性返贫底线，脱贫地区经济活力和发展后劲明显增强。

2.2035年四川乡村振兴发展的主要目标

四川省提出，到2035年，全面乡村振兴取得决定性进展，农业农村现代化基本实现，农业强省基本建成，核心要件是旱涝保收、高产高效、优质多样、生活便利、乡村美丽、移风易俗。

一是农业高质高效。粮食等重要农产品供给保障更加有力，现代农业种业、装备、烘干冷链物流体系等科技创新能力跃上新台阶，核心种源基本实现自主可控，农田建设质量显著提高，农业专业化社会化服务体系更加完备，产业链条现代化水平明显提高，农业设施化、园区化、融合化、绿色化、数字化水平大幅提升。

二是乡村宜居宜业。"美丽四川·宜居乡村"建设目标基本实现，农村交通便捷、生活便利，县域内公共资源要素实现高效配置，农村生态环境根本好转，绿色生产生活方式广泛形成，现代乡村治理体系更加健全，乡风文明程度、乡村发展安全保障达到新的更高水平。

三是农民富裕富足。农村居民人均可支配收入再迈上新的大台阶，城乡居民人均可支配收入差距显著缩小，与乡村振兴相适应的高素质农民队伍基本形成，广大农民平等参与现代化进程，共同分享现代化成果。

3. 2050 年四川乡村振兴发展的主要目标

四川省提出，到 2050 年，乡村全面振兴，全面建成农业强省、实现农业农村现代化，美丽城镇与美丽乡村交相辉映、美丽山川与美丽人居有机融合，城乡居民实现共同富裕，农业强、农村美、农民富全面实现。

# 山东乡村振兴发展报告（2021—2022）

董德利*

**摘要：**近年来，山东省坚持以习近平新时代中国特色社会主义思想为指导，坚决贯彻落实习近平总书记对山东工作重要指示要求，锚定"走在前、开新局"的目标，始终把"三农"工作摆在重中之重的位置，坚决扛牢农业大省责任，健康有序推进"五大振兴"，不断改善人民生活、促进共同富裕，乡村振兴的路径模式更加丰富，打造乡村振兴齐鲁样板取得阶段性成效。在打赢脱贫攻坚战，全面建成小康社会之后，"三农"工作重心历史性地转向了全面推进乡村振兴。今后，山东省将在思路、理念、方法上适应三农工作大转型的内在要求，继续强化新发展理念引领，不断深化农村综合改革，增强乡村发展内生动力，奋力开创新发展阶段"三农"工作新局面。

**关键词：**山东省；全面乡村振兴；齐鲁样板；"走在前"

近年来，山东省坚持以习近平新时代中国特色社会主义思想为指导，坚决贯彻落实习近平总书记对山东工作重要指示要求，以实际行动增强"四个意识"、坚定"四个自信"、做到"两个维护"。锚定"在全面建成小康社会进程中、在社会主义现代化建设新征程中走在前列，全面开创新时代现代化强省建设新局面"和"在服务和融入新发展格局上走在前、在增强经济社会

---

* 董德利，山东省委党校新动能研究院副院长，经济学博士、教授，主要研究领域为制度经济学、农村经济。

发展创新力上走在前、在推动黄河流域生态保护和高质量发展上走在前"的总遵循、总定位、总航标，立足新发展阶段，完整、准确、全面贯彻新发展理念，主动服务和融入新发展格局，始终把"三农"工作摆在重中之重的位置，坚决扛牢农业大省责任，健康有序推进"五大振兴"，不断改善人民生活、促进共同富裕，山东打造乡村振兴齐鲁样板取得阶段性成效。

# 一、山东省乡村振兴的主要成就

山东农业农村现代化建设取得明显成效。全省打赢脱贫攻坚战，全面建成小康社会，"三农"工作重心历史性转向全面推进乡村振兴，粮食等重要农产品供给保障更加有力，农业经济整体实力持续提升，农民收入持续增加，农村改革迈出坚实步伐，乡村面貌持续改善。2021 年，山东生产了全国 8.5%的粮食、9.8%的肉蛋奶、11.2%的蔬菜和 12.8%的水产品，为确保"端牢中国饭碗"贡献了山东智慧与力量。①

## （一）全面建成小康社会

山东省把脱贫攻坚作为全面建成小康社会的底线任务，坚决扛牢政治责任，动真碰硬、矢志不移，脱贫攻坚战取得全面胜利，顺利实现第一个百年奋斗目标。在这个过程中，紧盯"黄河滩"，聚焦"沂蒙山"，锁定"老病残"。山东坚持精准扶贫、精准脱贫，省负总责、市抓推进、县乡抓落实，五级书记一起抓，全省建档立卡贫困人口全部脱贫，累计减少省标以下贫困人口251.6 万人，8654 个省扶贫工作重点村全部退出，历史性解决了绝对贫困问题。其中，黄河滩区大迁建是山东历史上投资规模最大、涉及人口最多、支持政策最优的群众安置工程。山东省、市、县、乡、村五级同频共振，近两

---

① 《踔厉奋发的五年：扛牢农业大省责任　山东奋力在全面推进乡村振兴中闯新路、走在前》大众报业集团海报新闻，2022 年 5 月 27 日，https://baijiahao.baidu.com/s?id=1733948889 306521962&wfr=spider&for=pc。

万名党员干部、十万多名建设者鏖战大迁建，60万滩区群众顺利搬入新居，实现搬得出、稳得住、能发展、可致富。临沂探索建立扶贫资产管理四权分置模式，明确所有权、放活经营权、保障收益权、落实监管权，整合扶贫资金建起产业项目，带动贫困户就业增收的同时，也为乡村产业振兴打下坚实基础。①

在全面建成小康社会后，"三农"工作重心历史性转向全面推进乡村振兴，山东省委、省政府及时制定出台推进巩固拓展脱贫攻坚成果同乡村振兴有效衔接的政策措施，促进农业高质高效、乡村宜居宜业、农民富裕富足。

一是保持政策稳定。为确保稳定脱贫不返贫，山东保持教育、医疗、住房、饮水等各项帮扶政策总体稳定，继续对脱贫享受政策人口开展精准帮扶。2021年，山东开展控辍保学工作专项检查，实现动态清零，累计资助脱贫享受政策学生和防止返贫监测帮扶学生34.08万人次，"雨露计划"补助学生3.56万人次；全面落实医疗保障政策，完成脱贫享受政策人口和防止返贫监测帮扶对象参保工作，医保报销住院门诊费用35.32亿元，惠及454.26万人次。二是动态精准帮扶。山东组织开展监测帮扶全面排查，对排查发现存在返贫致贫风险的困难群众，及时纳入监测帮扶范围。2021年山东省国民经济和社会发展统计公报显示，山东省新识别认定监测帮扶对象1.56万人，累计纳入5.17万人，全部落实针对性帮扶措施，有效防止了返贫和新致贫。三是扎实做好稳岗就业工作。② 开展就业指导和服务，帮助40.67万脱贫劳动力实现务工就业。全省3460个就业帮扶车间吸纳农村劳动力5.4万人，其中脱贫劳动力7613人。③ 四是管好用好扶贫资产。据统计，"十三五"时期全省共支持实施产业扶贫项目2.56万个，总投资315亿元，

① 《山东：全面建成小康社会 脱贫攻坚取得历史性成就》，山东宣传网，2022年2月28日，http://www.sdxc.gov.cn/sy/jrywsy/202202/t20220228_9882484.htm。

② 山东省统计局、国家统计局山东调查总队：《2021年山东省国民经济和社会发展统计公报》，2022年3月1日，http://tjj.shandong.gov.cn/art/2022/3/2/art_6196_10294366.html。

③ 《山东扎实推进巩固拓展脱贫攻坚成果同乡村振兴有效衔接》，齐鲁网，2022年2月27日，http://news.iqilu.com/shandong/shandonggedi/20220227/5071516.shtml。

形成扶贫资产233亿元，累计实现扶贫收益32.7亿元。①省级先后制定出台了《省扶贫工作重点村产业发展项目管理办法》等六个规范性文件，并在2020年出台《扶贫资产管理办法（试行）》，进一步健全完善了扶贫资产所有权、经营权、收益权、监督权"四权分置"管理机制。针对扶贫资产管理存在的问题，积极围绕资金管理、资产运营、后续管护等问题，探索创新管理模式，管理精细化水平显著提升，在保值增值的基础上，扶贫资产质量效益不断提高。

### （二）现代农业平稳发展

粮食等重要农产品供给保障更加有力。全省把保障国家粮食安全作为乡村振兴的首要任务，全面落实粮食安全党政同责要求，农业发展稳中有增。2021年《山东省国民经济和社会发展统计公报》显示，全年粮食播种面积、单产、总产实现"三增"，总产首次突破1100亿斤大关，增加10.8亿斤，连续8年稳定在1000亿斤以上。2022年，全省克服2021年秋汛晚播、病虫害偏重偏早发生、后期干旱等不利因素影响，夏粮生产喜获丰收，呈现出"产量高、质量高、价格高"丰产丰收的可喜局面。深入实施藏粮于地、藏粮于技战略，截至2021年底，全省累计建成高标准农田6778万亩，发展高效节水灌溉4762万亩；全省主要农作物良种覆盖率达到98%以上。蔬菜、果品、畜产品、水产品等重要农产品供给平稳充足。"菜篮子"产品产量多年稳居全国前列，常年蔬菜产量稳定在8000万吨左右。②着力加强对北京、上海等地重要农产品调运，确保全国两会和冬奥会、冬残奥会期间"菜篮子"产品充足供应，担负起农业大省的责任，为全国稳产保供大局作出了贡献。

① 山东省财政厅：《山东省加强扶贫资产管理 实现脱贫攻坚成果 同乡村振兴有效衔接》，山东省人民政府网站，2021年3月5日，http://www.shandong.gov.cn/art/2021/3/5/art_175487_524914.html。

② 《山东省持续巩固基础、发挥优势、增添动能，统筹推进乡村"五个振兴"，打造乡村振兴齐鲁样板取得重要阶段性成效》，山东省农业农村厅（山东省乡村振兴局）网站，2022年7月12日，http://nync.shandong.gov.cn/xwzx/tpxw/202207/t20220712_3998324.html。

林牧渔业平稳发展。林地及非林地林木覆盖资源合计 400.2 万公顷，森林资源合计 330.1 万公顷，森林覆盖率 20.9%。猪牛羊禽肉产量 815.1 万吨，比上年增长 12.9%；禽蛋产量（不含小品种）455.4 万吨，下降 5.3%；牛奶产量 288.3 万吨，增长 19.4%。水产品总产量（不含远洋渔业产量）820.7 万吨，增长 3.9%。其中，海水产品产量 706.6 万吨，增长 4.0%；淡水产品产量 114.1 万吨，增长 3.3%。年末专业远洋渔船 563 艘。

农业经济整体实力持续提升。全省农林牧渔业总产值在上年率先突破万亿元大关的高基数上，继续保持快速增长。《2021 年山东省国民经济和社会发展统计公报》显示，2021 年山东农林牧渔业产值达 11468.0 亿元，按可比价格计算，比上年增长 8.6%。寿光蔬菜、烟台苹果等优势特色产业集群迈向千亿级。山东乡村产业集聚发展加快，累计创建国家级优势特色产业集群 4 个，现代农业产业园 11 个，特色农产品优势区 17 个，绿色发展先行区 2 个，农业产业强镇 78 个。农业经营主体培育壮大，累计培育家庭农场 10.4 万家，农民专业合作社 24.5 万户，农业产业化省级以上重点龙头企业 1133 家。休闲农业健康发展，累计创建中国美丽休闲乡村 63 个，全国休闲农业重点县 2 个。不断培植农业产业新业态，发展智慧农业，推进新一代信息技术与农业生产经营深度融合，累计培育智慧农业应用基地 352 个，发展乡村新型服务业，在 15 个县开展农业社会化服务创新试点。另据有关资料显示[①]，全省有 3 市、18 县被命名为国家农产品质量安全市、县，全省主要农产品质量监测合格率常年稳定在 97% 以上，省知名农产品区域公用品牌和企业产品品牌分别达到 81 个和 700 个；农业社会化服务组织达到 12.2 万个，数量均居全国前列，成为推进乡村产业振兴的重要农民收入持续增加。2021 年，全省农村居民人均可支配收入达到 20794 元，首次突破 2 万元关口，增速高出城镇居民 3.3 个百分点。2022 年，农村居民人均可支配收入

---

[①] 刘焱：《产业融合、绿色发展、创新驱动看齐鲁乡村振兴新答卷》，山东广播电视台闪电新闻，2022 年 7 月 12 日，https://baijiahao.baidu.com/s?id=1738138654066105032&wfr=spider&for=pc。

前三季度增速高出城镇居民 3.2 个百分点，城乡居民收入比缩小到 2.11：1，比上年同期缩小 0.06。全省村党组织领办合作社达到 4 万多家、入社农户 440 多万户。山东省深入推进实施城乡公益性岗位扩容提质行动，安置乡村公益岗 32 万人次，重点消纳农村剩余劳动力，增加农民工资性收入。①

现代农业发展基础稳固。根据《2021 年以来全省国民经济和社会发展统计公报》，全省引黄灌区农业节水工程稳步推进，累计完成投资 213 亿元，整治渠系 1.3 万公里，配套完善建筑物 1.6 万座、计量设施 2.6 万座，新增高效节水灌溉面积 390 万亩。高标准创建首批国家级水产健康养殖和生态养殖示范区 4 个。深入实施水产绿色健康养殖"五大行动"，重点培树 67 个骨干基地。农作物耕种收综合机械化率达到 89.7%，主要农作物良种覆盖率达到 100%，畜禽粪污综合利用率稳定在 90% 以上。

科技支撑能力持续增强。推动现代种业发展，率先出台省级种业行动实施方案，培育玉米、小麦、大豆、马铃薯等作物品种多次刷新全国高产纪录，其中，省农科院研发的小麦基因转化技术体系达到国际领先水平，山东农大首次找到并克隆赤霉病菌关键基因，为解决小麦赤霉病世界性难题找到了金钥匙。实施农机装备补短板行动，聚焦智慧农业与智能农机装备研发、农产品加工等，突破了一批核心技术、大功率高端智能拖拉机打破国外农机巨头垄断。实施乡村振兴科技创新提振行动，聚焦地方优势特色产业发展瓶颈，开展联合攻关。2020 年主要农作物良种覆盖率已达到 98% 以上，良种对粮食增产的贡献率达到 47%。农作物耕种收综合机械化率达到 88.95%，居全国首位。全省农业科技进步贡献率达到 65.18%，高于国内平均水平 5 个百分点。全省测土配方施肥技术覆盖率稳定在 90% 以上，化肥农药用量强度分别比 2015 年下降 17.8%、24.3%。农作物秸秆综合利用率

① 刘焱：《产业融合、绿色发展、创新驱动看齐鲁乡村振兴新答卷》，山东广播电视台闪电新闻，2022 年 7 月 12 日，https://baijiahao.baidu.com/s?id=1738138654066105032&wfr=spider&for=pc。

达到 94.6%，农膜回收率达到 89.4%。①

### （三）乡村振兴有序推进

山东按照习近平总书记关于"打造乡村振兴齐鲁样板"的重要指示，着力聚焦农民和土地的关系、农民和集体的关系、农民和市民的关系，推进农村产权明细化、农村要素市场化、农业支持高效化、乡村治理现代化，提高组织化程度，激活乡村振兴内生动力。在克服农业农村发展的深层次矛盾过程中，不断深化创新实践，努力为农业农村现代化蹚出一条新路子来。山东省坚持农业农村优先发展，持续巩固基础、发挥优势、增添动能，统筹推进乡村"五个振兴"，不断深化农村综合改革，打造乡村振兴齐鲁样板有序推进。截至 2022 年，对标国家《乡村振兴战略规划（2018—2022 年）》确定的 22 项指标，可量化的 18 项指标中，山东有 16 项提前达到或超过全国2022 年目标。全省涌现了一大批"点、线、面""县、乡、村""企业、园区、基地"，以不同层级典型为代表的"齐鲁样板群"。②

1. 持续巩固拓展脱贫攻坚成果

贯彻落实中央关于巩固拓展脱贫攻坚成果同乡村振兴有效衔接的要求，5 年过渡期内保持帮扶政策、资金支持、帮扶力量总体稳定，坚决守住不发生规模性返贫底线。继续对 190.2 万脱贫享受政策人口进行帮扶，持续巩固"两不愁三保障"和农村饮水安全成果。确定 20 个县（市、区）作为省乡村振兴重点帮扶县，出台支持政策，开展衔接乡村振兴集中推进区建设。健全防止返贫动态监测和帮扶机制，对全省新识别认定监测帮扶对象，全部落实针对性帮扶措施，有效防止了返贫和新致贫。

---

① 山东省人民政府网，《部门解读〈山东省"十四五"推进农业农村现代化规划〉》，2022 年 1 月 4 日，http://www.shandong.gov.cn/art/2022/1/4/art_107868_116499.htm。

② 《踔厉奋发的五年：扛牢农业大省责任 山东奋力在全面推进乡村振兴中闯新路、走在前》，大众报业集团海报新闻，2022 年 5 月 27 日，https://baijiahao.baidu.com/s?id=1733948889306521962&wfr=spider&for=pc。

2.加快推进乡村产业融合发展

"十三五"期间，全省认定省级农产品加工业示范县 45 个、示范园区 32 个。创建全国休闲农业和乡村旅游示范县 20 个、休闲农业和乡村旅游示范点 30 个、中国美丽休闲乡村 48 个。获批创建国家现代农业产业园 8 个、省级 74 个，国家级农业产业强镇 59 个、省级 158 个。创建千亿级国家优势特色产业集群 2 个。近年来，把产业振兴作为乡村振兴的基础和前提，深入实施乡村产业振兴"六大行动"，狠抓粮食和重要农产品生产供给，深入推进产业融合发展，加强要素保障和科技装备支撑，出台现代农业强县系列激励政策，加快构建现代农业产业体系、生产体系和经营体系。实施"百园千镇万村"工程，推动农业全产业链建设，烟台苹果、寿光蔬菜等向千亿级优势特色产业集群迈进，国家级海洋牧场示范区达到 59 个、占全国的近 40%。实施乡村产业平台构筑行动，县、乡、村三级产业联动发展格局初步形成。实施乡村产业融合推进行动，建立农业全产业链"链长制"，大力发展智慧农业。实施乡村产业绿色发展行动，化肥、农药使用量逐年下降，全省畜禽粪污综合利用率达到 90%以上。实施乡村产业创新驱动行动，培育的玉米、小麦、大豆、马铃薯等作物品种多次刷新全国高产纪录，全省农业科技进步贡献率达到 65.8%。实施乡村产业主体培育行动，种养大户、家庭农场、农民合作社、农业龙头企业、农业社会化服务组织等新型农业经营主体不断发展壮大。实施乡村产业支撑保障行动，2022 年全省预算安排乡村振兴重大专项资金 511 亿元，比上年增加 31 亿元，增长 6.46%，发挥信贷支农主力军作用，创新涉农金融服务模式，撬动引导金融资本投入"三农"领域。[1]

3.加快建设海洋强省

从大农业和大乡村的角度，着力做好乡村产业融合及陆海统筹发展等文

---

[1] 《产业融合带动、人才智力支撑……山东打造乡村振兴齐鲁样板的"十种类型"》，大众网，2022 年 7 月 11 日，https://sd.dzwww.com/sdnews/202207/t20220711_10515435.htm。

章，海洋强省建设扎实有力，海洋经济高质量发展。2021 年，全省建成海水淡化工程 41 个，日产能达 45.1 万吨；新增国家级海洋牧场示范区 5 处，累计达到 59 处，占全国的 39.3%。沿海港口全年完成货物吞吐量 17.8 亿吨，集装箱吞吐量 3446 万标准箱，比上年分别增长 5.5% 和 8.0%；集装箱航线、外贸航线总量分别达到 313 条和 221 条，航线数量和密度均居我国北方港口首位。海洋科技创新加速起势，累计建成全省技术协同创新中心 124 家，现代产业技术创新中心 156 家。省部共建国家海洋综合试验场（威海）挂牌运行，国家深海基因库、国家深海大数据中心、国家深海标本样品馆、中国海洋工程研究院落户青岛。海洋生态环境持续改善，积极处置各类生态自然灾害，打捞清理浒苔 181.4 万吨，治理互花米草面积 7600 公顷。

4.加快农村人居环境改善

坚定践行"两山"理念，启动实施农村基础设施网建设行动计划，统筹推进农村路网建设、供水保障等八大行动，加快推动城镇基础设施向农村延伸。深入开展农村人居环境整治提升五年行动，抓住重要时间节点，实施村庄清洁行动"系列战役"；累计创建省级美丽乡村示范村 2500 个，通过省、市、县三级联创，推动乡村从"一处美"向"全域美"转变。深入推进农业绿色发展，持续推进化肥农药减量增效，加强农业废弃物资源化利用，全省农作物秸秆综合利用率达到 95%，畜禽粪污综合利用率超过 90%。印发《农村人居环境整治提升五年行动实施方案（2021—2025 年）》，从以下 5 个方面着力改善农村人居环境。一是巩固扩大农村"厕所革命"成果。着力提高厕所粪污资源化利用水平，健全完善长效管护机制，加强全程质量管控。二是梯次推进农村生活污水治理。"十四五"时期全省 55% 以上行政村完成生活污水治理任务，基本消除农村黑臭水体。三是全面推进农村生活垃圾治理。推行农村生活垃圾减量化、资源化、无害化，到 2025 年，农村生活垃圾无害化处理率达到 99%。四是整体提升村容村貌。持续开展村庄清洁行动，深化拓展"三清一改"（清垃圾、清塘沟、清畜禽养殖等农业面源污染，改变影响农村人居环境的不良习惯）。持续推进美丽乡村建设。五是健全完善建管机制。注重激发群众内生动力，明确各类设施产权归属，落实运行管理单位管护责任，确保"五有"（有制度、有标准、有队伍、有经费、有监督）长效运行管护机制全面建立。

5.持续深化农业农村综合改革

作为农业大省、人口大省、革命老区，山东采取超常规举措推进脱贫攻坚，紧盯"黄河滩"，聚焦"沂蒙山"，锁定"老病残"，全面建成小康社会。作为农业产业化的发源地，山东探索形成的"诸城模式""潍坊模式""寿光模式"在全国起到了示范引领作用。近年来，山东进一步深化农业农村综合改革，围绕农村土地三权分置、集体产权制度改革、乡村治理、共同富裕、农业对外开放等内容，探索小农户与现代农业紧密衔接的有效方式，推进农村一、二、三产深度融合，加快构建现代农业产业体系，创造了产业融合带动、乡村共同体、生产托管服务等新经验新模式，乡村治理明显改善，乡村振兴之路越走越宽。

在全面推进乡村振兴进程中，各地尊重规律、勇于创新，因地制宜积极创建国家农业现代化示范区、乡村振兴齐鲁样板示范区、衔接乡村振兴集中推进区，全省涌现了一大批"点、线、面""县、乡、村""企业、园区、基地"等不同层面、不同类型的"齐鲁样板群"。实施乡村振兴政策集成改革试点，将发展壮大村集体经济、加快实现共同富裕等作为试点重要内容，释放政策叠加协同效应。进一步强化农村集体产权制度改革整省试点成果利用，全省农村集体经济组织资产总额达7318.78亿元。全省流转承包地面积超过4400万亩，占家庭承包经营耕地面积的46%；农村集体产权制度改革成果巩固提升，8.6万个村集体经济组织与村党组织、村民委员会同步换届，累计发放农村集体资产股权质押贷款超过9亿元。稳慎有序推进集体经营性建设用地入市，全省共有975宗集体经营性建设用地成功入市，成交总面积2.69万亩。在1492个村实施财政资金扶持发展村级集体经济项目，示范带动各地发展壮大村集体经济。

**6.坚持物质文明和精神文明一起抓**

培育文明乡风、良好家风、淳朴民风，把促进农民增收作为"三农"工作的中心任务，深化村党组织领办合作社路子，促进村集体和农民群众"双增收"。2021年，全省农村居民人均可支配收入达到20794元，首次突破2万元关口，增速高出城镇居民3.3个百分点。截至2022年7月，全省村党组织领办合作社达到4万多家、入社农户440多万户。2022年，山东省深入推进实施城乡公益性岗位扩容提质行动，当年安置乡村公益岗32万人次，重点消纳农村剩余劳动力，增加农民工资性收入。

## （四）路径模式日渐丰富

在乡村振兴的具体实践中，山东各地围绕深化拓展"诸城模式""潍坊模式""寿光模式"等，尊重规律、因地制宜，探索形成了许多行之有效、各具特色的经验做法，全省乡村振兴路径模式的探索日益丰富。归纳起来，主要有十种类型①：

一是产业融合带动型。以龙大、得利斯、中裕等为代表的一批龙头企业，在"公司+农户"基础上，带动发展合作社、家庭农场、专业大户等经营主体，把小农户与现代农业发展更加紧密地衔接起来，打造全产业链，实现一、二、三产业融合。省发展改革委推进农村产业融合发展示范园建设、省农业厅实施的"百园千镇万村"工程取得积极效果。青岛、烟台、潍坊、滨州等地结合实际形成了很好的做法。

二是片区联动开发型。打破原有村庄界限，以行政区划、流域或片区等为单元，统筹规划布局，通过产业聚合、资源整合、组织联合等方式，有序建设发展，实现区域整体提升。济南市实施"百村示范千村整治"行动，泰安市岱岳区的九女峰片区、日照市五莲县的白鹭湾田园综合体，都进行了有

---

① 《产业融合带动、人才智力支撑……山东打造乡村振兴齐鲁样板的"十种类型"》，大众网，2022年7月11日，https://sd.dzwww.com/sdnews/202207/t20220711_10515435.htm。

益的探索。

三是生产托管服务型。围绕解决"谁来种地、怎么种地"问题，结合土地流转，将农业生产的一个或多个环节委托给社会化服务组织，发展适度规模经营。据测算，一亩地每年可为农户降低生产成本 150 元左右、增加粮食产量 7% 左右。2022 年，托管方式日趋个性化、精准化、多元化，全省承包地流转面积超过 4400 万亩，生产托管服务面积超过 2 亿亩次，省供销社生产托管达 2500 多万亩。

四是数字赋能驱动型。借助新一代信息技术，在农村生产生活和社会治理各个环节打造应用场景，不少地方无人机撒药、APP 种菜、云上农场、直播带货成为新农活，电商农业等新业态快速增长。淄博市打造数字农业农村中心城市、菏泽市曹县发展电商淘宝村等效果明显。全国农产品数字化百强县，山东有 17 个县（市）上榜，数量最多。

五是人才智力支撑型。各地锚定"人才引育创新"，探索了"棚二代""乡村振兴合伙人""乡村规划师"等做法，培养造就了一大批"土专家""田秀才"，集聚了一大批现代化复合型人才服务乡村振兴。省人力资源和社会保障厅深化基层职称制度改革、省科技厅推动科技特派员下乡成效明显，东营、济宁、威海、聊城等地有很多好的做法。

六是"两山"理论实践型。各地坚持走绿色发展、生态振兴之路，统筹山水林田湖草沙系统治理，打开"绿树青山"变"金山银山"的通道，让自然资本保值增值、绿色产业富民惠民。省自然资源厅开展"国土绿化"行动、省生态环境厅推动农村生态环境治理、省住房城乡建设厅实施户厕改造和农房提升等，推动农村面貌不断改善。临沂市蒙阴县依托山多林多的特点，大力发展生态林果，蒙阴蜜桃品牌价值超过 260 亿元。

七是文化传承涵养型。把赓续红色基因与传承中华优秀传统文化结合起来，挖掘活化古村落、传统手工技艺、历史人物、革命遗址等资源，发展研学教育、观光旅游、沉浸式体验等，传统乡村焕发出新生机。省委宣传部深化乡村文明行动、省文化和旅游厅实施文化惠民工程，济宁市传承弘扬儒家文化、临沂市挖掘弘扬沂蒙精神，为家乡提供了精神动力。枣庄市薛城区中陈郝村、威海市荣成东岛村等一批古村落，在新时代展现出齐鲁乡村新气象。

八是党组织领办合作社型。发挥基层党组织的政治优势和组织优势，通过党组织领办各种形式的新型合作经济组织，构建集体与农户之间新的联结机制，搭建起农民进入市场的重要桥梁。省委组织部、省委农办等牵头推进这项工作，烟台、德州等市持续探索创新。截至 2022 年底全省村党组织领办合作社已发展到 4.24 万家，入社成员 480 万户。时间证明，这是抓党建促乡村振兴的有效载体之一，也是促进农民农村共同富裕的重要途径。

九是党组织联建共建型。适应农村社会结构和治理方式的新变化，创新基层组织设置和活动方式，村与村、村与企业、村与合作社等组建联合党委或党建联合体，以组织联合促进融合发展、协同治理。青岛市莱西市推进区域化党建联合、聊城市组建党建联合等，有效提升了基层党组织的引领力，完善了基层治理体系。

十是社会力量撬动型。各类金融机构、科研院所、国有企业、社会组织等，积极响应党和政府号召，发挥自身专长优势，撬动各类资源要素向乡村集聚、推动乡村振兴。省民政厅引导 7000 多家社会组织参与乡村振兴，省农科院在全省建立 75 个产业技术研究院，人民银行济南分行、省农担公司、农发行山东分行、恒丰银行等金融机构不断创新涉农信贷服务，为乡村振兴提供了强力支持。

## 二、山东省乡村振兴的典型实践

由于各地资源禀赋、发展基础和比较优势不同，山东全省各地因地制宜积极探索，特别是围绕乡村振兴的重点领域和关键环节不断创新实践，走出了富有特色的乡村振兴创新发展之路，全省乡村振兴的基层实践日益丰富。

### （一）科技创新引领乡村振兴

农业现代化，科技是根本性决定性力量。山东省以习近平新时代中国特色社会主义思想为指导，认真贯彻党中央、国务院决策部署，围绕农业高质高效，把农业科技摆在突出重要位置，深入实施藏粮于地、藏粮于技战略，持续推进农业科技创新与推广应用。

1. 济宁市嘉祥县："豆种芯片"成就大产业

种子是农业的"芯片"。济宁市嘉祥县地处山东省西南部，是农业部首批国家区域性大豆良种繁育基地，国家级大豆制种大县，先后被评为全国粮食生产先进县、全国科技良种制种基地。近年来，嘉祥县依托得天独厚的自然资源、悠久的大豆种植历史和广泛的群众基础，涌现一批科技型制种企业20余家。圣丰种业、华亚农业等一批种业龙头企业快速成长，大豆种子交易量每年达到1.3亿斤以上，畅销国内11个省份。2021年4月，嘉祥县获批创建国家现代农业产业园，进一步打造种业研发—繁育—生产—加工—销售一体化发展模式，推进农村一、二、三产深度融合。其主要做法如下：

聚全县之力强化要素保障。嘉祥县委县政府聚力打造"种业强县"，坚持项目带动，不断创优良繁产业发展环境和空间布局，引领大豆种业高质量发展。充分发挥企业在资源配置、产业发展、投资建设、产品营销等方面的主导作用，鼓励种子企业之间加强科技研发合作，实现"资源共享、联合攻关、抱团发展"，积极引导企业牵头构建产业联盟，并与合作社、家庭农场等新型经营主体共建良种繁育基地，构建形成"良种繁育、生产加工、市场流通、综合服务"一条龙全产业链条发展模式。积极整合涉农项目资金，引导支持种子企业建设"规模化、标准化、集约化、机械化、信息化"良种繁育基地。

汇多方之智强化科研支撑。探索创新"政府支持＋种子企业＋科研机构"三方合作新模式，与山东省农科院合作共建嘉祥国家现代农业产业园、大豆种业产业技术研究院。采取"企业出题、能者揭榜"的方式，帮助企业破解高端人才引进、技术难题解决过程中的"痛点"和"难点"。与中国科学院、中国农科院、南京农业大学等高校科研院所建立合作关系，为企业带来科技"硬核干货"。选派科技特派员，助力打造种业发展"育繁推"闭环，形成了由企业和高校科研院所提供新品种，科技特派员向农业经营主体提供全程无偿技术服务，指导农业经营主体进行日常管理，收集生长数据、建立台账，并向种业企业反馈的运作模式。对接省科技成果转化贷款风险补偿资金，精准推送科技成果转化贷款风险补偿，引导合作银行为纳入"全国科技型中小企业信息库"的中小种业企业提供科技成果转化贷款。嘉祥县建有国家级种子实验室、国家级大豆创新中心、大豆种业产业技术研究院、圣丰院士工作站、博士后科研工作站等多元化研发平台，国家大豆种业创新中心和国家区域性嘉祥华亚大豆育种联合创新研究院也相继落户嘉祥。全县企业独家生产经营大豆品种 130 多个，品种资源丰富，圣丰种业拥有大豆种质资源 2.04 万份，自主知识产权品种 104 个，植物新品种权保护品种 67 个。

做强市场主体激发内生动力。统筹整合涉农资金，持续完善制种基地基础设施，鼓励支持种业企业直接流转土地，农民到育种基地、加工车间务工，获得稳定的土地租金收入和制种、生产劳务收入。创新"土地流转、订单带动、股份合作、种粮协同"等发展模式，完善"品种选育＋制种生产＋加工仓储＋物流销售＋农资农技＋综合服务"运作机制，通过"抓龙头、建基地、联农户"，建立"公司＋合作社＋基地＋农户"的联农带农模式。全县种业国家级农业产业化龙头企业 1 家、省级 1 家、市级 17 家，关联企业发展到 25 家，农业合作社 220 家、家庭农场 227 家。目前，嘉祥县带动周边县区发展 30 万亩以上，年繁制种量 1.5 亿斤。"种子畅销山东、安徽、河南、江苏等黄淮海和长江中下游地区的 11 个省市，为黄淮海、长江中下游地区大豆种植供种安全提供了保障。"①

---

① 赵冉冉等：《乡村振兴看济宁 种业强"芯"赋能乡村产业振兴》，网易，2022 年 5 月 27 日，https://www.163.com/dy/article/H8D9TKRS0514R9KU.html。

2. 淄博市：数字赋能打造数字农业农村中心城市

2020 年 7 月，淄博市在全国率先提出建设数字农业农村中心城市，2020 年 12 月，获批以数字农业农村改革为主要任务的国家农村改革试验区。立足当地资源禀赋，以数字化改革赋能农业发展全链条、农村治理全领域、农民生活全方位，努力打造乡村振兴齐鲁样板的淄博特色板块。2022 年 4 月 23 日，《淄博市"十四五"数字强市建设规划》正式发布，力争到 2025 年建设成为数字技术创新、产业创新、改革创新、理念创新的数字化标杆城市。其主要做法如下：

加快产学研深度融合，强化数字农村综合支撑。在全国地级市率先提出建设数字农业农村中心城市、率先创建国家数字农业农村改革试验区、率先共建中国农业科学院数字农业农村研究院，与中国科学院、浙江大学等 18 家科研院校开展产学研深度合作，建成"齐农云"大数据平台一期工程并上线运行，深化与阿里、中化等 23 家头部企业合作，共建数字农业农村重大项目 59 个，着力培育果品、畜牧等 6 条农业数字化产业链，得益数字牧场、七河数字车间、中以数字果园等典型应用场景在多个省市实现复制推广，"数字＋农业农村"做法荣膺中国改革特别案例，淄博数字农业农村中心城市经验入选全国农村改革试验区典型案例。

聚焦数字赋能农业生产，聚力打造数字农业先行城市。推动数字技术在种植、养殖、加工等环节广泛应用，数字化改造农业企业、园区、基地 88 家，建设数字牧场、数字果园、数字车间、数字田园等，强化数字化科技服务。如山东思远农业公司"农保姆"服务网络扩展到全国 13 个省份，建成村级服务站 4105 个，服务全国近 20 万农户。

聚焦数字赋能农产品仓储物流，聚力打造京津冀和长三角之间绿色智慧冷链物流基地。运用平台思维、生态思维，推进与国内高端平台战略合作，建设旗舰型重大项目，打造阿里数字农业产业中心（山东仓）、淄博智慧城乡冷链仓储物流综合示范产业基地等，初步形成冷链仓储物流集群。

聚焦数字赋能农产品营销，聚力打造农产品销售"线上＋线下"双节

213

点城市。对接知名电商平台，培育本地电商矩阵，点燃农产品"线上＋线下"营销双引擎。加快培育电商矩阵，引进阿里、京东等知名电商平台，培育新星网上商城、乐物、忆当年等本地电商平台。加快发展营销新模式，在各大电商平台开展直播活动。打造特色农产品区域公共品牌。加快完善快递进村配送体系，快递进村基本全覆盖。

## （二）产业发展夯实乡村振兴

乡村振兴，产业先行。山东各地立足区位和资源优势，围绕村农业提质增效、集体收入增加、农民增收致富的目标，不断培育壮大特色产业，优化农业布局，形成了一批有特色、有优势的农业产业项目，以产业振兴勾勒出乡村振兴的美丽新图景。

### 1. 潍坊寿光市：以蔬菜产业引领县域乡村振兴

作为冬暖式大棚蔬菜的发祥地，寿光市是闻名全国的"蔬菜之乡"，是全国最大的设施蔬菜种植基地和世界上公认的四大蔬菜主产区（基地）之一。近年来，寿光积极探索、大胆实践，加快农业产业结构调整，大力发展蔬菜产业提质增效，推动设施农业迭代升级，逐步完善以农产品物流园区为核心的生产性服务业体系，创造出享誉全国的"寿光模式"。

寿光始终坚持以产业为核心，围绕全要素、全产业链创新探索，从一粒种子到一棵菜，从一棵菜到一桌美食，从一座蔬菜大棚到一座"蔬菜工厂"，将蔬菜这一传统产业，培育发展成现代化的高效产业链，让"寿光元素"在全国各地落地生根，让乡村振兴有"智"更有质。目前，寿光蔬菜产业发展基本实现"五转五化"，即：实现由"技术输出"向"标准模式输出"转变，持续推动服务标准化；实现由"传统蔬菜种植"向"现代设施农业"转变，持续推动农业智慧化；实现由"中低端种植"向"高端绿色品牌"转变，持续推动农业品牌化；实现由"家庭分散生产"向"适度规模经营"转变，持续推动农民组织化；实现由"单纯种菜卖菜"向"赏菜、玩菜、康养、文化、旅游"延伸，持续推动三产融合化，走出了一条农业高效、农民富裕、城乡融合的县域创新发展之路。主要做法如下：

一是强化种子研发。农业现代化，种子是基础。寿光人深知种子的力量，自2012年开始相继出台蔬菜种业发展扶持政策，拿出专项资金开展种源"卡脖子"技术攻关，立志打一场种业翻身仗。到目前，寿光自主研发的蔬菜品种已达160个，种苗年繁育能力达到18亿株，产值10亿多元，国产蔬菜品种占有率达到70%以上，并且逐年提高，实现了"寿光菜、寿光造"。而在示范园内省内规模最大的种质资源保护中心，已收录种质资源2.1万多份，构建起包含高标准种质资源库、分子育种实验室、种子周转库等从育种研发到种子生产的"一条龙"体系。

二是加强组织化经营。寿光不少蔬菜园区都采用"工厂化"理念建设运营，全链条标准化、智慧化生产大大提高，实现蔬菜产业由数量向质量转变。例如：丹河设施蔬菜标准化生产示范园是寿光最早引入蔬菜标准化生产体系的种植基地之一，在这里从育种到蔬菜产出，实现"种苗、技术、农资"等六统一，通过基地一头连市场一头连农户，已经串联起一条条标准化产业链。另外，寿光还注重打造社会化服务体系和组织，坚持走规模化、集约化现代农业发展道路，创建国家级农民合作社示范社5家，省级示范社32家，组建了寿光市蔬菜合作社联合会，寿光市成功入选全国农民合作社质量提升整县推进试点单位。

三是完善产业链条。产业链向前延伸一环，就可以多创造几倍的效益。寿光市立足蔬菜产业基础不断创新，着力开拓优质蔬菜、功能蔬菜、净菜、鲜切菜、预制菜等产业新业态，完成从初级产品到精深加工产品的链条延伸，同时配套建设完善清洗、加工、烘干、质检、包装、冷链物流、生鲜仓储等供应链，将全方位完善蔬菜产业链、提升价值链。以寿光亿龙食品公司为例，早在2012年就投入了先进的预制菜生产流水线，从事高端预制菜加工销售。如今亿龙食品把预制菜送进了航空餐的"餐盘"，成为国内航空配餐龙头国航中央餐厨的重要预制菜供应商。到2021年，寿光市较具规模的预制菜企业有27家，实现产值78.8亿元。

四是实施品牌化战略。一个品牌带动一个产业，一个品牌富裕一方百姓。多年来，寿光培育了一大批特色鲜明、竞争力强、知名度高的农业品牌。尤其是 2021 年以来，寿光市把蔬菜品牌建设提升工程列为 20 项重大工程之一，重点从组织体系建设、蔬菜品质提升、品牌宣传打造等方面进行突破，以品牌化带动农民增收。当前寿光蔬菜产业正逐步瞄准品牌化、标准化、组织化、智慧化、融合化，从以前的单纯种菜卖菜向种业研发、品牌打造、生态旅游、科技提升等多方面转变。

五是提高标准集成输出水平。2018 年农业农村部与山东省政府合作共建的全国蔬菜质量标准中心落户寿光，成立了 4 名院士领衔、67 名专家组成的蔬菜领域国内顶级专家团队，成功举办四届全国蔬菜质量标准高峰论坛，全国蔬菜标准化技术委员会、华夏有机农业研究院、山东省农业标准化技术委员会在中心设立分支机构，成立国家蔬菜质量标准化创新联盟，参与国家蔬菜标准化区域服务与推广平台、国家技术标准创新基地建设，未来寿光农业标准集成输出的水平将进一步提高。

2.菏泽市曹县：农村电商开辟乡村振兴新路径

数字乡村是乡村振兴的战略方向，电商则是数字乡村的重要内容，电商为乡村振兴插上了"数字"翅膀，开辟了乡村振兴新路径。曹县位于山东省西南部、鲁豫两省十县交界处，总面积 1969 平方公里，总人口 175 万人，是山东省人口第一大县，典型的农业县。截至 2022 年，曹县淘宝村发展到 168 个、淘宝镇 19 个，实现了镇级全覆盖，是山东省首个镇级全覆盖的县。2021 年曹县网络销售额突破 281 亿元，2022 年 1—4 月，全县网络零售额为 83.28 亿元，比上年同期增长 10.3%。连续多年被阿里巴巴评为全国第二"超大型淘宝村集群"和"江北最大的淘宝村集群"。目前，培育出电商企业5500 余家，网店 6.6 万余家，带动 35 万人创业就业，吸引 5 万余人返乡创业，亿级店铺发展到 6 个、千万级店铺发展到 120 多个，天猫店 2000 余个，被国务院评为"农产品流通现代化、积极发展农村电商和产销对接工作典型县"。其主要做法如下①：

一是优化营商环境。率先在全市成立县政府直属正科级一类公益事业单位—曹县电子商务服务中心，负责全县电子商务的规划制定和组织实施。同时成立曹县电子商务工作领导小组，书记、县长任双组长，与电商产业相关的市场监管、行政审批、交通运输、农业农村、发改、财政、通讯、供电、银行等30多个单位为成员，明确各自职责，定期召开会议，研究电商发展问题，优化营商环境。

二是开展金融服务创新。与浙江网商银行签署《"数字化普惠金融项目"战略合作协议》，实行贷款"310模式"，即三分钟申请、一秒钟到账、零人工干预，有效缓解传统贷款流程长、时间久难题。截至目前，累计放款130.97亿元，服务人员10.34万人，单个电商户贷款额度高达152万元。同时，支持县内金融机构陆续推出电商贷、店铺贷、农担贷等30余款的金融产品，在大集镇孙庄村设立"县农行乡村振兴服务站"，开展电商企业信用贷款业务，开启无抵押无担保新模式。

三是鼓励在外企业回迁。开展天猫店"回家"活动，在县"市民之家"开辟绿色通道，对在外电商企业回迁业务优先办理，明确迁入流程，优化简化办理程序，促进在外电商企业尽快回迁。2021年，有642家在外注册企业店铺回迁到曹县。为更好地服务回迁及当地企业，成立中国曹县（演出服饰和林产品）知识产权快速维权中心，针对演出服和木制品产业款式多、更新快等特点，将企业专利申请时间由6个月以上缩减至10天左右，有效提升企业申报效率。

四是加大人才培育力度。鼓励户籍在曹或与电商相关的优秀人才回乡发展，通过招聘、引进、培育、挖掘等方式招揽人才，充实曹县电商人才队伍。同时重视人才基地建设，曹县职业中专从2019年起，率先在全省县级

① 《可复制的"曹县模式"——曹县电商赋能县域经济发展纪实》，牡丹晚报速新闻，https://baijiahao.baidu.com/s?id=1712332677348769302&wfr=spider&for=pc。

职专开设电商专业（直播电商），目前共有 7 个班 300 余学生，为培养电商达人、发展网红直播打下坚实基础。目前，全县形成了集演出服、汉服、木制品、农特产品的四大特色产业集群，带动农民增收致富取得明显成效。

### （三）深化改革赋能乡村振兴

#### 1. 枣庄市：产权制度改革赋能乡村振兴

农村数量庞大的资产资源，是发展农村集体经济、促进乡村振兴、实现农民共同富裕的重要物质基础。而农村集体产权制度改革则是对农村生产关系的进一步调整和完善，是一项管全局、着长远、治根本的重大改革，是实施乡村振兴战略的重要制度支撑。枣庄市借助国家农村改革试验区的优势，通过建立农村产权流转交易平台，加快撬动、盘活农村资产资源，2021 年率先整建制建成市、区（市）、镇街、村"四级"农村产权交易服务体系。目前枣庄市农村产权交易机构设立、服务板块创新、运行模式探索等方面均走在全省前列，打造了全省农村产权交易工作的"枣庄模式"。其主要做法如下①：

一是加强交易体系顶层设计。早在 2005 年，枣庄市就在全国创建了首个农村土地流转有形市场，并相继在全市搭建了农村土地流转市场平台体系。近年来，在"政府主导、市场化运作、服务三农"的框架下，逐步完善农村产权交易平台组织架构和运营模式，确立了全市农村产权交易市场市、区（市）、镇（街）、村"四级共建"的组织架构和"市场＋公益""六统一"的运行模式。同时设立了"七平台一基金"的服务板块（农村产权交易平台、农村产权抵押登记平台、农村资产评估和招标服务平台、地方名优稀特农产品推介交易平台、农村集体资产处置平台、农村普惠金融服务平台、大数据平台、农村产权运作基金），构建了服务全面、功能强大、独具特色的农村

---

① 《建好产权交易平台　赋能闲置资源壮大农村集体经济助力乡村振兴——枣庄市深化农村集体产权制度改革探索》，山东省农业农村厅（山东省乡村振兴局）网站，2021 年 12 月 9 日，http://www.agri.cn/V20/ZX/qgxxlb_1/sd/202112/t20211209_7790076.htm。

产权交易运行新机制。

二是加强产权交易与信贷协同。2021年7月，出台《枣庄市村级集体经济发展三年强村计划（2021—2023年）》及四个相关配套办法明确，要求加强与银行、保险、政策性担保等机构的联合与协作，尽快研究制定与农村产权交易相匹配的信贷、保险产品，探索建立"政策性担保＋农村产权抵押担保"双担保运行模式。2021年10月，山东省农村产权融资信息服务平台（鲁振通）全省试点工作正式启动，平台运用区块链、大数据、人工智能等新技术，架起农村交易平台、农担、银行、保险以及金融监管、农业农村、财政等涉农部门（机构）沟通桥梁，实现互联互通、信息共享。通过为农村产权抵押融资服务提供数据支撑，引导金融机构提供更加丰富的金融产品和服务，实现以规范农村产权交易促进信贷投放、以扩大信贷投放促进农村产权规范交易的"双促进"目标。

三是建立集体经济长效机制。为进一步发展壮大村级集体经济，促进乡村振兴战略实施，2021年8月以来，枣庄在全市范围内开展了农村集体"三资"摸底清理工作，对私自侵占、不合理发包的集体资产进行规范或回收后重新发包，切实发挥集体资产的最大效益。在农村集体"三资"清理规范特别是闲置资源资产盘活利用工作中，及时在农村产权交易平台发布农村资产资源出租（转包）等各类信息，通过公开竞争的形式承包经营，提高农村资源配置和利用效率。通过依托线上农村产权交易平台，规范交易流程、手续，探索"自由竞价"机制，经过专业评估机构对农村集体资产资源评估，合理确定集体资产资源的价值，杜绝"亲情价""人情价"，最大限度保障农村"三资"保值增值，建立了村级集体经济增收的长效机制，为农村集体经济发展、乡村振兴战略实施起到了积极的促进作用。

2.山东省供销社：土地托管服务助推农业适度规模经营

近年来，山东省供销社系统围绕破解习近平总书记提出的"谁来种地、怎么种地"问题，积极转变经营服务方式，创新开展土地托管服务，走出了以规模化服务推动现代农业适度规模经营的新路子，让农民和村集体成为规模经营的积极参与者和持续受益者，促进了小农户与现代农业发展有机衔接。土地托管服务促进了土地规模化经营，整合后使碎地变整地，成方连片更利于统一种植和机械化作业，使得农机农艺融合、良种良法配套成为可能，为农业现代化奠定基础。通过整合土地，去除垄背，可增加种植面积5%以上。

土地托管服务的出现有深刻的时代背景。伴随市场经济的逐步发展，农村农资销售市场发生深刻变化，供销社传统的"坐店经营、一供一销"农资供应模式受到严重冲击，销售业务日益萎缩。多地基层供销社主动求变，将农资经营业务向生产端延伸，创新开展代运代施、代耕代种、代管代收等业务，解决了农民外出打工顾不上种地的问题。2013年，省供销社总结基层实践经验，率先提出了土地托管服务模式，在全省系统推广。基本做法是，供销社为农民和各类新型农业经营主体的土地提供全程（全托管）或部分环节（半托管）的托管服务，在土地产出受益主体不变前提下，供销社按照协议约定收取相应的服务费。托管服务的对象，一是农民合作社、家庭农场、种粮大户和涉农企业等规模经营主体，帮他们解决办不了、办不好、办了不经济的问题，比如购买大型机械不合算、临时雇用社会服务不及时、服务质量难保障等；二是分散经营的小农户，通过村"两委"、联络员将小农户组织起来，共同接受供销社服务，实现统一耕种、管理、收获、销售等环节的规模化生产。这种模式将农民从土地中解放出来，实现了打工种地两不误，顺应了农民的需求，得到了广泛的认可，土地托管写进了中央文件，已在全国推广。

### 三、山东省乡村振兴的机遇与挑战

中国特色社会主义进入新时代后，经济发展的基本特征由高速增长阶段转向高质量发展阶段。进入"十四五"时期，国内外环境正在发生深刻变化，总体来看，我国仍处于发展战略机遇期。作为农业大省，山东发展进入全面求强、大踏步向现代化迈进的新阶段，山东省的农业农村现代化必将在现代化强省建设中开创新局面。

从国际背景看，世界科技发展日新月异，新材料、新能源、人工智能、生物技术等不断取得新突破，推进了农业设施装备更新，为农业农村发展注入了强大动力，奠定了技术基础。"世界处于百年未有之大变局"，技术壁垒、贸易壁垒花样繁多，层出不穷。新冠疫情的爆发阻碍了农产品正常进出口贸易，增强了重要农产品进出口的政治倾向性。从国内环境看，全面建成小康社会，脱贫攻坚战取得全面胜利，为全面实施乡村振兴战略积累了丰富的实践经验，奠定了深厚的物质基础。国际经济循环的不确定性，迫切需要延伸产业链、畅通供应链、提升价值链、重构创新链、扩大资本链、优化服务链，全面深化国内国际双循环，强化省内城乡经济循环，这对农业补短板强弱项、农村扩大消费和融合发展提出了更高要求。从山东实际来看，过去五年，山东地区生产总值连续跨过三个万亿级大台阶，2021年达到8.3万亿元，一般公共预算收入跨过两个千亿级大台阶，达到7284亿元。人民生活水平显著提高。居民人均可支配收入年均增长7.7%，高于GDP增速1.6个百分点。251.6万省标以下贫困人口全部脱贫，近60万滩区群众实现"安居梦"。"四新"经济增加值占比提高10个百分点，达到31.7%；高新技术产业产值占比提高13个百分点，达到46.8%；市场主体突破1360万户、增长92.8%，进出口总额增长89.5%。① 经过阵痛期、调整期、提升期的新旧动能转换，山东省显著提升了全省科技创新能力，加快了农业自主创新、引进创新和实用创新，促进了农业产业提质增效、转型升级，推进了乡村振兴齐鲁样板打造。当然，农业比较效益低、农村基础设施弱、农村居民增收慢、脱贫户返贫风险大的现实，也迫切需要提升质量、打造品牌，实现农产品优质优价；迫切需要加大投入、倾斜资源、增加就业，实现农民收入多元化。

---

① 《山东汇聚高质量发展新优势　持续推进现代化强省建设》，中国新闻网，2022年6月3日，https://baijiahao.baidu.com/s?id=1734579171150149158&wfr=spider&for=pc。

另外，山东乡村发展也面临一些深层次的共性问题，诸如：要加快体制机制创新，发展壮大乡村集体经济；要进一步破除城乡二元结构，加快城乡融合和一体化发展；要深化农村要素市场化改革，激活乡村发展新动能；要加强乡村基层社会治理等。

"十四五"时期是全面推进乡村振兴、加快农业农村现代化的第一个五年，也是山东省加快新旧动能转换、推动农业农村高质量发展和打造乡村振兴齐鲁样板的关键时期。加快全省农业农村现代化，坚持农业农村优先发展总方针，以实施乡村振兴战略、打造乡村振兴齐鲁样板为总抓手，聚焦农业农村高质量发展，全面走好城乡融合发展之路、共同富裕之路、质量兴农之路、乡村绿色发展之路、乡村文化兴盛之路、乡村善治之路、中国特色减贫之路，激活城乡要素、乡村资源和乡村发展内生动力，加快形成工农互促、城乡互补、协调发展、共同繁荣的新型工农城乡关系，优化提升乡村产业体系、生产体系和经营体系，全面推进农产品优质化、乡村田园生态化、乡村产业融合化、农业农村数字化、基层治理规范化、农民增收持续化，既是人民群众对美好生活的新期待、新向往、新需要，也为全省全面推进乡村振兴提供了巨大空间和机遇。

## 四、山东省全面乡村振兴的路径举措

在全面建成小康社会、实现第一个百年奋斗目标之后，中国进入"后小康"时代和加快推进中国特色农业农村现代化的新征程，"三农"工作重心历史性地转向全面推进乡村振兴。这是"三农"工作的大转型，在思路、理念、方法上都要适应这一变化。对此，山东省坚持以习近平新时代中国特色社会主义思想为指导，坚决贯彻落实习近平总书记对山东工作重要指示要求，在全面建成小康社会之后，继续锚定"走在前、开新局"的目标，以实施黄河重大国家战略为契机，聚焦发展思路和策略方法，坚定扛牢农业大省责任，继续推动"三农"工作再上新台阶，不断改善人民生活、促进共同富裕，加快推进乡村全面振兴，努力打造乡村振兴齐鲁样板。

## （一）在全面推进乡村振兴中"闯新路、走在前"

2021年12月27日，山东省人民政府印发《山东省"十四五"推进农业农村现代化规划》，明确了未来五年山东农业农村现代化的目标定位、基本原则、发展布局和重点任务。2022年4月25日，山东省委、省政府印发《关于做好2022年全面推进乡村振兴重点工作的实施意见》。2022年7月，时任山东省委书记李干杰在《求是》杂志发表题为《奋力开创新发展阶段"三农"工作新局面》的文章，进一步明确了"闯新路、走在前"，开创"三农"工作新局面的工作基调。

1.强化新发展理念引领，锚定"走在前、开新局"目标

习近平总书记指出，一定的发展实践都是由一定的发展理念来引领的。当前，山东打造乡村振兴齐鲁样板正处在全面推进、全面提升的关键阶段。要应对百年变局和世纪疫情，推动经济社会平稳健康发展，必须坚持和加强党对"三农"工作的全面领导，坚持用新发展理念引领"三农"工作。

一是清醒认识理解把握新发展阶段，完整准确全面贯彻新发展理念。党的十八大以来，在习近平经济思想指引下，我国正在加快迈向更高质量、更有效率、更加公平、更可持续、更为安全的发展之路，创新、协调、绿色、开放、共享成为新发展理念。山东要突出打造乡村振兴齐鲁样板，全面实现乡村振兴，就要以新发展理念为引领，全面服务和融入新发展格局，以实施乡村振兴战略为总抓手，立足本地实际，建立完善乡村振兴政策体系，促进农业发展方式转变和综合实力提升，促进农业农村高质量发展。具体来说就是要：瞄准"有效衔接走在前"，全力巩固拓展脱贫攻坚成果；瞄准"生产能力走在前"，全力抓好重要农产品稳产保供；瞄准"产业发展走在前"，全力促进农民增收和共同富裕；瞄准"绿色生态走在前"，全力推进乡村建设行动；瞄准"农村改革走在前"，全力增强乡村发展内生动力。

二是把稳住"三农"基本盘作为应对各种风险挑战的根本举措。习近平

总书记指出，稳住农业基本盘、守好"三农"基础是应变局、开新局的"压舱石"。山东就是要始终绷紧粮食安全这根弦，守住耕地和生态保护两条红线、粮食安全和不发生规模性返贫两条底线，稳定粮食和重要农产品有效供给，大力发展特色优势产品，促进农村一、二、三产业融合发展，以稳产保供的确定性应对外部环境的不确定性。[①]

三是把畅通循环作为服务和融入新发展格局的战略基点。山东农业产业体系健全、发展基础较好、比较优势明显，蕴藏着巨量消费和投资需求；承担着建设自由贸易试验区、中国—上海合作组织地方经贸合作示范区等重大国家战略任务，有条件打造连接"一带一路"、融入区域全面经济伙伴关系协定（RCEP）的桥头堡，成为畅通国内国际双循环的重要联结点。今后，山东仍将着力推进城乡协调发展，促进产业聚合、要素整合、城乡融合，畅通城乡经济循环；统筹用好国际国内两个市场、两种资源，促进农业对外合作。[②]

2.加快建设现代农业，全力促进农民增收和共同富裕

产业发展是实现农民增收和共同富裕的关键。作为一个动态的和历史的概念，现代农业是指用现代科学技术和装备武装的，用现代生产组织管理方式来经营的市场化、社会化农业，是国民经济中具有较强竞争力的现代产业。实现农业农村现代化，是山东实现现代化强省建设的重大任务之一，特别是要以农业供给侧结构性改革为主线，加快构建现代农业"三大体系"，进一步完善农业支持保护制度，发展多种形式适度规模经营，培育新型农业经营主体，健全农业社会化服务体系，实现小农户和现代农业发展有机衔接，提高农业创新力、竞争力和全要素生产率。

一是建设现代农业产业体系。主要是对农业产业结构进行优化调整，发展壮大新产业、新业态，打造农业全产业链，促进种植业、林业、渔业、畜牧业、农产品加工业、流通服务业等转型升级和融合发展，从而提高农业产

---

① 李干杰：《奋力开创新发展阶段"三农"工作新局面》，《求是》2022年第7期。

② 李干杰：《奋力开创新发展阶段"三农"工作新局面》，《求是》2022年第7期。

业的整体竞争力，以及农业资源在空间和时间上的配置效率。具体来说，就是要在稳定粮食生产能力、确保国家粮食安全特别是口粮绝对安全基础上，积极调整农业生产结构，大力发展现代畜牧业、园艺业、水产业、林业，大力发展高附加值、高品质的农产品生产；要不断优化农业区域布局，根据各地资源比较优势发展农业生产，形成区域专业化的生产布局，逐步改变农业生产布局"小而全""大而全"状况；要积极延伸农业产业链条，大力发展农产品加工和流通业，发展农业社会化服务业，发展围绕农业活动的第三产业，推动粮经饲统筹、农牧渔结合、种养加一体及一、二、三产业融合发展，大力改变农产品加工业发展不足、农产品加工率和加工度低状况，大力改变农产品流通效率低状况，大力改变农业生产性服务业发展不足状况，不断提高农业整体素质和竞争力。

二是建设现代农业生产体系。主要是用现代物质装备武装农业，用现代科学技术服务农业，用现代生产方式改造农业，推进农业科技创新和成果应用，提高农业良种化、机械化、科技化、信息化和标准化水平，增强农业综合生产能力和抗风险能力。具体来说，就是要强化农业条件建设，不断提升农业水利、农产品流通、农产品市场等公共基础设施，大规模推进农田水利、土地整治、中低产田改造、高标准农田建设，提高农业抵御自然灾害和风险的能力，增强农业生产稳定性；要因地制宜发展农业机械化，发展现代设施农业，发展智慧农业，发展农业产业园区，推动信息化和农业现代化融合发展，不断提高农业生产机械化和信息化程度；要强化农业科技创新和推广，优化农业科技创新与农业生产有效结合的体制机制，健全农业技术推广体系，特别要解决好农业技术推广"最后一公里"问题，顺畅农业技术进入农业经营主体手中的通道，使农业科技创新和推广成为推动农业发展的持续动力；要强化农业社会化服务，在加强政府主导的公益性社会化服务基础上，着力培育新型农业服务主体，重点发展面向农业生产的专业化服务公司，扩展农业产前、产中、产后服务，完善农业社会化服务体系，提高农业社会化服务水平；要强化农业标准化生产，大力标准化农业，健全从农田到餐桌的农产品质量安全全过程监管体系，提高农产品质量安全水平；要强化农业生态资源环境保护，深入推进化肥农药零增长行动，大力推行高效生态循环的种养模式，大规模实施农业节水工程，大力实施区域规模化高效节水灌溉行动，深入实施土壤污染防治行动计划，实施耕地、草原、河湖休养生息规划，集中治理农业环境突出问题，推进山水林田湖整体保护、系统修复、综合治理，推进农业可持续发展。

三是建设现代农业经营体系。主要是发展多种形式适度规模经营，大力培育新型职业农民和新型经营主体，健全农业社会化服务体系，提高农业经营集约化、组织化、规模化、社会化水平，实现小农户和现代农业发展有机衔接。具体来说，就是要大力培育专业大户、家庭农场、农民合作社、农业企业等新型农业经营主体，形成职业农民队伍，发展多种形式适度规模经营，构建集约化、专业化、组织化、社会化相结合的新型农业经营体系，实现家庭经营、合作经营、集体经营、企业经营共同发展。要着力提高农业生产的组织程度，积极调整一家一户分散的、小规模的、粗放式经营，构建集约化、专业化、组织化、社会化相结合的新型农业经营体系。要积极鼓励和引导工商资本到农村发展适合企业化经营的现代种养业，向农业输入现代生产要素和经营模式，实现家庭经营、合作经营、集体经营、企业经营共同发展。要积极发展多种形式适度规模经营，发挥规模经营在现代农业建设中的引领作用。

3.加快乡村建设行动，全力推进生态文明建设

党的十八大将生态文明建设提升到中国特色社会主义事业战略层面，将优化国土空间开发格局作为生态文明建设的重要措施，提出"要按照人口资源环境相协调、经济社会生态效益相统一的原则，控制开发强度，调整空间结构，促进生产空间集约高效、生活空间宜居适度、生态空间山清水秀，给自然留下更多的空间，给农业留下更多良田，给子孙后代留下天蓝地绿水净的美好家园"。因此，加快空间结构优化成为推进生态文明建设、保护生态环境、实现环境与经济社会协调发展的关键，要坚持绿色发展，生态化引

领，"一体化"高效统筹生产生活生态空间。

首先，加快空间结构优化。一是生产空间要高效集约。严格依据国家规定的标准划定耕地和永久基本农田，全面提升耕地保护工作水平。执行最严格的耕地保护制度，从严控制耕地转为其他用地。提高土地利用效率，加快推进高标准农田建设，切实扛稳保障粮食安全的重大责任。探索乡村振兴"整乡推进""整县推进"模式，一体化推进产业发展和结构调整。二是生活空间要宜居适度。以县城或集镇为中心，统筹城乡开发建设，逐步实现乡村一体化联动。推动基础设施、公共服务从乡镇向村庄延伸。深入探索乡村振兴片区化发展新路径。三是生态空间要融合扩大。加强生态保护与修复，对环境遭到严重破坏的地方，宜采取综合治理及退耕还林等方式，逐渐恢复自然生态，提升自然生态系统的保护及修复能力，因地制宜地用好自然生态资源禀赋，大力发展绿色富民产业。深化主体功能区建设，对国土空间按开发方式进一步细分，深化全域生态化建设。

其次，促进乡村环境全面提升。一是增强环境保护意识，开展全民环保行动。提高村民的环保意识，使农民充分认识到人居环境的治理和改善对于农村发展、人民生活质量提升的重要作用，特别是要从理论知识和环境治理常识上，增强农民的社会责任感和环保法治意识。二是强化规划引领，从源头预防环境污染。从农业带、产业群的规划，到村落空间布局、村庄产业规划、村容村貌改造，都要坚持规划先行。通过规划实施，优化空间开发布局、推动环境质量改善、促进产业转型升级。三是加快农村基础设施建设，完善公共服务设施。统筹推进农村路网建设、供水保障等行动，加快推动城镇基础设施向农村延伸。四是创新治理模式，发挥市场机制作用。充分考虑农村环境治理项目与其他产业项目的关联性，跳出单纯的"治理思维""融资思维"，采用打包策略，通过制度建设推动多元化治理和市场化运行。

**4.深化农村综合改革，全力增强乡村发展内生动力**

改革是推动农业农村发展的不竭动力。站在新的历史起点上，推动农业高质高效、农村宜居宜业、农民富裕富足，根本还是要靠深化农村改革，用好改革"关键一招"，不断为农业农村现代化释放新活力、注入新动能。主要内容包括：

第一，巩固和完善农村基本经营制度。一是坚持农村土地农民集体所有、家庭承包经营基础性地位不动摇，保持农村土地承包关系稳定并长久不变，处理好农民和土地的关系，尊重农民意愿，维护农民权益。二是不断深化农村土地制度改革，巩固提升农村集体产权制度改革成果，推动更多资源要素向农村流动。持续强化农业支持保护政策，加强农业保险政策创新和制度供给，为农业经营主体提供更加多元化的保险保障。三是引导小农户进入现代农业发展轨道，发挥新型农业经营主体对小农户的带动作用，健全农业专业化社会化服务体系，构建支持和服务小农户发展的政策体系，实现小农户和现代农业发展有机衔接。四是大力推动科技创新、业态创新和模式创新，推进产业数字化、数字产业化，加快发展乡村数字经济。五是坚持深化改革，集约化经营。不断深化农村土地制度、集体产权制度改革，创新体制机制，集聚要素资源，发展多种形式农业适度规模经营。

第二，推进乡村治理体系和治理能力现代化。发挥农民在农业农村现代化中的主体作用，充分尊重农民意愿，巩固拓展脱贫攻坚成果，切实保护农民权益，调动广大农民群众的积极性、主动性和创造性，推进乡村治理体系和治理能力现代化，不断增强农民群众获得感幸福感安全感。一是强化农村党组织领导。发挥农村基层党组织战斗堡垒作用，选优配强村领导班子，加快构建以村党组织为引领，村民自治组织、各类经济社会组织和农民群众广泛参与的协同治理格局。二是完善村民自治机制。依法开展民主选举，增强村民自治组织能力，完善村民（代表）会议制度，推进民主选举、民主协商、民主决策、民主管理、民主监督实践。抓好村级协商示范点建设，推动村级协商制度化、规范化和程序化。三是提升乡村法治水平，健全农村公共法律服务体系。四是加强乡村德治建设。大力弘扬社会主义核心价值观，深入挖掘乡村熟人社会蕴含的道德规范，建立道德激励约束机制，以较高道德水准推进社会和谐稳定。

第三，建立健全城乡融合发展的体制机制和政策体系。坚持共享化发展，促进城乡要素合理流动和优化配置，推动农业全面升级、农村全面进步、农民全面发展。一是将县域作为城乡融合发展的重要切入点，以保障和改善农村民生为优先方向，强化以工补农、以城带乡，加快建立健全城乡融合发展体制机制，推动公共资源县域统筹，促进城乡协调发展、共同繁荣。二是"要健全多元投入保障机制，增加对农业基础设施建设投入，加快城乡基础设施互联互通，推动人才、土地、资本等要素在城乡间双向流动"。①三是梳理既有政策的相关内容，整合交叉重叠的部门政策，缓解全局性政策与局部性政策之间的冲突。在政策融合层面，加大土地政策创新与单项发展政策的整合力度，形成城乡融合发展的有机衔接，科学把握乡村振兴中高质量发展、高品质生活、高水平治理、高素质人才的内在逻辑。

第四，建立健全共同富裕长效机制。共同富裕兼备发展性、共享性和可持续性特点。其中，发展是实现共同富裕的前提，共享性是共同富裕的底色，可持续是长期要求。要用大历史观看"三农"问题，秉持人民至上，为了农民、服务农民、依靠农民、仰仗农民、惠及农民、造福农民，着眼满足人民对美好生活新期盼，千方百计增加农民收入，让农民富起来。一是在高质量发展中推进共同富裕。建立和完善制度性保障，使各种发展要素和发展制度与共同富裕的目标相匹配。要大力提升自主创新能力，塑造乡村产业发展新优势，提升经济循环效率，激发各类市场主体活力。二是要让发展成果最大限度地惠及低收入群体，提高低收入群体增收能力和收入水平，实现区域、城乡、群体之间收敛。还需要通过放宽市场准入、调整落后地区产业政策、优化产业结构、提升落后地区发展能力等来提高经济发展的收敛性。三是要注重激发落后地区内源发展的动力和能力，要以城乡之间、发达地区与欠发达地区之间的创新合作为契机，推动发达地区的治理体系和治理能力、管理经验、技术、人才、信息等要素向欠发达地区复制、推广、转移，从而

---

① 习近平：《论"三农"工作》，中央文献出版社2022年版，第279—280页。

帮助提升欠发达地区的发展与治理能力。

### （二）做好当前"三农"工作的重点任务和举措

2022年，按照中央和省委工作要求，山东将继续聚焦农业稳产增产、农民稳步增收、农村稳定安宁，全力保障粮食和重要农产品有效供给，巩固拓展脱贫攻坚成果，扎实有序做好乡村发展、乡村建设、乡村治理重点工作，统筹推动"三农"各项任务落地落实，确保打造乡村振兴齐鲁样板取得新进展、农业农村现代化迈出新步伐。工作要点如下：

毫不放松抓好粮油生产供应。严格落实粮食安全党政同责考核要求，粮食播种面积稳定在1.2亿亩以上，粮食总产保持稳定。支持德州市开展"吨半粮"产能建设。启动实施大豆产能提升工程，在沿黄等适宜地方建设大豆高标准生产基地。

巩固拓展脱贫攻坚成果。健全防返贫动态监测帮扶机制，持续提升"两不愁三保障"水平。建立省级领导同志联系指导省乡村振兴重点帮扶县制度。开展衔接乡村振兴集中推进区建设。加强黄河滩区居民迁建和易地扶贫搬迁后续扶持，开展搬迁群众就业帮扶专项行动。

落实"长牙齿"的耕地保护硬措施。落实耕地保护党政同责要求，严格耕地保护责任，严守耕地红线。落实耕地保有量和永久基本农田保护目标，足额带位置逐级分解下达任务、签订耕地保护目标责任书，作为刚性指标实行严格考核、一票否决、终身追责。稳妥有序开展农村乱占耕地建房专项整治试点。巩固"大棚房"问题专项清理整治成果。

实施种业振兴行动。推进种业振兴行动实施方案落实落地，实施农业良种工程和现代种业提升工程。扩建省农作物种质资源库，加强种业省重点实验室、技术创新中心建设，加快新品种研发，力争在玉米、大豆生物育种、白羽肉鸡新品种选育等方面实现新突破，力争将潍坊、济南建成全国蔬菜、奶牛选育中心，建设畜禽核心育种场和扩繁基地、水产良种场。

加大高标准农田建设力度。加快推进高标准农田整县试点。组织编制新一轮高标准农田建设规划。深入开展盐碱地治理，加大黄河三角洲轻中度盐碱地保护性开发，集成推广盐碱地生态保护和综合利用模式。

发展乡村富民产业。稳定生猪基础产能，规模以上养殖场稳定在 1.17 万家左右。培植壮大蔬菜、果品、食用菌、茶叶、中药材等优势特色产业，提升设施农业水平。深入实施水产绿色健康养殖行动。推进农业园区建设，新创建一两个千亿级产业集群。实施农业全产业链培育计划，开展农产品加工业高质量发展评价，加快发展乡村旅游、电子商务等新产业新业态，促进一、二、三产业融合发展。

大力推进农业机械化。加强农机装备工程化协同攻关和研发创新力度，加快大中型、智能化、复合型农业机械研发和应用。落实农机购置与应用补贴政策。推进"全程全面、高质高效"农业机械化，农作物耕种收综合机械化率达到 90.3%。

规范有序开展村庄建设。统筹城镇和村庄布局，有条件有需求的村庄实现规划应编尽编。严格规范村庄撤并，稳妥有序推进美丽宜居乡村建设。继续实施农村危房改造，持续推进农村房屋安全隐患整治。

加快农村基础设施建设。启动实施农村基础设施网行动计划，开展农村路网、供水、电网、物流等基础设施建设，持续推进数字乡村建设，推进城镇基础设施向农村延伸。2022 年新建改建农村公路 1 万公里，农村规模化供水率达到 82% 以上，行政村 5G 网络通达率达到 40% 以上。完善县域商业体系，培育 10 个乡镇商贸中心建设引领县，认定 10 个现代流通强县。

深化农村人居环境整治提升。实施农村人居环境整治提升五年行动。扎实推进农村厕所改造，加快完善后续管护长效机制。分区分类推进农村生活污水治理，加快消除农村黑臭水体。完善城乡生活垃圾收运处置体系。持续抓好美丽乡村和"美丽庭院"建设。

统筹县域基本公共服务建设。推进乡村教育振兴先行区试点建设，深入实施教育强镇筑基行动和强校扩优行动。深入推进紧密型县域医疗卫生共同体建设，加强乡村基层医疗卫生体系建设。实施敬老院改造提升工程，加强失能特困老年人兜底保障。加大农村社会救助投入，持续提升农村困难群众基本生活救助保障水平。

加强农村基层党组织建设。启动实施农村基层党建分类推进整体提升三年行动计划。实施村党组织带头人"头雁领航"工程，巩固拓展村"两委"换届成果，继续推行、深化提升村党组织书记专业化管理。实施农村基层干部素质能力提升工程。深入开展市县巡察，强化对村干部特别是"一肩挑"人员的监督。

深入推进农村精神文明建设。大力培育和践行社会主义核心价值观，深化"听党话、感党恩、跟党走"等宣传教育活动，推动习近平新时代中国特色社会主义思想进乡村、进社区。深化乡村文明行动，推进移风易俗，规范村民议事会、红白理事会等群众自治组织。

加强平安乡村建设。全面排查整治农村治安突出问题，持续打击农村涉黑涉恶违法犯罪和"村霸"。依法严厉打击农村黄赌毒和侵害农村妇女儿童人身权利的违法犯罪行为。对非法宗教活动和邪教问题突出的乡村进行专项治理。健全完善农村新冠疫情常态化防控工作体系。

强化乡村人才支撑。突出抓好专业大户、家庭农场、农民合作社、农业产业化龙头企业和社会化服务组织建设。发挥泰山人才工程作用，继续做好齐鲁乡村之星选拔工作。加强高素质农民培育。积极引导各类人才向农村基层聚集。

实施乡村公益性岗位扩容提质行动。大幅创设乡村公益性岗位，规范乡村公益岗位设置，落实岗位待遇保障政策，2022年创设乡村公益性岗位32万个，进一步消纳农村剩余劳动力，促进充分就业、劳动增收。

深化农业农村改革。推进第二轮土地承包到期后再延长30年试点。稳慎推进宅基地制度改革试点，探索建立农户资格权保障、宅基地使用权流转机制。稳慎有序推进集体经营性建设用地入市。巩固完善农村集体产权制度改革成果。实施村级集体经济提质增效行动，推动村党组织领办合作社工作扩面提质。

# 云南乡村振兴发展报告（2021—2022）<sup>*</sup>

周梁云　穆美琼　周肇敏<sup>**</sup>

**摘要：**2021—2022 年，云南省全面贯彻落实习近平总书记关于巩固拓展脱贫攻坚成果同乡村振兴有效衔接的一系列重要指示批示精神，牢牢守住不发生规模性返贫底线，切实维护和巩固脱贫攻坚战的伟大成就，健全乡村可持续发展的长效机制。全省全面强党对乡村振兴工作全面领导，着力提升粮食等重要农产品供给保障能力，加快高原特色农业现代化发展、扎实推进乡村建设行动实施方案、深入推进农村产权土地制度改革、强化乡村基层组织建设和乡村治理。在全省上下齐心努力下，各级政府返贫动态监测和帮扶机制不断完善，全省"两不愁三保障"和易地搬迁后扶持不断加强，脱贫人口持续增收三年方案有效落实，乡村建设和乡村治理稳步推进，县级巩固拓展脱贫攻坚成果和乡村振兴项目库建设有序推进，"干部规划家乡行动"持续开展，全省全面推进乡村振兴取得切实成效。全省涌现出了诸多具有广泛借鉴意义的典型案例，如楚雄州巩固拓展脱贫攻坚成果同乡村振兴有效衔接工作经验模式，保山市腾冲市司莫拉推动农文旅融合发展实践模式，怒江州推

---

* 《云南乡村振兴研究报告（2021—2022）》的撰写得到了中共云南省委办公厅、云南省政府办公厅、云南省政府乡村振兴局、云南省政府农业农村厅、楚雄州彝族自治州巩固脱贫攻坚推进乡村振兴领导小组办公室、楚雄州政府乡村振兴局、楚雄市政府、牟定县政府等单位以及相关领导的大力支持，特别是在调研协调、交流座谈、实地考察、问卷调查、案例收集、资料提供等方面给予了大力支持。编写组在此表示衷心感谢！

** 周梁云，云南师范大学云南纪检监察学院教授；穆美琼，云南师范大学马克思主义学院教授；周肇敏，北京外国语大学博士研究生。

进易地扶贫搬迁后续帮扶实践模式，等等。在新形势下，云南乡村振兴的创新动力更加强劲，发展空间更加广阔，优势和潜力更加明显，但面临的挑战也更加突出。云南省需要进一步完善"一平台、三机制"，巩固拓展脱贫攻坚成果，进一步打造专业人才、培育特技人才、培养适配人才、发现技术领军人才、培训农村电商人才等五类急需人才队伍，进一步强化农村法治建设和产业帮扶措施，促进脱贫人员持续增收，推动全省全面乡村振兴迈向新高度。

**关键词：**云南；全面推进乡村振兴；帮扶机制；典型案例

2021 年是我国全面建设社会主义现代化国家、向第二个百年奋斗目标进军的开局之年。习近平总书记指出："在向第二个百年奋斗目标迈进的历史关口，在脱贫攻坚目标任务已经完成的形势下，在新冠疫情加剧世界动荡变革的特殊时刻，巩固拓展脱贫攻坚成果，全面推进乡村振兴，加快农业农村现代化，是需要全党高度重视的一个关系大局的重大问题。"[①] 促进产业振兴、人才振兴、文化振兴、生态振兴、组织振兴，推进城乡融合发展是乡村振兴的战略目标。进入 2022 年，云南省委、省政府全面贯彻落实习近平总书记关于巩固拓展脱贫攻坚成果同乡村振兴有效衔接的一系列重要指示批示精神，围绕乡村振兴的产业兴旺、生态宜居、乡风文明、治理有效、生活富裕的总体要求，严格落实脱贫攻坚"四个不摘"，[②] 抓实防止返贫动态监测和帮扶，创新建设"一平台、三机制"，[③] 强化责任落实、政策落实、工作落实，脱贫群众收入持续快速增长，脱贫地区基础设施和基本公共服务水平明显提升，全面推进乡村振兴，牢牢守住不发生规模性返贫底线，切实维护和巩固

---

① 《习近平谈治国理政》第四卷，外文出版社 2022 年版，第 192 页。

② "四个不摘"指摘帽不摘责任、摘帽不摘政策、摘帽不摘帮扶和摘帽不摘监管。

③ "一平台、三机制"，即"政府救助平台"和"双绑"利益联结机制、股份合作机制、健全扶志扶智长效机制，参见云南省委书记王宁在中国共产党云南省第十一次代表大会上的报告《为全面建设社会主义现代化谱写好中国梦的云南篇章而奋斗》，2021 年 11 月 27 日。

脱贫攻坚战的伟大成就，健全乡村可持续发展的长效机制，实现"十四五"良好开局、扎实有序推进乡村发展、乡村建设、乡村治理等重点工作，进一步深入推动巩固拓展脱贫攻坚成果与乡村振兴有效衔接，以实际行动迎接党的二十大胜利召开。

# 一、云南乡村振兴的主要举措与成绩

云南省委、省政府深入学习贯彻习近平总书记关于"三农"工作重要论述和考察云南重要讲话精神，认真落实党中央、国务院决策部署和省委、省政府《关于做好2022年全面推进乡村振兴重点工作的实施意见》等要求，全力巩固拓展脱贫攻坚成果，加快推进高原特色农业现代化，大力实施乡村建设行动，农业农村发展稳中向好，农民收入稳步增加，全面推进乡村振兴实现良好开局，把促进脱贫人口增收摆在更加突出的位置，开拓进取、扎实工作，牢牢守住不发生规模性返贫底线，推进乡村振兴不断开创新局面。

## （一）主要举措

### 1.全面加强党对乡村振兴工作的集中统一领导

坚持和加强党对乡村振兴工作的全面领导，省委、省政府多次召开省委常委会会议、省政府常务会议研究部署，推动巩固拓展脱贫攻坚成果同乡村振兴有效衔接政策落地落实。调整完善省级领导挂联乡村振兴重点帮扶县，省级领导多次深入重点县开展专项调研督导。主要举措如下：一是持续高位推动。及时召开省委农村工作会议、全省巩固拓展脱贫攻坚成果同乡村振兴有效衔接工作座谈会、全省乡村振兴现场推进会议等重要会议，对全面推进乡村振兴作出部署安排。建立"三双"工作机制，调整成立省委农村工作领导小组、巩固脱贫攻坚推进乡村振兴领导小组，由省委、省政府主要领导担任双组长；分别在省农业农村厅、省乡村振兴局下设双办公室；双月定期研究调度重大问题，每次会议突出一项重点工作，压茬推进。二是健全体制机制。及时调整设置乡村振兴机构，省、州（市）、县（市、区）三级乡村振兴局全部挂牌成立。有序衔接推进产业帮扶和乡村建设任务，确保过渡期内工作不断档、责任不缺位、力度不减弱、秩序不混乱。三是强化责任落实。严格落实"五级书记"抓乡村振兴工作要求，扎实开展乡村振兴战略实绩考核。将乡村振兴纳入换届后党委领导班子和农村基层干部培训重要内容，对全省3.96万名县处级以上领导干部、9000多名乡镇领导班子成员、40万名村组干部开展全员轮训，深化领导干部对乡村振兴重要性的认识。

2022年9月15日至25日，根据云南省委、省政府安排，由省委督查室、省政府督查室、省乡村振兴局牵头，组织14家省级部门组成8个督查组，对16个州（市）开展巩固拓展脱贫攻坚成果同乡村振兴有效衔接实地督查。[①] 本次督查坚持问题导向，坚持以上看下和以下看上有机结合，通过书面与实地相结合，以明察暗访为主开展。督查重点围绕持续巩固拓展脱贫攻坚成果、脱贫人口持续增收、接续推进脱贫地区乡村振兴、全面推进乡村振兴重点工作、2021年以来发现问题整改等方面进行。

2.全力巩固拓展脱贫攻坚成果确保不发生规模性返贫

坚持把巩固拓展脱贫攻坚成果作为头等大事、摆在压倒性位置来抓，严格落实党中央和国务院要求，确保不发生规模性返贫。主要举措如下：一是全面压实各方责任。2021年省级领导带头挂联57个乡村振兴重点帮扶县，省级290个单位包乡驻村，全省12230个单位定点帮扶。持续深化东西部协作和对口支援工作。选派驻村工作队8727支，选派第一书记和工作队员2.82万余名。二是建立健全"一平台、三机制"。上线运行"政府救助平台"，围绕"两不愁三保障"、农村饮水安全及收入等方面，强化动态监测帮扶，推进农户自主申报、基层干部排查、部门筛查预警"线下网格化、线上网络化"有机结合，确保监测对象快速发现、风险隐患及时消除、帮扶措施

---

① 参见《云南开展巩固拓展脱贫攻坚成果同乡村振兴有效衔接督查》，云南省乡村振兴局网站，www.ynxczx.yn.gov.cn。

精准有效。通过分类帮扶消除风险 56.19 万人。建立龙头企业绑定合作社、合作社绑定农户发展的"双绑"利益联结机制，推进产业帮扶全覆盖，截至 2021 年底，2.95 万个新型经营主体与 164.47 万户脱贫户建立稳定利益联结关系。建立股份合作机制，推进村级集体经济全覆盖，2106 个行政村村级集体经济帮扶救助 15940 人。建立健全扶志扶智长效机制，推进培训就业全覆盖，全省脱贫劳动力转移就业 322.44 万人以上，超计划 3.8 万人以上。三是按照"一点一策"原则，不断强化易地扶贫搬迁后续扶持。实施脱贫村提升行动，持续巩固教育、医疗、就业、农村饮水安全保障成果，全面排查 1.14 万个行政村农村房屋安全隐患，140.8 万脱贫人口纳入救助保障范围。①《云南省脱贫人口持续增收三年行动方案（2022—2024 年)》提出"六个一批"重点任务，按照"一户一方案、一定三年、逐年推动落实"机制，为 198 万户、796.7 万人制定三年增收措施，同时对 70 万户年人均纯收入在 1 万元以下有劳动力的脱贫户，组建了"一对一"帮扶专班，促进脱贫人口收入持续增长。

3. 全力提升粮食等重要农产品供给保障能力

主要举措如下：一是坚决扛牢粮食安全和重要农产品供给政治责任。稳定全年粮食播种面积和产量，扩大大豆和油料生产，保障重要农产品供给，合理保障农民种粮收益，统筹做好重要农产品调控。二是稳定粮食生产。严格落实粮食安全党政同责，层层分解下达粮食生产底线任务，全面完成国家下达的 480 万亩高标准农田建设任务。2021 年，全省粮食播种面积 6287.1 万亩、产量 1930.3 万吨，同比增长 0.6%、1.8%，超额完成国家下达目标任务。三是落实最严格耕地保护制度。深入推进农村乱占耕地建房问题专项整治，完成"大棚房"问题专项清理整治"回头看"，坚决遏制耕地"非农化"、防止"非粮化"。严格落实耕地占补平衡制度，全省 65 个重大建设项目难

---

① 参见《"云南这十年"系列新闻发布会·巩固脱贫攻坚成果和乡村振兴专场发布会》，云南省人民政府云南省网上新闻发布厅，2022 年 9 月 5 日，https://www.yn.gov.cn/ynxwfbt/html/2022/zuixinfabu_0902/4935.html。

以避让的 4.58 万亩永久基本农田全部补划到位，93 个建设项目新增建设用地占用的 5.76 万亩耕地全部实现耕地占补平衡。四是保障重要农产品有效供给。全省生猪存栏 3181.6 万头，同比增长 23.2%，恢复至 2017 年年末的 105.04%。"菜篮子"产品品类丰富、供应充裕、价格平稳。

**4. 持续加快高原特色农业现代化发展**

主要举措如下：一是做大做强"一县一业"。持续推进重点产业基地建设、产业集群建设、新型经营主体培育等重点工作。建立"绿色食品牌"品牌目录制度，连续 4 年在中国农民丰收节高规格开展名品名企评选表彰。3 个县入选第一批国家农业现代化示范区，新增 1 个国家现代农业产业园、9 个国家级农业产业强镇，省级以上农业龙头企业突破 1000 家。二是扎实推进种业振兴行动。统筹推进粮食、优势特色经济作物、畜禽、水产种业创新发展，全面开展农业种质资源普查，加快国家区域性良种繁育基地、制种大县及良种生产基地建设。截至"十四五"初期，全省保存种子和活植株约 5.9 万份，保存畜禽遗传材料约 6.6 万份。三是大力发展农产品电商。建设直采直销基地 174 个，加快农村物流配送基础设施改造提升。四是提升设施化水平。持续完善农产品冷链物流体系。重点推进茶叶初制所规范达标建设、鲜切花水肥一体化无土栽培推广、水果标准化采后处理、小包装净菜加工、核桃水洗果初加工、精品咖啡豆加工、中药材产地初加工、肉制品深加工等。五是大力发展绿色有机农业。继续实施茶叶产业绿色有机奖补政策，并稳步向其他重点产业拓展。全面推进农业面源污染防治，持续推进化肥农药减量增效，有序推进耕地轮作制度试点，以九大高原湖泊流域为重点，加快建设农业绿色发展先行区。全省测土配方施肥技术覆盖率达 92.6% 以上，畜禽粪污综合利用率达 80.7%，规模养殖场粪污处理设施装备配套率达 95.7%，农膜回收率达 80%，主要农作物绿色防控覆盖率达 37.4%。六是推动数字化建设。加快绘制全省农业资源一张图，健全从土地到餐桌的农产品质量安全追溯体系，开发"绿色食品牌"招商引资重点企业服务平台，开展首批 20 个数字农业示范基地创建。

5. 扎实推进乡村建设行动实施方案

主要举措如下：一是加强规划引领。稳步推进 2021 年度 4239 个村庄规划编制，组织开展"多规合一"实用性村庄规划编制试点，创新开展"干部规划家乡"行动。二是深入开展农村人居环境整治提升。实事求是、因地制宜推进农村厕所革命，改造建设农村卫生户厕 50.79 万座、规模较大自然村卫生公厕 5800 座，整改农村户厕问题 29.93 万个、自然村公厕问题 10851 个，农村卫生户厕普及率达 63.28%。乡镇镇区生活垃圾处理设施覆盖率达 98.5%，生活污水处理设施覆盖率达 65.6%，村庄生活垃圾有效治理率达 97.9%。① 三是持续加强乡村公共基础设施建设。大力实施"兴水润滇"工程，巩固提升农村电网，扎实推进电商进农村综合示范项目建设，继续实施农村危房改造和农房抗震改造，累计新改建农村公路 7295 公里。四是持续提升农村基本公共服务水平。新建或改扩建村级幼儿园 76 所，全省所有义务教育学校办学条件"20 条底线"全部达标。持续抓好农村地区疫情防控，全省共建成基层发热哨点诊室 839 个。持续完善农村医疗卫生服务体系、农村养老扶幼服务体系、农村社会保障体系和覆盖城乡公共就业服务体系建设。五是坚持示范引领。启动实施乡村振兴"百千万"示范工程，规划建设 100 个乡村振兴示范乡镇、1000 个精品示范村、10000 个美丽村庄。有序推进 374 个现代化边境小康村建设，省级按照每个村不低于 3000 万元的标准给予补助。

6. 深入推进农村产权土地制度和涉农领域重点改革

主要举措如下：一是基本完成农村产权制度改革。截至 2021 年底，全省共清查核实集体账面资产 2339 亿元，确认集体经济组织成员身份 3890 余万人，量化集体账面资产 734 亿元，发放股权证 591 万本，登记赋码成立 91695 个农村集体经济组织，建立各类农村集体产权交易市场 345 个。二是扎实推进农村土地制度改革。稳妥推进第二轮土地承包到期后再延长 30 年

① 参见中共云南省委办公厅、云南省人民政府办公厅印发的《云南省推进乡村建设行动实施方案》，云南省人民政府网，2022 年 7 月 27 日，https://www.yn.gov.cn/zwgk/zcwj/swwj/202207/t20220727_244984.html。

试点，积极探索继续延包、分户承包、互换承包、退出承包等有效路径。加强农村宅基地管理，建立健全宅基地联审联管机制，稳慎推进宜良县、江川区、大理市农村宅基地制度改革试点。三是持续推进涉农领域重点改革。强化农业农村投入保障，全省一般公共预算农林水支出安排1127.7亿元，比上年预算数增长17.9%。落实农业保险保费补贴政策，积极探索绿色有机农产品收益（收入）保险试点。坚持不懈推进长江十年禁渔，进一步健全禁捕网格化管理体系，强化执法监管和市场监管，持续开展打击非法捕捞专项行动。

7. 全面加强乡村基层组织建设和乡村治理

主要举措如下：一是持续加强农村基层组织建设。持续推进抓党建促乡村振兴，深化农村基层党组织标准化规范化建设，圆满完成乡镇党委和村（社区）"两委"换届工作。提升村务监督效能，实现对村"两委"成员监督监察全覆盖。实施"万名人才兴万村"行动，向全省13953个行政村选派19384名人才，覆盖率达94.5%。二是完善乡村治理体系。深化落实"四议两公开"，修订完善村规民约，村级民主议事和村民自治机制不断健全。推行网格化服务管理，建成村（社区）综治中心13014个、人民调解委员会17323个。常态化推进扫黑除恶斗争，深入开展抓党建促农村宗教治理。创建33个全国乡村治理示范村镇。三是加强新时代农村精神文明建设。持续开展"听党话、感党恩、跟党走"宣讲活动，实施农村户外广告"假乱俗"乱象清理整治专项行动，扎实推进新时代文明乡村实践，持续推进乡风文明建设，大力推进移风易俗。创建全国文明村镇178个、省级文明村镇1049个，县级以上文明村镇总数超过50%。

8. 完善土地出让收入使用范围优先支持乡村振兴

主要举措如下：一是稳步提高土地出让收入用于农业农村比例。以2018—2020年全省土地出让收入年均用于农业农村的比例为基数，从2021年起，分年度稳步提高土地出让收入用于农业农村比例，确保到"十四五"期末，全省及各州（市）土地出让收入用于农业农村比例达到10%以上、土地出让收益用于农业农村比例达到50%以上。二是做好与相关政策衔接。从土地出让收益中计提的农业土地开发资金、农田水利建设资金、教育资金等，以及州（市）、县（市、区）政府缴纳的新增建设用地土地有偿使用费中，实际用于农业农村的部分，计入土地出让收入用于农业农村的支出。三是建立市县留用为主、省级适当统筹的资金调剂机制。土地出让收入用于农业农村的资金主要由州（市）、县（市、区）政府安排使用，重点向县级倾斜，赋予县（市、区）政府合理使用资金自主权。从2021年起，省政府每年从各州（市）土地出让收入用于农业农村的资金中统筹35%，在全省调剂使用，重点支持粮食生产和财力薄弱县（市、区）乡村振兴，并建立激励约束机制。四是加强土地出让收入用于农业农村资金的统筹使用。允许各地区根据乡村振兴实际需要，打破分项计提、分散使用的管理方式，整合使用土地出让收入中用于农业农村的资金，重点用于高标准农田建设、农田水利建设、村庄公共设施建设和管护、农村教育、农村文化和精神文明建设等支出。五是加强对土地出让收入用于农业农村资金的核算管理和考核监督。按照《关于提高土地出让收入用于农业农村比例的考核办法》明确的土地出让收入用于农业农村比例核算科目口径，加强对土地出让收入用于农业农村支出的监督管理。规范土地出让收入管理，严禁变相减免土地出让收入，确保土地出让收入及时足额缴入国库。

9.组织领导干部为家乡规划出谋划策

2021年4月，云南省委组织部、省自然资源厅等9个部门联合下发《关于开展"干部规划家乡行动"的通知》，组织动员领导干部积极参与推进全省村庄规划编制工作，计划用3年时间完成全省12107个行政村村庄规划编制任务。[①] 以乡情乡愁为纽带，组织动员干部为家乡出谋划策，推动人才资

---

① 2021年4月，云南省自然资源厅、中共云南省委组织部、中共云南省委宣传部、云南省发展和改革委员会、云南省财政厅、云南省农业农村厅、云南省住房和城乡建设厅、云南省人民政府扶贫开发办公室、云南省国土空间规划委员会办公室联合印发《关于开展"干部规划家乡行动"的通知》〔云自然资（2021）57号〕。

源下沉，助力乡村建设规划，增强"干部规划家乡行动"的针对性和实效性。一是加强组织领导。省委、省政府高度重视村庄规划建设，省直部门多次深入调研摸底。省、市、县、乡四级成立"干部规划家乡行动"项目组或领导小组，组建工作专班。健全党委政府主要领导负责的乡村规划编制工作机制，形成党委政府抓总、部门服务指导、县级统筹推进、乡村具体落实、干部群众全员参与的工作格局。建立动态跟踪、定期研判、督导推进的工作机制，切实解决规划编制中的困难问题，全面提升村庄规划编制水平。二是细化目标任务。明确指导思想、目标任务、范围对象、方法步骤、成果要求以及相关配套方案计划等，计划 3 年完成 1.2 万个行政村（社区）的村庄规划编制，推动打造各具特色、风格各异的美丽村庄。三是完善服务保障。各地整合资金、人力、资源，合力推进"干部规划家乡行动"。省级开设"干部规划家乡"信息系统。市县组建"干部规划家乡行动"工作咨询专家组，设立联络服务站，统筹做好干部回乡规划联络服务工作。各行业部门共同参与、协同作战，提供行政村"三调"底图数据，汇编印发政策文件、优秀案例和工作手册，做好技术指导和业务咨询服务。干部所在单位保障 3 至 5 个工作日支持干部回乡规划。

10. 启动千名专家下基层助力乡村振兴三年行动计划

2022 年 7 月 25 日，云南省"千名专家下基层·助力乡村振兴三年行动计划"项目启动仪式在昆明举行。① 该项目是深入贯彻党中央关于弘扬脱贫攻坚精神、全面推进乡村振兴重大决策部署，落实新时代人才强省战略，鼓励引导高层次人才到产业领域和基层一线开展服务，通过技术指导、培训讲学、医疗服务、咨询服务、智力合作、人才培养等相关帮扶和交流活动，助推现代化产业体系建设和乡村振兴，促进基层经济社会高质量发展的具体举措。

---

① 参见《我省启动千名专家下基层助力乡村振兴三年行动计划》，《云南日报》2022 年 8 月 1 日。

该项目主要依托国家级、省级相关专家人才服务基层活动和云南省专家基层科研工作站，利用 3 年时间，组织 1000 名高层次专家到基层一线开展服务活动，帮助基层在乡村振兴的总要求下，充分发挥人才智力在巩固拓展脱贫攻坚成果、助力乡村全面振兴和服务基层产业发展中的帮扶优势，盘活用好现有人才资源，鼓励引导广大高层次专家人才到产业领域和基层一线开展科技帮扶和人才培养，打造云南人社领域专家服务基层与助力乡村振兴的项目品牌。2022 年，省人力资源和社会保障厅组织约 150 名专家，分赴镇雄、泸水、新平、会泽、东川等 13 个县（市、区）开展服务，同时组织 300 名以上新设立的专家基层科研工作站专家到基层开展服务。

## （二）主要成效

1. 各级党委对乡村振兴工作的集中统一领导成效显著

省委、省政府高度重视乡村振兴工作，多次召开省委常委会会议、省政府常务会议研究部署，推动各项衔接政策落地落实，省级已出台 120 多个政策文件。① 一是调整完善省级领导挂联乡村振兴重点帮扶县。43 名省级领导多次深入 57 个重点县开展专项调研督导。召开考核发现问题整改会、东西部协作和定点帮扶现场会推动工作落实，省纪委省监委组织了专项执纪监督。二是财政投入力度持续增加。到位中央衔接资金 173.64 亿元，同比增加 6.74 亿元、增长 4%；省级预算安排 77 亿元、与上年持平，已下达 44.13 亿元。三是沪滇协作深入推进。上海市到位财政资金 38.18 亿元，实施项目 533 个，开工项目 521 个；开展"组团式"教育医疗帮扶和乡村振兴示范村建设，计划共建产业园区 55 个、引进上海企业 132 家、总投资 412.34 亿元，已引进 113 家。四是完成东西协作劳动力转移就业。就业 6.57 万人、占协议数 219.1%，其中脱贫劳动力 5.64 万人、占协议数 281.8%。中央定点帮

---

① 如中共云南省委云南省人民政府《关于实现巩固拓展脱贫攻坚成果同乡村振兴有效衔接的实施意见》《云南省脱贫人口持续增收三年行动方案（2022—2024 年）》《云南省农村人居环境整治提升五年行动实施方案（2021—2025 年）》等。

扶不断强化，52 家中央定点单位直接投入和引进资金 4.3 亿元，培训干部人才 1 万多人次，购买和帮助销售脱贫地区农产品 7000 余万元。五是省级定点帮扶不断走深走实。290 家省级单位强化"帮县包乡带村"工作责任制，到位帮扶资金 3.88 亿元，消费帮扶 6226 万元。新增省金控集团定点帮扶永胜县，协调联勤保障部队九二〇医院帮扶宣威、会泽公立医院建设；六是配合组织部门开展专题培训。共培训 4908 期，培训驻村干部 32.66 万人次。"万企兴万村"行动深入实施，5785 家民营企业帮扶 6046 个村，投入 71.6 亿元，实施项目 14890 个，惠及 324.6 万人。2022 年 10 月 8 日，云南省腾冲市、建水县、姚安县入选 2022 年国家乡村振兴示范县。①

**2.各级政府返贫动态监测和帮扶机制不断健全**

一是为坚决守住不发生规模性返贫底线。建设"云南省政府救助平台"，将民政、教育、住建、医保等 7 个部门 15 个救助服务事项纳入其中，让困难民众"找政府"无障碍。根据省委、省政府安排，由云南省乡村振兴局牵头，各相关部门成立工作专班，定期对平台运行情况进行分析研判，及时发现解决问题，保障平台顺利运行。涉及平台工作的部门及时收集相关问题和意见建议，指导基层做好平台使用管理工作。截至 2021 年 10 月底，平台总访问量 257 万次，日均访问量 2.16 万次，共收到群众救助事项申请 81477 件，其中民政部门 45456 件，占 55.8%；人社部门 17273 件，占 21.2%；住建部门 7364 件，占 9.0%；水利部门 3900 件，占 4.8%；卫健部门 2632 件，占 3.2%；教育部门 2560 件，占 3.1%；医保部门 2292 件，占 2.8%。目前，已办结 60541 件，办结率 74.3%。截至 2022 年 3 月 21 日，"政府救助平台"访问量为 740 万人次，收到群众申请 21.7 万件，办结 19.8 万件。二是强化干部定期入户排查、行业部门常态化监测筛查。实现"政府找"无死角，并建立防返贫动态监测问题清单，对纳入监测的对象，根据风险类别、发展需

---

① 参见《农业农村部国家乡村振兴局关于公布 2022 年国家乡村振兴示范县创建名单的通知》，中央政府网站，2022 年 10 月 14 日，http://www.gov.cn/zhengce/zhengceku/2022-10/17/content_5718947.htm。

求，因人因户精准施策。三是确定 7000 元的防返贫监测线。常态化开展监测帮扶，持续消除返贫致贫风险。1.63 万支工作队、22.04 万名干部开展防止返贫监测帮扶集中大排查，入户核查 484.86 万户，建立工作台账重点监测未消除风险对象超脱贫人口数 3% 的 76 个乡镇、996 个村。四是 16 个省级部门组成 9 个调研组深入各州市开展督导调研。通过边排查、边分析、边研究、边制定帮扶目标和措施，对人均纯收入低于 1 万元且家庭有劳动力的 75 万脱贫户，建立"一对一"帮扶机制。确定 15 个县的 60 个脱贫村开展定点观测。截至 2021 年 6 月 30 日，全省累计识别监测对象 24.92 万户 89.3 万人，通过大排查新识别纳入监测帮扶 11051 户 37393 人；"云南省政府救助平台"累计访问量 856.34 万次，收到申请 27.68 万件，办结率 97.33%。从 2022 年前三季度脱贫人口收入监测系统和调研情况来看，2022 年云南脱贫人口人均纯收入增势较好。①

3. 各级政府"两不愁三保障"和易地搬迁后续扶持不断加强

一是完善"两不愁三保障"和安全饮水巩固提升机制。在义务教育方面，完善"双线四级"责任体系和多部门联控联保责任机制，控辍保学实现"动态清零"。截至 2022 年 9 月，在基本医疗方面，监测对象全部纳入参保资助范围，住院医疗费用报销比例 83.59%，36 种大病患者救治率 99.54%。在住房安全方面，开工农房抗震改造 60458 户，竣工 34355 户、竣工率 42.94%。在饮水安全方面，完成供水工程 34 项，建设农村饮水工程 1083件、维护 6403 处，改变现状依靠水窖供水 8900 余人、辅助供水 9300 余人，解决中度干旱条件下应急供水 2.13 万人，同步提升供水 10.51 万人。二是倾斜支持乡村振兴重点县帮扶，编制上报乡村振兴重点帮扶县有效衔接实施方案，安排 27 个国家重点县衔接资金 114.56 亿元，集中实施一批补短板促发展项目；安排 30 个省级重点县 44.57 亿元，推进"一县一业"示范创建，提

---

① 参见《"云南这十年"系列新闻发布会·巩固脱贫攻坚成果和乡村振兴专场发布会》，云南省人民政府云南省网上新闻发布厅，2022 年 9 月 5 日，https://www.yn.gov.cn/ynxwfbt/html/2022/zuixinfabu_0902/4935.html。

升农村基础设施和基本公共服务水平。重点县"富民贷"共发放 3082 户 3.74 亿元。三是强化易地搬迁后续扶持，安排后续产业帮扶资金 10 亿元、以工代赈 5.88 亿元、以奖代补 5000 万元，已拨付 1.26 亿元搬迁群众物业费、水电费等补贴，累计发放贷款 186.8 亿元，奖补特色产业项目 2559 个，配套建设工业园区 15 个、农牧业产业基地 598 个、帮扶车间 663 个、仓储和旅游等产业项目 615 个，提升安置区内 319 所幼儿园和学校、382 个医疗卫生机构的服务水平。

4. 全省脱贫人口持续增收三年行动方案有效落实

全省先后组织了 4 轮"解剖麻雀"式增收专题蹲点调研，出台《云南省脱贫人口持续增收三年行动方案》。通过大排查，进一步摸清脱贫户和监测对象家底，制定了 198 万户、796.7 万人的三年增收措施，初步建立了云南省脱贫人口收入监测系统，推动"六个一批"增收措施全面展开。一是劳动力技能提升转移就业增收。完善统筹机制，突出实作实训，确保有意愿和条件的"零就业"脱贫户至少有 1 人稳定就业。全省脱贫人口和监测对象外出务工 340.87 万人，超目标任务 20.87 万人，其中跨省 107.23 万人、省内县外 71.67 万人、县内 161.97 万人，在全国率先完成了"一个超过、两个不少于"的目标。人均务工收入 7889 元，同比增加 2952 元、增长 59.79%。二是推动农业产业提档升级增收。对从事种养业的脱贫户落实"五个优先"。截至 2022 年 6 月底，新发放小额信贷 42.7 亿元、贷款余额 184.4 亿元，覆盖脱贫人口和边缘易致贫人口 49.2 万户。培育形成帮扶主导产业 26 个，2.83 万个新型经营主体与 116.58 万脱贫户建立"双绑"利益联结机制。前三季度，脱贫人口和监测对象人均生产经营性纯收入达 2397 元、占 2021 年度的 92.9%。三是推动就地就近创业就业增收。调整优化公益性岗位，稳定帮扶车间运转。选聘生态护林员 18.3 万名，带动 78.12 万脱贫人口稳定增收，2204 个帮扶车间吸纳脱贫人口和监测对象 34013 人。四是发展乡村旅游增收。优先将有资源、有禀赋的脱贫村、脱贫人口纳入乡村旅游产业体系，创建全国乡村旅游重点村 42 个、省级旅游特色村 196 个、旅游名村名录 214 个，形成了 6 种乡村旅游特色发展模式，一批有文化底蕴的古村落成为游客喜爱、研学体验的知名网红打卡点。五是盘活脱贫人口资产增收。盘活耕地、林地等资源，将宅基地、房屋等生活资料依法转变为生产资料，投入 7.5 亿元扶持 1500 个村发展集体经济，2022 年，村级集体经济经营性收入 5 万元以上的行政村达 13034 个、占 95%。2022 年上半年，35 个县 1387 座村级光伏电站发电 1.87 亿千瓦时，收益达 1.41 亿元。六是加大政策性转移支付力度增收。加大强农惠农富农资金的发放力度。38.95 万脱贫人口和监测对象纳入农村低保、特困供养，基本康复服务农村低收入残疾人 43112 名。开展了四期疫情影响脱贫成果工作调度，针对性出台了 2022 年促进脱贫人口和监测对象增收 9 条措施。在曲靖召开的全国巩固拓展脱贫攻坚成果同乡村振兴有效衔接暨乡村振兴重点帮扶县工作推进会上，胡春华同志号召学习云南省制定实施脱贫人口增收三年行动的经验。

5. 乡村建设和乡村治理稳步推进

一是在乡村建设方面，云南省出台《云南省推进乡村建设行动实施方案》。省乡村振兴局深入调研高质量形成了《推进西部地区乡村振兴调研报告》，为全省统筹推进乡村建设提供了积极参考。4.44 万公职人员参与"干部规划家乡行动"，形成 4386 个行政村"两图一书一表一民约"规划成果草案。新改建农村公路 7602 公里。一体推进厕所粪污与生活污水治理，改造建设农村卫生户厕 20.7 万座、100 户以上自然村卫生公厕 1360 座，乡镇镇区和村庄生活污水设施覆盖率分别为 47.19%、32%，生活垃圾处理设施覆盖率分别为 70.28%、50.63%。持续推进农村物流体系建设，县级物流集散网络覆盖率 95.3%、乡镇快递网点达 3578 个、覆盖行政村 9279 个。二是在乡村治理方面，推行村党组织全面领导、村级事务统一管理、村干部分工负责的村级组织"大岗位制"，不断完善乡村治理体系。推广运用积分制、清单制，形成"按清单办事、规范村干部用权"的运行机制，1.47 万个村（社区）完成自治章程、村规民约和居民公约修订，封建迷信、早婚早育、大操大办、铺张浪费等陈规陋习得到有效遏制。加强农村法治宣传普及和矛盾纠纷排查调解，调解成功率97.86%。

6.县级巩固拓展脱贫攻坚成果和乡村振兴项目库建设有序推进

一是突出资金使用管理、项目实施推进、跟踪督查检查、问题整改落实，制定衔接资金绩效考评办法。狠抓项目库建设，不断完善县级巩固拓展脱贫攻坚成果和乡村振兴项目库，形成储备一批、开工一批、在建一批、竣工一批的良性循环。二是高效推动"一卡通"、雨露计划、小额信贷等"小切口"整治民生领域问题专项行动。截至2022年6月30日，中央和省级衔接资金支出进度51.93%，其中中央资金支出进度56.2%；入库储备项目15302个、计划投资417亿元，2022年纳入13901个，开工13374个、开工率96.21%；全力支持建设现代化边境小康村，对25个边境县安排52.42亿元衔接资金。7个国家重点县政策资金审计查出的147个问题，已整改完成115个，正在整改32个。三是云南省对27个国家、30个省级乡村振兴重点帮扶县，统筹各方资源，从财政、金融、土地、人才、基础设施建设、公共服务保障等15个方面，集中力量予以支持。2022年，云南共安排27个国家重点县衔接资金114.56亿元、30个省级重点县44.57亿元，集中实施一批补短板、促发展项目，提升农村基础设施和基本公共服务水平。①

7.各级干部队伍作风革命和效能革命的意识进一步增强

一是贯彻落实习近平总书记考察云南重要讲话及指示批示精神，大力推行项目工作法一线工作法典型引路法，在乡村振兴工作中力戒形式主义官僚主义，推动形成转作风下基层抓落实的工作合力，为进一步改进作风、服务基层、狠抓落实、提质增效、切实加强机关效能建设提供了直接依据。二是大力传承和弘扬伟大建党精神和脱贫攻坚精神，持之以恒抓好"作风革命、效能革命"，牢固树立"今天再晚也是早、明天再早也是晚"的效率意识，

---

① 参见《"云南这十年"系列新闻发布会·巩固脱贫攻坚成果和乡村振兴专场发布会》，云南省人民政府云南省网上新闻发布厅，2022年9月5日，https://www.yn.gov.cn/ynxwfbt/html/2022/zuixinfabu_0902/4935.html。

深入践行项目工作法、一线工作法、典型引路法。① 守牢意识形态主阵地，推动党史学习教育常态化长效化，开展"喜迎二十大·奋进新时代"系列主题活动。三是提炼形成了"10 种实践模式""13 个典型经验"、建立利益联结机制助农增收 10 种参考模式和 15 个实践案例。以党风廉政建设警示教育作为开年"第一课"，以 8 个专项行动打造"清廉机关"升级版。四是在厦门大学举办 3 期乡村振兴干部能力提升培训班，深入开展"对标先进、争创一流"主题实践活动，聚焦"五个基本"开展基层党支部分类定级，聚焦"五个带头"严实公务员日常考核，局领导带头落实一线调研并形成调研报告，在全局上下形成了重实绩、重实干、重落实的鲜明导向，树立了乡村振兴部门可亲可敬可信可为的良好形象，展示了乡村振兴干部苦干实干能干会干的优良作风。

8.巩固拓展脱贫攻坚成果同乡村振兴有效衔接成效不断显现

一是以规划编制为引领。不断完善脱贫攻坚和乡村振兴领域政策支撑体系。牵头编制了《云南省岩溶地区石漠化综合治理工程"十三五"建设规划》《云南省高原特色农业现代化建设总体规划（2016—2020 年)》《云南省水利发展规划（2016—2020 年)》《云南省乡村振兴战略规划（2018—2022 年)》《云南省重要生态系统保护和修复重大工程总体规划（2021—2035 年)》《云南省"十四五"兴水润滇工程规划》《云南省"十四五"打造"健康生活目的地"发展规划》《云南省"十四五"新型基础设施建设规划》等重点专项规划，以顶层规划推动引领全省农业农村经济高质量发展和乡村振兴。二是以项目资金争取为方向，全面夯实乡村振兴基础。把项目资金争取作为巩固拓展脱贫攻坚成果的关键。截至 2022 年 9 月，全省共争取农林水领域中央预算内投资 732 亿元，指导发行农林水领域地方政府专项债券 428 亿元。西南生态安全屏障更加稳固，供水安全保障能力显著提高，为巩固拓展脱贫攻

---

① 参见 2022 年 2 月 21 日中共云南省、云南省人民政府印发《云南省推进作风革命加强机关效能建设的若干规定（试行)》。

坚成果同乡村振兴有效衔接奠定坚实基础。三是以典型示范为带动，扎实推动乡村振兴示范园（田园综合体）建设。坚持以农业农村为根、以田园风光为韵、以文化特色为魂、以富民兴村为目的，大力推进一、二、三产业融合发展，加快打造田园综合体。制定印发《关于推进乡村振兴示范园（田园综合体）试点创建的指导意见》，三年内计划建成 10 个生态优、环境好、产业兴、百姓富、功能全的省级田园综合体，高质量打造一批州（市）级田园综合体。2022 年 7 月 12 日，全省田园综合体创建工作现场推进会在丽江市召开，进一步推动全省田园综合体试点创建工作加力提速。四是以一、二、三产业融合为导向，积极创建国家农村产业融合发展示范园。促进农村一、二、三产业融合发展，打造农村产业融合发展的示范引领样板，指导 16 个州（市）结合本地区资源禀赋、产业发展等实际，积极创建国家农村产业融合发展示范园。截至 2022 年 6 月底，全省已有 3 个批次 8 个园区获得国家农村产业融合发展示范园认定。

9. 不发生规模性返贫的基本生活保障底线牢牢守住

自 2021 年以来，全省保持"过渡期"兜底保障政策总体稳定，继续落实好家庭刚性支出扣减、低保救助"渐退"、受疫情影响困难群众基本生活保障等惠民措施。完善最低生活保障制度、特困人员认定办法，放宽对象准入条件，适当扩大救助覆盖范围，将低保边缘家庭中重病、重残人员参照"单人户"纳入低保。2022 年 7 月起，全省城乡低保标准分别提高到不低于 8400 元 / 人·年、5343 元 / 人·年，同比 2021 年分别增长 6%、12%；特困人员供养基本生活标准提高到不低于 910 元 / 人·月，同比增长 6%。2021 年至 2022 年 8 月，全省累计发放救助金 188.4 亿元，有 312.1 万人得到最低生活保障，14.1 万人得到特困供养，110.9 万人次得到临时救助。在全省 16 个州（市）、26 个县（市、区）、29 个乡镇（街道）聚焦党建＋社会救助、居住地申办低保等救助、服务类社会救助、审核确认权限下放至乡镇（街道）等 6 个方面的困难群众急难愁盼问题开展改革创新。组织开展低收入人口排查救助，初步建成使用全省低收入人口动态监测信息平台，归集低收入人口 532.6 万人。聚焦全省脱贫不稳定户、边缘易致贫户、突发严重困难户开展动态监测，将其中符合条件的 40.49 万人纳入低保或特困供养，剩余人员纳入低收入人口实施动态监测。大力推广使用"政府救助平台"和"一部手机办低保"，2021 年以来，累计受理 22.8 万多件救助申请，对 13.3 万户 43.2 万人次实施救助，让困难群众申请救助"不出户、不求人""求助有门、受助及时"。

10."干部规划家乡行动"持续推进

2021 年 4 月，云南省各级相关部门大力推进"干部规划家乡行动"，省级成立了省委组织部、省自然资源厅为双组长，发展改革、财政、乡村振兴等部门为成员的"干部规划家乡行动"项目组，16 个州（市）均成立了项目组，129 个县（市、区）成立了领导小组，乡镇建立了联络服务站，行政村组建了规划编制组。明确了主体责任，制定了相应文件、编制计划、实施方案及工作措施。全省各地充分发挥党员干部熟乡情、懂知识等优势，共计动员 4 万余名公职人员回乡参与规划。同时，为科学编制村庄规划，累计开展相关培训 6220 场次，培训人数达 62.3 万余人次。目前，2021 年 4791 个行政村规划编制已基本完成"两图一书一表一民约"规划草案编制任务，全面进入规划成果标准化、规范化及技术审查工作。2022 年全省将完成 5502 个行政村村庄规划编制任务。

# 二、云南乡村振兴案例研究

2020—2021 年，云南省乡村振兴工作始终坚持党管农村工作、坚持农业农村优先发展、坚持农民主体地位、坚持乡村全面振兴、坚持城乡融合发展、坚持人与自然和谐共生、坚持因地制宜循序渐进原则，各州市县区进行了积极探索，涌现了许多巩固拓展脱贫攻坚成果同乡村振兴有效衔接的衔接经验模式。

## （一）楚雄州巩固拓展脱贫攻坚成果同乡村振兴有效衔接工作经验模式

### 1. 基本情况

楚雄州曾是乌蒙山片区和滇西边境片区扶贫开发重点区域，也是云南省脱贫攻坚的主战场之一。全州有 8 个县纳入国家连片贫困地区，其中有 6 个国家扶贫开发重点县（双柏县、南华县、姚安县、大姚县、永仁县、武定县）、1 个省级重点县（牟定县）、1 个嵌入市（楚雄市〈非贫困县〉），共有 7 个贫困县，25 个贫困乡镇，644 个贫困行政村，全州共有建档立卡贫困人口 33.4 万人，贫困发生率达 12.25%。2020 年全州实现现行标准下 33.4 万建档立卡贫困人口全部脱贫，644 个贫困行政村全部出列，25 个贫困乡镇全部退出，7 个贫困县全部摘帽，贫困人口人均纯收入由 2014 年的 2467 元提高到 2020 年的 11582 元，全州贫困地区发生翻天覆地变化，伟大脱贫攻坚精神在楚雄大地上得到生动体现，贫困群众出行难、饮水难、用电难、上学难、就医难、住房难等问题得到基本解决，脱贫群众精神面貌焕然一新，兑现了"全面建成小康社会，一个民族都不能少"的庄严承诺。2021 年，楚雄州脱贫攻坚成效考核和东西部扶贫协作成效评省级评价结果均为"好"等次。

### 2. 巩固拓展脱贫攻坚成果同乡村振兴有效衔接的思路

2021 年以来，楚雄州委州政府始终把习近平总书记关于巩固拓展脱贫攻坚成果同乡村振兴有效衔接的重要指示批示精神作为根本遵循，认真贯彻党中央、国务院和省委、省政府有关要求，深刻把握巩固脱贫攻坚成果同全面推进乡村振兴的关系，一体推进巩固、拓展、衔接、振兴各项工作，结合楚雄州实际，切实找准工作定位，按照"12345812"总体工作思路开展工作。

坚决守住不发生规模性返贫这一条底线，坚持"一手抓巩固拓展脱贫攻坚成果、一手抓全面推进乡村振兴"两手联动，做到"把工作对象转向所有农民、把工作任务转向推进乡村五大振兴、把工作举措转向促进发展"三个转向，严格落实"摘帽不摘责任、摘帽不摘政策、摘帽不摘帮扶、摘帽不摘监管"四个不摘要求，全面推进"产业振兴、文化振兴、人才振兴、生态振兴、组织振兴"五大振兴，持续强化"财政投入政策、金融服务政策、土地支持政策、人才智力支持政策、领导体制、工作体系、规划实施和项目建设、考核机制"八个有效衔接，着力实施十二项巩固拓展工程，全力打造巩固脱贫攻坚成果同乡村振兴有效衔接的楚雄样本，2021年度乡村振兴实绩考评（巩固拓展脱贫攻坚成果）排名全省第1位，脱贫人口人均纯收入达13128元、比全省高861元，牢牢守住了不发生规模性返贫的底线，推动乡村振兴取得了新进展、农业农村现代化迈出了新步伐。

3. 巩固拓展脱贫攻坚成果同乡村振兴有效衔接的举措

2022年，楚雄州州委州政府聚焦高位推动、底线任务、产业就业、"三类帮扶"、资源整合、乡村振兴，采取务实举措，巩固拓展脱贫攻坚成果同乡村振兴有效衔接取得长足进步。

（1）聚焦高位推动，持续扛牢压实政治责任

把巩固拓展脱贫攻坚成果同乡村振兴有效衔接摆在压倒性位置来抓，建立"党政一把手负总责、五级书记抓巩固拓展衔接振兴"责任制和各级党政一把手"双组长"制度，签订《楚雄州巩固拓展脱贫攻坚成果同乡村振兴有效衔接目标责任书》，形成州领导小组牵头抓总，县市、乡镇、村组统筹联动的推动机制，形成全州"10万大军"尽锐出战格局。建立巩固拓展衔接振兴"研判、预警、应策、推动、问效"五个主题指挥调度机制，召开州委常委会议8次、州政府常务会议11次、州巩固脱贫攻坚推进乡村振兴领导小组会议2次和指挥调度6次，高频度统筹推进巩固拓展衔接振兴工作，真正做到以巩固脱贫攻坚成果同乡村振兴有效衔接统揽经济社会发展全局。

（2）聚焦底线任务，推动精准监测精准帮扶

精准监测实现"全覆盖"，建立五级防止返贫致贫监测网络，全州建立13801个村民小组监测点、1007个村级监测站、103个乡镇监测所、10个县级监测中心、1个州级监测中心的五级防止返贫致贫监测网络，实现监测网

络无盲区、全覆盖。精准预警实现"全贯通"，实行"风险预警、交办核查、对象确定、动态帮扶、风险消除"管理闭环，强化动态监测，做到"一月一排查、一月一预警、一月一监测"，严格按照监测对象认定标准和识别程序，进行动态管理，实现早发现、早干预、早帮扶，新识别"三类人员"1782户5235人。精准帮扶实现"全联动"。研究明确防返贫动态监测以家庭年人均纯收入7000元为底线，强化精准帮扶，对新纳入的监测对象，根据风险类别、发展需求等因户因人精准施策，3日内明确帮扶责任人，1个月内落实帮扶措施，全面形成村（社区）、乡（镇）、县市、州级各部门各履其职、贯通联动的帮扶机制，共消除"三类人员"风险259户714人。

（3）聚焦产业就业，推动脱贫群众持续增收

建"双绑"利益连接机制，实现产业帮扶全覆盖，投入产业帮扶类资金4.63亿元、实施项目114个，全州有产业发展条件的7.79万户29.88万脱贫人口和5033户1.65万人"三类"监测对象全部实现产业帮扶全覆盖；77906户脱贫户和5033户监测对象与462个企业、1250个合作社建立"双绑"利益联结机制。建股份合作机制，实现村级集体经济全覆盖，全州488座光伏扶贫电站累计发电2727万度，产生收益2058万元，399个脱贫村平均每村增加村集体收益5.16万元；预计2022年全年98%以上村（社区）集体经济收入超过5万元，75%以上的村（社区）集体经济收入超过10万元。建扶志扶智长效机制，实现培训就业全覆盖，开发用工岗位31.21万个，组织培训农村劳动力27.07万人、培训脱贫劳动力9.49万人次，实现农村劳动力转移就业98.25万人、脱贫劳动力转移就业17.27万人。

（4）聚焦"三类帮扶"，推动帮扶领域深化拓展

强化定点帮扶，帮扶领域不断深化，中央和省定点帮扶单位直接投入楚雄州帮扶资金3943.6万元，帮助引进资金2728万元，实施项目32个，带动49965个脱贫人口增收。拓展沪滇协作，帮扶领域不断延伸，共争取到上海市及嘉定区援助资金2.57亿元，实施帮扶项目63个；共建产业园区9个，采购销售楚雄州脱贫地区农畜产品和特色手工艺产品0.48亿元；楚嘉共建

"飞地经济"产业园区工作有序推进，共梳理出有飞出意向企业 10 家、10 个项目，拟引进企业"飞入"建设产业合作项目 34 个、计划投资 643.71 亿元。凝聚社会之力，帮扶结对更加精准，截至 2021 年底，全州共有 955 家民营企业参与结对帮扶行动，完成申报"万企兴万村"示范点（示范企业）48 个，结对帮扶脱贫村 621 个，受益脱贫人口稳定在 17.4 万人。

（5）聚焦资源整合，推动重点地区帮扶政策落地见效

集中力量支持国家乡村振兴重点帮扶县，调整优化《楚雄州关于支持乡村振兴重点帮扶县的意见》，给予全州唯一的乡村振兴重点县武定县差异化帮扶支持，继续选派 119 支 369 名驻村第一书记、驻村工作队员帮扶，中央、省、州投入武定县巩固拓展脱贫攻坚成果衔接资金 2.5 亿元、占全州衔接资金的 35.1%。集中力量支持易地搬迁集中安置区，结合易地搬迁集中安置点实际，通过财政资金、社会资本等共同投入，进一步支持安置点布局建设配套产业基础设施和公共服务平台，全州 6 个 800 人以上集中安置点设立就业服务站 6 个、组织开展招聘会 189 场，推动实现就业 11153 户 21767 人，巩固了有劳动力家庭至少有 1 人就业成果，确保了群众"搬得出、稳得住、能致富"。

（6）聚焦乡村振兴，推动农业农村现代化

精准抓产业促振兴，新增入库农业项目 478 个、总投资 95.9 亿元，出栏肉牛 10.38 万头、肉羊 57.1 万只，明确统筹整合财政涉农资金不低于 55%用于支持产业发展，元谋县现代农业产业园列为 2022 年国家现代农业产业园创建。精准抓乡村建设促振兴，推动乡村向生态、美丽、宜居迈进，推动公共基础设施向村覆盖、向户延伸，完成改造 30 户以上自然村通硬化路 551 公里，持续实施农村人居环境整治提升五年行动和乡村振兴"十百千"示范工程建设，创建乡村振兴示范乡镇 10 个、精品示范村 60 个、美丽村庄 200 个，农村群众幸福指数不断提升。精准抓乡村治理促振兴，强化党建引领乡村治理，建立完善"五级书记抓乡村治理"工作机制，加强乡镇、村集中换届后领导班子建设，持续排查整顿软弱涣散村党组织，完善党建引领

"一部手机治理通"，基层党组织在乡村治理中的战斗堡垒作用得到充分发挥；探索推广整治清单制、积分制、农村"高价彩礼、大操大办"等不良风气"三张图"，创建县级及以上文明村镇 723 个，建成新时代文明实践中心 10 个，行政村（社区）文明实践站 1105 个。姚安县在全县 77 个村（社区）中开展以争创"产业兴旺红旗村""生态宜居红旗村""乡风文明红旗村""治理有效红旗村""生活富裕红旗村"为主要内容的"五面红旗"争创活动，进一步激发基层党组织政治引领作用和党员先锋模范作用，助力乡村振兴。党组织领导的自治、法治、德治相结合的乡村治理体系不断健全完善。

## （二）保山市腾冲市司莫拉推动农文旅融合发展实践模式

保山市腾冲市清水乡 ① 司莫拉（佤语"幸福的地方"）佤族村是一个有 500 多年历史、民族文化保存完整的原生态佤族村寨。2020 年 1 月 19 日，习近平总书记到司莫拉佤族村考察调研，嘱托大家"要大力推进乡村振兴，让幸福的佤族村更加幸福"。两年来，腾冲市牢记习近平总书记的殷殷嘱托，着力打造乡村振兴示范区，将司莫拉成功创建为国家 4A 级旅游景区，先后被评为中国美丽休闲乡村、云南省民族团结进步示范村，司莫拉幸福佤乡建设入选 2021 年云南省乡村文化振兴示范项目，被评为"国家少数民族特色村落"、国家 AAAA 级景区，三家村被评为国家传统古村落、省级卫生村，三家村党总支被评为云南省先进基层党组织、云南省规范化建设示范党支部，② 稳稳托起了佤村"幸福梦"。

1. 以文聚心"讲团结"，让幸福更有活力

司莫拉有佤族、白族、傣族、彝族、景颇族、汉族 6 个民族聚居，在各民族融合发展过程中，形成了独特的佤汉民风民俗，构建出"我为人人、共建共享"的现代幸福观。近年来，司莫拉以基层党建引领民族文化，大力发

---

① 2022 年 6 月 16 日，云南省人民政府《关于同意腾冲市北海乡清水乡撤乡设镇的批复》（云政复〔2022〕21 号）明确：撤销清水乡，设立清水镇。

② 参见《只为幸福佤村更幸福》，《云南日报》2022 年 10 月 5 日。

挥民族文化凝聚力，铸牢中华民族共同体意识，打造团结幸福新佤村。奏响民族团结"最强音"。收集整理民族风俗、礼仪、服饰、音乐、舞蹈、乐器、饮食、文学作品和生活用品实物等，传承弘扬"新米节""搭牛丛"等传统节日，举办射弩、爬杆等活动，将民族文化载体汇聚在一起，将全村人民凝聚在一起，推动心往一处想，劲往一处使。激活民族团结"动力源"。探索"党支部＋公司＋合作社＋农户"的模式，由国有公司作为项目开发主体成立景区管理有限公司，创办旅游专业合作社，将寨里的全部农户凝聚在一起，成为合作社社员，实现村民人人有事做、户户有收入、集体得实惠、公司有盈余、团结共致富。共护民族团结"大家庭"。开设民族文化讲堂，用好用活"乡村主播"，每日开展"微晨读"，通过火塘会、专题讲座等方式，与佤族群众一起谈变化、讲未来，算发展账、收入账，引导佤族群众听党话、感党恩、跟党走。组建佤族歌舞队伍，同周边村寨文艺队"共舞"，同四面八方来客"共欢"，实现民族大融合、大团结。

2. 以文富民"兴产业"，让幸福更有底气

通过培育文旅融合产业新业态，让佤族农耕、歌舞、四季三餐、传统手工艺等特色文化"活起来"，实现"泥饭碗"变"金饭碗"，打造富裕幸福新佤村。文旅融合"开好局"。打造佤乡风情、古寨乡旅、农旅休闲、民宿示范、温泉休闲、现代农业6种业态，通过佤族歌舞互动、民族节庆活动、民族农事体验、民族文化研学，传递中华民族奋斗幸福观。2021年，司莫拉接待游客人数达到15.9万人次，实现收入108万元，全村农民人均可支配收入达18860元，比2019年增加7412元；脱贫户人均可支配收入达17672元，比2019年增加7214元。延伸业态"促振兴"。注册"司莫拉"商标系列产品，立足村内特有的粗梗稠李，聘请省农科院帮助研发6款农特产品，引进农业企业进行批量生产，新增铺面30间，建成农特产品一条街。建成具有浓厚司莫拉风情的幸福餐厅、幸福烤吧、大米粑粑加工厂，为当地村民提供就业岗位60余个，带动村民务工300余人。持续开展民宿、农家乐、茶艺师、种植养殖、农民画创作、导游等培训，提升村民的创收技能，拓展

创业路子，外出务工人员陆续回乡创业，建成农家乐 10 户、民宿 4 家，村民不出户即可在家就业。带动周边"共发展"。引进"花缘里"公司在司莫拉周边的老寨子村打造体验亲情、友情、爱情幸福的"花缘里"玫瑰主题村，成为司莫拉核心景区的"前庭花园"、乡村振兴新样板，2021 年"十一"黄金周试营业以来，接待游客近 2 万余人次，公司收入 40 万元，为 30 余名农村劳动力提供就业岗位，群众就近务工增收 280 余万元，群众、村集体和公司实现"互利共赢"。同时，周边虞家营、半个山、蔺家寨等一批"美丽乡村"通过串点连线、连珠成景的全域乡村打造，即将成为清水乡的新名片。

3. 以文美景"促宜居"，让幸福更有品质

按照"抓点成典、推典成景"的目标，最大限度留住乡韵、乡愁，打造美丽幸福新佤村。打造美丽田园。建设农耕文化观光区，打造云谷公园，建成 25 座水车集群，种植万寿菊、油菜花、百香果等，让村庄增色、田园增美、农民增收。2021 年 6 月建成以"美女绯娘绷"递花给司莫拉、司莫拉射鱼怪、司莫拉七子的传说为主题的司莫拉彩色稻田景观，成为游客到腾冲旅游的重要打卡点，并成功亮相 COP15 大会。打造美丽公路。按照"安全、通畅、生态、美丽"的标准，将入村道路 10 公里改造提升为美丽公路，打造 794 米灯笼长廊，让司莫拉既有"颜值"更有"内涵"。打造美丽庭院。实施寨门、寨内栅栏改造、寨内绿化、幸福树公园、幸福小巷、紫藤长廊等寨内环境整治和"透绿"工程建设。建立村庄保洁机制，建立"户集、村收、乡运、市处理"垃圾统一处置模式。坚持"自建为主、帮建为辅"原则，鼓励群众对家居环境进行整治提升。目前，建成了污水处理管网及氧化塘，62 户农户全部完成庭院硬化和无害化卫生厕所改建，笔直平坦的石板路直通家家户户，恬静优美田园风光与静谧祥和乡村生活相映成趣。

4. 以文化人"淳民风"，让幸福更有内涵

发挥道德教化作用，用嘉言懿行垂范乡里、教化乡民、涵育乡风，打造文明幸福新佤村。共建文化载体"育民心"。用新时代文明实践站、村综合文化中心、民族文艺队、民俗文化陈列馆等文化传播载体，组建宣讲团深入

村组开展"自强诚信感党恩""听党话、感党恩、跟党走"巡回宣讲，开展对象化、分众化宣传，唱响民族团结进步主旋律，推动习近平新时代中国特色社会主义思想在佤村落地生根。共治文明村寨"树新风"。推广农村末梢治理模式，成立美丽村庄建设管理委员会，探索"巷长""美丽公约"等制度，落实"十条村规民约"，深化"门前三包"和"最美庭院"评比，成立爱心超市，引导激励群众参与环境卫生等整治工作，做到"自己的村庄自己管、自己的家园自己建、自己的事情自己说了算"。通过诚信"红黑榜"、村民议事会、道德评议会、"文明家庭"评选等活动，推动形成以家风促民风、以民风带村风、以村风促发展的良好氛围。共讲司莫拉故事"同筑梦"。打造"总书记足迹"学习体验路线，把习近平总书记的深情关怀、司莫拉的巨大变化和佤族儿女的幸福生活作为生动教材，讲述好、宣传好人民领袖爱人民、人民领袖人民爱、"情满司莫拉"的生动故事。

### （三）怒江州推进易地扶贫搬迁后续帮扶实践模式

脱贫攻坚期间，怒江傈僳族自治州共实施了 10 万人易地扶贫搬迁，占全州农村人口四分之一、贫困群众三分之一。为做好易地搬迁后续扶持工作，怒江州盘活"三块地"，念好"三字经"，搬迁搬出绿水青山金山银山、搬出新家园新生活新天地，搬迁群众发自内心地感恩习近平总书记、感恩共产党。

1. 盘活"三块地"，穷山变金山

通过流转盘活搬迁群众宅基地、承包地、山林地"三块地"资源，有效释放农村土地资源潜力，昔日的贫困大山，正在变为绿水青山和金山银山。盘活宅基地。充分利用城乡建设用地增减挂钩政策，鼓励搬迁群众拆除旧房复垦复绿，每户按人均 0.6 万元标准给予补助，有效盘活宅基地面积 0.89 万亩，盘活率达 92.86%。通过新增建设用地指标跨省交易，获得收益 25.17 亿元，有效弥补了搬迁资金缺口。盘活承包地。全州搬迁户所属 36.9 万亩承包地均属能退则退、应退尽退范畴。群众搬迁后，及时启动实施"保生态、兴产业、防返贫"生态建设三年行动，18 万亩林业生态扶贫 PPP 项目获国家开发银行立项支持，落实授信资金 11.17 亿元。2021 年共投资 6.9 亿元，完成造林 10.38 万亩，80 家生态扶贫专业合作社参与生态工程建设，带动脱贫群众 3.11 万人，支付脱贫户劳务费 2734.85 万元，实现增收与增绿"双赢"。盘活山林地。在搬迁户中选聘生态护林员 1.4 万名，采取季节性返回、轮流值守的方式开展巡山护林，人均年收入 1 万元。实施搬迁户 84.92 万亩山林地公益林补偿，户均补偿金额 526.53 元，既加强生态建设，又增加搬迁人口收入。同时，大力发展以草果为代表的林下产业，种植面积达 110 万亩，成为全国最大的草果种植区和核心主产区，被农业农村部评为全国产业扶贫典范。2021 年，全州草果总产量 4.8 万吨，实现一产产值 4 亿元，带动 4.31 万户 16.5 万人稳定增收。良好的生态催生了新产品新业态，半山酒店、半山民宿成为怒江旅游的"新名片"，泸水市三河村的"观鸟经济"还入选文旅部全国 100 个乡村旅游扶贫示范案例。

2. 念好"三字经"，城里安新家

推行干部包保搬迁户制度，县市设专职党委常委主抓，采取建产业基地、抓劳务输出、办帮扶车间等措施，念好"安居经、就业经、治理经"等新时代"三字经"，精准推进后续扶持工作。

（1）念好"安居经"

按"五通十有"标准，全覆盖配备中小学校、幼儿园、医疗点、养老服务中心等基本公共服务设施，实现搬迁群众就地看病就医、适龄儿童就近就便上学。组建 67 个扶贫暖心团，手把手教会群众识别楼栋家门、安全使用电器、内务卫生整理，及时解决群众"最急、最忧、最盼"的日常琐事。在 32 个安置社区新建微菜园 792.88 亩，受益 17322 户 64938 人，年户均节省生活成本 3000 多元。如今，全州搬迁群众稳定在窗明几净、家具家电齐全、网络宽带到户的新房中幸福生活。

（2）念好"就业经"

按照"四个一批"思路，在安置区及周边建设一批帮扶车间、打造一批产业基地、培育一批专业市场、落地一批特色园区。建成 53 个帮扶车间、

13 个农业产业园区、16 个产业基地，覆盖带动搬迁群众 16389 户 57339 人。组建驻点就业小分队，包栋逐户开展劳务输出动员，2021 年转移就业 4.98 万人，就业率达 88.61%，实现搬迁家庭户均 1.85 人稳定就业。通过产业就业帮扶，2021 年，全州搬迁群众人均纯收入达 13383 元，高于农村脱贫人口纯收入 293 元。兰坪县永兴社区搬迁群众练文望，在东西部劳务协作政策帮扶下，成为上海清美集团的一名仓库管理员工，一年能挣 6 万多元。

（3）念好社区"治理经"

坚持党建引领社区治理，完成 3 个乡镇安置区行政区划调整和撤镇设街道工作，成立社区 25 个，组建管委会 26 个，设立居民小组 315 个，成立 81 个党组织 197 个党小组，实现易地搬迁点、楼栋、产业园区党的组织网络全覆盖。设立综治中心、红白理事会、群团组织，建立健全党建+网格化管理体系，做到"哪里有搬迁群众、哪里就有党组织，哪里有党员、党的工作就覆盖到哪里"，有力有效促进社区善治。

3. 讲好新故事，幸福感党恩

坚持"富脑袋"与"富口袋"并重，持续开展自强、诚信、感恩教育和文明创建、技能培训进安置社区活动，引导搬迁群众增强主体意识、提升自我发展能力，不断激发搬迁群众内生动力。

（1）推进新时代文明实践常态化

在安置点全覆盖建立新时代文明实践中心，常态化组织群众开展感恩教育、文艺宣教、暖心服务、"能人"选树、技能培训、志愿服务等具有怒江特色的新时代文明实践活动，提升"幸福感"。搭建百姓大舞台，开展"走出火塘向广场"活动，促进不同民族搬迁群众交往交流交融，不断增强对安置社区的归属感和认同感。巴尼小镇社区副主任和碧武介绍："群众刚搬出大山时，不会用电器，连起床叠被子的习惯都没有。在宽敞明亮的房间里住上一段时间后，大家都知道了现代生活的好处。"

（2）推进感恩教育常态化

按照"全域有主题、每周升国旗、天天喇叭响、村村有宣讲"要求，持续开展"感恩共产党、感恩总书记"教育，讲好习近平总书记关心牵挂怒江"一次会见、二次回信"的生动故事。71岁的邓扒松是福贡县干么夺小组村民，住上新房后，常常跟左邻右舍说："党和国家对我们农村群众非常好，我真的很感谢总书记这么关心我们，让我们能够过上这么好的日子。"

（3）推进村史传承教育常态化

实施一个安置点一个村史馆行动，以"实物＋图片""器物＋文字"的方式，展示乡村变化、记录美丽乡愁。各村还将村史教育作为搬迁安置社区中小学"必修课"，依托村史馆见证从贫穷走向小康的沧桑巨变，讲好从"挪穷窝"到"换穷业"，从"一方水土养不起一方人"到搬出深山天地宽的故事。实施"易地搬迁稳得住好家庭"示范创建，激励搬迁群众建设好家乡、守护好边疆，坚定不移永远听党话、感党恩、跟党走。

### （四）临沧市沧源县现代化边境小康村建设典型经验

2021年8月19日，习近平总书记给沧源县边境村的老支书们回信，指出"脱贫是迈向幸福生活的重要一步，我们要继续抓好乡村振兴、兴边富民，促进各族群众共同富裕，促进边疆繁荣稳定"[1]，对脱贫攻坚给阿佤山带来的深刻变化和阿佤人民心向党、心向国家的真挚感情表示欣慰，并勉励乡亲们建设好美丽家园，维护好民族团结，守护好神圣国土。近年来，沧源以铸牢中华民族共同体意识为主线，全面推进以"基础牢、产业兴、环境美、生活好、边疆稳、党建强"为主要目标的现代化边境小康村建设，巩固发展了边民富、边疆美、边防固的良好局面，唱响了新时代阿佤人民的幸福之歌。

1.建设好美丽家园，村村寨寨富起来

坚持交通活边、产业富边、开放兴边，坚决建设好美丽家园，让村村寨寨富起来，家家户户过上了好日子。坚持交通活边。加快构建畅通内外的现代综合交通体系，有效破解制约沧源发展的瓶颈，激活沧源"边"的优势。

---

① 《习近平书信选集》第一卷，中央文献出版社2022年版，第345页。

佤山机场建成通航，实现了千年飞天梦；沿边公路全线贯通，瑞丽至孟连沿边高速公路沧源段开工建设，沿边铁路建设前期工作有序推进；"四好农村公路"建设加快推进，建制村通畅率达100%，自然村通畅率达94%，自然村硬化路建设里程1276公里，位居全省第一。坚持产业富边。围绕"人"的要素，按照"应培尽培、能培尽培"原则，把所有培训政策统一整合到县职业中学，对农民进行专业化职业化技能培训，累计开展农民职业技术培训30期8600人；围绕"物"的要素，通过流转、租赁、入股等形式，将土地、山林等资源从个人手中集中到村集体或合作社，将扶贫资产归属集体，为每村安排不少于50万元扶持资金，健全"农户＋专业合作社""专业合作社＋龙头企业"的"双绑"利益联结机制，实现村集体经济全覆盖、利益联结全覆盖，农村常住居民人均可支配收入达14013元，所有村集体经济经营性收入超过5万元，最高村达243万元；围绕"建"的要素，大力推进公共基础设施和公共服务向农村覆盖，持续开展"人畜分离、建厕改灶、种花种菜"行动，大力推进农村"厕所革命"、垃圾整治、污水治理，擦亮村庄形象，完成了60%以上的村庄提质改造，实现"村景"融合和城乡一体化发展；围绕"管"的要素，搭建"数字沧源"基层治理综合平台，建立一部手机远程管理和运行机制，实现"一屏观全局、一网管全域"。坚持开放兴边。按照"内外联动、岸城一体、三产融合、共同发展"的总体思路，建设一批境内、境外联动发展的园区。目前，项目已争取到省级5亿元的专债资金支持，境内园区已完成可研、林地、环评和主功能区"三通一平"等工作，境外园区第一批10户企业完成境内注册、境外生产线建设，完成投资10亿元，有4户企业已投产运行。

2. 维护好民族团结，家家户户心连心

围绕"中华民族一家亲，同心共筑中国梦"的总目标，以"党的光辉照边疆、边疆人民心向党"实践活动为载体，推动佤山各族人民与祖国休戚与共、荣辱与共、生死与共、命运与共，始终像石榴籽一样紧紧地抱在一起。忠诚总书记、拥护总书记、爱戴总书记。把学习宣传贯彻习近平新时代中国特色社会主义思想作为首要政治任务，建设感恩碑和感恩广场，创作感恩歌曲，全覆盖悬挂总书记回信，设立"8·19"纪念日，建立老支书终身宣讲回信制度，把"心向总书记、心向党、心向国家"融入到每一名干部群众的血脉和灵魂中，汇聚了听党话、感党恩、颂党情、跟党走的强大正能量。铸牢中华民族共同体意识。1934年，佤族先辈喊出了"佤族汉族是一家、九老九代不丢伴"的誓言，这是阿佤人民世代相传的族训。新时代，阿佤人民不断发扬团结奋进的优良传统，各民族"共唱民族团结歌、共跳民族团结舞、共创民族团结事业"，坚决铸牢中华民族共同体意识的思想基础。2019年，沧源成功创建全国民族团结进步示范县。让社会主义核心价值观植根千家万户。把阿佤山革命历史和人文精神有机结合，组建"佤乡宣讲团"，把新时代党的路线方针政策，用百姓话通俗易懂地传递到村村寨寨、家家户户，让社会主义核心价值观和"佤山精神"深深扎根在千家万户，边疆群众自发拆除和改建宗教活动场所为党员活动室、文化活动室、产业基地12座。

3. 守护好神圣国土，干部群众手牵手

以"守土有责、守土负责、守土尽责"的责任担当，自觉践行"村村是堡垒、户户是哨所、人人是哨兵"的初心使命，切实维护了祖国西南边境的安全和稳定。三防同建，构筑边境安全防控屏障。举全县之力建成抵边警务室10个，边防巡逻路420公里，边境拦阻铁丝网112公里，抵边联防所40个，同步布设技防点位，管好用好强边固防设施。以县城为中心，建立"县乡村组户人"六级网格管理体系，五户联保，十户联防，守望相助，形成了"村村是堡垒、户户是哨所、人人是哨兵"的防控格局。五级同抓，凝聚守土尽责思想共识。坚持"五级书记抓边防、干部群众齐上阵"，组建强边固防疫情防控突击队，向125个抵边村（居）民小组全覆盖选派第一书记和驻组干部，认真落实边境线分段管控责任制，设置"县、乡、村、组、点"五级段长1047名，层层扛实段长责任，坚决守好国土、管好边境。五方同管，汇聚守土固边强大合力。建立健全国门党工委和边境村（社区）联合党组织运行机制，完善党政军警民"五位一体"强边固防机制，在边境一线科学布控执勤卡点，按照"定人、定岗、定责、定补"原则，每日投入工作力量近万人，实行边境地区和边境线 24 小时定点值守和巡逻管控，取得了新冠疫情"零输入、零疑似、零感染"防控成果。

### （五）沪滇聚焦"五类人才"提升劳务协作水平模式

2021 年至 2022 年上半年，针对"气候不适、交通不识、人头不熟、语言不通、技能不匹配、饮食不习惯"等因素造成云南劳动力用工稳定性差、流失率高、人岗匹配度低的问题，云南省和上海市紧密协作，采取五项措施，着力打造专业人才、培育特技人才、培养适配人才、发现技术领军人才、培训农村电商人才，有力推动沪滇劳务协作再上新台阶。

1．"职教联盟"两地并进，精准打造"专业人才"

发挥平台优势，强化精准帮扶。以沪滇"职教联盟"为平台，发挥上海职业教育的特色辐射作用，为云南省贫困地区提供更多更好的教育资源和就业机会。自 2017 年以来，上海市 30 多所中职校在沪滇职教联盟统筹协调下，联动协同推进，聚焦精准帮扶，招收云南建档立卡"两后生"7461 人，成果显著。坚持需求导向，探索校企共育。加强沪滇校际合作、校企合作，深化产教融合人才培养改革，根据上海市产业发展和企业用工实际，开展"订单式"培训；持续深化产教融合，通过定期召开校企合作会议、共建校企合作基地、邀请合作企业赴云南调研等形式，整合行业协会、合作企业等资源，共同探索人才共育新模式，为云南学生打通职业教育、实习锻炼、上岗就业通道，并帮助企业精准培养适配人才，助推企业发展。探索合作办学，共建育才基地。坚持以推动技能人才高质量培养为目标，沪滇积极开展合作办学，携手建设高技能人才培训基地。在沪滇协作机制推动下，同济大学在昆明成立中德同济职业学校，并在对口帮扶县开办集"校区、园区、社区"三区合一的高等级职业培训学校，沪滇在职业教育、产教融合、中外合作办学等领域探索开展深度合作。在沪滇合作办学模式下，中德职业教育联盟云南示范基地、中德（云南）跨企业培训中心、同济大学巴伐利亚文教部中德职教师资培养云南基地、云南交通职业技术学院中德学院等教研机构在滇落地，有力推动了云南职业教育的深化改革和创新发展。

2.推出高技能岗位，培育高素质"特技人才"

打造劳务协作品牌。坚持"授人以鱼，不如授人以渔"工作思路，创新打造沪滇劳务协作品牌，帮助对口地区群众实现了高质量就业。春秋航空连续在红河州招聘2批空乘人员53人，其中建档立卡脱贫户32人，首批就业的32名空姐月收入达1万多元，产生良好示范效应。上海市消防局面向云南省贫困地区专项招收消防员，37名云南山里娃穿上"火焰蓝"。聚焦特困就业群体。针对残疾人口就业需求，沪滇合力探索特困群体就业帮扶举措。云南省残联组织35名农村户籍的盲人按摩师到沪参加进修学习，由上海市残联聘请上海中医药大学针灸推拿专家授课，讲解理论知识，并提供实践教学指导。上海市残疾人就业服务中心组织送岗上门专项招聘，组织7家按摩机构定向招聘云南盲人，为云南盲人搭建就业平台。

3.围绕适宜产业梯度转移，培养"适配人才"

依托云南在"一带一路"建设中位置优势，结合东部沿海及上海地区产业，尤其是劳动密集型产业梯度转移，针对性在云南进行产业配套，为群众就近就业提供用工岗位。通过沪滇产业合作，闻泰科技昆明智能制造产业园已正式投产，产品涵盖手机、平板、笔记本电脑、TV、遥控器、耳机、IoT等智能终端产品，产业园一期年产能2000万台，提供就业岗位1000多个，二期年产能3000万台，预计带动当地就业达3000余人。

4.通过技能大比武，发现"技术领军人才"

依托优质院校、职业培训机构和企业建设职业技能竞赛集训基地，做好选手集训、高技能人才培训等工作。发挥职业技能竞赛引领带动作用，为技能劳动者提供展示交流平台。上海市环境学校积极发挥在环境工程类、机电工程类和生态工程类专业等领域的专业特长，以及作为世界技能大赛"水处理技术"项目和"机电一体化"项目"双基地"的优势，通过双方师资来访交流、线上沟通等方式，不断提升云南合作学校在专业内涵发展、课程科学设置、世赛教练和选手培养等方面的工作水平。

5.线上线下相结合，培训"农村电商人才"

沪滇携手开展电商专家下乡活动，举办线上线下相结合的多层次人才培训，通过"案例＋理论＋实操"教学模式，提高电商从业者业务能力，提升电子商务进农村效果。上海市闵行区与云南省保山市两地人社部门共同组织青年大学生职业训练营"闵行—保山手拉手"职业训练项目，围绕电商直播培训主题，面向保山学院、保山中医药高等专科学校、保山技师学院三所院校学生及保山比顿咖啡企业职工共计300余人，开展就业能力提升及职业指导，帮助参训学员掌握电商直播基本知识和实操技能。上海驭心管理咨询有限公司将"春笋计划"引入楚雄州姚安县，围绕贸易新业态培训体系，对两批30名从业者开展跨境电商种子选手培养，使零基础人员通过理论学习，掌握公司注册、账号注册、平台规则等跨境电商经营必备的基础知识，让姚安县青年学习掌握前沿行业技能，具备与沿海地区同龄人同等的发展机会与能力，并帮助有志于进入跨境行业的青年人以低风险、低成本的方式实现自主创业。

## （六）沪滇协作着眼未来，打造直过民族地区教育帮扶新模式——澜沧县大力升级新阶段东西部协作教育帮扶方式

云南省普洱市澜沧拉祜族自治县地处祖国西南边陲，是全国唯一的拉祜族自治县。新中国成立之初，澜沧县处于原始社会末期、奴隶社会初期之间过渡期，社会发育程度低，经济贫困，交通闭塞，教育落后。特别是在教育方面，新中国成立初期，全县只有几所小学堂，少数有钱人家孩子读初中要到普洱（今宁洱县），读高中要到昆明，大多数少数民族群众都是文盲。2010年第六次全国人口普查显示，全县人均受教育年限仅6.3年，劳动者受教育程度低、语言交往能力差、依靠科技发展生产的能力非常弱，要从根本上拔除"穷根"，关键还是靠教育。截至2022年上半年，沪滇两地大力升级新阶段东西部教育协作，推动澜沧县义务教育水平实现了"质"的提升。

作为区域面积最大、人口最多的全国"直过民族"自治县，澜沧县沪滇协作从县情实际出发，着眼长远发展，聚焦教育帮扶，积极整合上海各类社会资源，汇聚东部各方社会力量，坚持"扶硬件"与"强软件"两手抓，采取"请进来"与"走出去"相结合，着力提升澜沧教育底板，弥补澜沧教育短板，帮助当地实现义务教育均衡，彻底阻断代际贫困传播。

1. 引进东部优质教育资源

澜沧县与上海新纪元教育管理有限公司签订合作办学协议，合作开办澜沧新纪元第二民族中学和澜沧上海新纪元实验学校。发挥上海新纪元多元化、集团化办学优势，把超前的办学理念、先进的管理模式以及优质的教育服务带到澜沧，建立信息化和教学教研融合平台，为教师的进步提供支持，为学生成长做好规划，努力形成公办与民办学校之间相互促进、共同发展的良好局面，从整体上促进澜沧教育质量水平的进一步提升。办学仅一年，首届高一总成绩位居普洱全市第 2 名，单科成绩和总成绩以绝对优势位居全县第 1 名。依托现代化信息技术手段，采取线上线下相结合的方式，导入远程教育资源。联合外企德科人力资源服务上海有限公司、上海昂立教育在金朗中学试点英语在线教育项目，由上海昂立教育的专业教师对师资薄弱地区的学生进行远程公益网络授课，初期开设双师课堂，包含两个初一班级的双语教学，一个初三班级中考冲刺性写作训练。携手上海华扬联众公益基金会、上海鸿坤文化艺术基金会，启动"Artlink 艺术花园远程公益项目"，把艺术远程教育资源引入边远乡村学校，4 所小学 720 名学生受益，同时组织 40 名澜沧县乡村教师赴长三角地区开展师资培训。

2. 深化教育培训交流合作

依托上海新纪元教育，分享教师培训资源，加强不同教育理念、方法、技巧的交流和碰撞，提高教师专业化水平与管理协作能力。通过上海宏天教育奖励基金，邀请全国知名校长、合作学习研究专家、学校管理和咨询专家郑杰先生（原上海市北郊中学校长）到澜沧县公益授课，帮助当地开展"合作学习"项目培训，项目自 2018 年 8 月启动以来，累计投入上海帮扶资金

40万元，开展规范班、优化班培训20次，听课学员超过3034人次。上海市黄浦区教育局和云南省普洱市教育局签订《友好合作协议书》，上海市黄浦区董家渡第二小学结对帮扶澜沧县民族小学，上海市八初级中学结对帮扶澜沧县金朗中学，自2018年起，已选派4批次8名教师到澜沧县支教，其中有5名教师在县一中开展为期一年的组团式教育帮扶，从课堂教学、关爱学生、教研引领、学校发展研讨等方面展开支教帮扶工作。自2013年起，澜沧县共选派60名教师到上海市黄浦区进修，上海宏天教育奖励基金先后资助组织了澜沧县8批共230位教师和18位学生到上海学习，有效帮助当地加强了骨干教师和乡村教师队伍的培养。引入"布迪星梦想——梦想城市"艺术公益项目，在糯扎渡镇大歇场建立教研基地，由上海美术学院师生对乡村美术教师、农民艺术家、留守儿童进行版画教育培训。

3.改善基础教育软硬件设施

引入社会力量参与教育帮扶工作，上海宏天教育奖励基金创始人郑先生14年来默默在澜沧县乡村学校低头耕耘，捐助资金、身体力行、无声无息地推动教育状态的改善。据不完全统计，截至2021年6月，郑先生个人已经累计投入助学、助教、奖励和资助各类项目资金1400余万元，引进各类公益项目价值1500余万元，有力助推了澜沧教育事业进步发展，建成上允镇翁板村小学、糯福乡阿里小学、富邦乡邦奈村小学、谦六乡新城小学等一批"美丽乡村学校"示范点。联合各类社会资源在澜沧县60多所中小学校捐赠人工草坪社会足球场7块，铺设悬浮式塑胶拼装运动场地（篮球场、羽毛球场、气排球）上百块，为孩子们提供了安全舒适的运动场地。黄浦区老干部局、黄浦区体育局、黄浦区民宗办等部门，德科人力资源服务上海有限公司、上海华生化工有限公司、上海清算所、上海黄金交易所、上海邦维文化、上海鼎实金属材料有限公司、南京证券等爱心企业及黄浦区志愿者协会、阳光善行、能量中国、美丽心灵等社会组织，先后向澜沧中小学校捐赠图书馆、课桌椅、学习用品、体育用品、运动场地、饮水设备等，建设健康体育、卫生健康、图书阅览等设施。

#### 4.关心关爱边缘弱势群体

针对易地搬迁集镇安置点的贫困家庭青少年儿童没有机会像城里孩子一样接受义务教育之外兴趣爱好方面扩展学习的情况，积极牵线搭桥，主动争取黄浦区妇联支持，在县文化馆、东回镇龙泉湖社区、上允镇勐允社区等建成3个儿童之家，为搬迁群众子女、留守儿童、附近贫困户家庭子女提供免费教育资源。引进上海市阳光善行公益事务中心，成立澜沧县第一家由民间力量发起的社会服务机构——"竹蜻蜓"社区公益事务中心，通过助人自助、增强权能来倡导改变，挖掘和培育当地志愿者队伍。针对当地少数民族儿童普遍不会普通话、入学后适应学校教育生活有困难等问题，推行"雅米雅八"助学计划，着力开展学龄前儿童普通话水平、行为规范意识、学校适应能力教育，加强家长亲职教育理念。针对少数民族地区儿童青少年自我保护意识薄弱的现状，推行"守护星"儿童青少年健康保护项目，促进儿童青少年对性知识的认知程度，改善当地对儿童青少年的健康保护；截至2021年下半年，已在竹塘乡云山村、东回镇阿永村、班利村和竹塘乡中心小学、竹塘乡中学、东回镇中学开展试点，累计开展服务355天2807小时，在当地开展服务272次，服务9504人次。创设"上海黄浦宏天奖个案助学计划"，通过集聚上海及云南各方力量，加强对学困群体的救济帮扶。依托上海市妇联"春蕾计划"、上海"同一苍穹下"公益基金、"萤火虫"助学、众强公益、黄浦区慈善基金会等公益组织，为贫困学生家庭提供帮扶资助，帮助孩子们点亮读书的希望，完成学业、走出大山、实现梦想。

### 三、云南乡村振兴面临的机遇与挑战

#### （一）乡村振兴面临的机遇

##### 1.乡村振兴政策支撑更加有力

以习近平同志为核心的党中央高度重视"三农"工作和乡村振兴，不断

完善农业农村优先发展的政策体系，持续加大一系列强农惠农富农政策支持力度。省委、省政府将"三农"工作作为重中之重，将高原特色农业列为全省重点培育的5个万亿级支柱产业之一，持续深入打造"绿色食品牌"，调整成立省委农村工作领导小组、巩固拓展脱贫攻坚推进乡村振兴领导小组，由省委、省政府主要领导任双组长，双月定期研究调度、压茬推进"三农"重点工作和乡村振兴。①

2. 创新动力更加强劲

新型工业化、信息化、城镇化进程加快，带动农业农村资源配置不断优化，高原特色农业"两型三化"集聚效应正在加快形成。新一轮科技革命和产业变革深入发展，以大数据、物联网、人工智能等为代表的数字农业新技术飞速发展，在农业农村领域应用更加广泛，互联网创新成果与农业生产、经营、管理、服务加速融合，农业农村发展质量变革、动力变革、效率变革的转型升级动力持续增强。

3. 乡村振兴发展空间更加广阔

在以构建国内大循环为主体、国内国际双循环相互促进的新发展格局下，扩大内需必将加快促进国内城乡居民消费结构转型升级，国内国际市场对高端特色农产品需求呈现出长期刚性增长态势，个性化、多样化、绿色化将成为农产品市场消费主流，生态、优质、安全的高原特色农产品迎来更加广阔的市场空间。同时，随着全域旅游纵深发展，人民群众对乡村旅游的消费需求更加迫切，我省乡村地域广阔，少数民族特色乡村文化旅游资源极为丰富，农旅融合具有较大的市场前景和发展空间。

4. 乡村振兴优势潜力更加突出

云南省区位优势独特、农业资源丰富，气候多样、生态优质、错季供应的高原特色农业产地优势越来越受到社会资本广泛关注，大批国内外知名企业先后入滇发展。随着"五网"基础设施建设加速推进、营商环境持续改

---

① 参见《云南省"十四五"农业农村现代化发展规划》。

善、资本下乡动力日益增强，全省农业农村发展潜力得到进一步激活，区位优势、资源优势必将加快转变为经济优势、发展优势。

### （二）乡村振兴面临的挑战

2021年以来，云南省委、省政府准确把握巩固拓展脱贫攻坚成果同乡村振兴有效衔接的总体工作定位和任务要求，坚决守牢了不发生规模性返贫的底线任务，有序推动了巩固拓展脱贫攻坚成果上台阶、乡村振兴开新局，但对标党中央和国务院要求，仍然存在一些差距和不足：

1. 巩固拓展脱贫攻坚成果任务艰巨

全省88个脱贫贫困县中深度贫困县有27个（全国189个，分布在14个省区），22个县的贫困发生率高于20%，全省脱贫人口933万人，12个县的贫困人口超过10万，其中两个县超过20万，分布于1411个乡镇(街道)、1.41万个行政村，其中，深度贫困乡307个，深度贫困村3539个，全省深度贫困人口271.7万人。11个"直过民族"聚居区人口286.15万人，涉及的1400个行政村中贫困村1179个。怒江州、迪庆州等深度贫困地区，贫困发生率50%左右。

2. 脱贫人口收入总体偏低

一方面，部分农户收入不稳定，部分脱贫人口和边缘易致贫人口抵御风险能力相对较弱，遇到突发自然灾害极易形成返贫致贫风险；另一方面，受经济下行压力加大、疫情防控、部分农产品价格波动、脱贫人口收入水涨船高等多重因素影响，全省脱贫人口收入增速放缓。全省脱贫人口人均纯收入12307元，为全国12550元的98%，4个州（市）、41个县脱贫人口人均纯收入低于全省平均水平。脱贫人口中，收入刚过脱贫线、不足6000元的有1.85万户6.31万人。脱贫不稳定户、边缘易致贫户、突发严重困难户85.3万人，其中，因病、因学、因残分别占34%、14%、17%。

3. 乡村基础设施和公共服务仍然薄弱

农村水、电、路、新基建等基础设施建设任务艰巨，与群众的迫切愿望还有差距。耕地有效灌溉率，高标准农田占比占耕地总面积的比例不高。全省农村公路总里程 25.5 万公里，7.64 万个自然村未通硬化道路。大部分乡镇村庄仍采用简易填埋场、简易焚烧炉等简易设施处理垃圾。农村生活污水处理基数相对较大，边远地区污水处理基础设施建设覆盖面仍相对较小。

4. 产业发展基础设施相对滞后

农业产业化水平不高。农业产业体系、生产体系、经营体系尚不健全，乡村产业规模普遍偏小、档次普遍不高，农产品品牌市场影响力弱，农产品精深加工不足，产业链条较短，产业融合度不深，农业质量效益、竞争力不高。全省高标准农田仅占耕地总面积的 26.2%，农田有效灌溉率仅为 30.1%，低于全国平均水平近 20 个百分点。主要农作物耕种收综合机械化率仅为 50%。龙头企业数量和销售收入仅占全国的 3%、1.7%，乡村产业发展规模小、布局散、链条短，辐射带动能力弱。

5. 新冠疫情持续不断影响乡村振兴

新冠疫情、经济下行压力加大和国际局势变化等因素叠加影响，部分脱贫群众收入下降，部分帮扶车间招商困难，就业岗位减少，少数地区精力分散，部分干部思想松动，巩固拓展脱贫攻坚成果同乡村振兴有效衔接任务艰巨，乡村振兴系统干部面对新形势新任务思想认识和能力水平有待进一步提升。

6. 影响乡村振兴的其他要素

云南高原特色农业优势还没有充分发挥；科技、教育、人才对产业发展支撑力不足；市场主体少小弱，营商环境仍需优化；项目谋划不深入，要素保障不到位，市场化运作水平不高；开放型经济体制改革仍需深化，部分平台示范带动力不强；生态环境质量提升还需加大力度，九大高原湖泊保护治理任重而道远；基本公共服务还有不少短板要补；返贫致贫、财政金融、安全稳定、自然灾害等风险仍然存在。2021 年部分指标完成情况与原定目标有差距。需求收缩、供给冲击、预期转弱三重压力在我省都有具体表现，投资增速进入阶段性回落通道，消费增幅连续收窄，产业链供应链堵点断点不少，煤炭、电力、大宗商品面临结构性周期性短缺，企业做大做强和社会创新创业意愿有待激发，疫情反复仍是最大的不确定因素。①

## 四、云南乡村振兴的对策与展望

云南省委、省政府将坚持以习近平新时代中国特色社会主义思想为指导，深入贯彻党的十九大、十九届历次全会精神，全面落实党的二十大精神，落实中央农村工作会议要求，根据中共中央、国务院《关于实现巩固拓展脱贫攻坚成果同乡村振兴有效衔接的意见》《关于做好 2022 年全面推进乡村振兴重点工作的意见》等要求，进一步落实《云南省"十四五"农业农村现代化发展规划》《云南省脱贫人口持续增收三年行动方案（2022—2024年）》等规划方案，毫不放松抓好粮食和重要农产品稳产保供，统筹推进乡村发展、乡村建设、乡村治理和农村改革等重点工作，勇于探索乡村振兴实践，着力构建城乡融合发展体制机制和政策体系，持之以恒做好乡村振兴各项工作，全面开启农业农村现代化新征程，真正走出一条具有云南特色的乡村振兴发展新路子，推动云南乡村振兴取得新进展、农业农村现代化迈出新步伐。

### （一）云南乡村振兴的对策

1.进一步完善"一平台、三机制"，巩固拓展脱贫攻坚成果

继续深入贯彻落实习近平总书记重要讲话精神和中央农村工作会议精神，从讲政治的高度来看"三农"抓"三农"，全力巩固拓展脱贫攻坚成果，全面推进乡村振兴，加快农业农村现代化。一是进一步完善全省统一的救助平台，实现农村低收入人口帮扶全覆盖。认真落实好习近平总书记"要健

---

① 参见《云南省政府工作报告——2022 年 1 月 20 日在云南省第十三届人民代表大会第五次会议上》，《云南日报》2022 年 1 月 25 日。

全防止返贫动态监测和帮扶机制，做到早发现、早干预、早帮扶"①的要求，以防止返贫致贫为目标，探索建立全省统一的救助平台，针对农村低收入人口，持续解决"两不愁三保障"问题，确保义务教育、基本医疗、住房安全、饮水安全、就业帮扶以及基本生活有保障。在救助平台上，开发简便实用的"找政府"APP，让所有农村低收入人口在遇到"两不愁三保障"问题时，能够便捷使用手机提出救助申请，政府各职能部门建立快速响应机制，做好信息核实和帮扶工作，确保农村低收入人口能够随时随地提出申请，第一时间获得救助。确保农村低收入人口的"两不愁三保障"问题得到及时发现及时帮扶、及时清零。二是进一步完善稳定的利益联结机制，实现产业帮扶全覆盖。建立专业合作社，让单家独户加入合作社，与合作社绑定发展；培育或引进龙头企业，让专业合作社与龙头企业绑定发展。通过建立"双绑"机制，农户、合作社、龙头企业形成稳定利益联结，形成分工合作机制。龙头企业决定种什么、怎么种，负责统一提供订单、统一种植规范、统一价格收购、统一加工检验、统一包装储存、统一销往市场，获取市场收益，承担市场风险。合作社按龙头企业要求，组织农户生产，获取稳定收益。农户按合作社要求进行生产，获取稳定收益。政府要围绕"双绑"做好政策支持和指导服务，细化完善产业选育、产销对接、财政奖补、金融支持、保险保障等方面配套政策，完善全产业链支持措施，让"双绑"发挥作用，将小农户带入大市场。三是进一步完善股份合作机制，实现村集体经济全覆盖。深入推进农村集体经济强村工程，用2—3年时间，把村集体经济发展起来，力争每村年收入最低达到5万元、全省平均达到10万元。把发展产业作为壮大村集体经济的重要路径，引导支持村集体整合各类资源要素，通过组建公司或与龙头企业合作等方式，建立公开透明的股份合作机制，推动"资源变资产、资金变股金、农民变股东"。财政涉农整合资金、专项扶贫资金可以用于支持村集体的，重点支持村集体增加经营性资产，培植长期稳定的收入

---

① 习近平：《论"三农"工作》，中央文献出版社2022年版，第6页。

来源。建立健全农村集体资产管理制度，完善农村集体经济运营管理办法，健全利益分配机制，村集体经济收入要重点用于加强低收入人口基本生活保障，投入有利于促进共同富裕的项目和产业，合理兴办各项公益事业，带动村域经济社会持续健康发展。四是进一步完善扶志扶智长效机制，实现培训就业全覆盖。通过培训就业"一条龙"服务，提升有劳动能力低收入人口的就业意愿、就业能力、就业机会。进一步扩大培训覆盖面。利用救助平台完善培训就业帮扶功能，让所有有意愿接受培训的农村低收入人口简便提出培训申请，加强培训机构和师资队伍建设，提高培训服务能力和水平，实现低收入人口就业培训全覆盖。进一步提高培训质量。以提高低收入人口就业能力为导向，丰富完善培训内容，创新培训方式，紧密结合培训对象实际情况，开展个性化、灵活性相结合的培训帮扶。坚决杜绝培训中的形式主义，不简单以接受培训时间长短、培训次数来评判培训效果，一切以是否有实效作为衡量标准，确保培训后真正掌握"一技之长"。进一步拓宽就业渠道。加大外出转移就业力度，加强与劳务输入地对接，用好东西部协作机制，培育区域劳务品牌，提高低收入人口外出转移就业组织化程度。继续加强就近就地就业岗位开发，加强大型易地扶贫搬迁安置区、低收入人口聚集区以工代赈项目实施力度。生态护林员、村庄保洁员等乡村公益性岗位，优先安排低收入人口就业，确保低收入人口培训后人人能就业。进一步加强激励引导。继续加强对农村低收入人口思想帮扶，总结一批依靠辛勤劳动、自力更生、勤劳致富的先进典型，评选一批先进人物，采取形式多样的宣传活动，积极营造崇尚劳动、勤劳光荣的良好氛围；对懒惰思想严重、期望不劳而获、教育说服无效的少数反面典型，采取相应的惩戒措施，防止政策养懒汉，防止掉入福利陷阱，形成"悬崖效应"。

2.进一步激发干部群众建设家园的积极性

一是进一步加强广泛动员宣传。各地通过召开动员部署会、安排主题党日活动、制发公开信等方式，广泛动员党员领导干部带头示范，广大公职人员主动回乡投身规划。乡村两级党组织通过召开党员大会、村民代表大会、广播宣传、发邀请函等方式，把在外干部、乡贤能人等力量组织起来，激发村民"我的家乡我规划"的热情，动员乡贤能人发挥优势，为家乡规划建言献策。二是进一步强化业务培训。各级各部门将"干部规划家乡行动"和村庄规划政策业务纳入干部教育培训计划，作为基层党组书记轮训和"万名党员进党校"授课内容。通过集中学习、党史学习教育、专题培训、现场观摩等方式，分层分类组织培训。邀请专家对村庄规划政策、编制要点等方面进行授课。在干部在线学习平台开设"干部规划家乡"专题培训班，在有关公众号、网站开设专栏。编印工作手册，明确7个环节28个步骤的工作，细化每个步骤的责任主体、工作内容、释义和要求，供回乡干部参考使用。三是尊重农民群众主体地位。通过与村民一起实地调查走访、座谈商讨，了解民情听取民意，传导美丽村庄建设理念，激发了干部群众建设家园的积极性，促进了干部群众认识规划、遵从规划、落实规划的行动自觉，提高了民主决策、民主管理、民主监督的自治能力，使编制规划更接地气、更符合村民需求、更易于实施、更便于管理，规划成果更加实用管用，有效解决村庄规划"千村一面"、难以落地实施等问题。四是进一步提升村庄规划编制质量。加快形成村域规划图、村庄规划图、规划说明书、规划项目"两图一书一表"，理清了村一级的基本家底和发展需求；抓实分类编制，省市县三级联动，根据"三调"数据，精准把握基本农田、国土空间、生态保护"三条红线"，确保规划的科学性、规范性和法定性；推进"多规合一"实用性村庄规划编制，用好规划成果。加强规划编制的部门协作，把县级乡村振兴项目库建设与村庄规划项目结合起来，共同谋划巩固拓展脱贫攻坚成果和全面振兴乡村的科学路径和有效举措。

3.进一步提升沪滇劳务协作水平，着力培养五类专门人才①

进一步加强上海市和云南省紧密协作，打造专业人才、培育特技人才、培养适配人才、发现技术领军人才、培训农村电商人才，着力解决用工稳定

---

① 参见《国家乡村振兴局简报》，2021年第159期（总第159期），2021年12月24日。

性差、流失率高、人岗匹配度低等问题，有力推动沪滇劳务协作再上新台阶。一是"职教联盟"两地并进，精准打造"专业人才"。发挥平台优势，强化精准帮扶。以沪滇职教联盟为平台，发挥上海职业教育的特色辐射作用，为云南省贫困地区提供更多更好的教育资源和就业机会。发挥沪滇职教联盟统筹协调作用，聚焦精准帮扶，扩大招收云南学生规模。坚持需求导向，探索校企共育。加强沪滇校际合作、校企合作，深化产教融合人才培养改革，根据上海市产业发展和企业用工实际，开展"订单式"培训。持续深化产教融合，通过定期召开校企合作会议、共建校企合作基地、邀请合作企业赴云南调研等形式，整合行业协会、合作企业等资源，共同探索人才共育新模式，为云南学生打通职业教育、实习锻炼、上岗就业通道，并帮助企业精准培养适配人才，助推企业发展。探索合作办学，共建育才基地。沪滇在职业教育、产教融合、中外合作办学等领域继续开展深度合作。在对口帮扶县开办集"校区、园区、社区"三区合一的职业培训学校。充分发挥中德职业教育联盟云南示范基地、中德（云南）跨企业培训中心、同济大学巴伐利亚文教部中德职教师资培养云南基地、云南交通职业技术学院中德学院等教研机构的辐射作用。二是继续推出高技能岗位，培育高素质"特技人才"。打造劳务协作品牌。创新打造沪滇劳务协作品牌，帮助对口地区群众实现了高质量就业。解决特困群体就业。针对残疾人口就业需求，沪滇合力探索特困群体就业帮扶举措，采取多种形式帮助云南农村户籍的残疾人学习培训，增强技能，提升就业能力。三是围绕适宜产业梯度转移，培养"适配人才"。依托云南在"一带一路"建设中位置优势，结合东部沿海及上海地区产业，尤其是劳动密集型产业梯度转移，针对性在云南进行产业配套，为群众就近就业提供用工岗位。四是进一步组织开展技能大比武，发现"技术领军人才"。依托优质院校、职业培训机构和企业建设职业技能竞赛集训基地，做好选手集训、高技能人才培训等工作。发挥职业技能竞赛引领带动作用，为技能劳动者提供展示交流平台。通过沪滇双方师资来访交流、线上沟通等方式，不断提升云南合作学校在专业内涵发展、课程科学设置和选手培养等方面的工作水平。五是线上线下相结合，培训更多"农村电商人才"。沪滇携手开展电商专家下乡活动，举办线上线下相结合的多层次人才培训，通过"案例＋理论＋实操"教学模式，提高电商从业者业务能力，提升电子商务进农村效果。组织电商直播培训。双方人社部门共同组织开展青年大学生职业训项目，围绕电商直播培训主题，面向云南职业院校进行专题培训，帮助参训学员掌握电商直播基本知识和实操技能。培养跨境电商种子选手。围绕贸易新业态培训体系开展跨境电商种子选手培养，使零基础人员通过理论学习，掌握跨境电商经营必备知识，学习掌握前沿行业技能，帮助有志于进入跨境行业的青年人以低风险、低成本的方式实现自主创业。

4.进一步完善脱贫攻坚体制机制，坚决守住防止因病返贫致贫底线

进一步贯彻落实党中央、国务院决策部署，扛实责任，铆足干劲，把"强、稳、紧"贯穿于巩固拓展健康扶贫成果工作全过程，严防因病返贫致贫发生。

一是组织管理突出"强"字。强化组织领导。省委主要负责同志开展专题调研和部署安排，省政府主要负责同志专门召开调度会，分管副省长每季度一调度一分析，高位强势推动落实，落实好《云南省巩固拓展健康扶贫成果同乡村振兴有效衔接实施方案》《云南省巩固拓展医疗保障脱贫攻坚成果有效衔接乡村振兴战略实施方案》。强化服务保障。乡村振兴部门充分发挥牵头抓总职能，统筹做好政策衔接、任务落实、督查考核等工作，卫健和医保部门积极履行行业主责责任，推动家庭医生签约履约工作向重履约、重质量、重服务转变。继续做实农村低保对象、特困人员和易返贫致贫人员"先诊疗后付费"和"一站式"结算政策措施。深入推进县级医院"五大中心"建设取得新成效，持续推动东西部协作结对开展三级医院对口帮扶，认真实施国家基层卫生人才能力提升计划。强化监督检查。坚持问题导向，建立暗访督导、挂账督办、销号管理等督导落实制度，持续派出暗访组，聚焦偏远乡村、聚焦患大病、重病、失能半失能等特殊人群，聚焦政策落实最末端，不打招呼、不发通知、直插末端发现问

题，解决问题。同时，强化数据分析运用，对数据异常、线索集中的市县进行暗访核查。二是加强政策落实突出一个稳字。稳定基本政策。继续保持现行健康扶贫30条政策措施稳定，全省农村低收入人口基本医保、大病保险、医疗救助全覆盖。稳中渐退。坚持好政策有效衔接、待遇平稳过渡、制度健康持续的原则。在保障对象范围方面，将脱贫户、脱贫不稳定户、边缘易致贫户、因病因灾突发严重困难户等纳入保障对象范围，分类做好医疗保障服务。在待遇保障方面，保持农村低收入人口主要保障政策总体稳定，基本医保公平普惠，大病保险起付线降低50%、报销比例提高5个百分点，医疗救助限额内的救助比例不低于70%，经医保三重制度综合保障后，使住院产生医保目录范围内医疗费用报销比例达到80%左右。三是工作落实突出一个"紧"字。紧盯动态监测帮扶。建立健全防范化解因病返贫致贫主动发现机制、动态监测机制、信息共享机制、精准帮扶机制，对标全省防止返贫致贫监测底线标准，定期开展数据信息比对，精准确定监测对象，做到"应纳尽纳"。针对健康情况，及时提供公共卫生、慢性病管理、健康咨询、大病干预、医疗救助等综合帮扶措施，做到"应帮尽帮，应扶尽扶"；重点关注患有大病、重病和负担较重的慢性病对象。持续开展光明扶贫和强直扶贫工作，做到"应治尽治"；紧盯脱贫群众健康素养提升。在全省集中开展爱国卫生"7个专项行动"，推动脱贫地区人居环境由乱而治，脱贫群众文明健康生活方式逐渐养成。

5.进一步开展"听党话、感党恩、跟党走"宣教活动，激发广大农民群众奔向更加美好新生活的干劲

2021年以来，云南省深入开展"听党话、感党恩、跟党走"宣传教育活动，展示"三农"领域全面建成小康社会取得的巨大成就，激励广大农民群众满怀信心奋进新征程、建设现代化、建功新时代，充分发挥群众在乡村振兴中的主力军作用，喜迎党的二十大胜利召开。

一是聚焦四个关键，确保活动实效。其一，聚焦目标任务。引导广大农民群众深刻认识党的十八大以来农业农村发展取得历史性成就、发生历

史性变革，根本在于有习近平总书记掌舵领航，在于有习近平新时代中国特色社会主义思想科学指引，教育广大农民群众坚定信心跟党走、努力奋进新征程。其二，聚焦政治方向。把开展"听党话、感党恩、跟党走"宣传教育活动作为学习宣传贯彻习近平新时代中国特色社会主义思想的重要举措，作为迎接宣传贯彻党的二十大的重要载体，认真研究谋划，精心组织开展，推动宣传教育活动走深走实、入脑入心。其三，聚焦组织领导。由州、市党委农村工作领导小组牵头抓总，各级党委农办、宣传、文明办、农业农村、文化和旅游、广播电视、乡村振兴等部门加强统筹协调，推动宣传教育活动有力有序开展。活动突出实效导向，坚持勤俭节约，整合用好现有资源、平台和载体。其四，聚焦宣传引导。充分运用报、刊、台、网、微、端、屏各类媒体工具，用好县级融媒体中心，以全媒体矩阵、多元传播方式开展宣传报道，组织各级媒体和新媒体平台对宣传教育活动开展跟踪报道和推送宣传。

二是抓实五项活动，唱响感恩旋律。其一，组织巡回宣讲。组建宣讲队伍，从基层一线遴选宣讲员，让"三农"战线先进模范、基层"三农"工作者、基层干部群众、新型经营主体、返乡创业农民工等成为宣讲主力军，深入农村社区、田间地头、涉农院校，用亲身经历讲政策、讲变化、讲故事。充分用好农村小舞台、小讲堂、小广场、小展台等载体，开展点对点、面对面宣讲，拉近与农民群众的距离，提升宣讲效果。其二，举办主题展览。通过乡村流动设展、线上主题展览等方式，多形式全方位展示党的十八大以来农业农村发展取得的历史性成就、发生的历史性变革。坚持用农民群众喜闻乐见的形式开展宣传教育，用真实质朴、通俗易懂的语言，让农民群众愿意听、听得懂、有共鸣。其三，遴选推介典型。紧扣农民群众关心的民生实事，宣传推介一批巩固脱贫攻坚成果、乡村建设、促进脱贫人口持续增收、农村公共服务、乡村治理等典型案例，组织开展移风易俗宣传活动，广泛宣传党在农村教育、医疗、养老、文化等方面的惠民政策。其四，开展系列活动。组织开展"村晚"、"美丽乡村健康跑"、"清洁村庄环境、共建美丽家园"、乡村旅游精品线路推介、农村非遗宣传展示等贴近农民群众需求、体现乡村文化特色、富有农趣农味的文化体育活动，展现美丽乡村建设的可喜成效。其五，做好集中展示。在中国农民丰收节期间，以"庆丰收迎盛会"为主题，组织开展群众联欢、现代农业展示、民俗文化表演、农民体育竞赛、乡村美食品鉴、农耕文明体验等活动，展示农业农村发展的喜人成就，唱响爱党感恩的主旋律。

三是突出六项重点，凝聚振兴合力。其一，感领袖真情。讲述习近平总书记一以贯之关注农业、关心农村、关爱农民的生动细节，感受人民领袖"知之深、爱之切"的"三农"情怀。重点讲好习近平总书记给沧源佤族自治县班洪乡、班老乡边境村老支书们的回信和对怒江"两次回信、一次会见"的故事，宣传好、阐释好党的理论和路线方针政策。其二，忆峥嵘岁月。宣传中国共产党带领亿万农民进行革命、建设、改革的光辉历程和丰功伟绩，从中汲取精神、智慧和力量，抒发对党的深厚情感和真诚祝福。引导全省农民群众牢固树立正确的祖国观、民族观、文化观、历史观。其三，晒幸福生活。全方位展示巩固拓展脱贫攻坚成果、全面推进乡村振兴成就，宣传党的"三农"政策给农民群众生产生活带来的翻天覆地变化，充分展现新时代农民群众的获得感、幸福感和自豪感，守护好边疆，建设好家乡，大力弘扬践行"西畴精神"。其四，树文明新风。弘扬社会主义核心价值观，宣传新时代文明乡风、良好家风、淳朴民风，普及科学知识，讲述推进农村移风易俗带来的农村精神文明新变化，展现农民群众勤劳致富、昂扬向上、感恩奋进的精神风貌。其五，讲善治故事。讲述党组织领导下自治、法治、德治相结合的乡村治理生动实践，发挥村规民约、家教家风作用，展现农村地区稳定安宁、农民群众安居乐业的良好环境和农村社会既充满活力又和谐有序的社会氛围。其六，展振兴梦想。迎接宣传贯彻党的二十大，宣传党的强农惠农富农政策，展望全面推进乡村振兴、加快农业农村现代化的美好愿景，激发广大农民群众奔向更加美好新生活的干劲。

6.进一步强化乡村法治工作短板，全面推进法治乡村建设①

一是继续强化公共法律服务体系建设，满足乡村法治需求。配强司法行政力量。建强司法所，推动法治乡村建设资源集聚、力量配强和社会协同。开展智能法律服务。加强数字法治、智慧司法建设，探索建立村民法律服务个性化档案。加强法治智能化建设，实现法治宣传、法律咨询、法律事务办理"掌上学"掌上问"掌上办"；强化公共法律服务。编制乡村法律服务目录，有效对接农村重大基础设施、产业项目、民生工程等村级事务的法律体检、法制审查。二是继续强化法律援助工作，解决群众急难愁盼。完善基层法律服务机制。各县（市、区）普遍实施"一乡一所、一村一法律顾问、一村一公示牌"为主要内容的农村基层法律服务"三个一工程"。扩大法律援助覆盖范围。将农民工作为法律援助重点服务对象，明确各地涉农民工申请法律援助事项一律简化程序、快速办理。提升法律顾问服务质量。每个村（居）委会都配备由基层法律服务工作者免费担任的法律顾问。对脱贫不稳定户、低保人员、失业人员等特殊群体开通绿色通道。三是强化人民调解工作，促进乡村和谐稳定。构建大调解格局。开展"防风险、保安全、护稳定、促发展"人民调解专项活动，以县乡村三级调委会、行业性专业性调解组织、诉前委派调解中心（站）和法院、公安、信访派驻的调解工作室为着力点，充分发挥各级司法行政机关和广大基层司法行政工作人员、调解组织、人民调解员、基层法律服务所、基层法律服务工作者职能作用，聚焦重点领域和重点群体，及时发现苗头性、倾向性问题，第一时间开展调处，定分止争；完善人民调解与行政调解、司法调解衔接联动工作机制，建设覆盖医疗卫生、道路交通、旅游消费、环境污染等领域的人民调解委员会、行业性专业性人民调解委员会，实现乡村律师法律顾问覆盖率100%。四是强化法治宣传教育，提高乡村法治素养。健全完善普法机制。将"深化法治乡村（社区）建设"纳入全省"八五"普法规划，构建培养机制规范、组织网络健全、作用

---

① 参见《国家乡村振兴局简报》，2022年第62期（总第229期），2022年3月5日。

发挥明显的"法律明白人"工作体系；在少数民族乡村地区全面推广"五用工作法"（即用民族干部宣讲法治、用民族语言传播法治、用民族文字诠释法治、用民族节庆展示法治、用民族文化体现法治）。五是强化法治创建活动，提升乡村依法治理水平。争取到2025年全省建成1000个以上的省级民主法治示范村（社区），新创建40个全国民主法治示范村（社区），全省法治村（社区）占比达到70%。将法治建设内容纳入村（社区）干部培训计划，提高基层干部依法办事意识和依法治理能力；强化农村依法治理工作。不断健全自治、法治、德治相结合的乡村治理体系建设，制定法治乡村建设责任清单。健全乡村四民主三公开机制，编制农村小微权力清单，建立健全村务监督委员会，建立百姓议事、民情沟通、和谐促进的"村民说事平台"，解决与村民生产生活息息相关的问题。

7. 进一步统筹推进疫情防控和稳岗就业，避免发生规模性返贫①

一是进一步扎实做好精准摸排监测。继续落实驻村工作队员、村组干部、乡村就业信息员常态化网格排查机制，利用"云南省脱贫人口和监测对象增收监测平台"进行精准分析调度，及时掌握脱贫人口、监测对象务工就业情况，重点加强对县外务工人员、因疫返乡回流人员、易地扶贫搬迁"零就业"家庭，制定"一户一方案"，做到早发现、早帮扶。二是进一步扎实开展稳岗就业帮扶。加强就业帮扶"降、缓、返、补"政策"组合拳"的落实跟踪服务保障，推动落实好就业创业服务补助、社保补贴、创业担保贷款及贴息、交通补贴、就业帮扶奖补、失业保险、权益保障等政策。三是进一步扎实做好技能培训。认真落实《关于建立健全扶志扶智长效机制实现培训就业全覆盖的指导意见》，指导督促县级落实农村劳动力职业技能培训统一组织领导、培训计划、资金使用、培训资源、认定培训机构和技能资格认定的"六统一"工作机制，形成聚合效应。四是继续深化省外劳务协作。充分发挥东西部协作机制作用，积极主动加强与东部

---

① 参见《国家乡村振兴局简报》，2022年第128期（总第295期），2022年6月8日。

沿海省份、务工人员较为集中地区的劳务协作对接，建立常态化跨区域岗位信息共享和发布机制，加强劳务输出帮扶服务，努力将省外务工脱贫人口"稳在当地、稳在企业、稳在岗位"。五是继续强化省内劳务协作。深化省内劳务协作机制，加强低风险地区特别是省内重点用工地区的岗位收集与储备，用足用好省内就业岗位余缺调剂机制，对有转岗需求人员、返乡回流人员、有转移就业意愿人员及时推送岗位信息。六是进一步促进就地就近就业。千方百计扩大脱贫劳动力就近就业，利用"一事一议""以工代赈"等方式实施的财政投资项目、乡村振兴衔接补助资金支持的优势特色产业项目、帮扶车间和光伏扶贫项目等。挖掘家政服务、生活餐饮、特色手工艺、乡村旅游等吸纳就业。七是进一步强化乡村公益性岗位开发与管理。把乡村公益性岗位作为托底安置脱贫人口弱劳力、半劳力、无法外出和无业可就劳动力就业的重要举措，进一步统筹加大岗位安置力度，充分发挥农村公益性岗位"兜底线、解急难、防返贫"作用。八是继续扎实开展"雨露计划+"行动，开展"雨露计划+"就业促进专项行动，原补助标准、资金渠道、发放方式保持不变，引导脱贫家庭、监测对象家庭新成长劳动力接受中、高等职业院校（含技工院校）教育，确90%以上接受职业教育。

8.进一步落实好"九条有效措施"，促进脱贫人口持续增收①

一是继续强化动态保障脱贫劳动力稳岗就业。建立就业人员、失业人员、返乡人员、有意愿外出人员"四个清单"，完善脱贫劳动力就业日常跟踪监测服务机制，动态掌握脱贫劳动力稳岗就业情况，分层分类制定就业帮扶措施，精准解决企业"招工难"和脱贫劳动力"务工难"问题。二是继续做好省外务工脱贫劳动力稳就业工作。发挥东西部协作机制作用，组建稳就业工作专班，联动州（市）、县（市、区）摸清脱贫劳动力在省外务工就业情况，发挥好驻外劳务工作站桥梁纽带和服务作用，强

---

① 参见《国家乡村振兴局简报》，2022年第159期（总第326期），2022年7月12日。

化与当地人社部门、就业企业、劳务中介等机构沟通协调，及时解决脱贫劳动力收入不稳、岗不稳等困难问题，努力将省外务工脱贫劳动力"稳在当地、稳在企业、稳在岗位"。三是继续加强脱贫家庭新成长劳动力就业帮扶。继续开展"雨露计划+"就业促进行动，对脱贫家庭高校毕业生，制定"一人一策"帮扶措施，鼓励其积极参加各类岗位考试，毕业两年内给予报销考试报名费用。四是继续加强公益性岗位管理。确保乡村公益性岗位吸纳脱贫人口和监测对象就业规模较上年只增不减，规范乡村公益性岗位开发和管理。五是继续发挥帮扶车间促进就业作用。对入驻帮扶车间的企业，进一步落实减、免、扶、补政策。对在帮扶车间就业的脱贫劳动力，在现有扶持政策基础上，叠加享受就业补助、培训费用补贴。六是继续实施消费帮扶行动。采取龙头企业订单收购、帮扶单位定点采购等方式，统筹安排脱贫人口农产品生产、销售。各地和定点帮扶单位加强对接协调，在生产周期之前与脱贫户提前确定采购农产品的品种、数量和规模，并与脱贫户签订采购协议，确保脱贫户农产品以不低于市场价格销售变现。七是继续加大脱贫人口小额信贷扶持力度。县级乡村振兴部门和金融机构密切合作，确保有贷款需求的脱贫人口和监测对象应贷尽贷，确保年度新增贷款规模较2021年只增不减。进一步落实按季度拨付贷款财政贴息资金并及时兑付到农户的措施，对因疫情影响到期还贷有困难的，及时落实续贷展期金融扶持政策，减轻还贷压力。八是继续发挥政策性兜底保障作用。重点关注收入骤减、支出骤增情况，对已纳入最低生活保障的脱贫人口，因家庭收入骤减、支出骤增造成基本生活困难的，给予临时救助。对符合最低生活保障政策的监测对象，开通"绿色通道"，及时依法依规纳入低保范围。严格落实惠民惠农财政补贴相关政策，及时足额发放惠民惠农补贴。九是进一步规范和加强扶贫项目资产运营管理。盘活扶贫项目资产，努力提高集体资产收益率，入股分红、资产性收益、产业合作收益等尽可能向脱贫人口倾斜，提高分配比例和金额。

### （二）云南乡村振兴的展望

1. 习近平总书记关于乡村振兴的系列重要指示，为云南乡村振兴指明了目标和方向

习近平总书记指出，"我们要切实做好巩固拓展脱贫攻坚成果同乡村振兴有效衔接各项工作，让脱贫基础更加稳固、成效更可持续"①，"全面实施乡村振兴战略的深度、广度、难度都不亚于脱贫攻坚"。② 面对新的发展阶段和新的发展形势，党坚持把解决好"三农"问题作为全党工作重中之重，举全党全社会之力推动乡村振兴，促进农业高质高效、乡村宜居宜业、农民富裕富足。习近平总书记指出："我们说的共同富裕是全体人民共同富裕，是人民群众物质生活和精神生活都富裕，不是少数人的富裕，也不是整齐划一的平均主义。"③ 习近平总书记指出："从现在到 2035 年，也就 3 个五年规划期，要抓紧行动起来。对农业农村现代化到 2035 年、本世纪中叶的目标任务，要科学分析、深化研究，把概念的内涵和外延搞清楚，科学提出我国农业农村现代化的目标任务。当前，首先要把'十四五'时期农业农村发展规划制定好。"④ 习近平总书记的一系列重要讲话和党中央的决策部署为云南乡村振兴指明了奋斗目标和前进方向。

2. 制定《云南省农村人居环境整治提升五年行动实施方案（2021—2025年)》，全面提升农村人居环境质量

《云南省农村人居环境整治提升五年行动实施方案（2021—2025)》从农村人居环境的角度为"十四五"期间全省全面推进乡村振兴确立了总体目标。到 2025 年，农村人居环境显著改善，生态宜居美丽乡村建设取得新进步。

① 《习近平谈治国理政》第四卷，外文出版社 2022 年版，第 138 页。

② 《习近平谈治国理政》第四卷，外文出版社 2022 年版，第 139 页。

③ 《习近平谈治国理政》第四卷，外文出版社 2022 年版，第 142 页。

④ 习近平：《坚持把解决好"三农"问题作为全党工作重中之重　举全党全社会之力推动乡村振兴》，《求是》2022 年第 7 期。

全省农村卫生户厕覆盖率达 70%以上，厕所粪污基本得到有效处理，其中，九大高原湖泊（以下简称"九湖"）、赤水河流域覆盖率达 95%左右，常住户 100 户以上自然村、"九湖"和赤水河流域自然村卫生公厕全覆盖。行政村生活污水治理率、收集处理率分别达 40%、15%，农村黑臭水体治理率达 50%，其中，"九湖"流域村庄生活污水收集处理率达 75%以上。农村生活垃圾处理设施覆盖率达 80%以上，其中，"九湖"流域实现农村生活垃圾收集分类投放、统一运输、集中处理。农村人居环境治理水平显著提升，长效管护机制基本建立。建成 1 万个以上美丽村庄，全省村庄绿化覆盖率达 48%。

到 2025 年，云南省农村人居环境整治一、二、三类县分别达到以下目标。一类县。农村人居环境基础设施建设水平全面提升；农村卫生户厕基本普及，厕所粪污得到有效处理或资源化利用；乡（镇）镇区生活污水处理设施基本全覆盖，行政村生活污水治理率、收集处理率分别达 90%、70%；乡（镇）镇区、村庄生活垃圾基本实现无害化处理并推动分类处理试点示范；"多规合一"实用性村庄规划实现全覆盖；长效管护机制全面建立。二类县。农村人居环境基础设施持续完善；农村户用厕所愿改尽改，厕所粪污基本得到有效处理或资源化利用；乡（镇）镇区生活污水处理设施覆盖率达 80%以上，行政村生活污水治理率、收集处理率分别达 60%、30%；乡（镇）镇区、村庄生活垃圾收运处置体系基本实现全覆盖，处理设施覆盖率达 90%以上；"多规合一"实用性村庄规划覆盖率达 80%以上；长效管护机制基本建立。三类县。农村人居环境基础设施明显改善；农村卫生户厕普及率稳步提高，厕所粪污处理和资源化利用能力不断提升；乡（镇）镇区生活污水处理设施覆盖率达 70%以上，行政村生活污水治理率、收集处理率分别达 30%、8%；乡（镇）镇区、村庄生活垃圾治理水平有新提升，处理设施覆盖率达 80%以上；"多规合一"实用性村庄规划覆盖率达 65%以上；村容村貌持续改善。

3.2025 年云南乡村振兴发展的阶段性目标

随着 2018 年至 2022 年规划目标的实现，云南历经千百年历史变迁的古老乡村将迎来加快全面振兴的重大历史转折，开启迈向更高水平农业农村现代化的历史新征程。到 2025 年，农业农村现代化建设取得重大进展。高原特色现代农业质量效益和竞争力显著提高，粮食和重要农产品供给保障能力不断增强，打造"绿色食品牌"取得重大突破，农业科技创新能力加快提升，农业"走出去"取得新成果；农村基础设施大幅改善，公共服务能力显著提升，人居环境明显改观，农村生态环境根本改善，乡村文化蓬勃发展，乡村治理能力全面提升；城乡居民收入差距不断缩小，农民生活水平进一步提高。[①]

4.2035 年云南乡村振兴发展的阶段性目标

到 2035 年，乡村振兴取得决定性进展，基本实现农业农村现代化。八大高原特色现代农业重点产业产值占农业总产值的比重超过 50%，农产品加工产值与农业总产值比达到 5：1 以上，农业结构得到根本性改善，世界一流"绿色食品牌"全面建成；农民生活更为宽裕，农村居民人均可支配收入接近 5 万元，共同富裕迈出坚实步伐；城乡基本公共服务均等化基本实现，城乡融合发展体制机制更加完善；乡风文明达到新高度，乡村治理体系更加完善；农村生态环境根本好转，生态宜居的美丽乡村基本实现，云南美丽乡村成为世界一流"健康生活目的地"，成为中国最美丽省份的靓丽名片。[②]

5.2050 年云南乡村振兴发展的阶段性目标

到 2050 年，乡村全面振兴，农业强、农村美、农民富全面实现。[③] 立足高原特色现代农业这一云南特质，充分发挥资源禀赋、产业发展优势；加快转变农业发展方式、调整优化农业产业结构；围绕高原特色现代农业建设、打造世界一流"绿色食品牌"目标；重点推进 6 个千亿元级大产业、2 个 600 亿元级产业建设；培育壮大省级以上龙头企业、农民合作社等新型经营主体；进一步夯实农业生产能力基础、强化农业科技支撑、建设农业服务平台、提升农业对外开放水平。

---

① 参见《云南省乡村振兴战略规划（2018—2022 年)》。

② 参见《云南省乡村振兴战略规划（2018—2022 年)》。

③ 参见《云南省乡村振兴战略规划（2018—2022 年)》。

# 浙江乡村振兴发展报告（2021—2022）

李包庚[*]

**摘要：** 2021—2022 年，浙江省在全面建成小康社会的基础上，乘风破浪，继续深入巩固脱贫攻坚成果并全面推进乡村振兴，踏上高质量发展建设共同富裕示范区新征程。全省瞄准城乡区域协调发展引领区的战略定位，深入推进以人为核心的新型城镇化，高质量实施乡村振兴战略，构建城乡新格局，加快缩小城乡发展差距，粮食生产和农业产业发展稳中有进，生态宜居水平不断提升，乡风文明建设成果丰硕，乡村治理不断优化，城乡居民收入差距进一步缩小，生活富裕程度显著提升，交出了高水平全面建成小康社会的优秀答卷。全省各地积极探索，勇创新路，涌现了大量典型案例，并形成了江浙乡村振兴的城郊地区、平原地区、海岛地区和山地地区"四大路径"，以及空间集聚、绿色崛起、产村融合、数字赋能、文化深耕、要素激活、能人带动、片区联会、四治融合等"十大发展模式"，为全国乡村振兴和农业农村现代化提供了浙江路径、浙江方案和浙江样本。"十四五"期间，浙江全面推进乡村振兴面临各类人才能力和素质需要提升、农业科技成果转化率低、社会保障公平性不足、数字农业体系建设不够完善等问题，以及实现生态优化和低碳发展、乡村治理体制机制优化、加强乡村振兴资金管理体系和金融支撑体系建设、全面优化乡村公共文化服务体系等挑战。在下一步发展中，浙江需要着力高质量发展农村经济，夯实高效生态农业基础，建设美丽

---

[*] 李包庚，宁波大学马克思主义学院执行院长，教授。

花园农村，全面繁荣乡村文化，打造乡村治理现代化先行区，并健全城乡融合发展体系，推动全省乡村振兴继续走在全国前列。

**关键词**：全面推进乡村振兴；共同富裕；区域协调发展；示范区；浙江路径

党的二十大报告指出，经过接续奋斗，我们实现了小康这个中华民族的千年梦想，我国发展站在了更高历史起点上。我们坚持精准扶贫、尽锐出战，打赢了人类历史上规模最大的脱贫攻坚战，全国 832 个贫困县全部摘帽，近一亿农村贫困人口实现脱贫，960 多万贫困人口实现易地搬迁，历史性地解决了绝对贫困问题，为全球减贫事业作出了重大贡献。全面建成小康社会意味着中国实现了第一个百年奋斗目标，为推进全体人民共同富裕、全面建设社会主义现代化国家奠定了坚实基础。但全面建设社会主义现代化国家道阻且长，最艰巨最繁重的任务仍然在农村。

## 一、全面建成小康社会后浙江乡村振兴的主要成就

2003 年，时任浙江省委书记的习近平开创性实施以农村人居环境整治、基础设施建设、公共服务强化为重点的"千村示范、万村整治"工程，开启了中国美丽乡村建设新征程，为浙江乃至全国的乡村振兴发挥了引领作用。自此之后，浙江坚持"一张蓝图"绘到底，一任接着一任干，从率先制定实施城乡一体化纲要，到建立城乡融合发展体制机制和政策体系，再到全面推进乡村振兴……浙江坚持以"八八战略"为统领，统筹城乡经济社会发展，加快推进城乡一体化，为群众带来实实在在的获得感、幸福感、安全感。踏上高质量发展建设共同富裕示范区新征程，瞄准城乡区域协调发展引领区的战略定位，浙江正深入推进以人为核心的新型城镇化，高质量实施乡村振兴战略，构建城乡新格局，加快缩小城乡发展差距。居民收入高、城乡差距小，是浙江发展的一大亮点。浙江交出了高水平全面建成小康社会的优秀答卷，为全国的乡村振兴和农业农村现代化提供了浙江路径、浙江方案和浙江

样本。

### （一）提质量、稳增长，产业发展稳中有进

聚焦粮食安全，粮食生产稳定发展。保障粮食和重要农产品稳定安全供给始终是建设农业强国的头等大事。民为国基，谷为民命。省第十五次党代会以来，浙江省深入实施粮食安全战略，粮食生产持续向规模化、集约化发展，特别是严格实施非粮化整治，粮食综合生产能力增强，粮食产量稳定增长，农业现代化水平居全国第三位。2021年，粮食播种面积1510万亩、总产量621万吨，均创近五年新高，比上年分别增长1.3%和2.5%。2022年，浙江省总播种面积1530.7万亩，比2021年增长超20万亩；亩均单产405.7公斤，较2021年略有下降；最终，粮食作物总产量124.2亿斤，与2021年持平。从统计数据来看，2022年浙江的粮食生产，在遭遇夏秋季持续高温干旱影响之后，经受住了考验。2022年气象年景较差，给粮食生产造成不小挑战。浙江通过"用增量补损失"，持续深入推进"非粮化"整治挖掘粮食扩种空间，大力推广高产优质品种、节水种植技术，成功堵上了因极端高温和持续少雨而造成的损产"窟窿"，保障了年度粮食生产。

聚焦提质增效，农产品稳产保供。稳产保供是农业发展的基本功能，特别在当前外部风险挑战和不确定性因素明显增多、国内自然风险和生物风险加大背景下，保障粮食和重要农产品供给安全显得尤为重要。浙江采取有力措施，严格落实耕地保护制度，持续推进粮食生产功能区扩面提标改造；建设现代种业强省，组建现代种业集团；同时，立足农产品特色，分区域优化产品生产结构，做强蔬菜、水果、茶叶等特色优势产业。浙江省深入实施农业"12188"工程，积极发展蔬菜、水果、食用菌、花卉苗木、茶叶、中药材、蚕桑、竹木、畜牧、水产养殖等农业主导产业，主要农产品稳产保供。2021年，全省蔬菜及食用菌产量1934万吨，油料产量32万吨，茶叶产量18万吨，大型生猪养殖场（户）共有756家，大型养殖企业生产总体平稳，存栏占比总体维持在70%—75%左右，生猪存栏640万头。水产品产量626万

吨，其中淡水产品142万吨。在非粮化整治、保耕稳粮背景下，水果、中药材等经济作物保持基本稳定，水果产量723万吨，中药材播种面积71万亩。2022年前三季度，农林牧渔业总产值2330亿元，同比增长3.2%。其中农、林、牧、渔业产值分别增长1.6%、13.4%、5.5%和3.4%，农林牧渔专业及辅助性活动产值增长6.7%。早稻播种面积169.6万亩，总产量70.2万吨，分别增长10.9%和11.7%。9月末，生猪存栏641.1万头，增长5.6%；生猪累计出栏625.5万头，增长12.7%，总体保持稳定增长。

聚焦优势特色，新兴产业异彩纷呈。实施城乡融合、产业融合，推进高效生态农业发展，农业全产业链不断延伸，休闲农业、乡村旅游等新兴业态加速发展。第一，浙江省通过延长产业链、提升价值链、组合供应链，把产业链、价值链等现代产业组织方式引入农业，积极打造农业新业态、新模式，促进一、二、三产业融合互动，为农民分享二、三产业增值收益创造有利条件，截至2021年底，累计建成单条产值10亿元以上的示范性农业全产业链80条，总产值逾1600亿元。第二，产业融合发展示范园建设工作深入推进。2018年以来，浙江省创建国家级农村产业融合发展示范园15个，2019年率先出台《浙江省农村产业融合发展示范园创建方案》，明确创建目标、创建原则、创建程序，启动创建省级农村产业融合发展示范园80个，着力培育农村发展新动能，涌现出"淳安临岐·产业链延伸""余杭绿景堂·高技术渗透""义乌森山·多业态融合"等典型模式，有效改善农业供给、拓展农业功能、拓宽农民增收渠道。第三，乡村休闲旅游业发展迅猛。截至2022年5月，浙江省已累计创成A级景区村11531个，覆盖率达56.5%，入选全国乡村旅游重点村47个、重点镇4个，总数均位居全国第一；全省拥有民宿1.9万余家，其中等级民宿859家，总床位超20万张，年营业收入超100亿元，就业人数达15万人以上。2017年至2022年，全省景区村庄共接待游客13.68亿人次，实现旅游收入1432亿元，全省农民收入中旅游贡献率达11.5%，全省休闲农业和乡村旅游产业规模超千亿。

聚焦科技创新，打造农业科创高地。浙江省始终重视农业科技创新并加快乡村产业高质量发展，围绕"做大蛋糕"，着力构建农业农村高质量发展的体制机制。农业现代化，核心是生产效率的提升，该文件提出要大力推进高效生态农业科技创新。这里面不仅包含种业和装备的现代化，更是首提"打造农业科创高地"，是浙江推进新时代科技兴农战略和新型农业现代化的重大创新举措。这也是从浙江人多地少省情出发，发展高效生态农业，走资源节约、环境友好、技术密集的新型农业现代化道路的创新举措。新产业新业态，正是为产业高质量发展寻找的新优势。过去只是种桑果，如今却有了桑果酒、桑果干，鄞州区湾底村逐步打造植物园、天宫城堡、非遗博物馆等一系列近郊型休闲项目，每年接待游客 50 万人次，旅游收入超过 7000 万元，乡村的价值被放大，乡村优势实现了再创造。浙江的农业不仅是提供水果蔬菜这些农产品，而且要为新时代的新消费需求提供更多的生态产品、文化产品、康养产品、休闲产品。

## （二）重生态、优环境，生态宜居水平不断提升

强化生态立农，绿色农业发展得到新提升。浙江省始终坚持"绿水青山就是金山银山"理念，大力发展优质高效生态农业。2021 年新增农产品地理标志 16 个，累计 154 个；新认定绿色食品 674 个，有效期内绿色食品 2444 个；新建国家农产品地理标志保护工程 10 个，累计 30 个；新建省级精品绿色农产品基地 10 个，累计 35 个。推行"肥药两制"，减量化成效明显，2021 年化肥（折纯）、农药使用量预计分别为 68.3 万吨和 3.5 万吨，比 2017 年分别下降 17.3% 和 23.9%。2017—2021 年，化肥、农药使用量年均分别下降 4.6%、6.6%，主要农产品质量安全抽检合格率保持在 98% 以上。2021 年，全省畜禽粪污无害化处理和综合利用率达 91%。注重海洋生态保护，实施禁渔期和增殖放养举措，维护海洋可持续发展，近年来海水产品坚持提质稳量，2021 年全省海水产品产量 484 万吨，比 2017 年仅增长 2.5%。

坚持精品创建，宜居乡村持续涌现。浙江率先出台《新时代美丽乡村建设规范》省级地方标准，倾情打造新时代美丽乡村，美丽诗画生态宜居乡村

持续涌现。2021 年，完成造林更新面积 47.49 万亩，建设战略储备林和美丽生态廊道 59.21 万亩，省级以上公益林建设规模 4567 万亩，森林覆盖率达 61.17%，居全国前列。截至 2021 年底，共创成国家森林城市 18 个，省森林城镇 703 个，建成"一村万树"示范村 1482 个。2021 年，创建美丽乡村示范县 11 个、美丽乡村示范乡镇 110 个、特色精品村 315 个；新时代美丽乡村达标村 5512 个，全省 50% 以上行政村建成新时代美丽乡村。

坚持"三大革命"，人居环境持续改善。把农村垃圾、污水、厕所革命这三件关键小事，当作涉及千家万户的民生大事实事推进，一体化实施专项整治"三大革命"，全域化、标准化推进新时代美丽乡村建设。2021 年，实现生活垃圾集中收集处理行政村全覆盖，农村生活垃圾分类处理行政村覆盖率达 96%，生活垃圾"零填埋"。以还农村"天蓝水清"的生态环境为目标，有序开展农村生活污水处理设施提升工作，完成农村生活污水处理设施标准化运维 1.9 万个，实现规划保留村生活污水治理全覆盖。全面启动农村改厕扩面提升工作，成千上万的普通农户家庭用上了冲水马桶，全省无害化卫生厕所普及率 99.5%，建有公共厕所的行政村比例达 99.9%。

坚持绿色发展，推进乡村生态绿兴工程。浙江省着力推进生态文明体制改革和机制创新，推进农村生态文明建设和农村人居环境、生态环境整治，积极推进农村生产方式、生活方式和消费方式的绿色化、生态化，加快整治农业面源污染和生产生活污染，推进绿化造林和退耕还林，保护好生态公益林和水源涵养地，努力把美丽乡村建成美丽中国的生态涵养基础，让美丽乡村成为农民幸福生活的绿色家园和市民休闲养生养老的生态乐园。浙江省在农村人居环境整治方面一直走在全国前列，"千村示范、万村整治"工程获得联合国地球卫士奖。浙江省率先发布《新时代美丽乡村建设规范》，并启动重点村、一般历史文化（传统）村落保护利用项目。浙江省将会持续创建美丽乡村示范县、示范乡镇、特色精品村、美丽庭院，持续推进"百镇样板、千镇美丽"工程，形成美丽村庄、美丽城镇、美丽田园、美丽庭院、美丽风景线、美丽河湖等六美合奏的格局，共建共享全域美丽大花园。通过新时代美丽乡村建设，努力做到创新强、产业旺、环境美、智能全、风尚淳、生活甜的新景象。

### （三）搭平台、增活力，乡风文明建设成果丰硕

坚持塑风铸魂，乡风文明持续提振。浙江省实施乡村文化凝心聚力工程，文化礼堂成为乡村的精神文化地标，具有乡村特色、蕴含乡愁记忆的乡村新业态发展态势良好。以农村文化礼堂为主阵地，培育文明乡风、良好家风、淳朴民风，发挥精神文明建设的引领力、凝聚力，推动乡村文化振兴。2021年，全省新建农村文化礼堂2026家，乡镇（街道）综合文化站等级站比例97%，完成送戏下乡21722场、送书下乡418万册、送讲座送展览下乡23877场，组织文化走亲活动2354次。全国、省级文明村镇分别达270个、1352个，新时代文明实践中心全覆盖，建成实践所、站、点5万余个，实践所、站覆盖率80%。

坚持分类施策，形成有自身区域特色的道路。在乡风文明建设过程中，面对各个地区乡村发展情况不同，层次不一，浙江省注重规划先行，从当地实际出发，因地制宜，走有自己乡村特色的发展道路。比如山区村、古村落、民族村、城中村、欠发达村、经济发达村等，根据各个村的不同情况，确定乡村发展方向，并加强对村庄的中长期规划，注重对村落的保护，守住乡村的本土味道，而不是一味地用城镇化的思路谋划乡村。例如，浙江丽水的松阳县通过民宿经济复活古村落，打造出民宿发展品牌。松阳具有丰富的乡土文化资源和古村落资源，传统的农耕资源为发展民宿经济提供了良好的条件，当地把山水资源、村落、民宿作为一个有机整体来规划和建设，把民宿与生态农业、养殖业等相结合，优化了产业结构，吸纳附近劳动力，带动当地经济发展。松阳通过复活古村落，把精品民宿培育成为农事文化体验的交流平台，民风民俗的展示窗口，助推乡村文化振兴。由此可见，浙江乡风文明建设注重不断挖掘农村的传统文化内涵，创新性继承传统文化，提升农村文化品位，走有自身区域特色的发展道路

坚持示范村先行，凸显引领带动作用。对于浙江部分乡村地区来说，丰富的资源和数千年的历史孕育了优秀的地域文化，包括各种传统技艺、民俗文化等，这些优秀的传统文化是宝贵的精神财富，具有重要的文化和艺术价值，能够在推动乡风文明建设、实现乡村振兴的战略目标过程中起到重要作用。浙江在乡风文明建设过程中，通过选择地理位置较好、文化资源比较集中的村庄，建立乡风文明示范村，从试点先行到全面推开、再到提质扩面，浙江走出了一条具有浙江特色的发展路径。在这个原则的指导下，主要通过"千村示范，万村整治工程"、农村文化礼堂建设工程和自治法治德治"三治融合"的乡村治理模式等促进浙江乡风文明建设。浙江在新时代背景下建设和培育乡风文明，通过文明示范村的建设开展各类文明活动，树立道德典范弘扬传统美德，保持传统的地方特色，并通过示范村带动周边农村的文化建设发展，提升农民思想素质，不断增强农村文化的内生动力。

坚持政府主导、农民主体与社会参与有机结合。习近平总书记在视察湖北时曾经明确指出，把政府主导和农民主体有机统一起来，充分尊重农民意愿，激发农民内在活力，教育引导广大农民用自己的辛勤劳动实现乡村振兴。浙江在进行乡风文明建设时也充分贯彻了习近平总书记的重要指示，将政府的主导作用和农民的主观能动性充分结合。具体来说，政府主导作用指的是政府站在一定的高度上，把握农村精神文明建设和农村发展的客观规律，并且对乡风文明建设所需的各种资源进行整合，发挥政府的主导优势为农村的经济发展和乡风文明建设提供资源支持和政策保障。农民主体作用则是指充分认识农民作为乡风文明建设和乡村振兴发展的重要主体作用，鼓励广大农民群众充分发挥其内在潜力，挖掘主观能动性，积极参与到乡风文明建设和乡村振兴战略目标的实现过程中。在浙江乡风文明建设的过程中，浙江运用其经济发展的优势，通过政策扶持和资金导向，政府在宏观调控方面发挥了重要的主导作用。例如，在广大农村地区进行文化礼堂等公共文化服务设施建设，鼓励农村剧团的创造与发展，培养农村文化服务队伍、进行农村公共文化产品与服务供给等措施都为乡风文明建设起到重要作用。与此同时，农民群众既是农村精神文明建设的主体，也是农村公共文化产品与服务的直接消费者，要充分认识农民群众在精神文化层面的现实需求，并且充分调动他们参与文化建设的积极性，提高农民群众的文化自信，充分发挥其主观能动性，让农民唱主角。

### （四）抓建设、重保障，乡村治理不断优化

强化城乡一体，基础设施提档升级。浙江省积极推进城乡基础设施一体化，主要基础设施实现行政村全覆盖和城乡间互联互通。行政村实现 4G 和光纤全覆盖，重点乡镇实现 5G 全覆盖，农村地区宽带网络与城市基本实现"同网同速"。2020 年有线电视和宽带通村比重为 99.6% 和 99.5%。农村交通基础设施整体提升。全省通公路的村占比超 99.9%，具备条件 200 人以上自然村公路通达率达到 100%，农村公路优良中等路比例超 85%，村内主要道路为水泥和柏油路面的比重为 99.0%；巩固客运班车"村村通"成果，行政村通客车全覆盖。全面实施农村饮用水达标提标行动，城乡供水一体化和区域供水规模化有效推进，农村饮用水达标人口覆盖率超 95%，累计完成提标人口超千万，水质达标 92% 以上，基本实现城乡居民同质饮水。

补强短板弱项，优质公共服务加快辐射。浙江省大力推进实施公共服务均等化，加速城市优质服务资源向农村辐射，使得农村社会事业服务网络更加健全，社会服务质量显著提升。一是教育资源进一步优化。2020 年，全省新建和改扩建农村普惠性幼儿园 193 所、新增学位 5 万余个，一乡镇一公办中心园实现全覆盖。义务教育入学率 99.99%，义务教育标准化学校比例98.6%。开展"互联网 + 义务教育"中小学校结对帮扶民生实事工作，实现乡村小规模学校受援全覆盖。二是医疗保障进一步提升。2021 年末，全省拥有村卫生室 11218 个，村卫生室规范化率 78.3%。三是社会保障体系进一步健全。2021 年，全省参加城乡居民基本养老保险人数 4423 万人，城乡居民养老保险基础养老金最低标准提高到 180 元 / 月；全省基本医疗保险参保人数 5655 万人，户籍人口基本医疗保险参保率 99% 以上。符合社会救助条

件的农村困难群众全部纳入社会救助范围，居家养老服务中心实现乡镇全覆盖。

推进城镇化进程，农业转移人口市民化机制不断完善。浙江在全国率先实施新型城镇化战略，城镇化进程持续加快，各项工作取得明显成效，城镇化整体水平稳居全国第一方阵。一是人口加速流入，城镇化率全国领先。不断完善基础设施和公共服务，持续增强城市的竞争力、吸引力和承载力，推动浙江成为全国主要的人口流入省份之一，常住人口增量连续三年排名全国前列。城镇化率达 72.2%，居全国第一方阵。二是户籍制度改革全面深化，人口市民化水平不断提升。建立城乡统一的户口登记制度，实行按居住地登记户口的迁移制度，城镇落户条件全面放开放宽。新型居住证制度实现全省覆盖，90 个县（市、区）全部建立与居住证挂钩的基本公共服务提供机制。三是"四大建设"深入推进，区域发展更加均衡协调。统筹推进大湾区大花园大通道大都市区建设，省域空间格局不断优化，以大都市区为引领的城镇化格局初步形成。区域发展较为均衡，是高水平协调发展的全国样板。四是数字浙江建设持续深化，城乡治理方式迭代升级。首创实施"最多跑一次"改革，政务服务事项在全国率先实现"一网通办"。全面推动政府数字化转型，"浙里办"网上可办率达 100%，"浙政钉"实现省市县乡村小组全覆盖，"8+13"重大标志性应用落地，11 个跨部门场景化多业务协同应用上线运行。

### （五）保根本、惠民生，生活富裕程度显著提升

农村居民收入水平不断提高。乡村振兴，归根结底是要农民增收，实现生活富裕，这也是浙江省加快高质量发展建设共同富裕示范区的关键所在。浙江省以更好满足农民群众对美好生活需要为目标，全面推进"五大"振兴，多措并举促进农民增收致富，农民群众获得感、幸福感、安全感持续提升。2021 年，全省农村居民人均可支配收入达 35247 元，农民收入增速在疫情冲击下仍实现逆势增长，比上年名义增长 10.4%，年均增长 9%。2022 年前三季度，全体居民人均可支配收入 47023 元，同比名义增长 5.2%，扣

除价格因素同比实际增长 2.8%。按常住地分，城镇、农村居民人均可支配收入分别为 55132 元和 30438 元，名义增长 4.5% 和 6.9%，实际增长 2.2%和 4.7%，实际增速分别比上半年加快 0.3 个和 0.2 个百分点。从收入来源看，全体居民人均工资性收入、经营净收入、财产净收入、转移净收入分别名义增长 3.8%、7.2%、8.6% 和 5.1%。

城乡居民收入差距逐年缩小。2021 年城乡居民收入比为 1.94，比全国城乡居民收入比低 0.56，连续 9 年呈缩小态势，成为农民生活最优、城乡融合度最高的省份之一。2021 年，浙江 26 个山区县农民收入增速快于全省农民收入增速；城乡居民收入倍差 1.94，是全国区域差距最小的省份之一；家庭年可支配收入 20 万—60 万元群体的比例达到 30.6%。2022 年前三个季度，城乡居民人均收入比值 1.81，比上年同期缩小 0.04。

低收入农户高水平全面小康攻坚圆满收官。浙江省在低收入农户"提低"上下工夫，创新了防返贫监测，完善低收入农户精准识别机制。创新低收入农户帮扶体系，集成帮扶政策，打造新型帮共体，健全一户一策结对帮扶机制，实现由"两不愁三保障"兜底型帮扶向"幸福清单"集成式帮扶提升。创新低收入农户就业体系，建立重大项目吸纳就业机制，开发农村公益性岗位，加强就业技能培训，争取做到有劳动能力的低收入农户至少每户有 1 个人能够就业。浙江省始终把农民增收、改善民生放在突出位置，努力促进农民收入多元化，多措并举促进农民增收，高质量实现"两不愁三保障"突出问题、年家庭人均收入 8000 元以下情况、集体经济薄弱村"三个清零"，2021 年全省低收入农户年人均可支配收入增长 14.8%，高出全省农民收入增速 4.4 个百分点。2022 年前三季度，全省低收入农户人均可支配收入 14348 元，同比增长 14.7%，增速比上半年加快 1.2 个百分点；其中山区26 县低收入农户人均可支配收入 1.3 万元，增长 15.3%。

奋进新时代，砥砺新征程。全面建设社会主义现代化国家，最艰巨最繁重的任务仍然在农村。全面推进乡村振兴任务艰巨、使命光荣。在以习近平同志为核心的党中央坚强领导下，浙江省奔着"农强、村美、民富"的目标，全省人民同心协力、勇毅前行，继续巩固脱贫攻坚成果，全面推进乡村振兴，为实现农业农村现代化而不懈奋斗，必将交出一份更好的答卷，为全国乡村振兴提供浙江路径、浙江方案和浙江样本！

## 二、浙江乡村振兴的案例分析

党的十九届五中全会提出，"优先发展农业农村，全面推进乡村振兴"。围绕实现乡村产业振兴、人才振兴、文化振兴、生态振兴、组织振兴，各地因地制宜，涌现了许多乡村振兴发展新模式。

2003年，浙江省启动"千村示范、万村整治"行动，拉开了农村人居环境建设的序幕。2018年8月，农业农村部和浙江省共同签署了部省共建乡村振兴示范省合作协议，浙江省成为全国唯一一个部省共建乡村振兴示范省．为了开好这个"火车头"，当好这个"示范生"，浙江坚持农业农村优先发展，在乡村振兴工作体系、推进机制等方面先行先试、大胆探索、创新实践，呈现了一幅"千万工程"造就万千"美丽乡村"的图景。浙江涌现了一批有思路、有打法、带动效应强的案例经验，逐渐形成了浙江乡村振兴的"四大路径"和"十大发展模式"，为全国实施乡村振兴提供了"浙江经验"。

### （一）浙江乡村振兴"四大路径"中的典型案例

#### 1.城郊地区乡村振兴发展路径

位于城市郊区的乡村往往因和城市联姻，在城市辐射下实现融合发展态势。加快城郊型乡村振兴是事关浙江省乡村全面振兴的一个突出示范点。这一路径的核心内涵和要义是注重城乡协同性、关联性，整体部署、协调推进。增强城市对乡村的带动能力，推动城村联动发展，使市场在资源配置中起决定性作用，更好发挥政府作用，推动城乡要素自由流动、平等交换，有效实现城乡资源均衡配置，以更快速度、更高水平实现城郊型乡村的全面振兴。

萧山区是浙江省杭州市市辖区，与杭州主城区一江之隔，综合实力居浙江各县（市、区）前列，是全省经济发展的标杆区。萧山区以城乡融合为目标要求，高标准确立乡村振兴的目标定位、标准体系、要素投入、工作成效，强化乡村振兴在全省全国的领跑示范。坚持以农业供给侧结构性改革为主线，推进农村一、二、三产业融合，实现城郊型农业产业化、绿色化、优质化、特色化、品牌化。强化城市人才对乡村振兴战略支撑，加强招才引智，开展农村实用人才队伍建设，完善新型职业农民培育机制。全面加强乡村治理，按照法治、德治、自治"三治融合"的要求，打造共建共享的善治新格局。推进美丽乡村示范创建，重点以美丽乡村提升村和美丽乡村示范村创建为载体，全力打造"城市栖息地、杭州南花园"，全力打造新时代美丽萧山。

衢江区是浙江省衢州市辖区，地处浙闽赣皖四省交界处，素有"衢通四省"之称，城郊型区位明显。衢江区拥有城郊型乡村加快实施乡村振兴战略的基础条件和后发优势，在全省率先实施乡村振兴战略，走出一条具有衢江特色的"产业发展—美丽乡村—美好生活"新路子。衢江围绕城乡融合发展目标，全面深化农村各项改革，加快构建城乡要素平等交换体制机制，全面提升城乡融合发展水平。吸引各类资源要素向乡村集聚，着力优化乡村创业环境，吸引城市人才在农村创业，鼓励创业带动就业，促进农民就近就地就业。以美丽乡村示范区创建为载体，实施美丽乡村"一区一带"建设行动，注重城乡统一规划、城乡整体打造，注重城乡系统整治，推进从村庄建设向村域发展递进跃迁，建成美丽乡村升级版。

2. 平原地区乡村振兴发展路径

浙江陆域上平原面积占 23.2%，具有地势平坦、交通发达、人口聚集、易于开发等特点，在社会发展中处于优先地位，实施乡村振兴有着先天优势。加快平原乡村振兴是实现浙江省全面乡村振兴的核心支撑点。这一路径的核心内涵和要义是通过实施乡村振兴战略，平原地区能够凭借地形开阔、市场广阔、要素集聚等自身优势，在新时代新形势下，走出一条平原地区布局协调、产业提质、乡村升级的新路子，实现平原振兴。

海宁隶属于浙江省嘉兴市，地处长江三角洲杭嘉湖平原，地势平坦，是长三角地区最具发展潜力的县市之一。改革开放以来，海宁创造了不少农业农村改革发展经验，农业农村转型发展走在了嘉兴市、浙江省乃至全国前列。海宁依托平原优势，重点发展农产品加工业和休闲农业，探索发展乡愁产业，努力打造乡愁产业发展示范县。尊重群众和基层首创精神，先行先试、开拓创新，完善城乡公共创业就业服务体系，形成实施乡村振兴战略的强大合力。大力发展乡村特色产业，振兴传统工艺，推进乡村经济多元化，提供更多就业岗位。全市"三农"改革发展现已站在新的历史起点上，全面实施乡村振兴战略具备了坚实基础。

嵊州是浙江省绍兴市所辖县级市，地处浙江中部偏东，既有平原特征也有山区特色，是全国第一批经济开放县（市）。嵊州借助平原优势，坚持生活、生产、生态"三生"同步，创业、创新、创意"三创"并举，一产、二产、三产"三产"融合，以农业供给侧结构性改革为主线，进一步优化农业主体功能与空间布局。坚持以农产品精深加工为主攻方向，做强茶叶、香榧产业链，拉长粮油、蔬菜、中药材产业链，培育茶叶、花木、香榧等富民产业。支持农业企业打造"产业联盟"，延伸产业链，提升价值链，完善利益链。鼓励创新创业，完善农民就业服务、创业指导、权益保障，实施"闲置农房激活计划"，采取多种形式引导社会各界参与乡村建设，吸引大学生、乡贤乡亲、留学回国人员等人才到嵊州乡村振兴的实践中创新创业创富。

3. 海岛地区乡村振兴发展路径

浙江省海岛众多，海洋资源丰富，是全国海洋经济发展试点省之一。加快海岛乡村振兴是浙江省实现乡村全面振兴的重要发光点。这一路径的内涵是浙东沿海地区乡村发展要利用独特的地理位置与自然资源条件，重点结合海洋经济示范区建设，提升发展现代海洋渔业，大力拓展海洋多种功能，沿着生态和谐、文景共荣、开放共享的新思路，推进渔农业增效、渔农民增收、渔农村增美，实现海岛振兴。温州市洞头区位于浙江省东南部，是全国

14 个海岛区（县）之一，拥有大小岛屿 302 个，是"中国羊栖菜之乡""浙江省紫菜之乡"，是浙江省海洋经济发展的先行先试地区。洞头区以花园洞头作为推进乡村振兴的目标模式，实施花园洞头"八化"（美化、绿化、洁化、亮化、彩化、香化、文化、序化）计划，努力形成全域层次分明、色彩丰富、季相变换的花园景观。实施美丽渔村乡愁计划，深化历史文化村落保护利用，让海岛群众望得见山、看得见海、记得住乡愁。设立海岛振兴 1 亿元基金，实行以奖代补工作机制，健全涉农资金统筹整合长效机制，实现公共财政更大力度向"三农"倾斜。实施海岛振兴领军人才培养计划，招引各路人才"上岛""下乡"，建立职业渔农民制度，完善科技特派员制度，支持企业家、技能人才、学者等服务海岛振兴实业。

象山县是浙江省宁波市下辖县，位于东海之滨，三面环海，两港相拥，由象山半岛东部及沿海 608 个岛礁组成。2018 年象山县入选全国"综合实力百强县"。象山按照精品村抓提升、示范村抓扩面、一般村抓梳理的要求，积极推进美丽乡村风景线、旅游风情线、文明示范线、党建精品线等多线联建，推动美丽乡村示范创建再上新台阶。提升海陆交通服务水平，构建长江经济带、陆海双向的对外开放合作新走廊，不断提高对外开放水平。主动融入全域旅游发展，以农旅文深度融合为重点，推动农产品生产、加工、销售与旅游、健康、文化、创意、体育、自然教育等产业融合发展，有效拓展农产品产业链和价值链。

4. 山区地区乡村振兴发展路径

浙江"七山一水两分田"，70% 的陆域是山区，山区在乡村振兴全局中举足轻重。山区既是水源涵养区和绿色生态屏障区，也是少数民族集居区和革命老区。当前，浙江山区是集体经济薄弱村和低收入群众比较集中的区域，赶上全省发展步伐的任务仍然十分繁重，既是浙江的短板，也是发展的潜力。加快山区乡村振兴是事关浙江省乡村全面振兴的一个战略关节点。这一路径的核心内涵和要义是通过实施乡村振兴战略，探索一条在新形势下山区绿色发展、生态富民、科学跨越的新路子，使山区成为生态经济繁荣、绿色发展彰显的"宜居、宜业、宜游"的美丽幸福新家园。

武义县地处浙江中部，三面环山，是"八山半水分半田"农业大县，山地优势明显，地形多样。山区昼夜温差大为武义茶产业和中药材产业提供了优越的发展条件。武义以"有机农业第一县""东方有机谷"为目标定位，着力打造山区乡村振兴的示范样板，发挥优美的生态环境资源和生态农业资源优势，发展绿色富民产业，完善农业绿色有机制度体系。推进农业与休闲娱乐、养生度假、文化艺术等有机结合，通过产业间的渗透融合，形成产业链条完整、布局合理、功能多样、业态丰富、利益联结紧密的发展新格局。推广"千斤粮万元钱""一亩山万元钱"模式，大力发展农村旅游经济、生态经济、电商经济、养生经济等美丽经济业态，发展农产品精深加工、商贸物流、文化旅游等产业，实现山区乡村经济多元化。

龙泉市位于浙江省西南部浙闽赣边境，素有"瓯婺八闽通衢""驿马要道，商旅咽喉"之称和"处州十县好龙泉"的美誉。山是龙泉的主要地貌，有"九山半水半分田"之谓。龙泉在推进乡村振兴中把生态工业作为第一经济培育，按照"中国制造2025"和丽水生态工业"31576"五年行动计划部署，推动工业绿色、循环、低碳发展。大力发展根植于生态优势的生物医药、绿色能源、健康食品等新兴产业，全方位加强"三江源头"地区生态保护，高标准建设国家重点生态功能区，筑牢"美丽浙江"生态屏障。把促进城乡居民增收作为最大民生工程，推进"产业富农、改革强农、政策惠农、帮扶助农"。实施农产品转化为旅游地商品行动计划，打响"龙泉金观音""龙泉绿""龙泉黑木耳""龙泉灵芝"等公用品牌。

## （二）浙江乡村振兴"十大模式"中的典型案例

1. 空间集聚：全域规划，一处美更要全域美

在浙江，美丽乡村建设告别"单打独斗"，突出规划引领，用"各美其美"打造个体，用"美美与共"连线成片，秀山丽水与村落人家交相辉映，美丽乡村建设正走向全域规划、全域提升。

杭州市桐庐县：作为全省村域规划"多规合一"试点，桐庐以"特色产业带"为单位编制县级规划，改变了传统的县乡村三级规划体系的固化模式，古风民俗带、生态养生带、产业风情带、诗画山水带、运动休闲带这5条特色产业带错位化、特色化发展。桐庐坚持规划引领，构建覆盖全县、统筹兼顾的美丽乡村规划体系，全域化、整体性提升美丽乡村建设水平。

**2.绿色崛起：呵护环境，生态美更要产业兴**

深入践行"绿水青山就是金山银山"理念，精心呵护绿水青山，将"生态优势"转化为"经济优势"，在人与自然和谐共生中实现美丽生态、美丽经济、美好生活有机融合。

湖州市余村：15年来大念"山水经"，关停矿山、关闭工厂、修复环境、发展乡村旅游，已成为国家4A级景区。280户农户散落在4.86平方公里的青山绿水间，生活在图画中，如世外桃源。

**3.产村融合：颜值变产值，一时美丽更要持久美**

坚持颜值和产值一起抓，统筹布局美丽乡村建设与乡村产业发展，既做靓美丽"面子"，又做实产业"里子"，推动从"一时美"迈向"持久美"，激荡产业兴、村庄美、农民富的强劲律动。

温州市曹村镇：曹村镇艾米田园综合体发展有限公司以生态水稻为核心，致力于打造一、二、三产业融合的国家级生态农业科技特色田园综合体。每逢节假日，曹村镇"水陆空"三栖旅游日均客流量达到5000余人次。

**4.品牌引领：区域公用品牌，促销售更要增效益**

坚持质量兴农、品牌强农，打造农产品区域公用品牌核心竞争力，带动区域农产品板块式、差异化发展，提升全域产品形象价值，撬动乡村产业提质增效，拓宽农民增收致富渠道。

衢州市：衢州农产品区域公用品牌"三衢味"成了浙江省振兴乡村产业的标志品牌。柯城柑橘、江山猕猴桃、开化清水鱼……这些产业通过"三衢味"的聚合作用，在较短时间内实现了农产品溢价销售。

5.数字赋能："最强大脑"，美乡村更要智乡村

加快物联网、地理信息、智能设备等现代信息技术与乡村生产生活的全面深度融合，为乡村装上"最强大脑"，用信息化架设乡村更美好的未来。

丽水市遂昌县：2013年成立首家县域农村电子商务服务站，借助"赶街"网上平台，为小农户解决农产品销售难的问题。据不完全统计，遂昌县2019年仅土猪肉销售额便达到43.53万元，户均增收4000余元。

6.文化深耕：以文化人，面子美更要"里子"美

坚持以文化人、以文育人，深挖乡土文化内涵，繁荣兴盛农村文化，焕发乡风文明新气象，充分唤醒村民的乡愁记忆，不断满足农民对美好生活的精神需求，提升群众的文化获得感、幸福感，为乡村发展注入最持久最深沉的力量。

宁波市葛家村：2019年开春，宁海县葛家村启动"艺术家驻村"行动，探索了一条与农民融合设计乡村的艺术振兴之路。据统计，葛家村村民创作了300多件艺术品，但投入仅60多万元，这个村子2019年前11个月接待了3万多名游客，民宿收入同比增长了3倍。

7.要素激活：改革创新，让资源要素"动"起来

通过改革打通要素流动通道，让资源要素"动"起来、沉睡资产"活"起来、外来资本"引"进来、新产业新业态"融"起来，形成"人、地、钱"的良性循环和高度集成。

温岭市：温岭石塘镇依山傍海，被誉为"东海好望角"。自2014年以来，石塘镇通过石屋元素、石屋文化有机嫁接旅游业态，引导石屋旅游民宿发展，实现了石屋的保护和增值。资源盘活带来了源源不断的红利。被誉为"画中镇"的石塘镇2019年接待各地游客约230万人，实现旅游收入约3.5亿元。

8.能人带动："两进两回"，依托美丽家园新梦想

近年来，浙江大力实施"两进两回"行动，助力广大青年、乡贤更好回村创业，让能人成为产业发展领头雁、村庄建设筑梦人、乡村治理推动者，

托起美丽幸福家园新梦想。

乐清市下山头村：乐清市下山头村 2015 年创新"村企共建"模式，通过村党支部与乡贤企业结对共建，走向村集体经济、村民收入和企业利润"三丰收"，村集体经济年收入从 2015 年的 10 万元增加到 2019 年的 206 万元。

### 9. 片区联动：抱团发展，一村富更要村村富

突出跨村联合、连片提升，变单打独斗为集约共建、变各自为政为优势互补，共享优势资源，推动一村富走向村村富，一处美变成一片美。

杭州下姜村：近年来，淳安县下姜村，联合周边 31 个行政村，实行组织共强、规划共绘、平台共建、资源共享、产业共兴和品牌共塑，共同打造乡村振兴联合体。2019 年，大下姜 32 个村实现村集体经济总收入 2076.9 万元，有 31 个村集体经营性收入超过 20 万元。

### 10. 四治融合：共建共享，全力打造乡村善治

德治扬正气、以智治提效能，让和美生态铸魂乡村。

舟山市东镇：岱山县东沙镇成立网格理事会，组建村级调解员队伍，开发"平安通"APP 客户端，实现村级公共安全视频监控联网，推动"四治融合"。

## （三）浙江乡村振兴"四大路径"分析

### 1. 城郊地区

从城郊地区具体发展路径来看，一方面，浙江政府部门所开展的城乡协同发展顶层规划以及城乡发展资源统筹与配置工作，在推进城郊地区乡村振兴高质量发展中发挥了不容忽视的作用。在此过程中，许多城郊地区被纳入城市规划，与此同时部分地区所开展的中心村建设也实现了土地经营的集约化以及乡村人口居住的集中化。另一方面，在浙江政府部门的引导下，城乡地区人才资源以及生产资源等得到了良好的流动。这不仅为城市地区发展注入了更大活力，而且有利于更为深入地挖掘城郊地区发展资源。

2. 平原地区

从平原地区具体发展路径来看，首先，平原地区践行乡村振兴战略过程中的重要路径是推进产业融合发展。在推进平原地区经济发展的过程中，浙江政府部门不仅重视夯实农业发展基础，而且重视推动第一产业、第二产业与第三产业发展实现深度的联动与融合，这不仅推动了农村地区产业形态的多元化发展，而且延长了农业产业链、拓展了农业发展空间。其次，在推动产业转型升级的背景下，鼓励社会大众创新创业为平原地区乡村振兴高质量发展带来了更大活力。平原地区在人才聚集方面具有较为明显的优势，在产业转型创新背景下，浙江政府部门充分利用了这一优势，引导各个地区招才引智，依托行之有效的政策与完善的创新创业服务体系优化了人才创新创业环境，激发了人才创新创业热情，对于推进产业转型发展激发平原地区经济发展活力具有重要意义。这些政策在拓展农村创业队伍规模、解决人才缺乏经验技术以及支持等问题的过程中发挥出了重要作用。最后，乡村振兴高质量发展示范点建设工作方兴未艾。平原地区在经济发展中呈现了较为明显的优势，而在推进平原地区实现乡村振兴高质量发展的过程中重视示范点建设工作，有利于在推广先进发展模式、普及先进发展经验的基础上，通过以点带面来提升浙江省平原地区整体发展成效。

3. 海岛地区

从海岛地区具体发展路径来看，在海岛地区经济发展与陆地地区经济发展的联动方面，浙江政府部门不仅重视对海岛地区经济发展资源进行整合，而且以推进海岛地区与陆地地区经济优势发展资源互补为出发点，引导二者生产要素实现了合理流动与有效转化，从而促使海岛地区与陆地地区在践行乡村振兴战略的过程中实现了协同式的发展；在海岛旅游经济发展方面，浙江政府部门追求优势资源与发展战略的深度结合，重视优势价值空间的持续拓展，在对主流客群进行精准定位的基础上，对各个景区品牌进行串联，在优化浙江海岛旅游经济发展布局、促使浙江海岛旅游经济形成规模效应中发挥了不容忽视的推动作用。

4.山区地区

浙江在推动山区地区乡村振兴发展的过程中，主要通过以下几点策略为山区地区经济发展注入了更多活力。首先，浙江政府部门重视引导山区地区与平原地区、海岛地区开展联动，特别是在经济形态的多元化发展以及旅游旅游品牌的打造方面，浙江探索出了一条多地区互促互进的发展之路。其次，浙江政府部门在推进乡村地区发展的过程中强调绿色发展理念。在浙江山地地区经济发展过程中，浙江政府部门十分关注当地生态文明建设、重视开发绿色产业形态，依托绿色经济实现了经济效益与环境效益的协同提升。与此同时，在山区地区发展规划当中，浙江政府部门重视对乡村生态空间进行合理布局，并依据环境承载能力上限确定经济开发红线，将生态保护作为经济发展的重要前提与基础，促使山区地区经济资源在得以充分开发的基础上，避免了对山区地区生态环境产生过度破坏。

## （四）浙江乡村振兴"十大模式"分析

1.因地制宜，充分挖掘当地优势要素，打造优势产业，实现乡村振兴的精准破题

从浙江省乡村振兴的案例中可以看到，每个区域的优势要素不同，比如桐庐是美丽环境，余村是生态资源，衢州是特色农产品，而宁波葛家村是文化。乡村发展的资源要素主要有生态资源、土地资源、特色产业、民俗文化、社会环境、交通要素、水资源等。不同类型的乡村资源在发展要素的带动下会产生不同类型的发展模式，在规划建设中，浙江省政府部门做到了不盲目跟风，思考了如何充分转化提升特色资源要素的价值，实现了绿色、特色发展。

2.产业发展，做好产业谋划布局，构建一二三全产业体系，夯实乡村振兴的经济基础

浙江省政府部门结合了当地特色资源、群众意愿和政府相关政策等，宜农则农、宜工则工、宜商则商、宜游则游，把发展特色产业作为突破口，突出特色化、差异化，培育龙头企业，打造核心竞争力。在规划中注重了三产

融合，围绕主导产业、优势产业，突出拓展延伸产业链，促进了农旅结合、互联网＋及一、二、三产业融合，构建链式联动的产业经济，充分激发了各类资源要素的价值转化。

3.区域协同，加强示范引领、片区联动、品牌共建，打造整体优势，实现乡村振兴的区域共富

能够依靠自身特色资源实现乡村振兴的乡村不多，大部分村庄资质平平，难以形成具有竞争力的产业特色。浙江省政府部门在乡村规划中按照"示范引领、区域一体"的原则，突出跨村联合、连片提升，创新体制机制，开展平台共建、资源共享、产业共兴、品牌共塑，打造区域共赢的发展路径。变"单打独斗"为"集约共建"、变"各自为政"为"优势互补"，实现了"一村富"走向"村村富"，"一处美"变成"一片美"。

4.强化保障，人才振兴、科技赋能、四治融合、政策支撑，全方位激活乡村振兴的发展动能

浙江省政府部门在乡村振兴中重视破解人才瓶颈，加强人才建设，培养造就和开发乡村土专家、乡村工匠、文化能人、非遗传人、新型农民，发挥主体作用；鼓励和引导科技人才、技能人才、经营管理人才下乡投资、创业，激发创新活力；培育新乡贤和乡村领路人，建强基层组织。与此同时，浙江省政府部门重视科技的力量，意识到乡村振兴要强化科技支撑，并建立了以企业为主体、市场为导向、产学研相结合的技术创新体系，统筹推进数字乡村建设；完善了提升乡村治理"自治""法治""德治""智治"的综合治理模式，强保障、优服务、善治理，构建了幸福乡村的微治理体系。此外，建立了精准有效的土地、资金、人才等政策体系，作为政府推动乡村振兴的直接动力源。


# 三、浙江乡村振兴面临的主要问题与挑战

为贯彻落实党中央、国务院关于 2022 年全面推进乡村振兴重点工作的

部署要求，浙江深入实施乡村振兴战略，制定了浙江重点创新人才培育和引进机制，打造了国际化程度高、产业协同性和区域协同性强的供应链系统配套体系，完善了新型乡村社会养老保险制度，给农村农业的建设发展带来了巨大的支撑力与发展动能。但对照新时代乡村振兴战略中对新农业高质量发展要求与数字化乡村建设目标，仍面临着较多问题和挑战。

## （一）四大主要问题

1.各类人才稳步增长，能力素质仍需提升

近年来，为未来培养与选拔农民及乡村建设高技能人员，浙江注重创新农业人才培养与引进机制，努力建立"1+X"的人才培养团队，但与实现乡村振兴计划和高质量构建共同富裕示范区的目标要求之间，还存在着很大差异。产生上述问题的主要因素以下三点：

其一，农业科学技术领军人才数量和队伍质量不足，人才结构失衡。近年来，浙江省借助多项人才培养项目和人才发展平台，培育出了一批高水平的农业科技领军人才和团队，但由于农作物产业链长，生产环节多，包括土地培育、苗木筛选、农产品智能系统装备、农业喷洒、农用无人机服务、农作物采摘收获、生产渠道开拓、产品包装加工等虽然都具有很大的技术含量，但高水平、高层次的农业创新领军人才规模和队伍数量还是不够。此外，由于人才培养发展的聚集效应，还很容易造成农业现有领军人才规模和队伍的总量不够和内部结构失调的现象。

其二，自主创新能力相对薄弱，农业创新和技术推广人员的整体素质参差不齐。近年来，虽然浙江农业科学技术水平在不断发展，但农业创新特别是农民自主创新仍然薄弱，农业技术推广阻力很大，农业科技成果转化率低下。其根本原因在于农业技术与市场营销工作人员的整体素质参差不齐、学历层次偏低、年龄结构不合理、科技知识的陈旧以及人才流失严重等，大部分的农业科技工作者属于种植业、畜牧业等行业，农产品市场流通领域的工作者也较少，懂市农业产品市场营销的外向型和开拓型工作人员数量不足。

其三，教育培训亟待加强，新型农业人才总量不够。由于工业化和城镇化的持续推进，农业生产、农产品加工营销、从事农产品技术信息咨询和农产品公司运营管理的从业者很少，农业管理人才短缺，真正意义上的农业高新技术创业者很少。从浙江制定和开展提高农民素养的战略布局至今，虽然已培育了大量新型职业农民，但目前对新型职业农民的培训工作大多还是仅着眼于传统农业知识、现代农业生产经营技能、新农产品技术、农业企业管理和法规知识的灌输，缺少对农民创新创业意识的培育，不利于农业创新创业活动的开展。

2.创新体系不断完善，科技成果转化度较低

近年来，浙江省不断发展农业科技体系，大批农业科研机构被分流、改制，进一步推动了乡村企业研发新技术能力，科技体制机制不断完善，为农业农村发展提供有力支撑，但仍面临着许多困难和不足。

其一，对农业的有效供应的理解存在一定偏差。浙江根据行政区划分、逐级设立了各类农业科学技术研发和推广机构，但这种划分方式使科研机构内部出现了条块分割的现象，学科专业结构和研发项目的重复、研发能力分散，已无法适应新时代乡村振兴的发展要求。这样设置的农业科研机构管理模式，使得浙江省内有限的农业科研资金投资相对分散，项目经济效益也较差。尽管在总量上农业科研资金投资很大，但单项课题资金额度的薄弱使得农业科研机构只是开展了一些重复性的研究，而难以形成大的有吸引力的科研成果

其二，农业政产学研深化合作不足。浙江省农业领域的主管部门、科研机构、涉农学校和重点中小企业等政产学研的市场主体属于不同的机构组织，各组织有不同的管理模式，而各组织大多是根据各自的职能进行技术发展，战略方向不相同，目标追求也有区别。以研究项目为例，研究项目多在政府部门的领导下制定，但大多由高等学校或科研机构实施，而学者的诉求是撰写报告、获得发明专利、成果鉴定和规范制定，忽略了农业科学技术的应用示范。此外，由于浙江省政府部门、农业科研机构、涉农高校和龙头企

业，与农业政产学研之间的合作深度不足，且四大主体之间在"互联网+"农业发展、"农文旅"融合、农产品资源优化发展、农业跨界整合发展，以及在浙江省农业高新技术重点开发等方面的合作深度和广度都存在一定欠缺，因此农业政产学研的深层次合作有待进一步完善。

其三，农业科学技术成果转化率较低。近年来，浙江省内许多高校、科研院所都把科学研究和社会服务工作作为重点工作来抓，并努力增强学生自主创新，制定了许多农业科学技术成果的鼓励规定和政策，也在一定意义上调动了学校专任教师、专职技术人员倾向于农业科研成果转化的热情。不过，由于农业科学技术成果转化与其他领域、产业科学技术成果转化差距很大，鼓励措施也往往偏重于研究的产出规模和水平，而忽视了农业科研、社会服务工作与农业产业成果开发、乡村经济振兴政策之间的互动关系。

3. 持续缩小"三大差距"，社会保障公平性不足

近年来，为缩短地区、城乡、收入三大距离，统筹推进浙江 26 县市乡村全面振兴，在浙江省内形成了"10 项共性政策 +26 县个性清单"的乡村振兴政策扶持机制，着力推进山区 26 县的乡村共同富裕，"三大差距"持续缩小。但在浙西南山区、革命老区的乡村地区依旧存在社会保障覆盖范围不全、城乡工资性和财产净收入存在一定差距等问题。

其一，社会保障公平性不足。目前，浙江省已经建成新型乡村基本养老保险体系，但存在着覆盖范围较小、社会保障程度差、可持续性不足的现象。在浙西南山区、革命老区的乡村社区，一般老年村民一个月有不到 250 元的基础养老金，但在大部分城市退休的老年人一个月最少也都有 2000 元的基本退休基金，二者的差额几乎接近于十倍。另外，在浙江各地年收入万元以内的低收入家庭中，绝大多数都来自城镇的低收入家庭。但现在，由于老年农户基础养老金少、中小家庭务农收入少、没有专业技能的农民工工薪低，和乡村集体经济基础薄弱之间的矛盾尤为凸显。

其二，城乡收入发展依旧存在一定差距。"26 县"的政策显著缩短了企业净利润与转移净收入之间的城乡距离，但在缩小工资性和财产净收入城乡

差距上的作用不显著。一方面，"26县"政策对农民工资性收入增长的促进作用依旧不足，农业就业存在岗位数量不足、质量不高、收入较低等问题。另一方面，"26县"政策对农民财产净收入增长的促进作用依旧不足，在乡村生态资源的权属认定、确权登记和拓展权能方面有待提升，农民对生态资源产权认识不足，难以从这些产权中获取更多的财产性收入和推动乡村生态资源资产化的多重路径发展。

其三，社会保障制度体系建设不够完善。浙江基本医疗保险、失业保险和工伤保险目前还停留在县市级的统筹层次，不管是在投保政策、缴纳政策和待遇政策上都面临着许多的地方差别。社会保险缴纳基本实现率水平相差悬殊，造成了各地企业社会保险缴纳压力轻重不一，不利于企业形成公平的营商环境和地区经济平衡发展。制度的条块分割，不但破坏了地方社会制度的公平性，影响了地区劳动者的自然流动，同时也降低了制度互助共济的功效，使得社会保险对于缩短城市、地区经济和收入三者重要差异的贡献不大。城乡居民社会保险事业尽管完成了从无到有的重要飞跃，但社会保障水平仍总体相对较低，还无法担当起社会保障基本生活问题的功能定位。

4.数字农业发展较快，数字建设体系不够完善

浙江的全省数字乡村建设工作发展速度较快，但总体上仍处于起步阶段，对照中国新时期的乡村振兴、数字乡村建设的总体目标仍存在一定距离，在数字乡村发展的统筹力度、数字信息技术运用深度、数字技术统一标准方面仍存在诸多挑战。

其一，数字统筹力量不足。目前，江苏省内对数字农业建设缺乏相关统筹计划和政策支撑体系。在数字农业建设中，部门、企业、农户等定位不清晰，协调推动机构不完善。农业电子服务平台建设、科学技术创新、农业产品应用、完善技术设施等方面需要大量的投入，目前，政府资金扶持能力有限，农业经营主体投资能力较弱，部分数字化服务商和运作单位还处在观望中。

其二，数字技术应用深度不够。种植业主体，通过数据科技应用对农作

物生长条件进行了可视化检测的企业占比不足一半，只有少部分企业把数据科技运用到了病虫害监测识别、智能测产、农机生产智能调度等上；在畜牧业领域，配备通风、在线监控和生长环境监测的系统尚未实现全面覆盖，仅个别公司将数据信息技术运用到动物疫情监控、智能投放饲养上，离全程数字化尚有很大距离。另外，涉农资讯业务以网上检索为主，缺少包括农优新品种推荐、病虫害防控的智能专业服务体系，农情监控和行业数据规律性统计分析等功能有待进一步完善。

其三，数字标准不统一，全链条的数据共享机制亟待完善。农产品质量控制、农产品物流电商等服务技术，因为没有体系的规范，既无法兼容，又不能和国内外、国际公开的农业数据信息系统和智能服务技术进行资源共享。各个地区、行业、体系的智慧农业体系与设施之间并不通联，重复建设现象比较常见，存在同一生产基地内数个物联网系统间不兼容的情形。同时主要农产品全产业链信息化、农业农村基础数据资源构建刚刚启动，乡村振兴发展核心业务应用依然面临"数据信息壁垒"，信息化赋能下乡村管理尚有很大的改善空间。

## （二）四项突出挑战

浙江省坚持习近平总书记关于新时代乡村振兴战略的指导，全面落实党的二十大精神和二十届历次全会、国务院农业工作会议精神，保持党中央对"三农"事业的全面领导，取得了一系列显著成绩。高质量推进乡村振兴迎来良好的宏观机遇，同时也存在来自生态文明建设、乡村治理体系、乡村产业振兴、乡村文化建设高质量发展方面的诸多挑战。

### 1.优化生态环境的挑战

浙江省第十四届党代会要求，全省要进一步贯彻中国特色社会主义新时代乡村振兴政策，坚持科学高效生态农业发展方针，积极促进农业供给侧结构性调整，持续促进社会主义农业经济的高质量发展及一、二、三产业结合，全方位推进新时代中国特色社会主义美丽乡村建设，乡村振兴效果显著。随着新发展阶段、新理念、新发展布局的深入推进和新的绿色低碳转型目标的确立，浙江乡村振兴在生态文明建设面临以下挑战。

一是环保低碳的能力亟须继续增强。全省结构性、行业性环境污染仍比较明显，生态环境与经济社会的协调性仍有很大改善空间。能源清洁的低碳技术水平仍有必要进一步提高，以燃煤为主的资源结构仍未有实质性改变，而燃气等清洁资源的供应水平和利用范围依然偏小，农业产业向低碳的转变步伐仍有必要加快，二氧化碳排放量提前达峰仍面临着较大压力。交通运输方式也亟须进一步调整，由于铁路、水运的比较优势尚未完全释放，因此柴油货车运输依然是交通运输的主导形式。传统制造业生态化程度仍然不高，以纺织品、皮革、纸张生产、橡塑、金属制品加工等为代表的传统制造业，投资回报周期长、利润率较低。

二是城市生态环境质量提升效果尚不稳固。目前我省地区、流域之间水体差距仍然很大，部分平原河网水体存在轻度污染，中小微企业的水体环境治理仍面临脆弱阶段，浙江湾等主要海湾质水质较差。部分水道生态流量不够、岸线硬质化现象普遍，水体生态健康管理水平不足。环境空气质量继续提升的困难增大，环杭州湾地区臭氧发生器（$O_3$）含量超标的天次比重较高，已成为影响城市环境空气质量提升的最主要污染物。城市废水处置水平仍有不足、固体废物的资源化处理水平较低、生活垃圾水平和建筑垃圾水平仍不平衡，综合处理污染物技术水平也亟须提高。

三是环境安全问题隐患不容忽视。自然生态体系品质与安全性亟待提高，生态空间遭到占用，部分地方自然生态体系严重退化。山水林田湖草保护和修复工作的相对欠缺。生物多样性的本底研究还不够充分。生物多样性的保育工作中存在着巨大的空缺区域，地方特色品种、基因优势等还没有形成的保护地，保护力量不足。境外生物入侵风险普遍存在，对我省生物多样性造成了严重威胁。全省的危险能源单位数量很多，有关危险化学品等风险资源布局的问题也较为突出，核设施和放射源的安全监管较为困难。

**2. 完善乡村治理体系的挑战**

近年来，在"两山"思想指导下，浙江省不断加强和革新乡村管理制度，坚持自治、法治、德治的融合发展，培养了安吉"余村经验"、桐乡"三治融合"的成功经验和象山"农户说事"等乡镇管理模式的典范，全省各地的乡村管理有了显著提升与提高，但同时也存在着若干问题，主要体现在如下三个方面。

一是污染治理体系不够完善，在监管能力上亟待完善提升。在治理问题上，土壤污染问题任重道远，全省受污染耕种土地占比不低，在科学使用和严格监管下也存在着科技政策实施不稳定、经费长期投放压力大、农户种养方式调整困难等问题。全国需要治理的建设与使用土地项目约百个、全国土壤污染的重点监控机构约两千个，均为全省的十分之一，因此源头防治与末端治理的压力均较大。在治理机制层面，源头环境污染治理压力传导机制尚不完善，过去土壤和地下水的环保质量标准中污染物指标较高，但目前在水体、大气的污染物控制指标中污染物标准较低，农业土壤环境的保存与长期的使用，尚缺少完整有效的保障机制。疑似污染区域名单、危害区域名单、控制与恢复名单等三者的界限不明，项目用地土壤调查评价与控制恢复的过程繁琐，管理执法过于技术性。从监测水平上，土壤与地下水的监测没有形成系统，无法了解环境质量变化。基层监测、监管和综合执法队伍建设亟须完善，数字化辅助监管的运用较为初级。

二是乡村人员治理工作存在一定问题，农民缺乏参与村级事务管理的主动性。一方面，由于全省乡镇的社会人员分布广泛，人员构成也比较复杂。人员管理工作主要由基层司法所负责，镇、乡的综治人员也参加。个别乡镇司法所在职干部数量较少，且要担负社会宣传、人民调解等多重职责，从时间、精神上都受到了很大的压力。另一方面，农民参与社区管理事务的意愿低。根据基层单位群众利益共同自治管理机制，在乡村实行了农户自主，让农民可以依法办理自己的事情。其实，由于受思想观念、自身素养的影响，农户们有着较为朴素的行为思维习惯，更偏向于接受被人管理或随大流被动地参加农业事务的管理，缺少主动性、积极性。

三是乡村治理机制亟须加强。村级负责人"一肩挑"改变了乡村管理体系的结构框架，对机构职能、权力监管和负责人管理能力提出了新挑战。一方面，由于"一肩挑"的管理模式影响了原有组织架构，从而导致了村务决策制度、村级组织与村民代表会议的工作程序、村主任岗位职责、村务与社务工作监督机构、集体财务机制、村干部绩效考核机制等对村级管理原有机制的不适应。另一方面，由于过去的中国乡村管理都是二元分权结构，加之村务委员会民主监督委员的体制设定，共同构筑了一个独特的村级权力约束监督系统。村级机构主任"一肩挑"后，原来的职权控制系统解体，村级公共权力高度集中，从而对村级党委书记提出了更高要求，对于怎样建立新型的职权控制与监管系统，以避免地方领导权力独揽、行为失范，确保了村级决策管理的规范化与效率等方面提出了全新的挑战。

3. 乡村振兴资金管理制度与金融体系建构的挑战

浙江省第十四次党代会以来，浙江深入实施乡村振兴战略，坚持农业农村建设优先，打出了农业现代化发展系列组合拳，乡村生产结构持续优化，农业经济水平不断提升。但对照"农强、村美、民富"的目标，在乡村振兴资金管理、乡村产业融资渠道、农业产业绿色发展等方面有待完善。

其一，在乡村政府治理方面，出现乡村振兴资金管理混乱、分配不均、监管不足等方面问题。在专项经费使用上，各级主管部门间职责交叉，权限不清，管理混乱，经费使用分散，乡村振兴项目没有更好地发挥应有的作用。在专项经费使用上，乡村振兴专项资金的规模巨大，工作繁杂，尽管在经费整合方面显现出了一定的作用，但因为整合力量不足，配合机构不畅，导致经费的运用过程中存在一定困难。在乡村振兴计划专项资金监督管理领域，目前由于对专项经费管理没有健全的监管体系，对专项资金管理的监管能力不足，出现了一些政府部门工作人员有隙可乘违规挪用资金或者寻找借口滞留闲置资金的情况。同时，由于资金审批过程监管不规范导致了审批时间的增加，而占用了不必要的审批时间，从而影响了资金的管理效率，并且由于没有及时发现在资金的实际运用流程中出现的漏洞，严重影响了资金的实际运用效率。其根本原因在于资金管理制度的比较落后，存在资金申报过程交错或者重复、资金管护不到位、监管机制不完善、资金拨付与项目实施相脱节等问题。

其二，在农业产业发展方面，由于农户融资获取途径较单一和地方银行服务相对欠缺，资金技术支持、资金短缺成为制约农业电商产业和农民多维创收发展的主要原因。传统地方银行贷款利息较高，银行贷款的难度大；商业银行要保证放贷的风险，通常对公司的资质、声誉、成长性等方面要求较高。多数乡村电商以中小企业的为主，由于缺少抵押物或无法达到银行门槛等原因，很难从银行获得贷款，资金渠道有限。尽管有了网店贷款这一渠道贷款，但农户从网店贷款中一般拿到的贷款额度都是在10万元以内的。而银行需求缺口则一般集中在30万元以内的这个区域。但是达到30万元的一般都是正规银行，尽管投资金额不大，但数量也很多。网商的渗透效果很好，但资金额度不够，乡村电商发展能力受限。

其三，在农业产业绿色发展方面，存在农业发展体系的不健全、农业绿色发展设施装备不足和农产品结构性矛盾问题突出等问题。目前，浙江乡村的绿色生态发展体制尚未完善，在资源、市场、机制等方面仍存在着管理粗放、资源供需不平衡、市场机制不完善等现实社会问题，不利于农业发展乡村根据绿色生态发展创新科学经济快速发展、乡村优势资源的合理布局利用和科技转移使用。在科学技术创新方面，水稻耕种收、畜牧业、水产养殖、设施农耕机械化率等仍亟待进一步提升。新科技、新装置和设备上的技术应用转移存在着较大空间，尤其是在人工智能、大数据分析和云计算技术等前沿科技与设备上的技术应用，远远不及其他行业。随着整体社会消费的提升，消费者对农产品质量的需求也呈现了健康化、多样化的趋势，浙江农产品供求矛盾主要体现为品种与质量不匹配所产生的结构性社会问题，高质量、高品质、高档次、高规格的优质农产品正在形成新消费态势。但目前市场上农作物品种多而不优，且优质、环保绿色有机的肉蛋奶以及果蔬等大宗农产品供应紧缺，供应的总量与品质不均衡的社会问题仍存在。

4.提升农村公共文化服务运行效果的挑战

近年来，浙江地区全市上下都认真贯彻落实了习近平总书记有关乡村文化建设的重要论述，深入落实了文化强省战略和乡村文化振兴战略，全力推动乡村文化事业繁荣发展，在共同物质富裕中实现精神富裕，乡村文化工作取得了较突出的进展。但农户在参与集体文化活动积极性、文化设施利用率、文化活动技能、文化服务有效供给等方面仍有短板，不利于乡村文化建设高质量发展。

其一，村民参与集体文化活动中的积极性低下。浙江省各村社举办的乡村文化活动丰富，但村民的积极性却较低，农村文化活动依然乏味单调。导致这一现象的根本原因是集体文化活动缺乏吸引力。集体文化行动，一般指市、各乡镇、文化站及其村民所自觉举办的群众性文化行动。但现在，市里所举办的各类文化下乡行动，社会文化价值虽高，但在贴近广大农村群众的现实需求方面还存在不足。市各乡镇所举办的文艺下乡行动场次虽多，但参加人数基本稳定，且节目类型也基本一致，节目类型也大致固定，演出场所基本集中，基本不去边远乡村。所以，这些集体文化活动对广大农村城镇的村民吸引力渐弱，边远乡村的村民一般无法观看文化节目。同时部分项目也大多是为了配合节日的各种文化社会活动和某项具体需要而选择固定日期和场所进行的，不利于没有固定的休息日和信息交流较不方便的普通农民参与社会文化活动。农户自觉举办的集合传统文化项目数量小覆盖面窄，加上缺少合理指导和监督管理，部分传统文化项目格调不高，无法吸引更多农户的积极参与。

其二，文化设施利用率低。浙江省目前已完成了乡镇综合文化站、村级社会文化服务活动室全覆盖面，但真正能形成多数农户开展传统文化生活场所较少。除部分社会文化体育广场、社会文化体育公园、老年人活动区、象棋室和极少数社会文化活动以外，农村部分排球场、健身馆、阅读室、黑板报、文化宣传窗等社会文化建设的闲置不用和挪作他用问题尤为突出。其间题大致包括以下两个方面：首先，农村部分社会文化建设破损或过时，无法合理利用。尽管农村社会文化建设数量逐渐增多，但由于缺少有效管护或者由于各种因素而遭到破坏的情况也比较严重，但一般都未能进行及时修缮。其次，农村民俗文化习性保守，农村民俗文化运动内容较单调。农户一般的文娱方法以饮酒、闲聊、搓麻将、打牌和看电视节目等为主，也极少有其他文娱可以参加。农户相对陈旧的文化生活观念、相对固定文化习惯、相对单调的文化消遣方式，久而久之形成一种保守的文化习性和单一的文化活动技能。

其三，文化产品有效供给不足。文化服务项目分为公益文化事业服务项目和社会文化公共服务，大多由各类地方政府文化组织和社会文化市场供给，这两种公共服务目前未能在全国范围内普遍普及，一方面是由于国家对基层乡村文化建设经费的支撑总量不足，如部分村落仍存在藏书数量较少、教育普及程度不够、农民读书积极性低等情况。第二个问题是，公共文化服务人才队伍的建设严重滞后。文化工作人员一般都是乡镇里挑选过来的文艺骨干，缺乏专业出身的人才，文化水平偏低、知识结构不合理、整体素质不高现象也比较明显，无法合理地引导与带动农户进行传统文化生活。因此，民众的喜闻乐见、多姿多彩的文化生活方式也未能得到有效发掘与运用，文化阵地的宣传、教育、辅导、娱乐的功能没有充分发挥，对农户缺乏吸引力。

## 四、全面乡村振兴建设现代化强省的路径

### （一）高质量发展乡村经济、夯实高效生态农业基础

全面乡村振兴要打好农业基础，通过进一步调优农业产业结构、推进农业绿色发展、培育发展品牌农业、保障农产品质量安全以及推进农业对外合作来完善农业基础。调优农业产业结构要保障粮食安全，提升发展农业主导产业，提升发展农业主导产业，提升发展现代海洋渔业，加快发展现代高

效林业；推进农业绿色发展要推进废弃物资源化利用，加强农业面源污染防控，推进农用地土壤污染防治；培育发展品牌农业，打造浙江农业品牌，发展区域公用品牌；保障农产品质量安全要全面推行农业标准化生产，深化农产品质量安全追溯体系建设；推进农业对外合作，加强与"一带一路"合作伙伴合作，鼓励和支持有条件的企业走出去，赴境外投资农业开发。

1.创新发展数字农业和科技农业

推动农业发展数字化和科技化助力全面乡村振兴，要夯实数字农业发展基础、全面推进农业生产数字化，提升农业科技创新能力。夯实数字农业发展基础要健全农业数据库，建设全省智慧农业云平台（现代农业数据中心）；推动数字农业关键技术创新，依托省农科院、浙江大学、浙江农林大学等科研机构，发挥涉农企业创新中心、企业研究院等作用，推进数字农业技术创新与应用服务体系建设。全面推进农业生产数字化，一是要发展智慧农业，以农田智能监测、养殖环境监测、设施园艺精细管理、精准控制为重点，加大农业物联网、大数据、人工智能等数字技术应用试点示范和节本增效模式推广力度；二是要深入推进农业"机器换人"，推动农业"机器换人"向全程全面高质高效发展。提升农业科技创新能力要推动农业科技群体性突破，建设一站式农业科技转化推广服务链，全面提升种业发展水平，深化科技特派员制度。

2.推进农村一、二、三产业深度融合

农村第一、二、三产业的相互融合对乡村整体产业发展起着重要的作用，推进一、二、三产业深度融合要提升发展农产品加工业、培育发展农村商贸业、大力发展休闲农业和乡村旅游业、培育乡村新经济新业态以及高水平建设农业全产业链。提升发展农产品加工业要立足特色资源优势，合理布局原料基地和农产品加工业，引导农产品精深加工向优势区和关键物流节点集中，建设一批农产品加工园区，培育名特优食品加工作坊；培育发展农村商贸业要健全农村现代市场体系，全面发展农村电子商务；大力发展休闲农业和乡村旅游业要提升休闲农业和乡村旅游发展内涵，推进乡村旅游精品化国际化发展；培育乡村新经济新业态要大力发展乡村共享经济，培育乡村总部经济；高水平建设农业全产业链要激发产业链、价值链的重构和功能升级，推进上中下游一体及一、二、三产业深度融合，形成产业集群，不断提高农产品加工转化率和附加值。

3. 构建现代农业经营体系

构建现代化的农业经营体系助力全面乡村振兴，通过推进适度规模经营、深化"三位一体"农民合作经济组织体系建设、壮大新型农村集体经济来构建现代农业经营体系。推进适度规模经营要培育新型农业经营主体，发展农业生产全程社会化服务，促进小农户和现代农业发展有机衔接；深化"三位一体"农民合作经济组织体系建设要提升为农服务体系建设，构建现代化新型城乡供销服务体系，实施丰收农合通服务协同；壮大新型农村集体经济要拓宽集体经济发展新路径，创新集体经济经营模式。

4. 构筑乡村产业发展平台

通过推动"两区"提挡升级、打造特色村镇、建设创业创新平台、推动平台统筹提升构筑乡村产业发展平台。推动"两区"提档升级，推动粮食生产功能区提标改造，加快现代农业园区提质改造；打造特色村镇，建设特色农业强镇，建设旅游风情小镇，建设森林小镇，建设渔港经济区，打造特色村庄；建设创业创新平台要高水平建设农业科技园区，引导以农业为主导产业的区域加快集聚农业创新要素，建设农业科技园区；推动平台统筹提升，要立足"大农业"，坚持将农业综合开发现代园、创新强省农业科技示范试点、田园综合体、渔业转型发展先行区等项目纳入省级现代农业园区建设范畴，实现现代农业园区集聚融合发展。推动现代农业产业园区、科技园区、创业园区功能集成，实现"三园共建"。

## （二）建设花园式美丽乡村

1. 建设美丽生态系统

建设美丽生态系统是建设花园式美丽乡村的必由之路，需要统筹推进生态保护和修复和健全生态保护开发机制。统筹推进生态保护和修复，建设美丽诗画河湖，建设绿色矿山，建设美丽森林，建设美丽海洋，建设美丽生态田园，加强生物多样性保护；健全生态保护开发机制，建立健全绿色发展财政奖补机制。实施主要污染物排放财政收费制度、单位生产总值能耗财政奖惩制度、出境水水质财政奖惩制度、森林质量财政奖惩制度等，完善公益林补偿政策，完善生态环保财力转移支付制度，实行"两山"建设财政专项激励政策，建立省内流域上下游横向生态保护补偿机制。探索生态资源价值市场实现机制。坚持污染者付费，健全生态资源市场交易机制，发展用能权、排污权、碳汇等生态产品交易，促进实现清洁空气、水土、能源等生态价值。

2. 建设美丽城镇

建设美丽城镇要深化小城镇环境综合整治、发挥城镇统筹城乡发展的战略节点作用、开展美丽城镇示范建设。深化小城镇环境综合整治要加强规划设计引领，整治环境卫生，整治城镇秩序，整治乡容镇貌；发挥城镇统筹城乡发展的战略节点作用要提升城镇的产业集聚功能，增强城镇基础设施的辐射带动功能，促进城乡公共服务共享；开展美丽城镇示范建设要在人口集聚、产业兴旺、配套齐全、治理有效的特大村开展小城市（镇）培育，在符合法律法规的前提下，赋予其与人口和经济规模相适应的经济社会管理权限，推进城乡融合发展。

3. 建设美丽村庄

建设美丽村庄要全域提升农村人居环境和提升村庄景观水平。全域提升农村人居环境要深入推进厕所革命，推动农村公厕合理布局，积极建设生态公厕，不断完善农村公厕运维机制；深化生活垃圾分类处理，实施农村生活垃圾农户分类、回收利用、设施提升、制度建设、长效管理五大行动；统筹生活污水综合治理，创建全国农村生活污水治理示范县，推动城乡生活污水治理统一规划、统一建设、统一运行、统一管理。提升村庄景观水平要规范农房改造建设，强化景观风貌提升，建设示范精品村。

### 4.建设美丽风景线

建设美丽风景线要串联美丽乡村和打造跨区域旅游发展格局。建设美丽风景线要建设美丽廊道和打造美丽乡村风景线；打造跨区域旅游发展格局要共建省域旅游黄金带，依托唐诗之路黄金旅游带、浙西南生态旅游带、大运河（浙江段）文化带、佛道名山旅游带、浙中影视文化旅游带、浙北精品旅游带、海湾海岛旅游带等旅游精品线路，把各地乡村景点串珠成线，形成靓丽的风景线；融入华东旅游一体化开发，依托长三角、皖闽赣等地区丰富的世界级自然文化遗产资源，以旅游一体化为突破口，推进区域交通互联互通、景区共建共享、客源互送互通，不断强化区域旅游集散功能；积极对接全球旅游发展，加强与"一带一路"合作伙伴的旅游开发与合作，鼓励我省乡村旅游点与国外知名乡村旅游目的地建立友好关系，对接全球标准。

## （三）全面繁荣乡村文化

### 1.大力弘扬红船精神

大力弘扬红船精神要全面传承红船精神、深入践行社会主义核心价值观和发扬浙江精神。全面传承红船精神，浙江是中国革命红船的启航地，要深入学习贯彻习近平总书记南湖重要讲话精神，大力推动红船精神的传承。通过专题党课、集中学习、主题党日活动等方式，把红船精神纳入乡村基层党组织学习教育活动；深入践行社会主义核心价值观，充分运用各类媒体、文艺作品、公益广告和群众性文化活动等开展宣传教育，推动社会主义核心价值观宣传全覆盖。宣传普及以务实、守信、崇学、向善为内涵的当代浙江人共同价值观。加强爱国主义、集体主义、社会主义教育，引导人们树立正确的历史观、民族观、国家观、文化观。围绕立德树人，将社会主义核心价值观贯穿国民教育全过程，构建以社会主义核心价值观为引领的大中小幼一体化德育体系，从家庭做起，从娃娃抓起；发扬浙江精神，浙江精神是引领浙江改革发展的强大精神力量，要大力弘扬"求真务实、诚信和谐、开放图强"的浙江精神，在全社会唱响实干和创新的时代强音。

2.培育新时代农村新风尚

培育新时代农村新风尚要倡导现代文明新风、开展移风易俗革旧弊、深化"最美浙江人"主题实践活动、深化精神文明创建、重塑新乡贤文化。倡导现代文明新风，提高农民科学文化知识，加强农村科普活动站、科普宣传栏和科普宣传员队伍建设，普及农村科技文化知识，拓展农民创业创新视野，营造农村科技文化氛围；开展移风易俗革旧弊，把推动移风易俗与全面从严治党、精准帮扶、深化美丽乡村建设、社会综合治理结合起来，与推动殡葬改革结合起来，开展乡风文明指数测评；深化"最美浙江人"主题实践活动，完善道德模范和"最美人物"的发现、选树、发布和关爱机制。深化精神文明创建，开展群众性精神文明创建活动，深入开展"双万结对、共建文明"活动；重塑新乡贤文化。充分利用乡贤文化、家训家风等乡村世代积累的优秀道德文化，培育乡贤文化主体，实现凝聚人心、弘扬正能量。

3.传承发展提升农村优秀传统文化

传承发展提升农村优秀传统文化要建设乡村文化记忆库、传承发展乡村文化、发展壮大乡愁产业。建设乡村文化记忆库要深入开展乡村文化调查与保护，保护传承农耕（海洋）文化；传承发展乡村文化要传承发展乡村非物质文化遗产，传承发展传统表演艺术，传承发展优秀乡村民俗，扩大乡村文化国际交流；发展壮大乡愁产业要推进乡村文化产业化发展，打造乡村文化知名品牌，做强乡村文化市场主体，降低市场准入，推动多元化乡村市场主体共同发展，鼓励扶持乡村非遗传承人、文化能人注册成为文化类个体工商户，支持有条件的文化类个体工商户转型升级为文化企业，经营乡村文化产业。鼓励特色村成立乡村文化产业专业合作社，发展文化经济。

4.繁荣乡村文化生活

繁荣乡村文化生活要完善乡村文化设施、加强乡村公共数字文化服务、提升乡村文化队伍、增加乡村文化供给。完善乡村文化设施要提升农村文化礼堂建设水平，增强乡镇（街道）综合文化站服务效能，建立新时代文明实践中心，提升乡镇成人学校文化服务能力；加强乡村公共数字文化服务要加快公共数字文化智慧云建设，推进公共数字文化工程整合；提升乡村文化队伍要加强基层文化管理队伍建设和壮大乡村本土文化队伍；增加乡村文化供给要积极开展面向农民群众的公益性文化活动，组织开展送戏、送书、送电影下乡，举办"文化联姻"活动，加大城市对乡村的优质文化产品输出，依托文化礼堂等公共服务场所建设美育基地，使美术馆公众美育功能由城市向乡村拓展。创新传统戏曲平台载体，实施"戏曲云"计划。推进乡镇数字影院建设。

### （四）打造乡村治理现代化先行区

1. 推进乡村组织振兴

推进乡村组织振兴要健全以党组织为核心的组织体系、加强基层组织骨干队伍建设、强化农村基层党组织建设保障、开展清廉乡村建设。推进乡村组织振兴要健全以党组织为核心的组织体系，大力推进基层党支部标准化规范化建设，加强党组织对农村新领域新业态的"双覆盖"；加强基层组织骨干队伍建设要打造忠诚干净担当乡镇干部队伍，实施农村基层"头雁工程"，建设"四个合格"农村党员队伍；强化农村基层党组织建设保障要健全落实农村基层党建工作责任制，深化"整乡推进、整县提升"工作；开展清廉乡村建设要培育厚德养廉社会环境，狠抓纪律建设，打赢重点领域反腐攻坚战。

2. 深化自治法治德治有机结合

深化自治法治德治有机结合要深化农村自治实践，推进乡村法治建设，提升乡村德治水平，创新"三治结合"实现形式。深化农村自治实践要健全村级组织功能，培育新型社会组织参与自治，创新村民自治多种形式；推进乡村法治建设要深入推进民主法治村建设，深入开展农村法治宣传教育，优化农村法治资源和法律服务；提升乡村德治水平既要提升村规民约积极作用，在基层党组织的领导下，借助专业法律机构力量，修订完善村规民约，确保村规民约不与国家法律法规相抵触，做到主体合法、程序合法、内容合法、实施合法；又要推动文化与德治融合，发挥文化引领作用，重视"以文化人"，提高群众思想道德水平；创新"三治结合"实现形式要推进"三治结合"实体化运作，推动乡村治理数字化转型。

3.强化农村社会治安综合治理

强化农村社会治安综合治理要深化"基层治理四平台"建设、深化"基层治理四平台"建设、积极构建农村矛盾纠纷多元化解机制、强化流动人口服务管理。深化"基层治理四平台"建设要深入推进乡镇综治工作、市场监管、综合执法、便民服务等"四平台"建设，统筹县乡条块力量，优化行政资源配置，建立健全统一指挥协调、统一考核监督的综合指挥机制，规范完善信息收集分办系统，实现数据一次采集、资源多方共享、服务一门办理；深入开展平安乡村建设要完善县乡村三级综治中心功能和运行机制，加强农村警务、消防、生产工作，健全农村公共安全体系；积极构建农村矛盾纠纷多元化解机制要加大矛盾纠纷排查调处工作力度，充分发挥行业性专业性人民调解组织、调解类社会组织、品牌调解室、村法律顾问、律师等的作用，运用民主、自治、协商、调解等办法，最大限度把矛盾纠纷化解在当地，解决在萌芽状态。积极推广应用在线矛盾纠纷多元化解平台，利用在线解纷跨时空和"零跑腿"的优势，就地解决矛盾纠纷；强化流动人口服务管理要按照"属地管理"原则，落实管理责任。

## （五）全面创造农民美好生活

1.推动农村基础设施提档升级

推动农村基础设施提档升级要推进"四好农村路"建设全覆盖、建设高标准农村水利基础设施、构建农村清洁能源供应体系、推进数字乡村设施建设。推进"四好农村路"建设全覆盖要全力推进乡村公（水）路建设，构建科学高效养护体系，多方联动提升农村公路管理水平，打造高品质农村运输服务；建设高标准农村水利基础设施要着力提升农村供水体系，加强农村防洪排涝水利设施建设，提档升级农田水利设施；构建农村清洁能源供应体系要完善农村电力网络建设，全面推广应用清洁能源；推进数字乡村设施建设要进一步强化农村宽带网络建设，加快升级农村移动通信网络，推广农村智慧广电建设，推动农业和农村信息进村入户。

2.提升农村基本公共服务水平

提升农村基本公共服务水平要优先发展农村教育事业、推进健康乡村建设、完善农村社会保障体系、提升农村养老服务水平。优先发展农村教育事业要全面建成农村学前教育公共服务体系和推进城乡义务教育优质均衡发展；推进健康乡村建设要加快县域医共体建设全覆盖，推进农村公共卫生服务扩面提质，提升乡村健康素养，大力发展农村体育事业；完善农村社会保障体系要提高农村社会保障水平，完善农村社会救助制度；提升农村养老服务水平要打造农村居家养老服务升级版，鼓励发展农村康养产业；保障农村公共安全要加强农村公共安全体系建设，提高农村防灾减灾救灾能力。

3.促进农民增收致富

促进农民增收致富要提升农村劳动力就业质量、完善产业融合利益联结机制、激发农村创新创业活力。提升农村劳动力就业质量要加强农村劳动力终身职业技能培训，健全城乡公共就业服务体系，保障农村劳动者合法权益；完善产业融合利益联结机制，推广"订单收购＋分红""土地流转＋优先雇用＋社会保障""农户入股＋保底收益＋股权分红"等多种利益联结方式，让农民更多分享农村产业融合发展的增值收益；激发农村创新创业活力，结合新型城镇化建设，合理引导城市部分产业向城镇梯度转移，鼓励和支持农民在乡村特色产业领域创业，积极发展乡村旅游经济、生态经济、电商经济、文创经济、养生经济等新业态。

4.实施高水平全面小康计划

实施高水平全面小康计划要打好低收入农户增收攻坚战、聚力打造山海协作升级版、加快消除集体经济薄弱村。打好低收入农户增收攻坚战，大力实施低收入农户高水平全面小康计划，构建促进低收入农户稳定增收的长效机制，着力提高精准帮扶质量，提升低收入农户增收能力、自我发展能力。

积极创新帮扶政策举措，组合推进易地搬迁帮扶、健康帮扶、教育帮扶、金融帮扶、党建帮扶；聚力打造山海协作升级版，以创新合作为重点推进新时代山海协作，加快协作内容由产业梯度转移向创新成果转化落地转变。进一步深化结对关系，创新合作举措，通过畅通技术、人才、信息和社会管理等要素向山区转移机制，助力山区乡村发展特色产业、高效生态农业和乡村旅游业，加快推进各类"飞地"园区、生态旅游文化产业园、山海协作产业园等协作平台建设，不断增强山区乡村的自身造血功能和内生发展动力；加快消除集体经济薄弱村，实施消除集体经济薄弱村行动计划，坚持因村施策、分类指导，发挥村第一书记、农村工作指导员、乡村能人的带头作用，鼓励薄弱村在增加村集体经营性收入上寻找突破。

### （六）健全城乡融合发展政策体系

#### 1. 推进乡村人才振兴

推进乡村人才振兴要提升乡村人才队伍素质和能力、引导鼓励各类人才投身乡村建设。提升乡村人才队伍素质和能力要大力培育新型职业农民，加强农村专业人才队伍建设，开展新时代乡村企业家培育；引导鼓励各类人才投身乡村建设要支持农业农村科技人员到乡村创业创新，支持乡贤回归与返乡创业，吸引高层次人才参与乡村发展，建立专业人才交流机制，完善"希望之光"计划，重点向农村中小学选派教育专家团队，重点支持乡村振兴人才开发项目。完善城乡、区域、校地之间人才培养合作与交流机制，建立城市医生、教师、科技、规划、文化人员等定期服务乡村机制。研究制定允许符合要求的公职人员回乡任职的管理办法。

#### 2. 推动农业转移人口市民化

推动农业转移人口市民化要优化农业转移人口落户政策，提高未在城镇落户转移农民公共服务保障水平，完善"人地钱挂钩"配套政策体系。优化农业转移人口落户政策要放宽城市落户政策，加快推进三权到人（户）、权跟人（户）走。维护进城落户农民土地承包权、宅基地使用权、集体收益权，不得以退出"三权"作为农民进城落户的条件，探索建立进城落户农民集体经济组织成员备案证制度，促使有条件的农业转移人口放心落户；提高未在城镇落户转移农民公共服务保障水平，打造升级版居住证，拓展居住证功能；完善"人地钱挂钩"配套政策体系。深化"人钱挂钩、钱随人走"，在安排中央和省级财政转移支付时，综合考虑农业转移人口落户数量等因素，完善对落户较多地区的中央财政资金奖励政策。深化"人地挂钩、以人定地"，在制定各地区土地利用计划和安排城镇新增建设用地规模时，进一步增加上年度农业转移人口落户数量指标的权重。健全由政府、企业、个人共同参与的市民化成本分担机制。

3. 深化农村土地制度改革

深化农村土地制度改革要稳步放活农村、土地产权，稳步推进农村土地征收制度改革，健全乡村发展用地保障机制。稳步放活农村土地产权要完善农村承包地"三权分置"制度，推进集体经营性建设用地入市改革，适度放活宅基地和农房使用权；稳步推进农村土地征收制度改革要科学划定征地目录，缩小征收范围，规范完善征收程序，提高被征地农民保障水平；健全乡村发展用地保障机制要盘活农村存量建设用地资源，加大农村新增规划建设用地指标保障力度，完善设施农用地政策，支持发展设施农业，保障设施农业用地政策需求，对农业生产所需要的各类生产设施和附属设施用地，以及由于农业规模经营必须兴建的配套设施，在不占用永久基本农田的前提下，纳入设施农用地管理范围，实行备案管理。

4. 深化农村集体产权制度改革

深化农村集体产权制度改革要深化农村集体经营性资产股份合作制改革、探索农村集体资源性资产产权改革、完善农村产权交易市场。深化农村集体经营性资产股份合作制改革，积极推进国家农村集体产权制度改革试点，加快构建归属清晰、权能完整、流转顺畅、保护严格的农村集体产权制度。巩固村经济合作社股份合作制改革成果，进一步完善赋能活权机制，制定浙江省农村集体资产股权管理办法，推进农村集体资产股权占有、收益、抵押、担保、继承、有偿退出等权能实现与活化；探索农村集体资源性资产产权改革，在现有集体土地、林地改革基础上，探索推进集体所有的土地、森林、山岭、草原、荒地、滩涂等自然资源统一确权登记，赋予使用权流转、出租、抵押、担保、入股等综合权能，实现农村自然资源资产化和价值化；完善农村产权交易市场，深化农村产权交易体系建设，重点推进乡镇一级农村产权交易平台建设，加快推进产权交易规范化标准化。

5.建立多元投入保障机制

建立多元投入保障机制要把乡村振兴作为财政优先保障重点、加大金融支农力度、推动社会资本参与乡村振兴。把乡村振兴作为财政优先保障重点要继续加大财政投入"三农"力度，加快构建财政涉农资金统筹整合机制，全面实施财政涉农资金绩效管理，创新财政支农方式；加大金融支农力度要加大农村基础金融服务，完善农村信贷抵押担保政策，推进农业保险扩面增品提质；推动社会资本参与乡村振兴要引导工商资本"上山下乡"，加大农村基础设施和公用事业领域开放力度。

# 第三部分　中国乡村振兴大事记

Part Ⅲ Chronicle of Events

# 2021—2022 年中国乡村振兴大事记

王子威* 整理

## 2021 年

**1 月 19 日** 国家市场监管总局、生态环境部、住房和城乡建设部、水利部、农业农村部、国家卫生健康委、林草局等七部门印发《关于推动农村人居环境标准体系建设的指导意见》，根据农村人居环境发展现状和实际需求，明确了五大方面三个层级的农村人居环境标准体系框架，确定了标准体系建设、标准实施推广等重点任务。（中国政府网）

**1 月 19 日** 农业农村部办公厅印发《关于推介第三批全国农村创业创新典型县的通知》，向社会推介 100 个农村创业创新典型县和 128 个农村创业创新优秀带头人典型案例。此次推介旨在深入实施农村创业创新带头人培育行动，优化农村创业创新环境，吸引各类人员返乡入乡创业创新。（农业农村部网）

**2 月 19 日** 中央全面深化改革委员会第十八次会议在京召开，中共中央总书记、国家主席、中央军委主席、中央全面深化改革委员会主任习近平主持并发表重要讲话。会议指出，要围绕扩大内需深化改革，加快培育完整内需体系，健全区域协调发展体制机制、城乡融合发展体制机制，加快推进以人为核心的新型城镇化，深化土地制度、户籍制度改革，建立健全巩固拓

---

* 王子威，中国社会科学院大学哲学院。

展脱贫攻坚成果同乡村振兴有效衔接机制，健全再分配调节机制，扎实推动共同富裕。（中国政府网）

2月21日 《中共中央 国务院关于全面推进乡村振兴加快农业农村现代化的意见》，即2021年中央一号文件发布。文件指出，民族要复兴，乡村必振兴。要坚持把解决好"三农"问题作为全党工作重中之重，把全面推进乡村振兴作为实现中华民族伟大复兴的一项重大任务，举全党全社会之力加快农业农村现代化，让广大农民过上更加美好的生活。（新华网）

2月22日 国务院新闻办公室举行新闻发布会，介绍全面推进乡村振兴加快农业农村现代化有关情况。中央农办主任、农业农村部部长唐仁健出席并表示，农民收入增速连续11年快于城镇居民，城乡居民收入差距由上年的2.64∶1缩小到2.56∶1，农民人均收入提前一年实现比2010年翻一番目标。（光明网）

2月23日 中共中央办公厅、国务院办公厅印发了《关于加快推进乡村人才振兴的意见》，《意见》提出，到2025年，乡村人才振兴制度框架和政策体系基本形成，乡村振兴各领域人才规模不断壮大、素质稳步提升、结构持续优化，各类人才支持服务乡村格局基本形成，初步满足实施乡村振兴战略基本需要。（新华网）

2月24日 最高人民检察院发布2020年检察公益诉讼服务乡村振兴战略、助力打赢脱贫攻坚战工作情况，针对农村生活垃圾乱堆乱放、农业面源污染、乡镇污水排放、饮用水源地污染等问题，持续加大公益诉讼力度，截至11月，共督促清除处理各类生活垃圾、固体废物630.3万余吨，整治违法养殖场750家，追偿修复生态、治理环境费用8.5亿余元。（光明网）

2月25日 全国脱贫攻坚总结表彰大会上午在北京人民大会堂隆重举行。中共中央总书记、国家主席、中央军委主席习近平向全国脱贫攻坚楷模荣誉称号获得者等颁奖并发表重要讲话。习近平强调，经过全党全国各族人民共同努力，在迎来中国共产党成立一百周年的重要时刻，我国脱贫攻坚战取得了全面胜利，现行标准下9899万农村贫困人口全部脱贫，832个贫困县全部摘帽，12.8 万个贫困村全部出列，区域性整体贫困得到解决，完成了消除绝对贫困的艰巨任务，创造了又一个彪炳史册的人间奇迹！（人民网）

2 月 25 日　国家乡村振兴局正式挂牌，这既是我国脱贫攻坚战取得全面胜利的一个标志，也是全面实施乡村振兴，奔向新生活、新奋斗的起点。（新华网）

2 月 25 日　国家统计局、国家脱贫攻坚普查领导小组办公室公布"国家脱贫攻坚普查公报"，全面摸清了建档立卡贫困人口脱贫实现情况，客观反映了我国脱贫攻坚成效，达到了预期目标。（央视网）

3 月 7 日　习近平在参加十三届全国人大四次会议青海代表团审议时强调，要推进城乡区域协调发展，全面实施乡村振兴战略，实现巩固拓展脱贫攻坚成果同乡村振兴有效衔接，改善城乡居民生产生活条件，加强农村人居环境整治，培育文明乡风，建设美丽宜人、业兴人和的社会主义新乡村。（中国政府网）

3 月 12 日　《中华人民共和国国民经济和社会发展第十四个五年规划和 2035 年远景目标纲要》发布。《纲要》提出，要走中国特色社会主义乡村振兴道路，全面实施乡村振兴战略，强化以工补农、以城带乡，推动形成工农互促、城乡互补、协调发展、共同繁荣的新型工农城乡关系，加快农业农村现代化。（中国政府网）

3 月 22 日　中共中央、国务院印发《关于实现巩固拓展脱贫攻坚成果同乡村振兴有效衔接的意见》。《意见》指出，脱贫摘帽不是终点，而是新生活、新奋斗的起点，脱贫攻坚目标任务完成后，设立 5 年过渡期，要坚持党的全面领导。坚持有序调整、平稳过渡，对脱贫县、脱贫村、脱贫人口扶上马送一程，确保脱贫群众不返贫。（央视网）

3 月 30 日　中央农办、农业农村部、国家乡村振兴局在京召开实现巩固拓展脱贫攻坚成果同乡村振兴有效衔接座谈会。会议指出，从脱贫攻坚到全面推进乡村振兴，这是具有里程碑意义的重大转换，也是各级党委农办、农业农村和乡村振兴部门使命任务的战略转段。要自觉找准"三农"工作新的历史方位，坚定不移用乡村振兴统揽新发展阶段"三农"工作，把资源力量、政策举措、工作摆布切实转到乡村振兴上来。（农业农村部网）

3 月 31 日　国家乡村振兴局中国扶贫发展中心、新华社半月谈杂志社组织召开的全国精准扶贫典型案例第一次发布会在京举行。发布会通过介绍建档立卡、扶贫小额信贷、延安、毕节、兰考、井冈山等六个精准扶贫典型案例。（光明网）

3 月 31 日　财政部、国家乡村振兴局、国家发展改革委、国家民委、农业农村部、国家林业和草原局联合印发《中央财政衔接推进乡村振兴补助资金管理办法》，对中央财政衔接推进乡村振兴补助资金作出全面规定。（经济参考报）

4 月 25 日　习近平总书记在广西考察时强调，全面推进乡村振兴，要立足特色资源，坚持科技兴农，因地制宜发展乡村旅游、休闲农业等新产业新业态，贯通产加销，融合农文旅，推动乡村产业发展壮大，让农民更多分享产业增值收益。（全国人大网）

4 月 25 日　农业农村部在安徽小岗村召开全国农村集体产权制度改革工作推进会暨农业农村政策与改革工作会议。会议指出，务必坚持把处理好农民与土地的关系作为新发展阶段深化农村改革的主线，在坚持农村土地集体所有、家庭经营基础性地位、现有土地承包关系三者不动不变的基础上，通过两个"三权分置"改革和社会化服务体系等建设，探索土地经营权流转和农业经营方式的多样多变。务必始终坚持农村改革的正确方向，多算政治账、长远账，坚守农村改革底线，处理好改革、发展、稳定的关系。（农业农村部网）

4 月 29 日　十三届全国人大常委会第二十八次会议表决通过《中华人民共和国乡村振兴促进法》。乡村振兴促进法包括 10 章，共 74 条。乡村振兴促进法规定，每年农历秋分日为中国农民丰收节；建立乡村振兴考核评价制度、工作年度报告制度和监督检查制度；实行永久基本农田保护制度；建立健全有利于农民收入稳定增长的机制；健全乡村人才工作体制机制；健全重要生态系统保护制度和生态保护补偿机制；建立健全农村住房建设质量安全管理制度；分类有序推进村庄建设，严格规范村庄撤并，严禁违背农民意愿、违反法定程序撤并村庄。（中国长安网）

5 月 24 日　农业农村部与腾讯公司在北京签署"耕耘者"振兴计划战略合作协议，双方将面向乡村治理骨干和新型农业经营主体带头人开展培训，共同推进乡村人才振兴。根据协议，腾讯公司将出资 5 亿元支持实施"耕耘者"振兴计划，围绕提升乡村治理骨干的治理能力、新型农业经营主体带动小农户发展能力，在 3 年内实现线下培训 10 万人、线上培训 100 万人。（央视网）

6 月 1 日　《中华人民共和国乡村振兴促进法》正式施行。（新华网）

6 月 6 日　中共中央党史和文献研究院编辑的习近平同志《论"三农"工作》一书，近日由中央文献出版社出版，在全国发行。这部专题文集，收入习近平同志关于"三农"工作的重要文稿 61 篇。其中部分文稿是首次公开发表。（新华网）

6 月 8 日　全国乡村振兴（扶贫）系统先进集体、先进个人表彰大会在京举行。人力资源和社会保障部副部长、评选表彰工作领导小组组长王少峰宣读《人力资源社会保障部、国家乡村振兴局关于表彰全国乡村振兴（扶贫）系统先进集体和先进个人的决定》。（人民网）

6 月 24 日　农业农村部、国家乡村振兴局与中国工商银行签署战略合作协议，合力推动金融服务乡村振兴高质量发展。协议明确，三方将围绕巩固拓展脱贫攻坚成果同乡村振兴有效衔接、粮食和重要农产品供给保障、现代乡村产业体系、乡村建设行动、智慧农业建设、农村改革等六方面重点领域展开合作。（农业农村部网）

6 月 24 日　农村集体经济组织法起草领导小组第二次全体会议在京召开，审议《农村集体经济组织法草案（初稿)》。（农业农村部网）

7 月 1 日　农业农村部、国家发展改革委会同有关部门编写的《乡村振兴战略规划实施报告（2020 年)》出版发布。《报告》显示，《乡村振兴战略规划（2018—2022 年）》确定的重点任务扎实推进，主要指标完成情况符合预期，总体实现 2020 年阶段性目标。（中国政府网）

7 月 23 日　中共中央总书记、国家主席、中央军委主席习近平近日对深入推进农村厕所革命作出重要指示强调，"十四五"时期要继续把农村厕所革命作为乡村振兴的一项重要工作，发挥农民主体作用，注重因地制宜、科学引导，坚持数量服从质量、进度服从实效，求好不求快，坚决反对劳民伤财、搞形式摆样子，扎扎实实向前推进。（新华网）

8 月 16 日　近日，中共中央办公厅、国务院办公厅印发了《"十四五"文化发展规划》，并发出通知，要求各地区各部门结合实际认真贯彻落实。《规划》提出，要充分发挥文化传承功能，全面推进乡村文化振兴，推动乡村成为文明和谐、物心俱丰、美丽宜居的空间。（中国政府网）

9 月 22 日　在第四个"中国农民丰收节"到来之际，中共中央总书记习近平代表党中央，向全国广大农民和工作在"三农"战线上的同志们致以节日的祝贺和诚挚的慰问。习近平强调，民族要复兴，乡村必振兴。进入实现第二个百年奋斗目标新征程，"三农"工作重心已历史性转向全面推进乡村振兴。各级党委和政府要贯彻党中央关于"三农"工作的大政方针和决策部署，坚持农业农村优先发展，加快农业农村现代化，让广大农民生活芝麻开花节节高。（人民网）

10 月 19 日　由农业农村部、国家乡村振兴局、中国农业科学院共同举办的乡村发展与农村人居环境治理论坛在京举行。论坛主题为"持续改善农村人居环境加快建设美丽宜居乡村"，旨在总结农村人居环境治理经验，分享国内外典型案例，探讨"十四五"农村人居环境整治提升的思路举措，助力全面推进乡村振兴。（农业农村部网）

11 月 16 日　《中共中央关于党的百年奋斗重大成就和历史经验的决议》（2021 年 11 月 11 日中国共产党第十九届中央委员会第六次全体会议通过）全文公布。《决议》指出，党的十八大以来，全国 832 个贫困县全部摘帽，12.8 万个贫困村全部出列，近 1 亿农村贫困人口实现脱贫，提前十年实现联

合国 2030 年可持续发展议程减贫目标，历史性地解决了绝对贫困问题，创造了人类减贫史上的奇迹。（中国政府网）

11 月 18 日　农业农村部印发《关于拓展农业多种功能　促进乡村产业高质量发展的指导意见》。《指导意见》明确，到 2025 年，农业多种功能充分发掘，乡村多元价值多向彰显，优质绿色农产品、优美生态环境、优秀传统文化产品供给能力显著增强，粮食产量保持在 1.3 万亿斤以上，农产品加工业与农业总产值比达到 2.8：1，乡村休闲旅游年接待游客人数 40 亿人次，年营业收入 1.2 万亿元，农产品网络零售额达到 1 万亿元。（农业农村部网）

11 月 22 日　国家发展改革委、农业农村部、国家乡村振兴局、教育部、科技部、工业和信息化部、财政部、住房和城乡建设部、水利部、商务部、文化和旅游部、国家卫生健康委、人民银行、国家粮食和物资储备局、国家能源局等十五个部门联合印发《〈"十四五"支持革命老区巩固拓展脱贫攻坚成果衔接推进乡村振兴实施方案〉的通知》。该《方案》提出，要健全革命老区脱贫地区长效帮扶机制，推动革命老区城乡融合发展，支持革命老区特色产业发展，并完善政策体系和组织保障。（国家发展和改革委员会官网）

12 月 7 日　人力资源和社会保障部公布《关于加强国家乡村振兴重点帮扶县人力资源社会保障帮扶工作的意见》，提出五方面 21 条政策措施，倾斜支持重点帮扶县巩固拓展脱贫攻坚成果、全面推进乡村振兴。（新华网）

12 月 20 日　农业农村部市场与信息化司联合农业农村部信息中心在京发布《2021 全国县域农业农村信息化发展水平评价报告》。报告显示，2020 年全国县域农业农村信息化发展总体水平达 37.9%，较上年提升 1.9 个百分点。（农业农村部网）

12 月 21 日　联合国开发计划署与度小满金融签署合作协议，共同推动"可持续发展金融助力乡村振兴项目"。商务部中国国际经济技术交流中心将作为联合国开发计划署在华合作项目政府执行机构参与合作。（新京报）

12 月 23 日　近日，教育部、国家乡村振兴局、国家语委联合印发了《国家通用语言文字普及提升工程和推普助力乡村振兴计划实施方案》，共同实

施国家通用语言文字普及提升工程和推普助力乡村振兴计划。（中国政府网）

12月26日　中央农村工作会议25日至26日在北京召开。会议以习近平新时代中国特色社会主义思想为指导，全面贯彻党的十九大和十九届历次全会精神，贯彻落实中央经济工作会议精神，分析当前"三农"工作面临的形势任务，研究部署2022年"三农"工作。会前，中共中央总书记、国家主席、中央军委主席习近平主持召开中央政治局常委会会议专题研究"三农"工作并发表重要讲话。

12月27日　全国农业农村厅局长会议在北京召开，会议总结了2020年和"十三五"农业农村工作，安排"十四五"任务举措，部署2021年重点工作。（新华网）

12月29日　国家能源局、农业农村部、国家乡村振兴局发布《关于印发〈加快农村能源转型发展助力乡村振兴的实施意见〉的通知》，从总体要求、巩固脱贫成果、壮大绿色产业、形成绿色生产生活方式、组织实施五大方面共十九项内容对农村能源转型发展提出了具体实施意见。

12月31日　全国乡村振兴高校联盟成立大会暨第一届理事会30日在中国农业大学国际会议中心以线上线下相结合的方式举行，全国乡村振兴高校联盟由全国42所具有不同学科和地域特点的高校共同发起成立。（人民网）

## 2022 年

1月3日　国家医保局、民政部、财政部、国家卫健委、国家乡村振兴局等五部联合发布《关于坚决守牢防止规模性返贫底线　健全完善防范化解因病返贫致贫长效机制的通知》，要求各地坚决守牢不发生规模性返贫的底线，扎实做好巩固脱贫成果后评估反馈问题整改，全面巩固"基本医疗有保障"成果，更好发挥医保制度助力乡村振兴的积极作用。（国家医疗保障局官网）

1月5日　农业农村部印发《"十四五"全国农业机械化发展规划》，明确到 2025 年，全国农机总动力稳定在 11 亿千瓦左右，农作物耕种收综合机械化率达到 75%，粮棉油糖主产县（市、区）基本实现农业机械化，丘陵山区县（市、区）农作物耕种收综合机械化率达到 55%，设施农业、畜牧养殖、水产养殖和农产品初加工机械化率总体达到 50% 以上。（人民网）

1 月 7 日　农业农村部、国家乡村振兴局与交通银行签订战略合作协议，共同推进金融服务乡村振兴。协议明确，三方将围绕持续巩固拓展脱贫攻坚成果、扎实推动定点帮扶工作、提升粮食和重要农产品供给保障能力、推动构建现代乡村产业体系、大力支持乡村建设行动、加大重点区域支持力度等六个方面，开展全面深入、务实紧密的合作。（农业农村部网）

1 月 14 日　《农业农村部关于落实党中央国务院 2022 年全面推进乡村振兴重点工作部署的实施意见》发布。该《意见》从全力抓好粮食和农业生产，保障粮食等重要农产品有效供给、持续巩固拓展脱贫攻坚成果，守住不发生规模性返贫底线等八个方面对 2022 年全面推进乡村振兴工作进行总体性部署。（中国政府网）

1 月 27 日　农业农村部、国家乡村振兴局日前印发《关于通报表扬2021 年全国村庄清洁行动先进县的通知》，对北京市昌平区等 98 个措施有力、成效突出、群众满意的村庄清洁行动先进县予以通报表扬。（农业农村部网）

2 月 22 日　《中共中央　国务院关于做好 2022 年全面推进乡村振兴重点工作的意见》，即 2022 年中央一号文件发布。文件指出，做好 2022 年"三农"工作，要坚持稳中求进工作总基调，立足新发展阶段、贯彻新发展理念、构建新发展格局、推动高质量发展，促进共同富裕，坚持和加强党对"三农"工作的全面领导，牢牢守住保障国家粮食安全和不发生规模性返贫两条底线，突出年度性任务、针对性举措、实效性导向，充分发挥农村基层党组织领导作用，扎实有序做好乡村发展、乡村建设、乡村治理重点工作，推动乡村振兴取得新进展、农业农村现代化迈出新步伐。（新华社）

3 月 6 日　习近平总书记 3 月 6 日下午看望了参加全国政协十三届五次

会议的农业界、社会福利和社会保障界委员，并参加联组会，听取意见和建议。他强调，实施乡村振兴战略，必须把确保重要农产品特别是粮食供给作为首要任务，把提高农业综合生产能力放在更加突出的位置，把"藏粮于地、藏粮于技"真正落实到位。要在推动社会保障事业高质量发展上持续用力，织密社会保障安全网，为人民生活安康托底。（中国政协网）

**3月15日** 农业农村部、国家乡村振兴局与中国建设银行签订战略合作协议，共同推动金融服务全面推进乡村振兴。协议明确，三方将围绕服务国家粮食安全战略、巩固拓展脱贫攻坚成果、助力农民增收致富、支持乡村产业发展壮大、推进绿色农业发展、推动乡村建设行动等六个方面，开展全面深入的合作。三方制定了具体合作方案，提出了支持国家乡村振兴重点帮扶县、支持农户生产经营发展、支持农产品产地冷藏保鲜设施建设、助力乡村治理水平提升等具体任务，明确了合作目标、时间节点和责任单位，构建了长效合作机制。（农业农村部网）

**3月16日** 农业农村部、国家乡村振兴局召开全国农村户厕问题整改暨农村人居环境整治提升推进视频会。会议强调，要深入贯彻习近平总书记关于农村厕所革命和改善农村人居环境的重要指示精神，全面落实党中央、国务院决策部署，务实推进农村户厕问题整改、农村人居环境整治提升五年行动、村庄清洁行动等重点工作，加快建设生态宜居美丽乡村。（中国经济网）

**3月27日** 农业农村部与中国农业银行签署金融服务乡村振兴战略合作协议，进一步深化双方合作，助力乡村振兴战略深入实施。根据战略合作协议，双方将围绕服务国家粮食安全战略、支持现代种业创新发展、推动农村一、二、三产业融合发展、推进农村集体产权制度改革、加强数字乡村建设等重点领域，建立全面战略合作伙伴关系。（人民网）

**3月31日** 4月1日出版的第7期《求是》杂志将发表中共中央总书记、国家主席、中央军委主席习近平的重要文章《坚持把解决好"三农"问题作为全党工作重中之重，举全党全社会之力推动乡村振兴》。文章强调，巩固拓展脱贫攻坚成果，全面推进乡村振兴，加快农业农村现代化，是需要全党高度重视的一个关系大局的重大问题。全党务必充分认清发展阶段做好"三农"工作的重要性和紧迫性，坚持把解决好"三农"问题作为全党工作重中之重，举全党全社会之力推动乡村振兴，促进农业高质高效、乡村宜居宜业、农民富裕富足。（新华网）

4月13日　习近平总书记视察海南时强调，乡村振兴要在产业生态化和生态产业化上下工夫，继续做强做大有机农产品生产、乡村旅游、休闲农业等产业，搞好非物质文化遗产传承，推动巩固拓展脱贫攻坚成果同乡村全面振兴有效衔接。各级领导干部要贯彻党的群众路线，牢记党的根本宗旨，想群众之所想，急群众之所急，把所有精力都用在让老百姓过好日子上。（人民网）

4月18日　中央农村工作领导小组办公室组织编写的《习近平关于"三农"工作的重要论述学习读本》（以下简称《读本》）一书，近日由人民出版社、中国农业出版社出版，在全国发行。《读本》共分16个专题，从"三农"工作的历史方位和战略定位、发展目标和重点任务、制度框架和政策体系等方面，对习近平总书记关于"三农"工作的重要论述的核心要义、精神实质、丰富内涵、实践要求作了阐释。（光明日报）

4月18日　农业农村部办公厅、国家乡村振兴局综合司联合印发《社会资本投资农业农村指引（2022年）》。《指引》旨在引导地方农业农村部门结合本地实际，充分发挥财政政策、产业政策引导撬动作用，营造良好营商环境，规范社会资本投资行为，引导好、保护好、发挥好社会资本投资农业农村的积极性、主动性，推动社会资本更好发挥服务全面推进乡村振兴、加快农业农村现代化的作用。（农业农村部网）

4月29日　十三届全国人大常委会第二十八次会议表决通过《中华人民共和国乡村振兴促进法》。乡村振兴促进法包括10章，共74条。（中国长安网）

5月23日　中共中央办公厅、国务院办公厅印发《乡村建设行动实施方案》提出了乡村建设行动目标，并明确了加强乡村规划建设管理、实施农村道路畅通工程、强化农村防汛抗旱和供水保障、实施乡村清洁能源建设工程、实施农产品仓储保鲜冷链物流设施建设工程、实施数字乡村建设发展工程、实施村级综合服务设施提升工程、实施农房质量安全提升工程、实施农村人居环境整治提升五年行动、实施农村基本公共服务提升行动、加强农村基层组织建设、深入推进农村精神文明建设等12项重点任务。（中国政府网）

6月8日　全国乡村振兴（扶贫）系统先进集体、先进个人表彰大会在京举行。人力资源和社会保障部副部长、评选表彰工作领导小组组长王少峰宣读《人力资源社会保障部、国家乡村振兴局关于表彰全国乡村振兴（扶贫）系统先进集体和先进个人的决定》。

6月14日　学习贯彻习近平总书记关于"三农"工作的重要论述座谈会14日在京召开。（中国政府网）

6月23日　农业农村部、体育总局、国家乡村振兴局联合印发《关于推进"十四五"农民体育高质量发展的指导意见》，对"十四五"时期农民体育高质量发展作出部署。（中国经济网）

7月8日　《文化和旅游部　公安部　自然资源部　生态环境部　国家卫生健康委　应急管理部　市场监管总局　银保监会　国家文物局　国家乡村振兴局关于促进乡村民宿高质量发展的指导意见》发布，内容包括总体要求、重点任务和保障措施等。（中国政府网）

7月14日　《农业农村部国家乡村振兴局关于开展2022年"百县千乡万村"乡村振兴示范创建的通知》发布，该《通知》提出，2022年，立足县、乡、村资源禀赋和发展基础，体现东、中、西部区域特色，农业农村部、国家乡村振兴局组织创建100个左右国家乡村振兴示范县，省级农业农村部门、乡村振兴局组织创建1000个左右乡村振兴示范乡镇、10000个左右乡村振兴示范村，分层级推进示范创建。（中国政府网）

7月18日　习近平总书记在视察新疆时强调，要深刻认识发展和稳定、发展和民生、发展和人心的紧密联系，推动发展成果惠及民生、凝聚人心。

要加快经济高质量发展，培育壮大特色优势产业，增强吸纳就业能力。要把巩固脱贫攻坚成果同乡村振兴有效衔接起来，健全乡村可持续发展长效机制。要坚持山水林田湖草沙一体化保护和系统治理，推进生态优先、绿色发展，深入打好污染防治攻坚战，严守生态保护红线。要加大对外开放力度，打造向西开放的桥头堡，推进丝绸之路经济带核心区建设。（全国政协网）

7 月 21 日　全国乡村治理体系建设试点示范工作交流会（第三期）在河南省济源市召开。会议指出，试点示范工作开展近三年来，形成了一批可复制、可推广的好经验好做法，此次交流会是为了探讨共性问题、交流经验做法，推动乡村治理方式方法向着务实管用的方向持续创新。下一步，要进一步强化组织领导、经验总结和推广运用，圆满完成试点示范任务，推动各地乡村治理能力和水平不断提升。（农业农村部网）

8 月 4 日　农业农村部办公厅印发《关于扶持国家种业阵型企业发展的通知》。《通知》根据企业规模、创新能力和发展潜力等关键指标，从全国 3 万余家种业企业中遴选了 69 家农作物、86 家畜禽、121 家水产种业企业机构，集中力量构建"破难题、补短板、强优势"国家种业企业阵型，加快打造种业振兴骨干力量。（新华网）

8 月 16 日　中共中央办公厅国务院办公厅印发《"十四五"文化发展规划》。《规划》提出，要充分发挥文化传承功能，全面推进乡村文化振兴，推动乡村成为文明和谐、物心俱丰、美丽宜居的空间。加强农耕文化保护传承，支持建设村史馆，修编村史、村志，开展村情教育。把乡土特色文化融入乡村建设，留住乡情乡愁。创新支持和激励方式，将优秀文化资源转化为乡村永续发展的优质资产，推动乡村文化建设与经济社会发展良性互促。（中国政府网）

8 月 17 日　全国农业科技现代化先行县乡村振兴带头人培育"先锋计划"首期培训班开班仪式在浙江杭州顺利举行，标志着"先锋计划"正式全面启动。此项工作由农业农村部科技教育司组织开展，农业农村部农民教育培训中心具体实施，阿里巴巴集团提供相关支持。（农业农村部网）

9月7日　习近平总书记主持召开中央全面深化改革委员会第二十七次会议强调。要深化农村集体经营性建设用地入市试点工作，严格条件、规范程序，探索解决改革中的深层次问题。要健全适应乡村特点、优质高效的乡村医疗卫生体系，让广大农民群众能够就近获得更加公平可及、系统连续的医疗卫生服务。（经济参考报）

9月22日　在第五个"中国农民丰收节"到来之际，中共中央总书记、国家主席、中央军委主席习近平代表党中央，向全国广大农民和工作在"三农"战线上的同志们致以节日的祝贺和诚挚的慰问。习近平总书记强调，各级党委和政府要深入贯彻党中央关于"三农"工作的大政方针和决策部署，强化粮食安全保障，稳住农业基本盘，巩固拓展好脱贫攻坚成果，扎实推进乡村振兴，推动实现农村更富裕、生活更幸福、乡村更美丽。全国广大农民要积极投身加快农业农村现代化的实践，让日子越过越红火、生活更上一层楼！（中国政府网）

9月27日　为深入贯彻落实党中央关于推进农村移风易俗和培育文明乡风的决策部署，发挥先进典型的示范带动作用，农业农村部会同国家乡村振兴局组织开展了第三届全国村级"文明乡风建设"典型案例征集推介活动。经过申报、审核、评审等程序，拟将北京市房山区青龙湖镇水峪村等38个全国村级"文明乡风建设"典型案例向社会推介。（农业农村部网）

9月29日　近日，乡村振兴战略规划实施协调推进机制办公室组织编写的《乡村振兴战略规划实施报告（2018—2022年）》（以下简称《报告》）出版。《报告》显示，《乡村振兴战略规划（2018—2022年）》确定的22个主要指标基本达到预期,59项重点任务稳步落实,82个重大工程、重大计划、重大行动扎实推进，乡村振兴战略第一个五年发展目标即将如期实现。（农业农村部网）

10月14日　农业农村部、国家乡村振兴局发出《关于公布2022年国家乡村振兴示范县创建名单的通知》，北京市大兴区、天津市西青区、河北省石家庄市鹿泉区、河北省唐山市丰南区、河北省阜平县等100单位为

2022 年国家乡村振兴示范县创建单位。（农业农村部网）

10 月 16 日　中共中央总书记习近平在党的二十大报告中指出，要全面推进乡村振兴。全面建设社会主义现代化国家，最艰巨最繁重的任务仍然在农村。坚持农业农村优先发展，坚持城乡融合发展，畅通城乡要素流动。加快建设农业强国，扎实推动乡村产业、人才、文化、生态、组织振兴。全方位夯实粮食安全根基，全面落实粮食安全党政同责，牢牢守住 18 亿亩耕地红线，逐步把永久基本农田全部建成高标准农田，深入实施种业振兴行动，强化农业科技和装备支撑，健全种粮农民收益保障机制和主产区利益补偿机制，确保中国人的饭碗牢牢端在自己手中。（中国政府网）

11 月 11 日　近日，国家乡村振兴局、民政部、财政部、自然资源部、住房和城乡建设部、水利部、应急管理部、中国气象局、中国银保监会等九部门联合印发《关于建立健全防范因灾返贫长效机制的通知》，全面贯彻党的二十大精神，落实党中央、国务院关于实现巩固拓展脱贫攻坚成果同乡村振兴有效衔接的安排部署，健全并实施防止返贫动态监测和帮扶机制，推进建立健全防范因灾返贫长效机制。（中国气象局网）

11 月 15 日　文化和旅游部发布《关于公布〈第四批全国乡村旅游重点村名单〉和〈第二批全国乡村旅游重点镇（乡）〉名单的通知》。北京市门头沟区妙峰山镇炭厂村等 200 个村入选第四批全国乡村旅游重点村名单，天津市蓟州区穿芳峪镇等 96 个镇（乡）入选第二批全国乡村旅游重点镇（乡）名单。（文化和旅游部网）

11 月 16 日　国家民委、国家乡村振兴局、国家发展改革委、教育部、财政部、交通运输部、农业农村部、文化和旅游部、国家卫生健康委联合印发《关于铸牢中华民族共同体意识扎实推进民族地区巩固拓展脱贫攻坚成果同乡村振兴有效衔接的意见》。《意见》着眼于促进各族群众在实现乡村振兴进程中不断铸牢中华民族共同体意识，提出五个方面的具体举措。一是坚持一个民族不能少，巩固拓展脱贫攻坚成果。二是坚持产业驱动，增强发展内生动力。三是坚持改善民生，推进民族地区乡村建设。四是坚持共同发展，

推动各民族广泛交往交流交融。五是坚持凝心铸魂，构筑中华民族共有精神家园。（国家民族事务委员会网站）

11月18日 农业农村部关于印发了《〈到2025年化肥减量化行动方案〉和〈到2025年化学农药减量化行动方案〉的通知》，从全方位夯实粮食安全根基、加快农业全面绿色转型和加强生态文明建设的要求出发，提出了2025年我国推进化肥农药减量化的具体目。（农业农村部网）

11月28日 中共中央办公厅、国务院办公厅印发了《乡村振兴责任制实施办法》，并发出通知，要求各地区各部门认真遵照执行。《办法》规定，实行乡村振兴责任制，坚持以习近平新时代中国特色社会主义思想为指导，增强"四个意识"、坚定"四个自信"、做到"两个维护"，实行中央统筹、省负总责、市县乡抓落实的乡村振兴工作机制，构建职责清晰、各负其责、合力推进的乡村振兴责任体系，举全党全社会之力全面推进乡村振兴，加快农业农村现代化。（中国政府网）

12月14日 农业农村部、国家乡村振兴局联合发布第四批全国乡村治理典型案例。这批案例共有31个，分为"强化党组织领导，推动'三治'融合""加强县乡村联动，促进治理资源下沉""强化数字赋能，提升现代化治理水平""解决突出问题，强化重点群体和区域治理"4个部分。这些案例实用性、操作性、可借鉴性强，涉及省级、地市、县区、乡镇、村等不同层次，覆盖全国不同区域，具有很好的代表性，为进一步加强和改进乡村治理提供了有益的借鉴。（农业农村部网）

12月15日 中共中央办公厅、国务院办公厅印发了《乡村振兴责任制实施办法》。《办法》要求，地方党委和政府要加强农村精神文明建设，组织开展新时代文明实践活动，深化群众性精神文明创建，广泛践行社会主义核心价值观，引导农民群众听党话、感党恩、跟党走。推进城乡精神文明建设融合发展，加强乡村公共文化服务体系建设，传承和发展优秀传统文化，持续推进农村移风易俗，推动形成文明乡风、良好家风、淳朴民风。（中国记协网）

12 月 23 日至 24 日　中央农村工作会议在北京举行。中共中央总书记、国家主席、中央军委主席习近平出席会议并发表重要讲话强调，全面推进乡村振兴、加快建设农业强国，是党中央着眼全面建成社会主义现代化强国作出的战略部署。要铆足干劲，抓好以乡村振兴为重心的"三农"各项工作，大力推进农业农村现代化，为加快建设农业强国而努力奋斗。（农业农村部网）

12 月 28 日　《农村集体经济组织法》草案 27 日提请十三届全国人大常委会第三十八次会议初次审议。草案共八章、六十八条，主要明确了立法目的、适用范围，规定了成员的确认及其权利义务，对农村集体经济组织的设立、合并、分立等事项作出原则规定，明确了争议的解决办法和法律责任。（中国人大网）

12 月 31 日　国家乡村振兴局 31 日印发《关于积极应对新型冠状病毒感染扎实做好巩固拓展脱贫攻坚成果工作的通知》，进一步部署巩固拓展脱贫攻坚成果工作。通知提出，要积极应对新型冠状病毒感染，有效防止因疫因病返贫致贫，最大程度保护脱贫群众的身体健康和生命安全，最大程度减少对巩固拓展脱贫攻坚成果的影响。坚决守住不发生规模性返贫的底线。切实发挥好防止返贫监测帮扶机制作用。（新华网）

# 致　谢

《中国乡村振兴蓝皮书（2021—2022）》是中国社会科学院哲学研究所、中共山东省委党校（山东行政学院）、山东乡村振兴研究院联合编写的第二本《中国乡村振兴蓝皮书》。本书共由"总报告""省域报告""大事记"三个模块组成。其中"总报告"是对全国 2021—2022 年乡村振兴的全面扫描与分析。"省域报告"包括广西、湖南、江苏、四川、山东、云南、浙江等 7 个省、区的 2021—2022 年乡村振兴发展报告。"大事记"包括 2021—2022 年我国全面乡村工作领域的节点性重大事件。

本书的编写得到来自各方的有力支持。中国社会科学院哲学研究所、中共山东省委党校（山东行政学院）、山东乡村振兴研究院主要负责同志高度关注本书编写工作，并给予了全面支持。

中国社会科学院哲学研究所、中国社会科学院文化研究中心、湖南省社会科学院、广西大学、中共山东省委党校（山东行政学院）、苏州大学、电子科技大学、云南师范大学、北京外国语大学、宁波大学等机构的十多位专家学者参加了本书的撰稿工作。

本书在撰写过程中，总课题组曾组织专家学者赴云南省、山东省、湖南省、江苏省、浙江省、四川省、广西壮族自治区等地的乡村开展调研，得到各地相关方面的大力支持。

人民出版社法律编辑部主任洪琼为本书的编写出版付出了大量辛勤工作。在此一并致以衷心感谢！

编　者

2023 年 2 月

责任编辑：洪　琼

**图书在版编目（CIP）数据**

中国乡村振兴蓝皮书：2021—2022 ／ 中国社会科学院哲学研究所，中共山东省委
　党校（山东行政学院），山东乡村振兴研究院 编；冯颜利，刘岳 主编 —北京：
　人民出版社，2023.11

ISBN 978－7－01－026132－4

I.①中… II.①中…②中…③山…④冯…⑤刘… III.①农村－社会主义
　建设－研究报告－中国－2021—2022 IV.①F320.3

中国国家版本馆 CIP 数据核字（2023）第 227617 号

中国乡村振兴蓝皮书（2021—2022）
ZHONGGUO XIANGCUN ZHENXING LANPISHU（2021—2022）

中国社会科学院哲学研究所
中共山东省委党校（山东行政学院） 编
山东乡村振兴研究院

冯颜利 刘岳　主编
惠鸣 董德利　副主编

人民出版社 出版发行
（100706　北京市东城区隆福寺街 99 号）

北京汇林印务有限公司印刷　新华书店经销

2023 年 11 月第 1 版　2023 年 11 月北京第 1 次印刷
开本：710 毫米 × 1000 毫米 1/16　印张：23.5
字数：380 千字

ISBN 978－7－01－026132－4　定价：118.00 元

邮购地址 100706　北京市东城区隆福寺街 99 号
人民东方图书销售中心　电话（010）65250042　65289539